Klaus Berger

Historische Psychologie
des Neuen Testaments

Stuttgarter Bibelstudien
146/147

Herausgegeben von
Helmut Merklein und Erich Zenger

Klaus Berger

Historische Psychologie des Neuen Testaments

Verlag Katholisches Bibelwerk GmbH
Stuttgart

Die Deutsche Bibliothek – CIP-Einheitsaufnahme

Berger, Klaus:
Historische Psychologie des Neuen Testaments / Klaus Berger.
– 2. Aufl. – Stuttgart : Verl. Kath. Bibelwerk, 1991
  (Stuttgarter Bibelstudien ; 146/147)
  ISBN 3-460-04461-6
NE: GT

ISBN 3-460-04461-6
Alle Rechte vorbehalten
© 1991 Verlag Katholisches Bibelwerk GmbH, Stuttgart
Satz: Setzerei Hurler GmbH, Notzingen
Druck und Bindung: Druckerei Pustet, Regensburg

Für
Carsten Colpe

Inhaltsverzeichnis

Vorwort 9

§ 1 Bibliographie zur historischen Psychologie 11

§ 2 Einführung 17

§ 3 Identität und Person 45

§ 4 Besessenheit durch Dämonen 64

§ 5 Leiberfahrung 83

§ 6 Innen und Außen 93

§ 7 Wahrnehmen 106

    7.1 Wahrnehmen von Wirklichkeit (Faktizität) 106
    7.2 Visionen 121
    7.3 Mythische Ereignisse 130
    7.4 Himmelsreisen 136
    7.5 Gewissen 142
    7.6 Tod 150
    7.7 Fremdheit 153

§ 8 Affekte 158

    8.1 Gefühle bei Paulus 158
    8.2 Begierde 163
    8.3 Furcht und Angst 168
    8.4 Schrecken 178
    8.5 Sorge 185
    8.6 Enttäuschte Liebe 189
    8.7 Stöhnen und Sehnsucht 196
    8.8 Freude und Trauer 200

§ 9 Leiden 216

§ 10 Religion 225

    10.1 Glauben 225
    10.2 Heiliger Geist und Charisma 240

10.3 Sünde 248
10.4 Gebet 253
10.5 Seelsorge 259

§ 11 Handeln 263

11.1 Notwendiges Hassen 263
11.2 Notwendige Selbstliebe 273
11.3 Sexualität 277
11.4 Leben riskieren und gewinnen 285
11.5 Besitzen 291
11.6 Rache 294

Stellenverzeichnis 297

Vorwort

Absicht dieses Buches ist, Wege zur Rekonstruktion der Erfahrungen früher Christen zu finden. Ziel dieses Buches ist es auch, allen Psychologen oder denen, die sich dafür halten, einen direkten und ungenierten Zugriff auf das Neue Testament unmöglich zu machen. Oder positiv formuliert: Es geht darum, die psychologischen Eigenaussagen der Bibel als ebenso interessant und wichtig wie mit neuzeitlichen Ansichten unverrechenbar darzustellen. Denn der mißbräuchlichen Vereinnahmung der Bibel für zeitgenössische Anthropologie oder Psychologie gibt es genug. Dabei geht es ganz gewiß nicht darum, das Gespräch mit Psychologen abzubrechen, sondern vielmehr im Gegenteil: als Exeget, ohne die eigenen Leisten zu vergessen, Texte der Bibel so aufzubereiten, daß sie in einem Gespräch möglichst unzweideutig wahrgenommen werden können. – Wenn so die Unvereinnahmbarkeit, die Fremdheit und die Eigengestalt der biblischen Aussagen betont wird, dann geschieht dieses doch nicht als Selbstzweck, sondern um im Rahmen wirklich verstandener Fremdheit der Bibel die Chance einzuräumen, ihre kritische Funktion wie ihren Reichtum tatsächlich ins Spiel bringen zu können.

Das Buch widme ich Carsten Colpe, dem Freund, der mir nicht nur in der Thematik und in der Art, sie anzugehen, nahesteht. Vielmehr hat Carsten Colpe auch auf einer Tagung im Internationalen Wissenschaftsforum in Heidelberg im Oktober 1990 wichtige Anregungen gegeben. Vor allem aber ist er nach meiner Erfahrung unter den Kollegen, die ich kenne, dadurch ausgezeichnet, daß er sich über Interessen und Argumente anderer ohne Vorbehalt und ohne Neid freuen kann.

Heidelberg, im Februar 1991   Klaus Berger

§ 1 Bibliographie zur historischen Psychologie

(Zwischen antiken und modernen Autoren wird nicht unterschieden.)

Abel, K.: Der historische Ort einer stoischen Schmerztheorie, in: Hermes 13 (1985) 293-311.

Aristoteles: Über die Seele, ed.W.Theiler (Aristoteles, Werke in deutscher Übersetzung 13), 2.Aufl. 1966.

Artemidor: Onirocriticon (ed.R.A.Pack), Leipzig 1963. S. auch unter White, R.J.

Barth, F.: La notion paulinienne de Psyche, in: RThPh 44 (1911) 316-336.

Berg, J. H. van den: Metabletica. Über die Wandlung des Menschen. Grundlinien historischer Psychologie, Göttingen 1960.

Blumenthal, H.J.: Plotinus' Psychology, Amsterdam 1971.

Böhme, J.: Die Seele und das Ich im homerischen Epos, Leipzig 1929.

Brett, G.S.: A History of Psychology, I-III, London 1912-21, Vol. I: Ancient and Patristic, Ann Arbor, Mich. 1981.

Cavendish, A.P.: Lucretius. A psychological study, in: Ratio 5 (1963) 60-81.

Chaignet, A.E.: Histoire de la Psychologie des Grecs, Paris 1887-1893, Nachdr. Brüssel 1966, I Histoire de la Psychologie des Grecs avant et après Aristote, Paris 1887, II La Psychologie des Stoiciens, des Epicuriens et des Sceptiques, Paris 1889, III La Psychologie de la Nouvelle Académie et des Ecoles électiques, Paris 1890, IV/V La Psychologie de l'Ecole d'Alexandrie 1: Psychologie de Plotin, Paris 1892, 2: Psychologie des successeurs de Plotin, Paris 1893.

Chrysippus, De anima hominis, ed.H.v.Arnim, Stoicorum veterum fragmenta II, S.217-263 (darin: De affectibus: Nr. 875-878, Motus animae: Nr.801-803), De divinatione, ibid. S.342-348; De affectibus, ibid., III, S.92-133, Nr.377-490.

Clay, D.: An epicurean interpretation of dreams, in: American Journal of Philosophy 101 (1980) 342-365.

Corrigan, K.: Body and soul. Ancient religious experience, in: A.H.Armstrong (ed.): Classical Mediterranean Spirituality, London 1986.

Delitzsch, F.: System der biblischen Psychologie, 1855.

DeMause, Lloyd: Hört Ihr die Kinder weinen? Psychogenetische Geschichte der Kindheit. Frankfurt 1977, 1980

Deubner, L.: De incubatione, Leipzig 1900.

Devereux, G.: The psychotherapy scene in Euripides' Bacchae, in: Journal of Hellen. Studies 40 (1970) 35-48.

ders.: Träume in der griechischen Tragödie. Eine ethnopsychoanalytische Untersuchung, Frankfurt 1982.

Dihle, A.: The Theory of Will in Classic Antiquity, 1984. – deutsch: Die Vorstellung vom Willen in der Antike, Göttingen 1985.
Dodds, E.R.: The Greeks and the Irrational, Berkeley u. Los Angeles, 1951, 1966. - deutsch: Die Griechen und das Irrationale, 1970.
Duerr, H.P.: Die wilde Seele. Zur Ethnopsychoanalyse von Georges Devereux, Frankfurt 1987.
Erdheim, M.: Die gesellschaftliche Produktion von Unbewußtheit. Eine Einführung in den ethnopsychoanalytischen Prozeß, Frankfurt 1982.
Flashar, H.: Melancholie und Melancholiker in den medizinischen Theorien der Antike, Berlin 1966.
ders.: Die medizinische Grundlage der Lehre von der Wirkung der Dichtung in der griechischen Poetik, in: Hermes 84 (1956) 12-48.
ders.: Antike Medizin, Darmstadt 1971.
Fortenbaugh, W.W.: Aristotle on Emotion, London 1975.
Foucault, M.: Sexualität und Wahrheit I-III, Frankfurt 1977-1986
Gehrke, H.J.: Die Griechen und die Rache. Ein Versuch in historischer Psychologie, in: Saeculum 38 (1987) 121-149.
Gill, Ch.: Ancient psychotherapie, in: Journal of the history of ideas 46,3 (1985) 307-325
Hackfarth, R.: Plato's examination of pleasure, Cambridge 1945.
Hadot, I.: Seneca und die griechisch-römische Tradition der Seelenleitung, Berlin 1969.
Hasenfratz, H.P.: Die Seele. Einführung in ein religiöses Grundphänomen, Zürich 1986.
Hay, D.M.: The psychology of faith in Hellenistic Judaism, in: ANRW II 20.2, Berlin 1987, 881-925.
Jüttemann, G.: Wegbereiter der historischen Psychologie, 1988.
ders.: Die Geschichtlichkeit des Seelischen. Der historische Zugang zum Gegenstand der Psychologie, Weinheim 1986.
Jung, C.G.: Psychologische Typen, Zürich 1925.
Kammenhuber, A.: Die hethitischen Vorstellungen von Seele und Leib, Herz und Leibesinnerem, Kopf und Person, in: Zeitschrift f. Assyriologie NF 22 (1964) 150-212.
Kehlmann, W.: Geschichte der Psychologie, Stuttgart 1963.
Kippenberg, H.G.: Name and Person in ancient Judaism and Christianity, in: H.G. Kippenberg u.a. (Ed.): Concepts of Person in Religion and Thought (Religion and Reason 37), Berlin, New York 1990, 103–124.
Kleanthes, De affectibus, in: H.v.Arnim, Stoicorum veterum fragmenta I, S.129f (Nr. 570-575).
Klemm, O.: A History of Psychology, New York 1914.
Kleve, K.: Wie kann man an das Nicht-Existierende denken? Ein Problem der epikureischen Psychologie, in: Symbolae Osloenses 37 (1961) 45-57.

Konstan, D.: Some aspects of epicurean psychology, Leiden 1973.
Kremer, K. (Hrsg.): Seele. Ihre Wirklichkeit, ihr Verhältnis zum Leib und zur menschlichen Person, Leiden 1984.
Kristeller, P.O.: Der Begriff der Seele in der Ethik des Plotin, Tübingen 1929.
Lain-Entralgo, P.: Introducción histórica al estudio de la patología psicosomática, Madrid 1950.
ders.: The therapy of the word in classical antiquity, New Haven 1970.
ders.: Mind and body, London 1955.
Leibbrand, W. u. Wettley, A.: Der Wahnsinn. Geschichte der abendländischen Psychopathologie, Freiburg 1961.
Lipowatz,T.: Seele und Ethik bei Aristoteles, in: D.Kamper (ed.): Die erloschene Seele, Berlin 1988.
Meissner, B.: Mythisches und Rationales in der Psychologie der euripideischen Tragödie, Diss. Göttingen 1951.
Merlan, P.: Monopsychism, Mysticism, Metaconsciousness: Problems of the soul in the neoaristotelian and neoplatonic tradition, Den Haag 1963.
Meyer, R.: Hellenistisches in der rabbinischen Anthropologie (BWANT 74), 1937.
North, H.: Sophrosyne, Self-Knowledge and Self-Restraint in Greek Literature, Ithaca 1966.
O'Daly, G.J.P.: Plotinus' philosophy of the self, Dublin 1973.
Oehler, K.: Aristotle on self-knowledge, in: Proceedings of the American Cathol. Phil. Association 118 (1974) 493-506.
Onians, R.B.: The origins of European thought about the body, the mind, the soul, the world, time and fate, 2.Aufl. 1954.
Pigeaud, J.: Qu'est-ce qu'être malade? Quelques réflexions sur le sens de la maladie dans l'ancienne médecine, in: Corpus Hippocraticum, 1977, 196-219.
ders.: Folie et cures de la folie chez les médecins de l'antiquité greco-romaine. La Manie, Paris 1987.
ders.: La maladie de l'âme (Collection d'études anciennes 31; Série latine), 1989.
Pillsbury, W.B.: The history of psychology, New York 1929.
Rabbow, P.: Antike Schriften über Seelenheilung und Seelenleitung auf ihre Quellen untersucht, I Die Therapie des Zorns, Leipzig 1914.
ders.: Seelenführung. Methodik der Exerzitien in der Antike, München 1954.
ders.: Paidagogia. Die Grundlegung der abendländischen Erziehungskunst in der Sokratik, Göttingen 1960.
Reese, J. M.: Hellenistic Influence on the Book of Wisdom and its Consequences (Anbibl 41), Rom 1970, 21 ff., 101 f.

Ricken, F.: Der Lustbegriff in der Nikomachischen Ethik des Aristoteles, Göttingen 1975.

Roccatagliata, G.: A history of ancient psychiatry (Contrib. in med. stud. 16), Westport 1986.

Rohde, E.: Psyche, Seelenkult und Unsterblichkeitsglaube der Griechen, Freiburg 1894.

Rothkopf, A.: Manie und Melancholie bei Aretaios von Kappadokien, in: Conf. Psychiatr 17 (1974) 4-14.

Schneble, H.: Krankheit der ungezählten Namen. Ein Beitrag zur Sozial-, Kultur- und Medizingeschichte der Epilepsie anhand ihrer Benennungen vom Altertum bis zur Gegenwart, Stuttgart 1987.

Schroeder, F.M.: The self in ancient religious experience, in: A.H.Armstrong (Hrsg.): Classical Mediterranean Spirituality, London 1986, 337-359

Schumacher, S.: Antike Medizin, Berlin 1940.

Schwyzer, H.R.: „Bewußt" und „unbewußt" bei Plotin (Entr. Fond. Hardt 5), 1957, 341-390.

Semelaigne, C.: Aliénation mentale dans l'antiquité, Paris 1869.

Sevenster, J.N.: Het begrip psyche in het Nieuwe Testament, 1946.

ders.: Die Anthropologie des Neuen Testaments, in: C.J.Bleeker (Hrsg.): Anthropologie religieuse, in: Numen Suppl 2 (1955) 166-177.

Simon, B.: Mind and madness in ancient Greece. The classical roots of modern psychiatry, Ithaca 1978.

Snell, B.: Die Entdeckung des Geistes, 3.Aufl. 1955.

Stobaios, J.: Anthologium III K.18: Über die Begehrlichkeit; K.20: Über den Zorn (ed.O.Hense Vol.III).

Stube, R.: Jüdisch-babylonische Zaubertexte, Halle 1895.

Süssmuth, H. (Hrsg.): Historische Psychologie. Der Mensch in der Geschichte (Kl.Vandenhoek Reihe 1499), Göttingen 1985.

Sundermeier, Th., Nur gemeinsam können wir leben. Das Menschenbild schwarzafrikanischer Religionen, Gütersloh 1988.

Tertullian: De anima, ed. J.H.Waszink, 1947

Trillat, E.: Histoire de l'hystérie, Paris 1986.

Uhde, B.: Psyche – ein Symbol? Zum Verständnis von Leben und Tod im frühgriechischen Denken, in: Stephenson, G.: Leben und Tod in den Religionen. Symbol und Wirklichkeit, Darmstadt 1980, 103-118.

Voelker,A.J.: L'idée de la volonté dans le stoicisme, Paris 1973.

Watson, R.I.: The history of psychology and the behavioral sciences. A bibliographical guide, New York 1978.

Wey, H.: Die Funktion der bösen Geister bei den griechischen Apologeten des zweiten Jahrhunderts nach Christus, Diss. Winterthur 1957.

White.R.J.: The Interpretation of dreams. Oneirocritica by Artemidorus. Translation and commentary, Park Ridge 1975.
Woehrle, G.: Studien zur Theorie der antiken Gesundheitslehre, 1990.
Wolter, M.: Art, Gewissen II, in: TRE 13, 213-218 (Lit.!).
Zeno: De affectibus, in: H.v.Arnim, Stoicorum veterum fragmenta I, S.50ff (Nr. 205-215).

§ 2 Einführung

1 Begriffsdefinition

Psychologie ist die Auffassung und Lehre vom seelischen Inneren des Menschen im Rahmen seiner Bedingungen, Beziehungen und Auswirkungen. Diese Fassung des Begriffs ist modern, und wir tragen sie an neutestamentliche Texte heran, die explizit nicht so fragen. – „Historisch" an dieser Psychologie ist die hier gemachte Voraussetzung, daß sowohl das oben genannte seelische Innere des Menschen wie die Auffassungen von ihm tiefgreifendem geschichtlichem Wandel unterworfen sind.

2 Notwendigkeit der Fragestellung

Biblische Psychologie fragt nach der Art, in der sich die Wirklichkeit des Menschen im Horizont von Offenbarung darstellt. Das kann für den nicht gleichgültig sein, der Offenbarung in ihrem allernächsten Kontext zu sehen sich bemüht oder, theologisch gesagt: der Inkarnation mit allen Konsequenzen bedenkt. Dabei wird hier allerdings biblische Psychologie als historische verstanden und damit als eine von moderner oder zeitgenösischer gravierend verschiedene. Der schlichte Hinweis auf ein Beispiel mag die Notwendigkeit dieser Fragestellung veranschaulichen: Im Griechischen wird zwischen „Leiden" und „Leidenschaft" semantisch nicht unterschieden (gr.: *pathos;* vgl. lat.: *passio*). Das Deutsche kennt nur noch eine entferntere Verwandtschaft. Das hat sachliche Bedeutung für antikes Bewußtsein und antike Psychologie. Zur Notwendigkeit der Beschäftigung mit historischer Psychologie gibt überdies vor allem der Stand der Diskussion Anlaß, und ihre Fruchtbarkeit gerade auch für die Frage der Applikation ist darzustellen.

3 Stand der Diskussion

Vor allem zwei in sich freilich äußerst unterschiedliche Entwürfe zur Verbindung psychologischer Fragestellungen mit der Schrift sind zu nennen:
a) E.Drewermann vertritt insbesondere in seinem zweibändigen Werk „Tiefenpsychologie und Exegese"[1] eine konsequent psychologische

---

[1] E.Drewermann, Tiefenpsychologie und Exegese, Olten, Freiburg, I-II, 1984 (4.Aufl.1987) und 1985 (3.Aufl. 1987).

Hermeneutik der Bibel, und zwar als „archetypische Hermeneutik der menschlichen Psyche"[2], vor allem im Sinne des Entwicklungsweges der Individuation. Dabei wechseln Anleihen aus den Systemen S.Freuds und C.G.Jungs einander ab.
Die Kritik an Drewermann hat immer wieder bemerkt, daß hier die Relativierung der Geschichte und aller äußeren Realität droht[3]. Denn D. will in den Blick nehmen, was „zu allen Orten und Zeiten gültig ist" (G.M.Martin, a.a.O., 329). Mit Recht kann man sagen: „Manchmal werde ich den Eindruck nicht los, daß gerade so das Besondere einer biblischen Perikope ins archetypisch Allgemeine verschießt und daß auf diese Weise auch in Religion und Kirche einer kulturindustriellen Endverbrauchermentalität Vorschub geleistet wird"(a.a.O.).
Gegenüber Drewermann möchte ich den historischen und sozialen Aspekt der psychologischen Fragestellung unter keinen Umständen aufgeben, gleichwohl aber den Wert der Frage selbst betonen und auch den theologischen und am Ende auch religiösen Wert historischer Psychologie der Bibel darstellen. Das heißt: Ich finde es richtig, nach der Erfahrung der Menschen in den biblischen Texten zu fragen. Und dieses ist auch für eine Applikation unbedingt fruchtbar zu machen. Aber diese Erfahrung wird in jeder geschichtlichen Epoche des Christentums eine andere sein, und daher ist sie mit der Sorgfalt und Geduld des Hörenkönnens des Historikers darzustellen – damals wie auch heute.

b) G.Theißen hat – in deutlichem Kontrast zu Drewermann – eine Reihe streng naturwissenschaftlich (und nicht: systemhaft-dogmatisch) ausgerichtete moderne psychologische Entwürfe auf ihre Fruchtbarkeit für Exegese hin befragt[4], nämlich den lerntheoretischen, psychodynamischen und kognitiven Ansatz und in einer vorzüglichen „Einleitung" die theoretischen Probleme derartiger religionspsychologischer Exegese dargestellt (a.a.O., 11-65). Theißen versteht den Rückgriff auf diese Fragen als Ergänzung der historisch-kritischen Methode. Auch wenn richtig ist, daß Theißen nicht einfach Neues Testament und moderne Erfahrung identifiziert, sondern es oftmals bei einem „auch"

---

[2] E.Drewermann, ibid., I 66.
[3] Vgl. dazu auch jetzt: G.M.Martin, Eugen Drewermanns „Strukturen des Bösen" als Ausgangspunkt eines umstrittenen theologischen Denkweges, in: ThLZ 115 (1990) 321-332, hier Sp.329. – Ähnlich auch: G.Lohfink, R.Pesch, Tiefenpsychologie und keine Exegese. Eine Auseinandersetzung mit Eugen Drewermann (SBS 129), Stuttgart 1987, S.97.
[4] G.Theißen, Psychologische Aspekte paulinischer Theologie (FRLANT 131), Göttingen 1983.

und damit beim Vergleich beläßt[5], so liegt die Beweisabsicht des Buches doch zweifellos auf der Linie der Vergleichbarkeit[6]: Es werden dieselben Einteilungskriterien zugrundegelegt wie sie die modernen Ansätze beherrschen, zum Beispiel das Unbewußte[7]. Es ist daher aus meiner Sicht nicht gänzlich verfehlt, hier eine Analogie zur Inanspruchnahme der philosophischen Anthropologie Heideggers durch R.Bultmann zu sehen. Der historische Graben wird – wenn auch wenigstens teilweise mit Argumenten[8] – doch immer wieder zugedeckt. Immerhin verbindet Theißen – anders als Drewermann – die psychologischen Analogien mit traditionsgeschichtlichen Analysen und nimmt nicht dogmatisch, sondern phänomenologisch gewonnene Ansätze zum Ausgangspunkt. Ähnlich wie bei den soziologischen Ansätzen neutestamentlicher Exegese wird hier – nur unter vergleichsweise größerer Gefährdung des „historischen" Aspektes – der Ausgangspunkt bei einer modernen Humanwissenschaft genommen. Dabei will mir scheinen, daß die *sozial*psychologischen Fragestellungen aufgrund ihrer größeren Nähe zur Historie noch die fruchtbarsten und am wenigsten angreifbaren sind.

Hier dagegen wird – aus heuristischen Gründen – ein anderer Ausgangspunkt gewählt: Eine moderne Humanwissenschaft als Fragehorizont anzunehmen, sich ihren Kategorien anzuvertrauen, scheint mir zu riskant, weil zu viel Modernes in die Texte eingetragen werden könnte. Wie bei Bultmann in seinem Verhältnis zu Heidegger wird de facto oft zu schnell mit einer konstanten Beschaffenheit und Erlebniswelt, also einer für alle Zeiten mehr oder weniger gleichartigen Anthropologie (und entsprechend: Psychologie) gerechnet[9].

---

[5] G.Theißen, a.a.O., 180, Anm.46 und etwa S.150 „Wieder müssen wir selbstkritisch fragen: Legen wir hier etwa moderne Gedanken in Paulus hinein? Läßt sich solch eine Deutung historisch wahrscheinlich machen? Stimmt sie mit Analogien überein?"

[6] Vgl. etwa die Antwort auf die S.150 (s. oben Anm.5) gestellte Frage auf S.156 desselben Werks, Mitte der Seite. Vgl. etwa die Stimulus-Theorie S. 224ff und darin S. 227 unten: „Das Christusgeschehen... Christus dient als Lernmodell für die Überwindung normativ bedingter Angst" oder S. 231: „Röm 7 schildert das Bewußtwerden des ehemals unbewußten Gesetzeskonflikts".

[7] Vgl.im übrigen meine Kritik an G.Theißen in: K.Berger, Exegese und Philosophie (SBS 123/124), Stuttgart 1986, 186f und in: ders., Hermeneutik des Neuen Testaments, Gütersloh 1988, 141f.250f.

[8] Vgl. etwa den Rekurs auf Epiktet bei G.Theißen, a.a.O.,150, der freilich über „Unbewußtes" nichts belegt.

[9] Vgl. zum Verhältnis von philosophischer Anthropologie und modernen Humanwissenschaften in der Hermeneutik: K.Berger, Exegese und Philosophie (SBS 123/124), Stuttgart 1986, 184-188.

Eben das aber wird hier grundsätzlich bezweifelt. Und doch ist diese Abwendung von modernen Fragestellungen als erster Schritt in meiner Sicht nur die Voraussetzung für die Möglichkeit eines Einwirkens der biblischen Texte heute. Denn die Fremdheit des Textes, nicht daß er uns nur bestätigt, ist die Grundlage für eine kritische Funktion als Korrektiv unserer Sicht von Gott und Welt[10]. So ist es das – wenn auch vielleicht vermessene – Ziel der Darstellung dieses Buches, die Faszination, die von der Frage nach menschlicher Erfahrung in den biblischen Texten ausgeht, zu bewahren, ja zu verstärken, aber gleichzeitig die ahistorischen oder doch die Eigenwelt der Texte zu stark gefährdenden Wege der bisherigen psychologischen Hermeneutik zu vermeiden. Es geht also um eine Doppelstrategie: In dem ersten Schritt setze ich voraus, daß die Anschauungen und Erlebnisweisen der Psyche nach dem Neuen Testament andere sind als unsere, und in einem zweiten Schritt versuche ich, eben dieses Eigene des Neuen Testaments mit unseren Anschauungen und Erwartungen ins Gespräch zu bringen. Solches Vorgehen erfordert bedachte Fragestellungen und ausgewiesene Methodik.

4 Fragestellungen historischer Psychologie

Es ist ein Ziel dieser Untersuchung, ein ganzes Arsenal von Fragestellungen, die an neutestamentliche Texte gerichtet werden könnten, zu entwickeln. Sie sollen die Möglichkeit schaffen, jeden Text auch auf diese Weise zu befragen. Dabei geht es weniger um neue Methoden als um exemplarische Fragerichtungen. Die systematischen seien vorangestellt, es folgen dann die stärker exegetischen.

4.1 Verstandene Fremdheit

Vor allem betrachte ich historische Psychologie als einen besonders wichtigen Weg, die Andersheit und Eigengestalt des Textes bei der Rekonstruktion wirklich zu verstehen. Denn das Abschreckende, das historisch-kritische Exegese der Vergangenheit weithin auszeichnete, war doch darin begründet, daß totes Material aufgehäuft worden war, das in all seiner Abständigkeit und Fremdheit gewissermaßen unverdaut, weil unverstanden, belassen wurde. Solche Exegese zu kritisieren war nicht erst das Ziel E.Drewermanns, sondern auch schon das Anliegen der Hermeneutik R.Bultmanns und darüber hinaus der dialektischen Theologie. Nun zeich-

---

[10] Dieser Ansatz ist entfaltet in: K.Berger, Hermeneutik des Neuen Testaments, Gütersloh 1988.

nen sich die eben genannten Modelle dadurch aus, daß sie alle versuchen, Exegese und Applikation zu vermischen. Das aber scheint mir nicht statthaft zu sein, oder um es vorsichtiger zu sagen: nicht notwendig. Abgesehen also davon, daß ich meine, Exegese und Applikation methodisch trennen zu müssen, scheint mir auch schon der traditionellen Exegese häufig gerade dieses zu fehlen: Die Rekonstruktion der Eigenwelt des Textes wird vorzeitig abgebrochen, es wird nicht wirklich konsequent rekonstruiert, welchen Kontext und welche Funktion der biblische Text damals hatte. Also: Wie haben Menschen damals mit diesem Text leben können? Was bedeutete er ihnen ganz konkret? Es geht daher um die „historische Bedeutsamkeit" eines Textes, und damit meine ich: Ziel der Darstellung ist nicht die allgemeine anthropologische Bedeutsamkeit eines Textes, sondern eben seine damalige (und dann in einem zweiten Schritt: seine heutige). „Historische Bedeutsamkeit" ist daher nicht die Funktion eines Textes im Rahmen seiner gesamten Wirkungsgeschichte oder im Rahmen der Weltgeschichte, sondern seine Funktion in jeder einzelnen Phase seiner Rezeption. Um das zu ermitteln, ist die Fragestellung historischer Psychologie ein Weg unter anderen. Ziel ist eine wirklich verstandene Rekonstruktion.

4.2 Frage nach Erfahrungen
Historische Psychologie ist nahezu gleichbedeutend mit der differenzierten Frage nach den menschlichen Erfahrungen im Horizont von Offenbarung. Mit dieser Frage ist nicht die Illusion verbunden, es könne so Offenbarung oder gar das „Geheimnis" (Gottes) erklärt werden. Doch es geht um den Erfahrungsaspekt dessen, was man Offenbarung nennt.
Die gewisse Vorliebe moderner Hermeneutik für die Dimension der Erfahrung[11] ist Ausdruck hermeneutischer Verlegenheit. Denn nachdem in der Entmythologisierung verboten worden war, vom Unweltlichen weltlich zu reden, wird in der Rede von der Erfahrung nun dieses Verbot (und damit die strikte Transzendenz des göttlichen Wortes) gewisserma-

---

[11] Vgl. dazu etwa: N.Hinske, Lebenserfahrung und Philosophie, Stuttgart 1986.- D.Lange, Erfahrung und die Glaubwürdigkeit des Glaubens, Tübingen 1983.- K.E.Logstrup, Erlebnis und Lehre, in: NZSystTh 20 (1978) 134–147. - W.Mostert, Erfahrung als Kriterium der Theologie, in: ZThK 72 (1975) 427–460.- W.Ritter, Theologie und Erfahrung, in: Una Sancta 35 (1980) 161–175. - ders., Glaube und Erfahrung im religionspädagogischen Kontext, Göttingen 1989.- H.Schroedter, Erfahrung und Transzendenz. Versuch zu Anfang und Methode von Religionsphilosophie, Altenberge 1987. - V.Weymann, Glaube als Lebensvollzug und der Lebensbezug des Denkens, Göttingen 1977. - H.Timm, Zwischenfälle. Die religiöse Grundierung des All-Tags, Gütersloh 1983. - Vgl. auch: K.Berger, Hermeneutik des Neuen Testaments, Gütersloh 1988.

ßen von unten her unterlaufen. Denn in der Erfahrung der Menschen sind Göttliches und Menschliches wiederum auf bestimmte Weise wenn nicht verschmolzen, so doch zueinander in Beziehung getreten. Erfahrung ist, auch wenn sie sich in entfernten Analogien abspielt, doch die Aufhebung der Beziehungslosigkeit zwischen Mensch und Gott. Insofern entspricht das wiedererwachte Reden von Erfahrung der neuen Rede vom Mythos. Die reine Transzendenz ist durchbrochen. Denn in der Erfahrung des Menschen spiegelt sich zumindest etwas wider.

4.3 Welche Probleme löst die historische Psychologie?

Die moderne Wissenschaft der Psychologie entstand, um die seelischen Probleme der Menschen zu lösen. Die historische Psychologie dient vor allem dem hermeneutischen Problem: Ob und in welcher Hinsicht neutestamentliche Texte diese Hilfe auf ihre eigene Weise leisten können. Das ist – angesichts der historischen Abständigkeit dieser Texte – nur von Fall zu Fall zu beantworten. Und eine Hilfe kann nie direkt sein – neutestamentliche Texte sind nicht restlos konsumierbar – , sondern nur „jeweils aufgrund einer gewissen Ähnlichkeit". Doch gerade dann ist die kritische und nicht bestätigende Funktion der neutestamentlichen Texte für psychologische Fragen unabweisbar, und dieses ist an Beispielen zu zeigen: Daß eine Zweiteilung des Menschen in Leib und Seele den neutest. Texten fremd ist, könnte und müßte eine erhebliche kritische Bedeutung für die Bewertung der Leiblichkeit haben. Oder: Was bedeutet es für unsere Einschätzung des Psychischen, wenn

- nach biblischem Denken eine unvergleichlich größere Nähe des juridischen Bereiches zum Feld der „Seele" besteht als bei uns?
- wenn wir schon in der Art der Fragestellung von einer Reihe offenkundig falscher Alternativen ausgehen, die so in der Schrift nicht oder nicht durchgängig oder anders gegeben sind? Solche sind z. B. die Alternativen von sichtbar und unsichtbar, von Leib und Psyche, von Können und Tun, von Glaube und Werk.
- wenn in den Texten des Neuen Testaments weithin das reflektive Gefühl fehlt und statt dessen die konkrete Tat betont wird? (Vgl. 8.1)
- wenn nach allem, was wir feststellen können, nach neutestamentlicher Erfahrung die Wirklichkeit weniger streng in voneinander unabhängige Felder unterteilt ist und die Schwellen zwischen den einzelnen Bereichen niedriger sind – mit der Folge der stärkeren horizontalen Durchdringung?
- wenn nach biblischer Art wahrzunehmen Wirklichkeit nicht gleichmäßig distanziert ist, sondern in unterschiedlicher Nähe und mit unterschiedlicher Macht aufgefaßt wird? (Vgl. 7.3).

– wenn das, was „präsent" ist, mehr ist als nur das, was in unserem Sinne sichtbar oder gegenwärtig ist?

Nach Carsten Colpe gilt das über die Geister-Vorstellungen der neutestamentlichen Zeit Gesagte auch von der (diesem Feld sowieso benachbarten) historischen Psychologie: „Ein Schlüssel zum Verständnis findet sich hier nur, wenn man sich entschlossen auf ein Weltbild und einen Substanzbegriff einstellt, in dem Diesseits und Jenseits, präexistente und jetzige Welt, geistige und körperliche Person, Sichtbarkeit und Unsichtbarkeit, Sterne und Kräfte, Gedanken und Visionen ineinander verschweben"[12]. Um genau diese Auflösung falscher Alternativen, die sich oft erst im Laufe der mittelalterlichen Diskussion herausbildeten, die aber unser Denken auf Schritt und Tritt beherrschen, geht es immer wieder bei den Fragen der historischen Psychologie. Die Beschäftigung mit diesem Thema ist daher ein fortgesetzter Kampf gegen eigene Vorurteile über das, was „selbstverständlich" in der neutestamentlichen Zeit schon genau so erfahren worden sei. Die Differenzen betreffen bei näherem Hinsehen gerade die fundamentalsten Selbstverständlichkeiten.

Das Problem, das durch die historische Psychologie vielmehr erst sichtbar wird, ist daher: Grundsätzliche Alternativen und Entscheidungen, die unser Weltbild und unser Lebensgefühl bestimmen, sind bei weitem nicht so selbstverständlich, wie es scheint. Sie werden durch die biblischen Erfahrensweisen infrage gestellt, und umgekehrt lernen wir anhand dieser biblischen Befunde, daß unsere Weise, uns selbst und die Welt zu erfahren, nicht die einzig mögliche ist.

Sicher: Sich durch eine andere Weise der Erfahrung kritisieren zu lassen, ist noch etwas anderes als auf den Ruf des Evangeliums hin umzudenken und alles von Gott zu erwarten. Die andere Weise der Wahrnehmung ist nicht auch schon die Metanoia des Evangeliums. Die Aufgabe der historischen Psychologie ist vielmehr bescheidener: Sie leistet einen Beitrag zum Verstehen des Evangeliums, zum Verstehen der anderen Menschen, die dessen Zeugen waren. Sie ermöglicht so ein Stück wahrhaft ökumenischen Dialogs (und auch heute geht es vielfach um ökumenischen Dialog, etwa mit Kirchen der sog. Dritten Welt, die uns ähnlich fern stehen wie das Neue Testament). Und wie in jedem offenen Dialog steht das Ergebnis nicht von vornherein fest: Es kann ja sein, daß unsere Alternativen, unsere Wahrnehmungsmuster nicht nur segensreich waren, daß sie uns viele Zugänge zum Evangelium versperren. Es mag wohl sein, daß viele der neutestamentlichen Wahrnehmungsweisen auch bei uns irgendwo existieren (vielleicht im Feld der Kunst), aber daß sie abgedrängt sind, nicht

---

[12] C.Colpe, Art. Geister, in: RAC IX (1976), 615-625, Sp.624/25.

mehr im Zentrum stehen oder verleugnet werden. So geht es hier nicht nur um ein besseres historisches Verstehen des Neuen Testaments, sondern um eine Erweiterung unseres Wahrnehmens durch die Art wahrzunehmen, die die Zeugen des Neuen Testaments auszeichnete.
Von daher ergibt sich als die wichtigste Methode der historischen Psychologie: *zu fragen nach all den Selbstverständlichkeiten, die wir voraussetzen, die aber in den neutestamentlichen Texten fehlen. Jeder Text ist daher so zu befragen: Was fehlt gegenüber unserer „normalen" Erfahrung? Was ist offenkundig anders gegenüber dem, wie wir es sagen würden?*

4.4 Einzelfragen an die Texte
Fast jeder Text kann auf die eine oder andere der folgenden Fragen hin untersucht werden:

4.4.1 Orientierung an der Semantik
Wie werden psychische Vorgänge direkt thematisiert? In welchem Sinne ist von Freude, Trauer, Schmerz die Rede? Wie werden bestimmte Erfahrungen verarbeitet (z. B. Leiden)?
In solchen Texten geht es daher um die Rekonstruktion der Vorstellungen und Assoziationen, die mit bestimmten Begriffen (oder Wortfeldern oder Metaphern) aus dem Bereich „Psyche" gegeben sind.
Hierher gehört auch die Frage, wie das Innere des Menschen selbst überhaupt semantisch bedacht wird. Am Beispiel: Paulus kennt nur einen Fall der Bedeutung des spezifisch „seelischen" Inneren des Menschen, und dieses belegt er dann auch mit dem einzigen quasi-reflektorischen (halbphilosophischen) Begriff, den er hat: Gewissen (gr.: *syneidesis*). Dabei aber geht es nicht um Gefühle, sondern um Gut und Böse, überdies auch offenbar nur in Grenzfällen und nicht im alltäglichen Vollzug christlicher Existenz. Dagegen ist der „innere Mensch" bei Paulus nicht eine sich selbst gewisse Innerlichkeit, sondern seine unsichtbare eschatologische Identität (2 Kor 4,16). Auch in Röm 7 geht es beim „inneren Menschen" nicht um „Seelenleben" oder Gefühl, sondern um Gut und Böse, um den Willen des Menschen (Röm 7,18-21). Fazit: Es ist sehr darauf zu achten, ob überhaupt der in unserem Sinne „seelische" Bereich als ganzer direkt thematisiert wird.

4.4.2 Frage nach Assoziationen und Wertvorstellungen
Was die Semantik als „Konnotation" bezeichnet, entspricht weitgehend dem psychologischen Phänomen der Assoziation: Mit einem bestimmten Stichwort werden von bestimmten Lesern oder Hörern emotionale Elemente oder Wertvorstellungen assoziiert. Für die Frage der Rezeption eines Textes ist das oftmals entscheidend. Erweisbar ist es regelmäßig auf

dem philologischen Weg der Näherbestimmung aufgrund von Parallelen. Beispiel: Die Reihe Sonne – Mond – Sterne in Apk 12,1 bedeutet die Summe des Glanzes; dieses ästhetisch-sensitive Element soll vom Leser assoziiert werden. Anderswo dagegen[13] kann „Sonne" für sich genommen durchaus feindlichen, zerstörerischen Charakter haben, der Schatten wird dann als Erleichterung und Befreitsein von dieser Bedrohung gepriesen. Der Ausleger muß seine Vermutungen über die jeweiligen Assoziationen durch Hinweis auf die Struktur des Textes (Oppositionen etc.) oder durch zeitlich und räumlich nahe Parallelstellen beweisen, in denen die vermutete Assoziation ausdrücklich genannt wird.

4.4.3 Orientierung an Funktion und intendierter Wirkung des Textes
Jeder Text soll bei seinem Adressaten Wirkung hervorrufen. Die Mittel, solche Wirkung herbeizuführen, behandelt die literarische Rhetorik. Die Frage nach der Rhetorik ist indes keine psychologische. Wohl aber ist die Frage nach der Wirkung, da die Wirkung selbst sich nur über die Psyche vollzieht, eine psychologische. Denn die Wirkung der Rhetorik ist psychologisch. Da die tatsächliche historische Wirkung neutestamentlicher Texte oft nicht mehr erfaßbar ist, muß nach der intendierten Wirkung gefragt werden.

4.4.4 Orientierung an der Entstehung des Textes
Läßt ein Text Rückschlüsse auf eine besondere emotionale oder sonstwie psychische Verfassung bei Autor und Lesern zu? Zu denken wäre z. B. an enttäuschte Liebe in 2 Kor 3,1-3 oder an Schmerz in Röm 9. Gemeint sind Texte, die nicht ausdrücklich – wie die unter 1. gemeinten – solches zum Thema machen. Zur Ermittlung einer historischen Situation im umfassenden Sinn ist es besonders wichtig, die sozialpsychologische Konstellation und Beziehung der Partner zu ermitteln. Und: Welche Erfahrungen liegen aller Wahrscheinlichkeit nach dem so formulierten Text voraus und zugrunde? Gab es „Leidensdruck" oder Konflikte? Welches also ist der Kontext des Bibeltextes bezüglich solcher Größen wie Mentalität, Stimmungslage, Aversionen oder Sympathien? Werden diese z. B. durch Erstellung einer Kontrasterfahrung im biblischen Text verarbeitet?

4.4.5 Frage nach den Ursachen und Bedingungen bestimmter
       Erfahrungen und Wahrnehmungsweisen
Neutestamentliche Erfahrungen sind nicht nur zu konstatieren, sondern, wenn es irgend möglich ist und besonders dann, wenn die Art der Wahr-

---

[13] Mir liegt eine Erzählung der modernen span. Dichterin A.M.Matute vor.

nehmung selbst von unseren abweicht, historisch zu begründen. Diese Aufgabe besteht besonders für den Bereich der uns nicht geläufigen Erfahrungen wie Wunder (Krafterfahrung), Vision, Zungenreden oder Entrückung, für die freilich in der Regel noch nicht einmal der phänomenologische Befund hinreichend geklärt ist. Bei dieser Begründung geht es nicht um rationalistische Erklärung, sondern um den Versuch, diesen Erfahrungen einen religiösen, sozialen und historischen Ort zuzuweisen, um sie in ihrer Funktion im Rahmen des damaligen Ganzen zu verstehen. Also: Was sind das für Menschen, die Entrückungen erleben? Wie ordnen sie diese ihren übrigen Erfahrungen zu – oder geschieht dieses gerade nicht?

Zeitgeschichtliche (Krisensituation des 1.Jh., „augusteischer Friede") und ökonomische wie soziale Hinweise können dabei immer nur Teile der Deutung ausmachen. Im Bereich der Religion ist die traditionell gefärbte Alltagsreligiosität (inklusive religiöser Primärerfahrung in der Familie) mit ihren Formen und Bedingungen wohl das Wichtigste.

4.4.6 Frage nach der Art, in der Erfahrungen verarbeitet werden

Texte spiegeln häufig menschliche Weisen, mit etwas fertig zu werden. So löste z.B. die Zerstörung Jerusalems im Jahre 70 sehr verschiedene Prozesse der Verarbeitung dieser für alle Juden und Judenchristen offensichtlich höchst einschneidenden und eindrücklichen Katastrophe aus. Oder Verfolgung und Leiden von Christen wird unterschiedlich bewältigt. Was geht dabei in den Menschen vor? Gefragt wird auf der Basis der zur Bewältigung solcher Ereignisse regelmäßig bemühten älteren Traditionen; doch nicht die Traditionsgeschichte interessiert hier, sondern Gründe im Bereich menschlicher Erfahrung, die verursachten, daß gerade diese Traditionen und keine anderen ausgewählt wurden. Also etwa: Wie hat die Katastrophe gewirkt, was hat sie in den Menschen angerichtet, daß von diesen Menschen gerade so und nicht anders darauf geantwortet wurde?

4.4.7 Grunderfahrungen

I Zeit
Wie wird nach den Aussagen eines Textes *Zeit* erfahren? Ist eine lineare Zeitvorstellung vorausgesetzt, wie sie unser alltägliches Leben (angeblich) beherrscht? Was ist „Erinnerung"? Ist „Hoffnung" zeitlich ausgerichtet?

II Identität
Was bedeutet personale Identität? Sind die Grenzen zwischen Ich und Du so strikt gezogen wie bei uns? Gilt anderes jedenfalls gegenüber Gott? Wer wird überhaupt als Person angesehen?

III Macht und Ohnmacht
Entsprechen die Wahrnehmungen von Macht und Ohnmacht unseren? Hier gibt es offenbar weitgehende Verschiebungen. Wir erfahren heute besonders unsere Ohnmacht dort, wo in religiösen Texten die Vollmacht des Frommen und Gerechten offenbar relativ fraglos wirkt.

IV Kausalität
Für neutestamentliche Texte können Worte oder Berührungen Großes bewirken. Für uns ist diese Erfahrung nicht möglich, da wir ohne eine bestimmte Auffassung von Kausalität in der technischen Welt uns nicht zurecht finden könnten. Andererseits kennt auch die Antike entfaltete Technik. Es geht daher im Verhältnis zwischen den Menschen des Neuen Testaments und uns wohl um Ausweitung oder Verkümmerung bestimmter Erfahrensweisen.

V Wirklichkeit und Zeichen
Ein besonderes Verhältnis besteht in der Relation von Wirklichkeit und Zeichen: Für die biblische Art der Wahrnehmung besteht die Möglichkeit, daß das verborgene „Wesen" eines Menschen (sofern er etwas mit Gott oder Satan zu tun hat) nicht gleichmäßig verborgen bleibt, sondern durch ein „Zeichen" zu bestimmter, qualifizierter Zeit und an bestimmtem Ort (z. B. auf einem Berg) „offenbar" wird. Es gibt daher so etwas wie die Erfahrung der Epiphanie des Verborgenen. Eine ganze Reihe zentraler biblischer Anschauungen beruht auf dieser Erfahrensweise, so etwa die Verklärung Jesu als Offenbarwerden der Gottessohnschaft Jesu zu bestimmter Zeit (vgl. Mk 9,2) und an bestimmtem Ort (Berg) oder das Offenbarwerden des Reiches Gottes (Sprache der Targumim) bzw. Jesu Christi oder auch der Werke der Menschen am Ende der Zeiten: Zu qualifizierter Zeit (an einem Endpunkt, dem „Tag des Herrn") wird alles jetzt Verborgene offenbar[14]. Oder: Beim Wandeln auf dem Meer wird Jesus als der offenbar, der vermag, was sonst nur Gott kann, und dieses Offenbarwerden erweist und legitimiert den zweifelsfrei als „göttlich", der die Massen speisen konnte (Joh 6; Mk 6). Es handelt sich daher etwa bei der Verklärung nach Markus nicht um eine raffinierte literarische Fiktion, wie W. Wrede annahm, sondern um eine besondere Weise religiöser Erfahrung. Vielleicht kann man sogar von einer Erfahrungskonstante sprechen. Und diese Erfahrung könnte man sich so strukturiert denken:
Punktuell wird „alles offenbar", wie in einer „Stunde der Wahrheit" (bi-

---

[14] Oft ist auch das Kommen des Herrn dann an einen bestimmten Ort gebunden, aufgrund von Act 1 an den Ölberg, so in den frühchristlichen Apokalypsen.

blisch teilweise synonym mit: „Tag des Herrn"). Zeit wird nicht immer linear erfahren, Wirklichkeit nicht qualitativ gleichartig. Vor allem aber ist Wirklichkeit, wie sie in Wahrheit ist, nicht allgemein zugänglich, sondern das ist personelle[15], räumliche oder zeitliche Besonderheit. Dabei ist man abhängig wie von der undurchschaubaren, unerreichbaren Willkür eines Willens.

VI Besonderheit
Offenbar liegt in der Erwartung von Besonderheit, im Sich-Einstellen auf die Möglichkeit solcher Phänomene, eine Eigenart biblischer „Mentalität" zu neutestamentlicher Zeit. Die bereits älteren Kategorien des Festes, des Heiligen und der Erwählung sind in dieser Zeit spezifisch ausgeweitet und dadurch zu neuem Leben erwacht. Denn sie werden dadurch ein Strukturelement des Erlebens und damit für biblische Psychologie interessant, daß man nun jederzeit damit rechnet. Das Besondere liegt nicht ein für allemale fest, sondern ist latent, eine Möglichkeit direkt unter der Oberfläche geworden. Das gilt vom „Weltende" wie vom Heiligen, von Wundern, neuen Visionen und Offenbarungen wie von den Erwählten. Das Unverhältnismäßige ist wieder neu möglich geworden, man darf sich davon wieder überraschen lassen.

VII Realsymbole
Charakteristisch für die frühchristliche Struktur von Erfahrung ist die Orientierung an Realsymbolen. Ein wahrnehmbares, „dingliches" (in diesem Sinne „reales") Phänomen wird dabei als Zeichen, als Stück eines umfassenderen Ganzen aufgefaßt (in diesem Sinne „Symbol"). Es zeigt dieses an wie die Spitze des Eisbergs dessen Rest. Das Realsymbol ist so regelmäßig die sichtbare Seite eines komplexeren Ganzen, das aber von derselben Art ist. Psychologisch ist daran: Der Leser oder Hörer ergänzt das Wahrgenommene in Richtung auf Umfassenderes. So gilt:
– das Abendmahlsbrot ist Teil des Lebens, das Jesus gibt
– die physische Distanz oder Nähe, in die Jesus zu den Jüngern gerät[16], sind Teil des neuen Verhältnisses Gott/Mensch, das an Jesus sichtbar wird

---

[15] Auch noch das „Suchen" als intensive Bemühung um Einsicht in das Verborgene nach der Auffassung der Gnosis und des Rabbinats ist nicht jedermanns Sache, sondern dem Gnostiker oder dem Schriftgelehrten vorbehalten. Immerhin ist das Suchen aber ein Versuch, der absoluten Willkür des Offenbarwerdens von Wahrheit irgendwie zu entgehen. Aber durch die zahlenmäßige Begrenztheit des Kreises der Suchenden wird die Besonderheit des Zugangs nur verlagert.
[16] Vgl. dazu unten zu Joh 6,19-21.

- die Heilungswunder sind Teil der Erneuerung des ganzen Menschen
- die Vertreibung der Händler im Tempel ist Teil der messianischen Erneuerung Israels
- das Zusammenkommen der Gemeinde zum Gottesdienst ist Teil ihrer grundsätzlichen Existenz als Volksversammlung Gottes.

In jedem Falle – und das ist das Bemerkenswerte – ist der leibhaftig sichtbare Teil nicht „nur Zeichen", also eigentlich „überflüssig" gegenüber dem Angezeigten. Zu betonen ist dieses im Kontrast zu dem in der abendländischen Denkweise vorherrschenden spiritualisierenden Verständnis von Zeichen, das insofern „neuplatonisch" ist, als das sichtbare Zeichen höchstens Vorläufer des Angezeigten ist und daher im Grunde verzichtbar, was sich für alle oben genannten Beispiele verdeutlichen ließe[17]. Ein großer Teil des Konzeptes der Entmythologisierung wie auch das aufklärerisch-volkskirchliche Normalverhalten konvergieren gerade in diesem Punkt: in der Abwertung des physischen, körperlichen Vollzuges gegenüber dem Eigentlichen, das dann freilich zu einer nur noch punktuellen Gewißheit zusammenschmilzt, bevor es überhaupt verschwindet. Hier besteht daher meines Erachtens ein folgenschweres Mißverstehen neutestamentlicher Wahrnehmung von Zeichen: sie haben eben nicht nur didaktische Funktion, erübrigen sich nicht sub specie der Eigentlichkeit, enthüllen nicht nur die tiefere Bedeutung ihrer selbst, erschöpfen sich nicht lediglich in der Veranschaulichung von Unsichtbarem. Für das Neue Testament ist das Mirakel eben nicht unangemessene Rede von Gott, sondern Teil der neuen Wirklichkeit, die über das Wunder selbst allerdings auch hinausgeht.

Im JohEv ist wohl dieses Verhältnis von leibhaftigem Wunder und anschließendem „Diskurs" (wie in Joh 5.6.9.11) auch für die Gliederung wesentlich geworden: Die leibhaftige Konkretion ist jeweils der unüberholbare Ausgangspunkt – wie der irdische Jesus selbst eben auch. Für seine Zeit hat offenbar das JohEv im Ganzen diese Funktion, den leibhaftigen Anfang in Jesus Christus einprägsam darzustellen und erzählerisch zu wiederholen.

---

[17] Das Abendmahlsbrot ist dann lediglich didaktisches Symbol, hat aber als Brot nichts zu tun mit dem, was Jesus ist oder eigentlich gibt; es geht dann nur um ein tertium comparationis. Oder: Wenn das Entscheidende ein neues Glaubensverhältnis allein „meiner Seele" zu Gott ist, dann ist eine Erzählung über physische Nähe des historischen Jesus unerheblich, ist nur historisierende Illustration des Kerygmas. – Oder: Die reine Heilung wäre ein Mirakel, apologetisch muß hervorgehoben werden, daß doch der Glaube überall allein wichtig ist. Oder: Wenn man nur glaubt, muß man keineswegs zum Gottesdienst erscheinen. Denn das „Eigentliche" „stimmt" ja dann. Wozu muß man dann zusätzlich sich körperlich mühen?

Beispiel für das neutestamentliche Verständnis des Wunders als Realsymbol anhand von Joh 11 (Auferweckung des Lazarus)
Die Erzählung enthält zwei ärgerliche Spitzenaussagen: Nach 11,25 verkündet Jesus sich selbst als „die Auferstehung und das Leben", und nach 11,39 ist Lazarus schon vier Tage tot und in Verwesung übergegangen, wird aber wieder zum Leben gebracht. Beides ist in gleicher Weise „unglaublich" und erfordert aufgrund der leibhaftigen Konkretion (Jesus ist leibhaftig vor uns als die Auferstehung; Lazarus ist physisch auferweckt) ein Ja oder Nein ohne Wenn und Aber. Die Auslegungsgeschichte versucht nun vor allem auf zwei Wegen, sich diesen Zumutungen zu entziehen: Ein schlichter fundamentalistischer Faktenglaube vermag die anstößigen Punkte abzuhaken, weil man ohnehin alles als selbstverständlich akzeptiert. Alles Provozierende wird der Geschichte durch diese brave Art des Akzeptierens genommen. – Oder man deutet die Erzählung spiritualistisch, indem man in ihr vor allem eine Äußerung über das Wesen des Glaubens sieht (das eigentliche Wunder ist der Glaube, die Auferweckungstat sei demgegenüber ganz in den Hintergrund gerückt). Auch so wird aber das Entscheidende hinweginterpretiert. - Ein dritter Weg könnte davon ausgehen, daß wir diese Erzählung nicht einfach „glauben" und damit „schlucken" sollen noch in ihrem Anspruch auf zweifache Leibhaftigkeit (Auferweckung des Leibes; der leibhaftige Jesus ist die Auferstehung) leugnen sollten, sondern daß der Leser durch sie in den Prozeß des unaufhörlichen Nachdenkens hineinversetzt wird, eines Nachdenkens, von dem man von vornherein weiß, daß es den anstößigen Gegenstand des Textes nicht erreichen oder einholen wird. Dann wäre der Text weder wörtlich-faktisch noch rein geistig zu verstehen, sondern bliebe als Ärgernis erhalten.
Dieser Weg läßt sich formgeschichtlich begründen: Die meisten Texte des JohEv verstehen sich als rätselhaft und mißverständlich (Bedeutung des Mißverstehens der Juden und der Jünger). Außerhalb des JohEv werden so vor allem Gleichnisse betrachtet; sie sind Rätselrede, die, wie die Aufforderung „Wer Ohren hat zu hören, der höre" zeigt, vom Hörer selbst verarbeitet und angewendet werden müssen. Gerade deshalb sind sie auch immer wieder verwendbar, also als Traditionsgut bestens geeignet. Wie in den synoptischen Evangelien die Gleichnisse und im ThomasEv die Einzelworte Jesu, so ist das JohEv im Ganzen zu begreifen: Als uneinholbare Provokation, die den (antiken) Leser in die immer wieder neue Konfrontation mit dem „unverdaulichen" Ärgernis und damit in den Prozeß des „kreisenden" Nachdenkens hineinführt. Die vielfältigen, widersprüchlichen und relativ erfolglosen Versuche der Exegese, sich des JohEv zu bemächtigen, haben auch ihren Grund in dessen literarischem Charakter als Rätselrede. Trifft das zu, dann ist „Glaube" angesichts dieses Textes:

sich hineinrufen zu lassen in das Staunen über diesen Anspruch, ihm nicht zu entfliehen, sondern sich durch das Evangelium im Ganzen führen zu lassen. Das ist kein Glaube, der beruhigt Glaubensinhalte beiseite legt (und dann ist das JohEv „langweilig"), sondern ein Weg des Eindringens mit der Möglichkeit je neuer Applikation. Auf diesem Weg des lebendigen Sich-Auseinandersetzens macht Joh 11 deutlich: Hier geht es um Leben und Tod.

So betont Joh 11 die Anstößigkeit des leibhaftig Faktischen. Denn Allgemeinheiten und Abstraktionen (wie Spiritualisierungen) sind unverbindlich. Die immer wieder im JohEv auch thematisierte Aufforderung, zwischen Licht und Finsternis zu wählen („Konfrontation jetzt"), hat daher ihre Entsprechung in der Christologie (Anstößigkeit des radikalen Anspruchs Jesu) und in der Konzeption der Wunder als im vollen Sinn des Wortes unglaublicher Zeichen (Realsymbole).

Diese Beobachtungen zur historischen Psychologie haben hier auch ihre Konsequenzen für die Applikation[18]:

„Zwei Dinge vor allem machen uns zornig, uns, die wir uns doch nichts vormachen lassen: Daß hier ein Mensch von Fleisch und Blut, Jesus von Nazareth, behauptet, er sei die Auferstehung selbst. Steiler kann man es nun wirklich nicht sagen. Ärgerlicher kann kein Anspruch sein. Wie wenn jemand, den wir kennen, sagt, er sei nicht nur Präsident der Weltbank, sondern die Weltbank selbst. Und das Zweite ist: Lazarus war wirklich tot. Nach vier Tagen war für antike Vorstellungen auch die letzte Chance vorbei, daß die Seele noch im Leib sein könnte. Lazarus war nicht scheintot, sondern mit Sicherheit mausetot. Psychosomatisch ist hier nichts mehr zu erklären. Ärgerlich ist, daß hier jedem Versuch einer beruhigenden Erklärung ein Riegel vorgeschoben ist. Und: Jesus sagt nichts über das Jenseits, über die Seelen der Toten oder über den Vorgang der Auferstehung. Das ist ja in der Tat auch alles nebensächlich. Denn nur die eine Frage ist wichtig: Verdämmert unser Leben am Rande (und überhaupt) in die Ziellosigkeit hinein? Die Umwelt des Neuen Testaments vergleicht den Tod mit dem Meer. Ist es mit dem Tod so, wie wenn man spätabends bei mulmigem Wetter am Meer ist, daß alles in die dunkle Namenlosigkeit versinkt? Gibt es ein Ziel oder nicht? Jesus beantwortet diese Frage nicht durch das, was kein Mensch wissen kann, durch Jenseitsschilderungen. Sondern er sagt: Es gibt einen Leuchtturm, und der ist hier und jetzt schon da, ihr könnt ihn anschauen, und keiner, der sich nach ihm richtet, wo auch immer er sei, geht verloren. Alles andere wäre reines Dahinvege-

---

[18] Der folgende Text ist ein Auszug aus einer Predigtmeditation für GPM (1990) (Palmsonntag).

tieren und reine, absurde Vergänglichkeit. Nicht irgendwo, sondern hier, mitten unter euch, ist das Ziel. Also nicht irgendwann am Ende oder nach dem Tod werden wir vielleicht auf etwas stoßen, das dann positiver ist als wir dachten. Das ist ja genau die schreckliche Ungewißheit und die Angst vor dem Tod, die uns – bewußt oder unbewußt – schreckt. Es geht nicht um irgendein Vielleicht und Demnächst. Sondern dies ist die Anwendung des Textes: Wenn ihr dieses Licht nur im Auge behaltet, keinen Augenblick außer acht laßt, dann entfallen Angst und Schrecken und Ungewißheit. Ihr müßt ja nicht an irgendetwas glauben, das dann kommt oder was nach dem Tode sein könnte. Sondern den Leuchtturm habt ihr doch schon, daran ist nicht zu zweifeln. Und das Licht dieses Leuchtturms betrifft jetzt und immer auch euren Leib. Denn es gibt keine Trennung in Leib und Seele. Alles, was ihr leiblich tut, ist auch seelisch und umgekehrt. Wer ein Ziel hat, der merkt das doch bis in die letzten Zonen seines Körperempfindens hinein. Und weil es keine Trennung von Leib und Seele gibt, deshalb reicht es auch nicht, daß wir irgendetwas glauben, irgendwelche Vorstellungen haben oder auch nicht, uns im übrigen aber so verhalten, als sei eben doch alles ungewiß. Deshalb wird Lazarus leibhaftig auferweckt, damit hier demonstriert werden kann: Jede Berührung mit diesem Herrn betrifft uns ganz. Ebenso wie es so kein Entrinnen und keine Entschuldigung gibt, liegt eben darin auch alle Hoffnung für den Leib begründet. Gott fordert uns ganz und bewahrt uns ganz. Die Verbindlichkeit macht Christentum unangenehm für jede Bequemlichkeit: Aber eben dieses überwindet auch alle Angst: In dieser Bindung lassen wir uns auf etwas ein, das stärker ist als unsere Angst vor aller Ungewißheit. Christentum ist etwas für Leute, die nachgedacht haben – denen ihre eigene Bequemlichkeit zum Halse heraus hängt, die wissen, das sie ein Ziel brauchen (das sie sich aber nicht machen können) und die fragen nach Überwindung ihrer Angst. Der Vorschlag Jesu ist, daß wir den Blick auf etwas sehr Eindeutiges richten. Und wir verstehen jetzt, daß es viel zu billig wäre, einfach nur diese Geschichte zu glauben und dann getrost den lieben Gott einen guten Mann sein zu lassen. Es ist vielmehr ein langer Weg, wie auch unsere Erzählung besonders lang ist. Ich denke daran, daß es Leuchttürme gibt, die am Ende eines Wellenbrechers ganz vorne im Meer stehen. Man sieht ihn wohl, aber der Wellenbrecher ist schwierig zu begehen und fast immer zum Ende hin überspült. Der Text bringt uns auf den langen Weg des Nachdenkens. Seine steilen Behauptungen wollen nicht einfach quittiert oder kassiert werden. Sie sind deshalb so steil, weil wir immer wieder dadurch ins Nachdenken gebracht werden sollen, uns daran reiben sollen, vielleicht ohne den Leuchtturm je betreten zu können. Wir sollen ihn nur im Auge haben und daran nachdenklich werden. Im Anschluß an diese Erzählung wird Jesus, der Leben gibt, dem Tod

überliefert und auch Lazarus, den er lebendig gemacht hat, soll getötet werden. Der übliche Weg ist nämlich nicht nur Hoffnungslosigkeit, sondern auch Mord. Wer keine Hoffnung hat, tötet. Wer dem Tod verfallen ist. tötet auch. Wir kennen das auch: Wer für sich sauer ist, verdirbt auch anderen die Freude. Wenn wir also nachdenklich gemacht werden sollen, dann geht es um Leben für uns und für die anderen. Dann geht es nicht mehr um Täter und Opfer, sondern um Brüder und Schwestern".
(Weiteres zum Thema „Realsymbol" bei 6.3).

VIII Faktizität

Bereits das unter VII genannte Beispiel macht deutlich, daß die neutestamentliche Antike offensichtlich ein weitaus differenzierteres Bild von Faktizität hat als wir[19]. Was wir häufig als Naivität oder Legenden- und Mirakelglauben abtun oder fundamentalistisch-physikalisch mißverstehen, ist in Wahrheit ein überaus differenzierter Umgang mit Faktizität, der sich unserem Entweder-Oder überhaupt nicht fügen will. Einen Schritt weiter zu einem besseren Verständnis bringt uns vielleicht die Annahme, daß Faktizität eines Geschehens grundsätzlich in funktionaler Abhängigkeit steht zur (Seins-) Macht oder „Mächtigkeit" des Handelnden (vgl. dazu unter § 7.1.2). Faktizität oder Historizität sind daher im Unterschied zu unserer Wahrnehmung offenbar sehr viel stärker personal orientiert: Wenn von einem etwas berichtet wird, dem es zukommt (nicht: dem man es nur zutrauen kann), dann ist das auch „geschehen", und umgekehrt ist alles Tun der Gegenseite (Satans) nur Lug und Trug, nicht existente Illusion. Eine weitere Beobachtung läßt sogar die Frage nach der unterschiedlichen Auffassung von Wahrheit entstehen: Offenkundig instrumentalisiert Paulus das Phänomen Naherwartung je nach Gemeindesituation (er neutralisiert sie und baut sie ab in 1 Thess 5,2–9, er entfacht sie neu in Röm 13,11–14). Man kann fragen: Liegt hier eine Manipulation seitens des Apostels vor? „Beugt" Paulus die „Wahrheit" je nach Adressat? Was glaubt er wirklich?
Darauf ist zu antworten: Im Unterschied zu uns ist für Paulus nicht jeder Satz gleichmäßig „wahr". Vielmehr gibt es bei ihm ein deutlich hierarchisches Verständnis von Wahrheit: Was wahr ist, bemißt sich danach, ob es Menschen zu Christus führen kann. Je näher etwas zu diesem Zentrum ist, um so wahrer.
Für uns dagegen gilt, daß alle Aussagen gleichmäßig „stimmen" müssen – wie auch, um Vergleichbares zu nennen, alle Zeiten und Kreaturen für uns

---

[19] Vgl. dazu auch: K.Berger, Hermeneutik des Neuen Testaments, Gütersloh 1988, S.396ff.

gleich nah zu Gott sind. Auch diese „Äquidistanz" zu Gott gilt für die Wahrnehmung des Neuen Testaments nicht. Die „Äquiveracität" (daß alles gleichmäßig wahr sein soll) und die Äquidistanz sind bei uns Resultate eines aufklärerischen Verständnisses, nach dem Wirklichkeit ein gleichmäßiges Kontinuum ist und entsprechend gleichmäßig öffentlich, verbindlich und einklagbar – so wie eben auch alle Menschen vor dem Recht gleich sind; neutestamentlich gedacht wird das erst eschatologisch der Fall sein (hier wird deutlich, in welcher Beziehung Eschatologie und Aufklärung stehen). Eben die Grundannahme, daß Wirklichkeit ein gleichmäßiges Kontinuum sei, gilt nicht für das Neue Testament: Wo die Kulmination der Zeit ist, das bestimmt sich von ihrer Nähe zu Christus und Gott her.

5 Methoden historischer Psychologie

Historische Psychologie verwendet keine neuen Methoden. Unter den üblichen ragen jedoch folgende besonders hervor:
a) Die Frage nach der Extravaganz: Nicht nur Gleichnisse, vielmehr verwendetes Traditionsgut allgemein besitzt in dem jeweiligen Text einen „Wirkungsschwerpunkt", Elemente, die in abweichender oder spektakulärer Weise dem Erwarteten zuwiderlaufen. Derartige Abweichungen zielen besonders auf psychische Wirkung.
b) Alltagsreligiosität: Die zu einem Text möglichen oder ermöglichten Assoziationen „entsprechen" der alltäglichen Religiosität ihrer Hörer und Leser.
c) Rekonstruktion der Weltanschauung: Nach diesem besonders bei G.Röhser[20] entwickelten methodischen Konzept ist es eine entscheidende Aufgabe der Exegese, das jeweils (in bestimmten Textaussagen) vorliegende Wirklichkeitsmodell zu untersuchen[21]. Das ist eine Voraussetzung für die Frage danach, wie Menschen etwas wahrgenommen und erlebt haben.
d) Frage nach dem rhetorischen Gehalt der Textelemente und den möglichen Identifikationsstellen für die Leser.

---

[20] G.Röhser, Metaphorik und Personifikation der Sünde (WUNT II 25), Tübingen 1987, z.B. 150ff.
[21] Insbesondere für jedes einzelne Stück der überlieferten Jesusworte ist dieses noch nicht durchgeführt worden und stellt eine spannende und notwendige Aufgabe dar.

e) Die wichtigste Frage ist die danach, wie sich das im Text Dargestellte von möglichen Analogien unsererseits unterscheidet („Was fehlt?"). Häufig wird diese Differenzerfahrung durch eingebürgerte Übersetzungen erschwert.
f) Im Unterschied zu E.Drewermann einerseits und G.Theißen andererseits ist dies unser Weg: Wir lassen uns umgangssprachliche Begriffe für den seelischen Bereich (wie z.B. die Stichworte in den Abschnitten der Gliederung dieses Buches) vorgeben und wir füllen diese Begriffe mit historisch-kritisch gewonnenem Material, um sorgfältig den Horizont neutestamentlicher Erfahrung zu erstellen. Irgendein Anspruch auf psychologische Bildung im Sinne gegenwärtiger wie auch immer gearteter Psychologien wäre ohne Fundament. Ich habe mich mit Absicht um keinerlei Spezialbildung dieser Art bemüht[22].
g) Es gibt eine Reihe antiker wissenschaftlicher psychologischer Entwürfe von hohem Rang. Sie verdienen hier als dem Neuen Testament „benachbart", freilich wissenschaftlich reflektierte Darstellungen alle Aufmerksamkeit, auch wenn sich Gleichsetzungen – wie immer – verbieten. Antike Psychologien sind nicht dasselbe wie das im Neuen Testament bisweilen begegnende Bewußtsein von psychischen Vorgängen. Doch ist das Bewußtmachen ein Übergang zu (systematischer) Interpretation.
h) Es gibt nicht *die* historische Psychologie *der* Bibel.
i) Die Existenz anthropologischer Konstanten halte ich für nicht erwiesen, und solches wird daher hier nicht vorausgesetzt[23].

6 Exegese und das Unbewußte

Im Sinne der neueren Diskussion zwischen Psychologie und Geschichtswissenschaften ist die Frage nach dem „Unbewußten" das entscheidende

---

[22] Vielmehr ist es umgekehrt so, daß von einer besonderen Sympathie meinerseits für gegenwärtige Psychologien durchaus nicht die Rede sein kann. Und dieses Büchlein entstand auch aus dem Bestreben heraus, einem unbefangenen Zugriff dieser Art Wissenschaft(en) auf das Neue Testament den Weg zu versperren. – Dabei gestehe ich gerne zu, daß für andere Ansätze dieser Anweg durchaus nicht sinnlos ist und auch zu interessanten Fragestellungen führen kann. Nur ist dies eben nicht mein Weg.
[23] Etwas anderes sind „implizite Axiome", vgl. dazu: W.Huber, E.Petzold, Th.Sundermeier (Hg.), Implizite Axiome. Tiefenstrukturen des Denkens und Handelns, München 1990. Darin u.a. mein kritischer Beitrag „Zur Kritik der Theorie der impliziten Axiome" (S.229-245).

Problem. Für den Historiker liegt bereits hier die kritische Schwelle. So ergeben sich an dieser Stelle eine Reihe von Fragen: Ist das Modell selbst alternativlos? Ist es zur hypothetischen Erhellung antiker Texte, deren Verfasser nicht mehr leben, geeignet? Welchen Stellenwert hat die Frage danach, ob den antiken Autoren auch so etwas (oder: etwas wenigstens entfernt Ähnliches) wie das Unbewußte geläufig war? Welche Bedeutung haben Bilder und Metaphern für diese Frage? Bedeuten Träume und Visionen, Himmels- und Unterweltsreisen etwas für diese Frage? Gibt es Punkte des historischen Arbeitens, an denen die Frage nach dem Unbewußten illegitim, andere aber, an denen sie legitim ist? Lassen sich die Kontroversen zwischen Historikern und Psychologen durch einen Vermittlungsvorschlag bereinigen?

Die moderne Rede vom Unbewußten hat dabei mindestens folgenden Gehalt: Unbewußtes ist negativ zu definieren als alles, was nicht bewußt ist. Unbewußtes kann ich nicht selbst an mir, es kann nur ein anderer an mir feststellen. Und ferner: Unbewußtes und Verdrängung gehören zusammen.

Einige Unterscheidungen dürften in jedem Falle bei der Rede vom Unbewußten hilfreich sein:

a) Ist dem Verfasser eines Textes selbst etwas nicht bewußt, was er äußert?
b) Ist ihm nicht bewußt, woher (aus welcher Quelle) er etwas hat?
c) Berichtet ein Verfasser bewußt über früher Unbewußtes (das ihm jetzt klar geworden ist)?
d) Berichtet ein Verfasser über Dinge, die anderen nicht bewußt sind oder waren, die aber in ihren Äußerungen vorkommen?

Die Überlegungen zu diesem Punkt werden in Thesen formuliert:

6.1 Das Modell „bewußt/unbewußt" muß nicht das einzig mögliche sein. es ist vielmehr für den Historiker mit großen Schwierigkeiten behaftet.
Begründung: Das Problem liegt allemale in der intersubjektiven Beweisbarkeit, die für die historisch-kritische Methode konstitutiv ist.
Auch schon in der Methodendiskussion um den religionsgeschichtlichen Vergleich spielte die Alternative „bewußte" oder „unbewußte Übernahme" bereits eine unaufklärbare Rolle. Denn das ist nur wirklich nach so langer Zeit nicht mehr feststellbar, ob der Verfasser auf eine Stelle anspielen wollte oder ob er sie nur im sogenannten Hinterkopf (eine vulgärpsychologische Aporie) hatte. Noch nicht einmal die viel gemäßigtere und schlichtere Antwort: Der Autor wußte nicht, wo die Tradition herkommt (also: Nicht-Wissen statt Unbewußtes), ist im Einzelfalle beweisbar.
Und am Ende ist die Frage auch unerheblich. Wesentlich sinnvoller ist es

ohne Zweifel, etwa nach Stichwortverbindungen und Wortfeldern zu forschen, die dann auch Einblick in regelmäßige Konsoziationen von Wörtern geben, um nicht das psychologie-verdächtige Wort „Assoziation" zu gebrauchen; denn über innermentale Assoziationen wissen wir nichts, wohl aber über Wiederaufnahme von Stichworten oder über regelmäßiges Beieinander-Vorkommen von Worten, die dann eben so zu einem gebräuchlichen Wortfeld gehören.

Von besonderer Bedeutung könnte die Kategorie des „impliziten Wissens" sein. Wie dieses sind auch Erwartungshorizonte historisch und philologisch erweisbar.

Dennoch sollte gelten: Tantum valet, quantum probat. Also: Gibt es Fälle, in denen die Erklärung, in einem Text selbst äußere sich Unbewußtes im Sinne des modernen Modells, die naheliegendste, eleganteste und überzeugendste ist?

6.2 Das Modell von „bewußt/unbewußt" ist auf verstorbene Personen der Antike kaum anwendbar.

Begründung: Dieses Modell ist auf „try and error" hin angelegt und bedarf der biographischen Verifikation, um intersubjektiv nachprüfbar zu sein. Da die Biographie etwa des Paulus selbst in Umrissen kaum bekannt ist, muß es bei Vermutungen bleiben. Vermutungen sind zwar nicht illegitim, aber eine schwache Form von Hypothesen.

6.3 Die Frage, ob biblische Autoren so etwas wie das Unbewußte im Sinne des modernen Erklärungsmodells theoretisch gekannt und reflektiert haben, wird umstritten bleiben (vgl. auch unter 4).

Anhand der biblisch und außerbiblisch belegten „Herzenserkenntnis" (Kardiognosie) hat G.Theißen[24] den Nachweis versucht, dem biblischen Denken sei hier so etwas wie das Unbewußte geläufig gewesen. Darüber kann man streiten:

---

[24] G.Theißen, Psychologische Aspekte paulinischer Theologie, Göttingen 1983, 93-99. Auf S.116 desselben Werkes versucht Theißen, Sap 17,11 als erstmaligen Beleg für die „Vorstellung des Unbewußten" (wohl gemeint: im Judentum oder in dieser Schrift) zu erweisen. Nach dem Kontext werden die Ägypter durch Wahngebilde/Halluzinationen (gr.: indalmata) erschreckt (17,3). In 17,8 ist auch ausdrücklich von der „kranken Seele" die Rede. – Zu den Beziehungen zur hellenistischen psychologischen bzw. psychologisierenden Literatur vgl. J.M.Reese: Hellenistic Influence on the Book of Wisdom and its Consequences (AnBibl 41), Rom 1970, 21ff.101f. - Nun sind Wahnvorstellungen sicher so alt wie die Menschheit selbst. Auch ihre Darstellung ist nichts Besonderes. Die Frage ist, welche Erlebnis- und Wahrnehmungsweise damit verbunden wird. Und da macht es m.E. einen gewaltigen Unterschied, ob man mit Sap 17 hier von

a) Die Herzenserkenntnis hat nur Gott oder sein besonders begnadeter Repräsentant[25]. Gott hat sie als Schöpfer oder als Richter. Weder haben andere Menschen diese Erkenntnis (aufgrund von bestimmten verräterischen Verhaltensweisen des wahrgenommenen Menschen) noch sind sie natürlich Schöpfer oder Richter[26].

b) Es geht bei dem „Herzen" dabei auch nicht entfernt um eine Art von latentem oder sonstwie verborgenem Bewußtsein, sondern um die vergangenen Taten eines Menschen oder um das, was andere nicht wissen, weil es ihnen verborgene Gedanken sind. Aus keinem Text aber geht hervor, daß diese Gedanken etc. einem (dem Täter) selbst verborgen wären[27]. Es handelt sich daher entweder gar nicht um den Innenraum

---

„kranker Seele" und von „Furcht" (gegenüber der Vernunft) redet – oder ob man die komplexe wissenschaftliche (neuzeitliche) Theorie des Unbewußten (aus dem man dann ja auch noch manches andere erklärt) zu Hilfe nimmt. Im Sinne meines Unternehmens müßte ich mich strikt an die antike Wahrnehmensweise halten und die Stelle zu anderen Belegen über „Furcht" oder „kranke Seelen" stellen.

[25] Vom erwählten Richter: Hen(äth) 49,1-4 und 62; von Henoch: Hen(hebr) 11,1f; 48,4.-Von Jesus Christus: Lk 2,35; 7,39; 9,47; Joh 1,46-48; 2,24f; 4,16-19; Acta Thadd 3; Clem Rec 1,33,1; 3,45,3 (secreta hominum atque arcana); ConstApost 2,24,6; 3,7,8.- Von Aposteln: Act 13,9f; von der Gemeinde im ganzen: 1 Kor 14,25.

[26] Die Auffassung ist wohl: Wie ein Künstler oder Handwerker alles genau kennt, was er macht, so auch Gott als der Schöpfer.- Vgl. etwa 5 Esra 16,54.63 („Der Sünder soll nicht sagen, er habe nicht gesündigt... denn siehe, der Herr wird erkennen die Werke der Menschen und ihre Erfindungen und ihre Herzen, denn er hat gesagt: Es werde die Erde...(63)... der alles gemacht hat und der alles Verborgene durchforscht an den verborgenen Stellen der Erde, dieser weiß eure Erfindungen und was ihr denkt in euren Herzen").- Ferner:1 QH 1,7 („...bevor du sie schufst, kanntest du ihre Taten für immer und ewig"); CD 2,8 („Ehe sie gebildet waren, kannte er ihre Werke"); 1 Clem 21,9 (als Begründung:" ... denn sein Atem ist in uns"); Acta Thaddaei 8 („... denn dieser ist allein der wahre Gott und Schöpfer der ganzen Schöpfung, erforschend die Herzen der Menschen und wissend alles von jedem, bevor sie werden, da er der Schöpfer aller Dinge ist")- Als Richter: Jer 17,10; Apk 2,23.- Andere Begründungen: Als Teilhaber am (göttlichen) Licht kennt Jesus die verborgenen Dinge (Acta Xanthippae et Polyxenae 28). - Es ist zu vermuten, daß der Ursprung der Vorstellung mit dem ägyptischen Sonnengott zu tun hat.

[27] In diesem Sinne: 1 Chron 28,9 (Herzen, Dichten und Trachten der Gedanken); Clem Rec 3,45,3 (secreta hominum atque arcana); BarApk(syr) 83,3 („... die verborgenen Gedanken und alles, was im Innersten aller Glieder der Menschen darin ist, und er bringt es öffentlich vor jedermann mit scharfem Tadel an den Tag"); Hen(äth) 9,5 („alles ist vor dir aufgedeckt und offenbar"); Herm m 4,3,4 (die Schwächen der Menschen); Acta Apollonii 5 („alle die Gedanken der Menschen"); Clem Rec 1,33,1 (Herzen und Vorhaben); 1 Clem 21,9 („Gedanken und Begierden"):

des Menschen, sondern um das, was er in der Vergangenheit angerichtet hat, oder um das, was nicht öffentlich war. „Herz" steht entweder für das nicht mehr Sichtbare, restlos Entschwundene, was doch zum Täter gehört, oder für das Böse, das er (sehr bewußt, nur geheim, ohne Sichtbarkeit nach außen) sinnt und plant. Bestenfalls ist es seine (ihn umgebende) Tatsphäre[28].

Diese Beobachtung ist ein Warnsignal für jede zu schnelle Inanspruchnahme des Begriffes „Herz" für unsere Frage ausschließlich nach dem Innenraum oder gar nach dessen nicht bewußter Seite. Es steht in Texten der hier genannten Art für die Summe des mit einer Person verbundenen Unsichtbaren, nicht für Stockwerke in der Seele.

6.4 Eine antike Theorie über das Unbewußte wäre irgendwie Widerspiegelung einer Erfahrung, die etwa nach diesem Muster abgelaufen wäre. Die Belege nötigen aber eher zur Rekonstruktion antiker Modelle als zur Anwendung eines modernen Schemas.

Begründung: a) Die moderne Theorie des Unbewußten frappiert durch ihre Einfachheit; dieser verdankt sie auch ihren Siegeszug. Jedoch bleibt sie eine Theorie des 19. Jahrhunderts und ist selbst ideologiekritisch zu befragen. Denn als Theorie spiegelt sie typische Erfahrungsweisen des 19.Jh[29].

b) Was wir unter dem „einen Hut" des Unbewußten meinen zusammenfassen zu können, stellt sich für die Antike in Gestalt mehrerer und anders wahrgenommener Zusammenhänge dar. Schon hier kann gesagt werden, daß die Rede vom Unbewußten eine Auffassung von Seele voraussetzt, die so den judenchristlichen Verfassern des Neuen Testaments nicht eigen war.

---

[28] Das Herz wird dabei genannt im Sinne der persönlichen Verantwortlichkeit und der Instanz für Haftbarkeit. Es ist der Angelpunkt auch für die aus der Tat folgende Vergeltung. Das Jesuswort „Wo dein Schatz ist, dort ist auch dein Herz" weist in die Richtung des himmlischen Schatzes (Vorrat von Taten; eine Art himmlisches Konto).- Eine Analogie zu dieser neutestamentlichen Vorstellung liegt in ägyptischen Gerichtsvorstellungen vor (J.Aßmann, Heidelberg, mdl. am 11.11.90): Nicht die „Seele", sondern das Herz des Menschen ist schuldfähig und haftbar.

[29] Hier ist auf folgende Faktoren zu verweisen: a) die Bedeutung des romantischen Irrationalismus für die Entstehung der Theorie des Unbewußten; b) der konsequente Einsatz der Naturwissenschaft auch in der Domäne der „Dichter"; c) die bedeutende hermeneutische Funktion der Kategorie der Verdrängung innerhalb der Krisen des Bürgertums im 19.Jh. Gerade die Theorien über den Zusammenhang von Unbewußtem und konfliktreichen Spannungen sind im Blick auf die Entstehung dieser Fragen im 19.Jh. geradezu verräterisch.

Denn das menschliche Seelenleben wird dort nicht mit Bewußtheit zusammengebracht, so daß das Korrelat des Unbewußten nicht denkbar ist. Das gilt erst recht vom „kollektiv Unbewußten" und ähnlichen Theorien. Denn die Rede von Kollektivität setzt ja Individualität voraus, die aber in unserem Sinne hier noch nicht gegeben ist.

c) Für den Fall, daß die Antike hier etwas gar nicht wahrgenommen hat, was erst heute in den Blick käme oder zu erklären wäre, gälte eben das besondere Anliegen einer „historischen Psychologie". Wahrscheinlich ist von vornherein, daß „das Fell anders verteilt" worden ist, wenn es denn überhaupt dasselbe Fell war.

d) Wenn die Theorie des Unbewußten so etwas wie einen Zugriff auf den Innenraum des Menschen verspricht, ist allererst zu fragen, ob es diesen Innenraum überhaupt gibt, bzw. ob man von diesem Innenraum wirklich unter Absehen von der Erfahrung der Betroffenen reden kann. Das betrifft insbesondere den Bereich der Religion, der wohl mit Sicherheit viel zu schnell als ein „innerer" Sachverhalt abgestempelt wird. Mir scheint, daß weniger zweifelhafte Größen wie Gedächtnis, Assoziation, Konnotation und die Lehre von den Affekten, Größen also, die so oder ähnlich teilweise auch der antiken Psychologie geläufig sind, dem Erfordernis der Nachprüfbarkeit eher genügen könnten.

6.5 Auch eine moderne Theorie der bildlichen Rede ist nicht zwingend auf die Theorie des Unbewußten angewiesen
Nach modernen Theorien wird Unbewußtes insbesondere bei Produktion und Rezeption bildender Kunst aktiv. Ist das Zeitlose im Bildgedächtnis dem Unbewußten zuzuschreiben?
Da wir im Neuen Testament lediglich bildhafte Rede aufweisen können, ist nach der Bedeutung der Theorie unbewußter Bilder für diesen Zusammenhang zu fragen.
Aber: Ist die Wahrnehmung der Zeichen der Kunst einfach mit dem Hinweis auf Unbewußtes erklärt? Sind nicht eingeprägte Grunderfahrungen – zumeist alltäglicher Art – die Basis für das Sich-Wiedererkennen in der Metapher, die durch ihre Existenz dann auch das Alltägliche neu erschließt? Reichen nicht die Annahmen des Wiedererkennens von Grunderfahrungen und der Bündelung von Erfahrungen in Metaphern hier aus?

6.6 Die biblischen Träume und Visionen, Himmelsreisen und Unterweltsreisen sind ein besonderes Thema biblischer Psychologie. Daß sie nach dem Selbstverständnis der Zeugen gerade nicht den menschlichen Innenraum erschließen, ist beim Vergleich mit modernen Theorien nicht zu vernachlässigen.

Diese Perspektive ist zur Beurteilung nicht unwichtig: Ob man das, was man erfährt, als Explikation des eigenen Inneren oder einer wie immer gearteten Transzendenz wahrnimmt, ist sachlich von größtem Gewicht. Offenbar gibt es Erfahrungen der „Wanderung", des Immer-weiter-Schreitens, und zwar in Himmel und Unterwelt hinein. Die moderne Psychologie deutet dieses als Eindringen in die Tiefe der Seele. Sind solche Texte biblisch, so scheiden sich an der Beantwortung dieser Frage kurioserweise „Moderne" und „Fundamentalisten". Denn die Modernen können nur als Tiefe der Seele ansehen, was die Fundamentalisten als transzendente Räume erfassen. Im Sinne historischer Psychologie sollte man zunächst darauf dringen, beides, die modernen Erfahrungen einerseits und die vorneuzeitlichen andererseits, nicht gleichzusetzen (Vgl. Weiteres unten in § 7.4).

6.7 Es ist grundsätzlich problematisch, bei Texten (!) mit einer Tiefendimension jenseits des Intendierten zu rechnen, die sich nur der Lektüre „gegen den Strich" erschließe.
Zweifellos hat die Willkür oder hat das hermeneutische System, von denen man sich zu Aussagen gegen den Strich des Textes verleiten läßt, etwas Imposantes, zumal wenn nachher alles „stimmt". Doch: *vestigia terrent*. Solange der nähere oder weitere (historische und literarische) Kontext eine Auslegung gegen den Strich nicht wirklich nahelegt, bleibt sie interessante Spekulation.
Gerade die heute verbreitete Methode, nach dem Unbewußten zu fahnden, führt möglicherweise an neutestamentlichen Texten in eine Sackgasse. Denn wenn Unbewußtes sich gewissermaßen per definitionem „unwillkürlich" äußert und nur jenseits der direkten Intention artikuliert wird und greifbar ist, führt das anhand antiker Texte dazu, das „Eigentliche" irgendwo hinter oder neben den Textsinn zu suchen; derartige Anliegen wurden nun aber schon von allegorischer und existenzialer Interpretation ohne Überzeugungskraft durchgeführt. Denn sie führen dazu, daß dem Text etwas untergeschoben wird – das Dilemma bei der Frage nach dem Unbewußten besteht darin, daß es sich im Text selbst gar nicht oder nur in ganz anderer Gestalt äußern darf. Im Unterschied zur „unwillkürlichen" Bewegung, die jemand beim Reden macht, den wir dabei beobachten können, liefert uns der schriftliche Text nur eine einzige Dimension, an die wir uns halten können und müssen. Besonders problematisch wird das Fragen nach dem Unbewußten, wenn auch der Kontext keine Anhaltspunkte liefert.
So ist bekannt, daß in 2 Kor die Größe „Gesetz" keine Rolle spielt. Gleichwohl (oder gerade deshalb) geht G.Theißen bei seiner psychologischen Interpretation dieses Textes davon aus, daß sich hier biographisch

bedingte unbewußte Probleme des Paulus äußern, und zwar sein Verhältnis zum Gesetz: Schon die Decke, von der die Rede ist, sei ein „Symbol einer Grenze zwischen Bewußtem und Unbewußtem" (a.a.O., S.129), und die Decke verhülle dabei „die aggressive Macht des Gesetzes" (S.153), „Die verborgene Aggressivität des Gesetzes wird offenbar", seine Schattenseiten mußten dem Bewußtsein durch eine Hülle entzogen werden (S.149). Wenn nun die Hülle fällt, so gilt: „Jene Aspekte des Überichs, die sich dem Bewußtsein entzogen hatten und den Menschen durch ihre archaische Strenge peinigten und einengten, treten ans Licht" (S.149). Diese Postulate und Behauptungen sind dadurch schwierig, daß sie per definitionem unwiderleglich sind.

6.8 Vor allem die Theorie C.G.Jungs orientiert sich großenteils an einem Rückgriff auf die Resultate der frühen „religionsgeschichtlichen Forschung", die inzwischen methodisch überholt sind. Das sollte bei der Diskussion um das wissenschaftliche Fundament dieser Theorien beachtet werden.

Die frühe religionsgeschichtliche Forschung neigte zu methodisch unkontrollierten Vorgehensweisen, die sich dann auch in der Verarbeitung in der Psychologie wiederfinden. Dazu gehört insbesondere, daß man abstraktiv gewonnene generelle Typen oder Phänomene dann wieder zur argumentativen Erklärung von Einzelbefunden verwendet hat. Am Beispiel des umstrittenen Typus *theios aner* läßt sich dieses für die Exegese der Evangelien dokumentieren; denn zur sekundären Erklärung von Einzelphänomenen eignet sich dieser Typus nicht. So ist etwa die Judaserzählung nicht daraus kausal zu erklären, daß der „göttliche Mann" Gegenspieler hat. Auf die Psychologie angewandt: Ein bestimmtes Verhalten ist nicht daraus abzuleiten, daß es diesen oder jenen Archetyp oder ein bestimmtes Verhaltensmuster gibt, nach denen alles „so kommen mußte".

6.9 Eine „Bereinigung" des Verhältnisses zwischen Psychologie und historischer Forschung[30] sollte folgendes beachten:
a) Es gibt in der psychologischen Forschung Ansätze zu geschichtlicher Betrachtungsweise und zur Einführung temporaler Dimensionen. So wird von der historischen Entwicklung des Bewußtseins gesprochen: Man unterscheidet Vorzeit und Moderne und kennt regressive Tendenzen.

---

[30] Dankbar verweise ich hier auf Anregungen durch ein Referat von Carsten Colpe auf einem Treffen des Religionswissenschaftlichen Arbeitskreises in Heidelberg am 9./11.11.1990 unter dem Titel „Archetyp und Prototyp. Vorschläge zur Bereinigung des Verhältnisses zwischen Tiefenpsychologie und Geschichtswissenschaft".

b) Ein Weg zur Annäherung beider Disziplinen sind nach C.Colpe Vergleiche zwischen Archetyp („was typisch innen ist") und Prototyp („das in der Geschichte zuerst gegebene Außen"). Was der Historiker als Prototyp ermitteln kann, könnte der Psychologe als Archetyp interpretieren[31], so daß an dieser Stelle ein Brückenschlag möglich wäre. Dabei ist zu beachten, daß auch bereits die Prototypisierung ein Interpretationsvorgang ist.

c) In jedem Falle dürfte zumindest eine Kooperation angebracht sein. Dabei müßte wohl die Arbeit des Historikers vorangehen, so daß der Psychologe nicht Aussagen ohne historisches Fundament machen müßte. Eine Gelegenheit für den Psychologen wäre es, historische Befunde zu interpretieren.

Alle Bedenken indes, die gegenüber der Verwendung kompakter moderner Humanwissenschaften bezüglich exegetischer Befunde bestehen, gelten auch hier. Denn mir will scheinen, daß insbesondere die deutsche Exegese und Hermeneutik noch immer im übermächtigen Schatten des Programms R.Bultmanns und seiner Schüler und Enkel steht. Bezüglich der kaum reflektierten Anwendung solcher wissenschaftlicher Regelsysteme auf historische Befunde hat man, so weit ich es beurteilen kann, aus den Erfahrungen mit der „wissenschaftlichen" Anthropologie M.Heideggers noch nichts gelernt. Der Ersatz von (philosophischer) Anthropologie durch Psychologie ist noch kein hermeneutischer Gewinn[32].

Bestenfalls im Sinne gegenseitiger Anfragen, die mit äußerster Vorsicht und Sensibilität zu handhaben wären, kann ich mir hier einen interdisziplinären Dialog vorstellen, nicht aber als „Methode", noch viel weniger als die von Theologen gern gehandhabte platte Identifizierung.

7 Zusammenfassung und Ausblick

Historische Psychologie des Neuen Testaments fragt nach den menschlichen Erfahrungen im Zeugnis der Schrift. Historische Psychologie ist damit die wissenschaftlich-kategoriale Antwort auf die hermeneutische Erkenntnis der Bedeutung menschlicher Erfahrung in der Theologie. Nur ging es mir gerade darum, die Rede von solcher Erfahrung nicht im Pau-

---

[31] So könnte es sein, daß für einen Menschen die eigene Mutter, die erste Frau, die er kennenlernte, der Prototyp für alle weiteren Frauen wird, die ihm begegnen. Wird das generell konstatiert, so ist eine große Nähe zur Vorstellung vom Archetyp gegeben.

[32] Vgl. Dazu auch: K.Berger, Exegese und Philosophie (SBS 123/24), Stuttgart 1986, S. 185-188.

schalen und im Ungefähren zu belassen, sondern Strukturen der Erfahrung aufzudecken bei der Unterscheidung von Einst und Jetzt, Damals und Heute. Es geht ganz schlicht um die Frage nach der Erfahrung von Menschen als einer Basis biblischer Aussagen. Applikation biblischer Texte ist unter diesem Aspekt ein Vergleichen von Erfahrungen[33].

Diese Erfahrungen sind vor allem durch Vergleichen von Texten zur Ermittlung der jeweiligen Zuspitzung der Tradition zu erforschen. Es geht dabei um nichts Geringeres als um die sorgfältige Rekonstruktion der Selbst- und Welterfahrung. In der Bibel geht es um andere Menschen, und daher hatten sie einen anderen Zugang zur Botschaft als wir. Historische Psychologie legt diesen Zugang frei.

Die Rolle, die etwa das Sich-Rühmen (Stamm kaucha-) in der paulinischen Theologie spielt, macht deutlich, in wie hohem Maße Paulus nun auch explizit die verschiedenen Seelenschichten seiner Hörer bedenken kann.

Nach allem, was wir bisher ahnen können, ist die biblische menschliche Erfahrung weniger spiritualisierend, weniger individualistisch, nicht dichotomisch (Leib/Seele) und nicht diffus-gefühlig.

---

[33] Vgl. K.Berger, Hermeneutik des Neuen Testaments, Gütersloh 1988, S.317.

§ 3 Identität und Person

1 Bedeutung der Fragestellung

Bei der Frage nach Identität und Person geht es um den Träger des seelischen Lebens, um die Konstante in der Abfolge psychischer Wahrnehmungen und Äußerungen. Dieser sich durchhaltende Bezugspunkt wird nun im Neuen Testament weitaus anders wahrgenommen als bei uns. Welche enormen Schwierigkeiten das neutestamentliche Denken hier bereits der Alten Kirche bereitete, davon zeugt die Entwicklung der christologischen bzw. trinitarischen Lehraussagen. Denn diese sind weitgehend nichts anderes als der Versuch, die neutestamentlichen Auffassungen mit Hilfe griechischer und lateinischer Begrifflichkeit zu erfassen – ein Unternehmen, das Jahrhunderte dauerte und an dessen Ende erst die Entfaltung des abendländischen Personbegriffs steht. Für das, was wir heute unter Person verstehen, ist mithin die Diskussion über die trinitarischen Fragen konstitutiv gewesen[1]. Am Anfang dieser Aussagen stehen die biblischen Texte mit ihren meist knappen Formulierungen über Christus und Christen. Es wäre nun freilich verhängnisvoll, wollte man die neutestamentlichen Aussagen einfach in eine Linie mit den altkirchlichen stellen und sich vormachen, sie seien so etwas wie ein unentfaltetes Stadium des Späteren, welches sich nurmehr als konsequentes Durchdenken vom Früheren unterscheide. Vielmehr sind die neutestamentlichen Vorstellungen von seelischer Identität offensichtlich durchaus in sich stimmig, nur sind sie von den späteren und von unserer Auffassung grundverschieden. Das Problem wird etwa deutlich, wenn man nach dem Verhältnis des präexistenten Logos (Joh 1,1; Kol 1,15) zum irdischen Jesus (Joh 1,14; Kol 1,17) „naiv" fragt: Ist Jesus als Geist oder als Seele schon vorher da? Nimmt man sein Menschsein wirklich ernst, wenn man nur eine bereits fertige Seele in einen menschlichen Leib einziehen läßt? Und wie ist es, nun auf den Christen bezogen, wenn Paulus vom „Christus in mir" redet – hat dieser dann das Ich verdrängt, so wie der Logos vielleicht das menschliche Ich Jesu? Beim Aufgreifen dieser Fragen geht es uns jetzt nicht um eine Klärung der Christologie, sondern um die Weise, in der im Rahmen der neutestamentlichen Offenbarung das Ich des Menschen erfahren wird[2].

---

[1] Vgl. dazu besonders: W.Pannenberg, Christologie 1969, passim.
[2] Umgekehrt müßte man natürlich auch fragen: In welcher Beziehung steht etwa die Ausbildung vermittelnder Instanzen zwischen Gott und Welt (Weisheit, Logos, Nous, Erzengel, „Sohn" und „Tochter" Gottes, Memra, Schekinah, Schöpfungsmittler) zur Auffassung und damaligen Erfahrung von der psychischen Struktur des Menschen?

Im ganzen gewinnt man den vorläufigen Eindruck, daß im Unterschied zu unserem geläufigen Personbegriff (Person als strikt abgegrenztes, einmaliges Wesen) die Abschottung nach außen hin beim biblischen Konzept weniger ausgeprägt ist.

2 Ausgangsfragen

2.1 Wer ist Person?

Die Frage, wer überhaupt Träger seelischen Lebens ist, wird vom Neuen Testament anders beantwortet als von uns. Als Personen bezeichnen wir im allgemeinen nur Menschen. Das Judentum zur Zeit des Neuen Testaments dagegen geht davon aus, daß alle Bereiche der Schöpfung personal verwaltet werden[3], und auch das Neue Testament rechnet unbefangen mit der Personhaftigkeit von Engeln und Dämonen, Gottes und des Teufels (Satans). Hier liegen demnach andere Kriterien als bei unserem Personbegriff vor. Bei uns kommt es auf biologische (Mensch) und biographische Identität an; sie äußert sich darin, daß man ein Ausweisdokument zur Verifizierung dieser Identität erhalten kann. Für jüdische und neutestamentliche Auffassung dagegen ist Person alles, was

a) durch Worte erreicht werden kann und ansprechbar ist (die Engel vollziehen Gottes Befehl),
b) selbst Stimme hat und zu Gott oder Menschen reden kann[4],
c) einen Willen hat und damit in bestimmtem Sinne eigenständig (und unberechenbar) ist, weil es (eigenverantwortlich) handeln kann,
d) einen Namen hat.

---

[3] Nach Jub 2,2 und Analogien in Hen(äth) sind Engel über die verschiedenen Bereiche der Schöpfung gesetzt, vergleichbar modernen Fachministern.

[4] In den unter a) und b) genannten Bereichen gibt es bisweilen die Auffassung, daß Engel andere Sprache(n) haben (Sprachen der Engel); von daher gibt es dann Übersetzungsprobleme; aber diese sind natürlich nicht unüberbrückbar, auch der Mensch kann in ihnen Kompetenz erwerben oder verliehen bekommen (1 Kor 13,1). - Nach mittelalterlicher Auffassung haben die Glocken, da sie eine Stimme haben, auch eine Art Personalität: Sie werden auf einen Namen „getauft" und treten mit ihrer Stimme auch fürbittend bei Gott ein. Ihr Gebet ist als Glockeninschrift formuliert (z.B. in der oft belegten Inschrift „o rex gloriae Christe, veni nobis cum pace").

Es fällt auf, einen wie hohen Stellenwert die Sprachlichkeit hat[5]; die Analogien zeigen, daß personhaft daher alles gedacht wird, was „vom Menschen an aufwärts" (in einer hierarchisch gedachten Schöpfungsordnung) existiert. – Ein Personbegriff fehlt; das Wichtigste ist wohl der Name, den ein Wesen erhalten kann, wenn es die unter a) – c) genannten Kriterien erfüllen kann. Nicht die bloße Machterfahrung (am nächsten kommt in dieser Hinsicht c), sondern die Fähigkeit, Ordnung selbst, wenn auch im Nachvollzug, hervorzubringen (als Sprache oder als Gehorsam), macht hier so etwas wie Personen aus.

Resultat: Ein definierter Personbegriff fehlt; die wichtigste Analogie zu Person ist der Name. Die Kriterien dafür, wann ein Lebewesen einen Namen erhalten kann, können nur aus einer Fülle von Paralleltexten erschlossen werden. Wo wir mit Hilfe unseres Personbegriffs abgrenzen, steht hier wohl die Fähigkeit, Ordnung zumindest zu reproduzieren.

Wir unterscheiden hinfort zwischen dem Ich des Menschen (die gesamte Person wie sie zu einem gegebenen Zeitpunkt leibhaftig existiert) und dem Selbst als dem Bezugspunkt aller Ich-Aussagen, als transzendent gegenüber dem empirischen Ich[6].

2.2 Wie individuell ist eine „Person"?

Für unsere Vorstellungen ist eine Person spätestens seit der Diskussion über Menschenrechte in der Aufklärung mit bestimmten Rechten ausgestattet (die Verfassung der USA nennt sie), die eine Art „Hof" um die einzelne Person garantieren; diese Rechte gewähren ein Minimum an Lebensraum, und dieses dient nach üblichen Vorstellungen der Entfaltung der Individualität mit ihren Eigenschaften, Neigungen und Begabungen. Individuell ist zumindest die Biographie jedes einzelnen (überdies sind Fingerabdruck und Genbestand individuell). Sie vor allem begründet den je eigenen „Charakter".

---

[5] Vgl. dazu WeishKairGen (ed.K.Berger, 1989) 10,19 nach Aufzählung der fünf Sinne in 10,18, die bei allen Lebewesen zu finden seien: „Diesen vorzuziehen ist die Rede der Lippen. Sie findet sich nur beim Menschen". Nach Philo, Opif 69 steht an dieser Stelle der Geist (Nous, Spitze der Seele) des Menschen. In diesen Texten wird der Mensch nach unten hin abgegrenzt: Von den sonstigen Lebewesen (Tieren) unterscheidet er sich so. – Die Beziehung zwischen Vernunft und Rede kommt auch in der Konvergenz von Logos und Nous in der Mittlerspekulation zum Ausdruck.

[6] Vgl. dazu: S.Vollenweider, Freiheit als neue Schöpfung. Eine Untersuchung zur Eleutheria bei Paulus und in seiner Umwelt, Göttingen 1989, 64-67 „Vom Ich zum Selbst". Im Rahmen antiker Reflexion hat das Selbst eine bestimmte Chance zur Freiheit gegenüber dem Ich.

Für biblisches Denken ist diese Bestimmbarkeit der Einzelperson durch Abgrenzungen nicht gegeben. Die Schwelle zu anderen liegt weitaus niedriger; Charakter und Biographie werden nur bei bedeutenden Menschen als individuell vorgestellt (daher gibt es „Lebensläufe" nur für Politiker, Heerführer, Propheten und Philosophen)[7].
Häufig gewinnt man den Eindruck, daß dem einzelnen wirklich individuell nichts als seine Eltern und Geschwister sowie sein Name bliebe. Dieses alles aber sind Fremdbestimmtheiten, die überdies keiner Entwicklung unterliegen. Hier jedenfalls scheint mir die soziologische und aus der alltäglichen Erfahrung der Familie erklärbare Basis für die große Rolle der Fremdbestimmtheit der „Person" auch im Neuen Testament zu liegen. Dieser Aspekt wird uns noch beschäftigen.

3 Die Substanz einer Person kann wiederkehren

Judentum und Neues Testament kennen Formlierungen, wonach eine frühere Person in einer späteren wiedergekehrt ist. Es werden so bestimmte Erfahrungen artikuliert, die mit der späteren Person gemacht worden sind. Aber daß sie gerade so formuliert werden, hat zweifellos eine große Bedeutung für die Auffassung persönlicher Identität im Horizont von Offenbarung.

3.1 Die Textbelege
a) Mk 9,13 (über Jesus oder den Täufer) „Elia ist gekommen, und sie haben ihm getan, was sie wollten"
   par Mt 17,12f „Elia ist schon gekommen, und sie haben ihn nicht erkannt... da verstanden seine Jünger, daß er ihnen etwas über Johannes den Täufer gesagt hatte".
b) Mk 8,28 (auf die Frage Jesu an die Jünger „Wer sagen die Menschen, daß ich es bin?") „...Johannes der Täufer und andere: Elia, andere aber, daß du einer der Propheten (bist)"
   par Mt 16,13 „Johannes der Täufer, andere aber: Elia, andere aber: Jeremia oder: einer der Propheten".

---

[7] Hier ist ein Hinweis auf die formgeschichtliche Diskussion angebracht, vgl. dazu A.Dihle, Evangelien und die biographische Tradition der Antike, in: ZThK 80 (1983) 3-49 und K.Berger, Formgeschichte des Neuen Testaments, Heidelberg 1984, S.346ff.- „Biographie" ist keine fixierte antike Gattung; unter den Gattungen ist das Enkomion (Lobrede) verwandt. Selbstverständlich gibt es Enkomien nur von bedeutenden Persönlichkeiten.

c) Mk 6,14f „Und sie sagten, daß Johannes der Täufer aus Toten auferweckt worden ist...., andere aber sagten, daß er Elia ist, andere aber sagten, daß er Prophet wie einer der Propheten ist" (als Reaktion auf die Vervielfältigung der Taten Jesu durch die Jünger nach Mk 6,13) par Mt 14,2 „Dieser ist Johannes der Täufer. Er wurde auferweckt von den Toten, und deshalb wirken die Kräfte in ihm".

d) Lk 1,17 (von Johannes d.Täufer) „Er wird einhergehen vor ihm (sc. vor Gott) in Geist und Kraft des Elia, zu bekehren die Herzen der Väter zu den Kindern".

e) Philo, Abr 113 (von Sara) „...eine andere Vorstellung bekam sie von den erschienenen (Fremdlingen), eine würdigere, nämlich die von Propheten oder Engeln, die aus geistigem und seelenartigem Sein in menschenähnliche Gestalt sich verwandelt hätten".

3.2 Auswertung

In den genannten Texten werden anläßlich der Frage der theologischen Identität einer Person sehr verschiedene Vorstellungen lebendig:

I. die schlichte Identifikation: Johannes d.T. (oder auch Jesus) ist Elia, so die Texte unter a) und b). Ähnlich auch Joh 1,21 (Frage an Johannes „Bist du Elia?"). Von den unter c) genannten Möglichkeiten fällt unter diese Kategorie der Satz „Er ist Elia" (so auch Lk 9,8 „Elia ist erschienen").

Wahrscheinlich sind unter dieser Kategorie auch Ansprüche wie Mk 13,5 („... werden kommen in meinem Namen und sagen: Ich bin es") einzureihen: Es geht um eine mögliche Auffassung vom wiedergekommenen Christus; er soll, was Mk abweist, wiederkommen als ein anderer Mensch[8]; Mk selbst erwartet dagegen die Wiederkunft Jesu ganz anders: als die des Menschensohnes vom Himmel.

Hier unter I geht es demnach überall darum: Ein namentlich und biographisch durchaus bekannter Mensch (Jesus, Johannes) ist in Wahrheit ein anderer, der seine theologische Identität ausmacht. Die Kategorie des „Wiederkommens" wird so gedacht worden sein.

II. an die Stelle der Identifikation tritt eine Deutung: Nach d) „ist" Johannes nicht Elia, aber er geht in dessen „Geist und Kraft" einher; auch schon in 2 Reg 2,9f ist der „Geist" des entrückten Elia die Gabe

---

[8] Es muß sich daher bei den in Mk 13,5f genannten Menschen keineswegs um böswillige Verführer handeln, vielmehr kann es durchaus um Christen gehen, die die religionsgeschichtliche Kategorie neu verwenden, die in der christologischen und täuferischen Diskussion, von denen die vier Evangelien zeugen, bereits eine wichtige Rolle gespielt hatte.

an seinen Nachfolger und Repräsentanten Elisa. – Ähnlich auch Mt 14,2 in c): Das Wirken der Kräfte in Jesus führt zu der Annahme, er „sei" der „auferweckte" Täufer.

III. Nach e) haben Propheten (oder Engel) lediglich einen neuen Leib angenommen. Verwandt ist die Vorstellung, daß der – unter anderem Namen (!) – Wiederkehrende zwischenzeitlich entrückt war, so in Ps.-Philo, AntBibl 48,1 (Pinchas kehrt als Elia wieder und dann noch einmal am Ende der Zeit).

IV. Die Auferweckungsvorstellung dient als Brücke: Offenbar konnte eine Person x (Johannes d.T.) als eine andere Person (Jesus v.Nazareth) auferweckt werden, so unter c). So auch Lk 9,8 („einer der alten Propheten ist auferstanden").

In verschiedenen Variationen zeigt sich daher in diesen Texten die Auffassung, daß in einer Person eine andere wirken kann, die sie ausmacht und die ihr Wesen ist. Dabei muß man hier nun wohl unterscheiden zwischen der zugrundeliegenden Erfahrung und der jeweils gegebenen Deutung. Die zugrundeliegende Erfahrung kommt am ehesten wohl in II zum Ausdruck: Es geht um das Charisma, den Geist oder die Kraft (in Mk 6,13f konkret um eine Fülle von Wundertaten), die in einem Menschen wirken und nach einer Deutung verlangen. Die Deutung wird nun auf dem Wege der Neu-Identifikation versucht: Der so wirkt, „ist" ein anderer. Lk 1,17 entmythologisiert bereits: Der Täufer „ist" nicht Elia, sondern es wirken die Kräfte des Elia in ihm; aber mit dieser Interpretation liefert Lukas uns wohl den richtigen Schlüssel zum Verständnis des Ganzen: Zur theologischen Neu-Identifikation (gegenüber der bekannten bürgerlichen Identität) kommt es, weil eine intensive Erfahrung von Kraft gemacht wird. Diese Erfahrung wirft ein Rätsel auf: Was ist das?

Es wird dabei nun nicht der Weg der „Inspiration" beschritten, der später zumeist üblich wurde, etwa in dem Sinne, daß Gott dem Betreffenden seine Kraft und seinen Geist verliehen hätte, – von Gott ist vielmehr überhaupt nicht die Rede (nur indirekt in den Auferweckungsaussagen, die aber nur einen Sonderfall darstellen). Vielmehr wird eher ein geschichtsimmanentes Wandern der Elia- oder Täufer- oder Jesus-Substanz angenommen. Ihre Kraft und ihr Geist treten einfach erneut auf, kommen wieder. Der Ausdruck „Substanz" wird dabei unbelastet von philosophischer Diskussion gebraucht, und zwar im Sinne eines Potentials, einer Kraft, die in verschiedenen Menschen sein kann, offenbar nicht nur jeweils in einem (Mk 13,6), die auch nicht immer nur nach ihrem ersten Träger benannt ist (in Ps.-Philo, Ant Bibl 48,1 wird Elia nicht der wiederkommende Pinchas genannt).

Bemerkenswert ist noch die Formulierung in Mk 6,14: Weil Johannes von den Toten auferweckt ist, wirken die Kräfte „in ihm", entweder in dem als

Jesus wiedergekommenen Johannes oder einfach in Jesus. Bedenkt man, daß vom Täufer kein Wunder erzählt wird, dann liegt hier die Auffassung vor, daß erst die Auferweckung gewissermaßen die Schleuse für das Wunderwirken (in anderen) öffnet (vgl. auch Joh. 14,12).

3.3 Fazit

Bei prophetischen Gestalten gibt es neben der bürgerlichen Identität eine theologische (Muster: Johannes „ist" Elia). Der Kern der Vorstellung ist, daß es sich dabei um eine wiederkehrende Substanz handelt. Beide Identitäten schließen sich nicht gegenseitig aus. - Wir fragen: Was für eine Erfahrung des Selbst liegt zugrunde, wenn ein anderer Mensch (Elia) den Täufer ganz „ausmacht"? - Die Antwort: Offenbar geht es um eine Erfahrung des Selbst, bei der dieses nicht individualistisch gedacht ist wie bei uns, sondern im Gegenteil: Gerade eine absolut wichtige Person ist nicht sie selbst (aber auch nicht Gott), sondern ein anderer wichtiger Mensch der Vergangenheit. Die Wurzel dessen, was dann auch als Typologie zum Ausdruck kommt[9], ist daher eine Art der Erfahrung des Charismatikers durch die Menschen, denen er begegnet. Je wichtiger er ist, um so intensiver wird er als ein anderer erfahren, und zwar als einer, in dem die Substanz einer vergangenen prophetischen Figur lebendig ist. Sein bürgerliches Ich und der Name, den seine Eltern ihm gaben, werden marginal gegenüber dem anderen Propheten, der er ist.

Uns ist heute solches höchstens in entfernten Analogien als pathologisch geläufig[10]. Im übrigen ist für uns heute je bedeutsamer jemand ist, er um so mehr er selbst, ein Großer, so daß er am Ende ein Denkmal verdient. Der Blick auf Paulus wird uns zeigen, daß dort nahe Verwandtes begegnet, nunmehr auch als Erfahrung des Selbst im Ich-Stil.

---

[9] Vgl. die paulinische Konzeption von Christus als dem neuen Adam in Röm 5 und besonders in 1 Kor 15 und die typologische Funktion von Elia- und Elisa-Wundern in der synoptischen Tradition.

[10] Ich verzichte ausdrücklich auf eine Erörterung der Frage, ob im Bereich der psychischen Krankheiten heute (der Irre x glaubt, Napoleon zu sein) sich entfernt Verwandtes zu diesen neutestamentlichen Phänomenen findet; darüber gibt es eine Reihe medizinischer Dissertationen und Gutachten aus dem Anfang des Jahrhunderts, zu denen auch die med. Dissertation Albert Schweitzers gehört. Ich halte die Möglichkeiten, solche Vergleiche durchzuführen, für sehr begrenzt. Immerhin kann man wenigstens versuchsweise erwägen, ob nicht heute eine Erfahrensweise in den Bereich der Krankheit abgedrängt ist und sich nur noch dort findet, die ehedem eine religiös legitime sein konnte. Der Irre vollzöge eine Fremdidentifikation mit einem Großen ohne Grund – und in neutestamentlichem Denken hätte es eben auch den gegenteiligen Fall „mit Grund" gegeben.

4 „Christus lebt in mir"

Was in den Evangelien auf die Fragen nach der Identität Johannes des Täufers und Jesu beschränkt ist, gilt bei Paulus ganz allgemein für die Erfahrung des Selbst der Christen. Während bei uns fast der Grundsatz „my ego is my castle" herrscht, ist für Paulus der Christ per se der von Christus ganz und gar Erfüllte.

4.1 Zu Gal 2,20a
„Es lebe aber nicht mehr ich, sondern es lebt in mir Christus". Dieser Satz wirft, wenn man sich dazu entschließt, ihn nicht als fromme Formel einfach zu „schlucken", eine Reihe von Fragen auf: Wie ist der Christus da hineingekommen? Welches Ziel hat sein Leben in mir? Wie verträgt sich mein Ich mit ihm, ist es ganz verschwunden? Was sagt mir der Christus „in mir"? welche Erfahrung von Lebendigsein liegt da zugrunde? Wie verhält sich das von Paulus Gemeinte dazu, daß wir heute bestenfalls ein „Es" neben uns in uns wahrnehmen – aber doch kein anderes Ich? Wirkt Christus als „Es" in mir? Man bedenke: Es geht um das Zentralste, um das Lebendigsein selbst, nicht nur um Denken oder Sprechen.

4.1.1 „... lebt in mir"
Leben ist der größte Wert, das Grundlegende. Der Lebendige in mir ist jemand anders. Leben ist die Kraft zu allem Tun, der Grundimpuls. Er ist das Kraftzentrum in mir. Er ist das, was lebt an mir und in mir, alles andere, alles Alte ist tot.- Während für uns Leben vor allem durch Bewegung gekennzeichnet ist (Wachstum etc.), ist für Paulus Lebendigsein Bedürftigkeit, Wollen und Handeln[11]; damit ist für Paulus wohl der Bezug zum Netz der Gerechtigkeit[12], zum Handeln stärker als bei uns, die wir bei Leben vor allem an „Atmen" denken.

4.1.2 Was geschieht mit dem menschlichen Selbst?
Aber das Selbst bleibt erhalten: Paulus redet weiterhin im Ich-Stil. Das Selbst ist nicht ausgelöscht. Doch man gewinnt den Eindruck, es sei bis fast zum bloßen Namen hin verflüchtigt. Eine gute Analogie ist wohl die Vorstellung von der Taufe in Röm 6,3-11: Der Getaufte ist gestorben und hat seinen alten Leib verloren. Dennoch redet Paulus im Ich-Stil weiter: Das Selbst ist daher über den Tod des Leibes hinweg erhalten geblieben.

---

[11] Vgl. etwa die Folgen der Immanenz der Sünde in mir nach Röm 7,17.20: Sie fordert ihr Recht und will bestimmen.
[12] Etwas „lebt" heißt bei Paulus: Etwas steht aktiv, gehorsam oder widersetzlich in Gottes Ordnung, ist auf sein Lebensrecht, seine Position bedacht.

Es ist sicher nicht nur formaler Bezugspunkt, sondern der „Name" des Paulus. Das Selbst ist daher nicht von einem bestimmten Leib abhängig, wohl aber vom Daß eines Leibes überhaupt (s. zu 4.), weil es ohne Leib unglücklich nackt wie ein Gespenst wäre (2 Kor 5,3b). Auch wenn das Selbst einen neuen Leib bekommt, bleibt es erhalten (1 Kor 15,52f; 2 Kor 5,4).
Daraus folgt: Sowohl beim Sterben in der Taufe als auch beim Innewohnen des Christus in mir als auch bei der Verwandlung des menschlichen Leibes bleibt immer das menschliche Selbst erhalten. Das Ich verflüchtigt sich bis zum bloßen Namen und zur Anwartschaft auf einen Leib.

4.1.3 Durchlässigkeit des Ich

Im Unterschied zu unserer Erfahrung ist das Ich nicht nur für und durch Sinneswahrnehmungen aufnahmebereit (die Sinne als die Tore ist schon eine antike Vorstellung), sondern auch für eine andere „Person" durchlässig und nicht fest abgegrenzt, was zur Immanenz der anderen Person in mir führen kann.

4.1.4 Aufhebung der Differenz zwischen Person und Substanz

Auf dieser Ebene ist nun freilich auf eine bemerkenswerte Weise die für unser Denken selbstverständliche Unterscheidung zwischen Person und Substanz aufgehoben. Es zeigte sich nämlich bereits oben unter 3., daß die Substanz, die wiederkehrt (z. B. Geist und Kraft des Elia) eben nicht völlig apersonal ist, sondern durch den Bezug zu einer Person bleibend gekennzeichnet ist: Es ist nicht eine namenlose Substanz, sondern eben die Kraft des Elia oder es sind die Kräfte des auferstandenen Täufers, die wirken (Mk 6,14), und für Christen ist es der Geist Jesu Christi, der in ihnen wirkt, ein Geist, der durch den Bezug zu Jesus Christus für immer markiert bleibt. Die „Substanz" ist nicht herrenloses sachliches Gut. Von daher ist es auch vorstellbar, daß Gottes Geist personale Züge annahm[13] und daß der Logos schon bei Philo als Hoherpriester oder als „Israel" benannt werden konnte.
Dieser auffällige Tatbestand führt dazu, daß in eng verwandten Aussagen der Christus in mir durch das Pneuma in mir ersetzt werden kann: In Röm 8,9 ist die Rede vom Geist Gottes, der „in euch wohnt", in 8,10 heißt es direkt danach „Wenn aber Christus in euch ist...". In 8,11 heißt dieselbe Größe „Geist Gottes". Von daher ist das „Christus in mir" nicht „nur" metaphorisch gemeint und die Immanenz seines Geistes in mir nicht rein sachlich.

---

[13] Vgl. zu den Ansätzen in Röm 8: Art. Geist, in: TRE 12 (1984) 188,25ff.

Bei dem Versuch, sich diese Aufhebung der Differenz von Person und Sache vorzustellen, ist noch einmal zu bedenken, daß, wie oben (s. unter 2.1) ausgeführt, ein fester Personbegriff nicht vorliegt und daher eine Abgrenzung von dinglich Wirksamem gar nicht möglich gewesen ist. Und wahrscheinlich ist es so, daß, je näher etwas an Gott steht, je „höher" etwas in der Ordnung der Welt plaziert ist, desto weniger eine solche Unterscheidung sinnvoll wird. Im übrigen stößt man bei diesen Überlegungen zwangsläufig auf die neutestamentliche Kategorie der „Kraft" (gr.: *dynamis*).

4.2 „Kraft" als Basis der Christusmystik
Nach unseren Vorstellungen ist das, was von Christus in uns wirksam ist, vor allem sein Wort, oder man spricht von seinen „Ideen". Damit orientieren wir uns an den Sinneswahrnehmungen (Hören). Wo wir dagegen in uns etwas spüren, das stärker ist als unsere eigene Intention, sprechen wir von der Wirkung eines „Es".
Bei Paulus dagegen kann schon Jesus selbst „Kraft Gottes" genannt[14] werden (1 Kor 1,18.24), und weil diese Kraft sachlich und personal zugleich ist, deshalb kann er auch als Kraft in uns wirken (2 Kor 12,9 „Kraft des Christus"). Damit aber schließt sich der Kreis unserer Beobachtungen: Denn nach Lk 1,17 (vgl. zu 3.1) waren es die Kraft des Elia und sein Geist, die so aufgefaßt werden konnten, daß im Täufer Elia selbst wiedergekommen war.
Die Konsequenz ist: Zwischen sachlich gedachter Kraft und Person besteht unter bestimmten Voraussetzungen und in bestimmten Kontexten keine Differenz. Jesus als „Kraft Gottes" ist geradezu Gefäß der Selbstmitteilung Gottes an die Menschen, da diese Kraft Gottes besonders in seiner (und unserer) Auferstehung deutlich wird (Röm 1,4, vgl. 1 Kor 6,14; 15,43 und auch Hebr 11,19; Mk 12,24). So wurde durch die Rede von der Kraft (zusammen mit den Synonyma vom Stamm *energ-* und den Oppositionen vom Stamm *asthene-*) vielerlei erreicht: Die enge Beziehung zwischen Christusgeschehen und Existenz der Christen konnte benannt werden (hier liegt wohl die Basis jeglicher „Christusmystik"), der Charakter des gesamten Geschehens als tatkräftiger Offenbarung Gottes konnte angedeutet werden. Zugleich wurde jegliche Erfahrung mit Christentum (auch die von Wundern als Machttaten wie von Charismen als individuellen Kraftgaben) durch die Opposition Schwäche/Kraft summarisch zusammengefaßt und auf die Überwindung des Todes ausgerichtet.

---

[14] Ebenso heißt aber auch Simon Magus „die große Kaft" (sc. Gottes) nach Act 8,10. Damit aber ist er der (nach diesem Konzept: einzige) Repräsentant Gottes.

Jesus Christus erscheint als Urbild und Anfang, die an ihm sichtbar gewordene Kraft Gottes ist auf Verähnlichung aller an Christus Glaubenden mit ihm ausgerichtet. Vor allem ist mit „Kraft" eine einheitlich wirksame Kategorie gefunden, die Gott, Jesus Christus und die gegenwärtige wie zukünftige Existenz der Christen unter einheitlichem Gesichtspunkt zusammenbindet. In diesem Horizont wird Christusmystik zu verstehen sein[15]. Gottes Kraft ist in dieser Mystik die zugleich personale wie substanzhafte Art der (von Gott durch seine endgültige Offenbarung in Jesus Christus exklusiv vermittelten) Verbindung (oder: Beziehung) von Gott und Mensch.

4.3 Zusammenfassung
Bei Paulus wird die Person (das Ich) als Ort der Wirksamkeit von Schwäche oder Kraft mit durchlässigen Grenzen erfahren. Dabei kann das Ich auf den bloßen Namen (biblischer Ausdruck für das Selbst) reduziert werden. So kann die Kraft (nicht: das Denken oder Fühlen) einer anderen Person mich bestimmen. Das maßgebliche Denkmuster ist wohl keineswegs nur die „Inspiration" (ursprünglich vom Einatmen einer besonderen Luft, vielleicht von dem zur Offenbarung befähigenden Dampf wie in Delphi her gedacht).

5 Autonomie des Ich

Der moderne Begriff der „Identität" des Ich / des Selbst hängt wesentlich an neuzeitlichen Erfahrungen und Vorstellungen von Autonomie und Freiheit. Diese sind zweifellos entscheidend für Selbstverständnis und „Selbstwertgefühl". Die neutestamentlichen Vorstellungen unterscheiden sich davon grundlegend.

5.1 Grundsätzlich verschiedener Freiheitsbegriff
Unter Autonomie des Ich versteht man heute die Selbstbestimmung des Menschen, seine Befähigung zur Selbstbehauptung, zu „persönlicher" Gestaltung des Lebens. Freiheit gilt dabei als selbstverständlicher, in diesem Sinne positiv bestimmter Wert; sie besteht wesentlich darin, das, was man will, auch ungestraft tun zu können. Dabei gelten eben der Wille und

---

[15] Die Aspekte der Selbsterlösung oder der Verschmelzung Mensch/Gott haben mit Mystik nicht notwendigerweise etwas zu tun und sollten von der neutest. Diskussion ferngehalten werden. Hier geht es um eine intensive Verbindung mit Jesus Christus.

der Lebensplan jedes einzelnen Menschen als Ausgangsbasis. Hier, in dem, was er selbst darstellt und will, liegt der höchste Wert. Für die psychologische Fragestellung ist dabei das konstitutive Gewicht des Willens von Bedeutung.

Für Paulus dagegen wird nach Röm 6,15-23 Freiheit nicht durch Wertvorstellungen gefüllt, die mit dem Individuum eo ipso verbunden sind. Während im modernen Autonomiebegriff Freiheit vom Personzentrum her gedacht wird, ist nach Paulus Freiheit vornehmlich negativ bestimmt. Freiheit des Christen nach Paulus besteht darin, der Begierde nicht mehr gehorchen zu müssen, das Gesetz nicht übertreten zu müssen, sie ist am Ende und in der Konsequenz Freiheit vom Tod. Freiheit gibt es daher nur als „Freiheit von...". Die letzte Freiheit, die man erlangen kann, ist die von der Vergänglichkeit. Daher ist ihre Freiheit nicht Selbstbestimmung, sondern zunächst auf jeden Fall Zugehörigkeit zu einem Befreier (und damit neue Bindung). So bleibt Freiheit von außen her bestimmt. Hinzu kommt noch dies: In der Freiheit von Begierde, Sünde und Tod gewinnt der Mensch nun nicht eine „neutrale" Freiheit von allem, sondern er bleibt eingespannt in die Alternative von Leben und Tod. Weil dieser doppelte „Ausgang" besteht, deshalb gibt es keine neutrale Freiheit nur vom Tod „in der Mitten". Weil der Mensch nur entweder tot oder lebendig sein wird, deshalb kann er nur frei vom Tod sein, wenn er gleichzeitig dem Geber des Lebens zugehört. Für die psychologische Fragestellung ist dabei die Einsicht entscheidend, daß der Mensch so oder so von außen bestimmt ist (M.Luther: „vom Satan oder von Gott geritten wird") und sich stets und grundsätzlich in einer Verbindlichkeit vorfindet. Dabei unterscheidet sich die neue Verbindlichkeit, in der der Mensch darinsteht, von der alten vor allem durch ihren Ausgang: sie bedeutet nicht seine Zerstörung, sondern seine Rettung. Das neue Besitzverhältnis, in dem sich der Mensch findet, „schont" nicht die Freiheit des Menschen (in unserem Sinn), dafür bietet sie aber die Möglichkeit, eins mit sich zu sein[16].

Daraus aber könnten sich unter dem Aspekt der Applikation kritische Hinweise für modernes Freiheitsverständnis ergeben: Ist die neuzeitliche Autonomie des Einzelnen nicht an allen Ecken und Enden begrenzt, durch die verschiedenen Arten der Entfremdung wie am Ende auch durch die Problematik des Todes? Mag auch ein Minimum einfach als Rechtsgut

---

[16] Es ist sicherlich zu fragen, ob Paulus hier „Erfahrungen" wiedergibt oder ob es sich nur um ein theologisches „Sollen" handelt, das er vor Augen stellt. Davon hängt dann auch z.T. die Beurteilung der bekannten Probleme von Kap.7 ab. Im Blick auf Röm 6,15-23 darf wohl auf jeden Fall gelten, daß Paulus sich selbst als Sklaven in einem verbindlichen Dienst erfährt. Seinen Lesern indes scheint er diese Einsicht vorerst nur nahezulegen. Zum paulinischen Selbstverständnis als „Sklave" vgl. z.B. Phil 1,1.

zum unbedingt Erforderlichen gehören, so ist doch der Bereich der historischen Konkretisierung und Verwirklichung in der Regel durch schier unüberwindliche Hindernisse blockiert. In psychologischer Hinsicht: Gibt es wirklich ortlose Freiheit? Ist es nicht eher realistisch wahrzunehmen, daß tatsächlich aufgrund der Biographie und der Vorverständnisse bestimmte Bindungen bestehen? Liegen aller Freiheit nicht immer bestimmte Entscheidungen und Festlegungen voraus? Ist daher nicht der paulinische Freiheitsbegriff gerade ein wirksames psychologisches Korrektiv[17] zu einem modernen Autonomiebegriff, dessen Bedeutung im Bereich der Grundrechte unbestrittener Gewinn ist?

Auch im Blick auf eine vorherrschende Meinung über Volkskirche, daß in einer solchen ein jeder tun und lassen dürfe, was ihm beliebe, ist die Betonung der Dimension Verbindlichkeit sicher ein notwendiges Korrektiv. Abgesehen von den ethischen Implikationen geht es mir dabei hier vor allem um die heilsamen psychischen Auswirkungen, die von bestehenden Bindungen und Verbindlichkeiten ausgehen können. Konkrete Ausdrucksformen sind zu allen Zeiten Zeichen und feste Formen, (Fest-) Zeiten als die merkliche Einhaltung bestimmter Grenzen und damit in der Tat eine bestimmte „Außenorientierung".

Das aber bedeutet: Im Gegensatz zum modernen Individualismus sieht Paulus die Menschen in ihren tatsächlichen und in gewisser Hinsicht auch notwendigen Beziehungen und Verflochtenheiten. Die jüngere Kirchengeschichte zeigt, daß es zwischen christlicher Verbindlichkeit und modernen Freiheitsrechten eine Fülle von Spannungen geben kann. Diese können fruchtbar sein. Die Aufgabe der historischen Psychologie, die das hermeneutische Problem der beiden verschiedenen Freiheitsbegriffe klar vor Augen führt, ist es geradezu, darauf zu achten, daß diese Spannung nicht einseitig aufgegeben wird.

5.2 Stellvertretung
Die frühchristlichen Texte kennen verschiedene Formen von religiöser[18] Stellvertretung, den stellvertretenden (Sühne-) Tod (Jesu), das stellvertretende Fürbittgebet und das stellvertretende Fasten (Did 1,3 „Fastet für die

---

[17] Paulinisch wäre die Auskunft: Entfremdung und Selbstentfremdung des Menschen können am Ende nur in einer religiösen Beziehung zu Gott aufgehoben werden: Nur dieser Herr läßt mit seiner Herrschaft über uns auch uns selbst sein (Theonomie). Christentum ist radikale Fremdbeziehung und darin Sklaverei.

[18] Von der religiösen Stellvertretung ist anderes zu unterscheiden, wo einfach einer für andere etwas tut, so daß diese es nicht tun müssen. Am bekanntesten ist Joh 11,50f: Kaifas meint das nicht-religiöse Stellvertreten, doch gegen seinen Willen und seine Ahnung wird daraus das religiöse (11,51).

euch Verfolgenden"). Religiöse Stellvertretung unterscheidet sich von „normaler" dadurch, daß sie natürlich ohne formelle Einwilligung dessen geschieht, dem sie angeboten wird, häufig auch ohne Einwilligung dessen, dem sie zugedacht wird: Etwa bei Fürbitte wird derjenige nicht gefragt, für den gebetet wird, auch beim stellvertretenden Sterben geschieht die „Einwilligung" (wenn man das überhaupt so nennen darf), erst nachträglich.

Am Gegensatz zum modernen Denken läßt sich gut verdeutlichen, was biblische Stellvertretung bedeutet. Denn für unsere Vorstellung betrifft erstens das Verhältnis Mensch/Gott unvertretbar das Herz des Menschen und seinen Glauben als „personale Beziehung" zu Gott. An dieser Beziehung entscheidet sich alles. (Für die Menschen außerhalb des Christentums wird vielleicht schon Mt 25,31-46 ein ethischer „Ersatz" gefunden): Gott sieht das Herz jedes einzelnen, alles Fremde bleibt hier das Äußerliche. Das zweite Problem ist die Bedeutung dinglicher, jedenfalls aber körperlicher Elemente (Blut, Fasten) bei der Stellvertretung. Für eine konsequent aufgeklärt protestantische Position kann weder einer für den anderen bei Gott eintreten (mit Ausnahme Jesu Christi; das Fürbittgebet ist ein Relikt der Inkonsequenz) noch kann dieses gar mit physischen Dingen geschehen (hermeneutische Schwierigkeiten bei der Applikation des Sühnetodes). Die mangelnde Einwilligung kommt hinzu, so daß das Ganze den Schrecken von „Zauberei" und des *ex opere operato* gewinnt. Die aufgeklärte Position versteht sich in der Absolutsetzung der Beziehung Herz/Gott mittlerweile gleichzeitig als konsequent prophetisch. Charakteristisch für unsere Einschätzung ist die Alternative zwischen Gefühl (für: persönliches Verhältnis zu Gott) und Leistung („Werkerei" für alles nur von außen her, nicht von meinem eigenen Herzen her Geleistete). Zwischen beiden fällt die Dimension der Stellvertretung hindurch, da sie weder das eine ist noch mit dem anderen ernsthaft gleichgesetzt werden kann.

Denn neutestamentliches Denken ist in diesem Punkte anders: Das Verhältnis des einzelnen zu Gott kann durch kultische Aktionen eines anderen (Beten, Fasten, Sühneblutvergießen) entscheidend betroffen werden. Selbstverständlich ist der physische Aspekt des Gott Angebotenen (beim Beten: Zeit, vgl. 1 Kor 7,5; beim Fasten: Verzicht auf Nahrung; bei der Sühne: Blut); dieses Äußerliche wird keineswegs abgewertet.

An der Stelle des eigentlich unabdingbaren Einverständnisses dessen, der die Stellvertretungsleistung annehmen muß, steht wohl hier der kultische Bereich, der pauschal als „von Gott genehmigte Spielregeln für den Umgang mit ihm" gewertet werden muß. Auf die grundsätzlich kultische Dimension der Stellvertretung weist auch, daß nur der im weitesten Sinne Kultfähige (Gerechte) Gott diese Stellvertretung anbieten kann.

Wieweit diese Stellvertretung gilt, ist umstritten. Sie gilt jedenfalls für die Zeit des menschlichen Lebens. Zum Zeitpunkt des Gerichts wird schon im Judentum (z. B. 4 Esr 7,102-105) Fürbitte durch Menschen ausgeschlossen[19]; Mt 10,32par und vielleicht auch Mt 7,23 und andere Stellen rechnen exklusiv mit einer Anwalts- und wohl auch Fürsprecherfunktion des Menschensohnes im Gericht[20]. Die Auskunft ist aber in der Regel negativ: Im Gericht hilft niemand mehr. Hier wird daher die oben skizzierte „prophetische" Linie der strikten Alleinverantwortlichkeit des Menschen realisiert. Das entspricht der Betonung des Gerichts in den prophetischen Texten. Die Zeit auf Erden dagegen ist nicht nur die der Umkehr, sondern auch die der Fürbitte.

Für die historische Psychologie bedeutet das: Zur Zeit des Erdenlebens ist das eigenste soteriologisch relevante Verhältnis zwischen Mensch und Gott nicht strikt individuell zu denken, sondern es hat bedeutende kollektive Dimensionen. Diese werden keineswegs nur in der Christologie ausgenutzt und fruchtbar gemacht, sondern weit darüber hinaus. Vielmehr gehört Stellvertretung zu den im Rahmen des kultischen Denkens gebotenen Möglichkeiten. Die Grenzen, die das Ich von den anderen trennen, sind hier sehr niedrig. Daher kann leicht deren kultisches Tun für den einzelnen bedeutsam werden. Hier gibt es eine eigene, besonders enge Art von Solidarität des einen mit dem anderen Menschen. Sie ist so eng, daß sie entscheidend sein Verhältnis zu Gott bestimmen kann. Das Ich ist unter dem Aspekt der Stellvertretung besonders dünnwandig. Oder vielmehr: Das religiöse Denken im Judentums und auch im Neuen Testament ist ohne die Dimension der Stellvertretung nicht denkbar.

Gegenüber verbreiteten protestantischen Befürchtungen angesichts kultischen Handelns ist zu betonen, daß es sich nach der Konzeption des Neuen Testament hier jedenfalls nicht um Leistungen oder Werke im abzulehnenden Sinn handelt. Kultische Aktionen wie Beten und Fasten stehen unter ganz anderen Vorzeichen als das ökonomische Denken in den Kategorien von Leistung und Erfolg, und es geht auch nicht darum, Gott auf eine Weise der Werkgerechtigkeit zu „zwingen", wie man leicht vermuten könnte[21]. Religiöses Handeln läuft nicht unter der Kategorie der Leistung, sondern es handelt sich um eine Anerkennung des Rechtes Got-

---

[19] Vgl. auch die Frage im Hymnus Dies irae des Thomas v.Celano: „Quem patronum rogaturus?"
[20] Das in der vorangehenden Fußnote zitierte „Dies irae" ist auf dieser Linie dann sogar eine Bitte an Jesus um Erbarmen im Gericht
[21] Wahrscheinlich ist das Eintragen des Schemas Leistung-Lohn in den Bereich des kultischen Denkens ein Mißverständnis mancher reformatorischer Ansätze mit weitreichenden Folgen.

tes in der Dimension des Lobpreises. Oder anders gesagt: Natürlich soll durch Sühne, Beten und Fasten Gott „zu etwas gebracht werden", aber das geschieht nicht nach den Dimensionen weltlichen Zwingens, sondern kultischen Denkens. Hier aber gelten eigene „Spielregeln" im wahrsten Sinne des Wortes (vgl. dazu weiter in § 7 3.2).
Resultat: Die Kategorie der Stellvertretung ist offenbar eine Art „paradiesisches" (kultisches) Miteinander, innerhalb dessen der eine mühelos für den anderen etwas soteriologisch Relevantes vor Gott tun kann. Eigenartigerweise ist diese Dimension auf die irdische Existenzform beschränkt, gilt jedenfalls nicht im Gericht. Die Grenzbastionen zum anderen hin sind sehr flach. Man könnte die These wagen, daß die kultische Solidarität in hohem Maße archaische Züge hat, wenn man sich an dem Modell einer Familie orientiert[22], in der Kinder füreinander bei Eltern eintreten.

5.3 Den anderen als Kleid anziehen
An verschiedenen Stellen bietet das Neue Testament das Bild eines neuen Kleides, das man anziehen muß, um ein neuer Mensch zu werden. Dieses Kleid kann als Waffenrüstung gedacht werden aber auch als eine andere Person, nämlich die Person Jesu Christi, die man anzieht. Hier ist nach der psychologischen Basis dieser Art „Mystik" zu fragen.

5.3.1 Sozialpsychologische Rolle des Kleides
Diese Basis liegt offenbar in einer bestimmten Funktion des Kleides/Gewandes im Alltagsleben der Antike, die von der uns geläufigen verschieden ist. Das Tragen eines Kleides wird im Bereich des Neuen Testaments in einer Weise erlebt, die es auch möglich macht, die Metapher vom Anziehen einer Person zu verwenden und zu verstehen. Es handelt sich dabei wohl auch um sozialpsychologische Faktoren.
In Gal 3,27-29 ist vom Anziehen des Christus im Zusammenhang mit der Aufhebung gravierender religiöser, ethnischer und sexueller Unterschiede unter Menschen die Rede. Das bedeutet: Der soziale Stellenwert einer Person ist daher in hohem Maße davon abhängig, was er als Kleid trägt. Das ist uns auch aus anderen Texten des Neuen Testaments geläufig: Nach Mt 11,8 par werden die Mitglieder des Hofes als solche vorgestellt, die „mit weichen Gewändern angetan sind", und nach Apk 7,14 haben die aus der großen Drangsal Kommenden metaphorisch „ihre Kleider gewaschen und geweißt im Blut des Lammes", und in V.15 heißt es: „Deswe-

---

[22] In diesem Sinne habe ich die neutestamentlichen Sühnevorstellungen zu interpretieren versucht in: K.Berger, Gottes einziger Ölbaum, Stuttgart 1990, zu Röm 3,25-27.

gen sind sie vor dem Thron Gottes...". In beiden Fällen, im metaphorischen wie im nicht-metaphorischen Gebrauch der Rede von „Kleidern" wird vor allem durch sie der gesellschaftliche Rang der Betreffenden angegeben. Bei uns dagegen ist dieser Aspekt der Kleidung lediglich in Amts-, Braut- und Trauerkleidung erhalten. Der gesellschaftliche Rang wird aber im übrigen anders wahrgenommen; das antike Erleben des Kleides setzt sich nur partikular und in bestimmtem sozialen Milieu[23] fort. Jedenfalls wird man sagen können, daß das Kleid in der Zeit des Neuen Testaments eine dominante sozialpsychologische Funktion spielt, die es heute weitgehend verloren hat. So sind, auch etwa in der zeitlichen Reihenfolge, als maßgebliche Faktoren zur Bestimmung des sozialen Rangs zu nennen:

a) das Kleid (in der Antike dominant, heute in Mitteleuropa nur noch partiell)
b) der Stand (Herkunft und Beruf), so typisch mittelalterlich und bis in die Mitte dieses Jahrhunderts auch in Mitteleuropa
c) andere Statussymbole (insbesondere Sachwerte, die man zeigt oder auch verschweigt). Sie überwiegen heute und sind im Unterschied zu a) und b) sehr viel weniger personbezogen oder auf Interaktion ausgerichtet.

Der Unterschied der Wahrnehmung von Kleidern als eines sozialen Faktors ersten Ranges wird anhand von Mt 22,11f deutlich: Jemand, der im „Straßenanzug" zur Hochzeitsfeier erscheint, fällt jedenfalls in Heidelberg nicht auf.

5.3.2 Kleider als Realsymbol

Im Zusammenhang mit der sozialpsychologischen Funktion des Kleides in der Antike ist nochmals der Blick auf Gal 3,27-29 zu richten. Beim Anziehen des Christus geht es demnach hier nicht um das persönliche Verhältnis zu Christus in irgendeinem mystischen, personal-kommunikativen Sinn, sondern um das Verhältnis unter Menschen, das neu geformt wird, wenn der Getaufte Christus anzieht. Wenn es zutrifft, daß das Kleid die Rolle im Miteinander angibt, dann interessiert die Innerlichkeit des Getauften hier nicht. Das Kleid sagt, was ich für den anderen bin, nicht was ich für mich selbst bin. Und durch die sehr enge Verknüpfung mit Jesus Christus, die in der Taufe geschieht, wird jeder Getaufte für das Verhältnis zu den anderen und werden alle Getauften füreinander mit der „Qualität" Jesu Christi ausgestattet (im Kontext von Gal 3: mit seinem

---

[23] In bestimmten Gegenden und in einem bestimmten Milieu ist z.B. die Sonntagskleidung oder die Tracht noch maßgeblicher Ausdruck des Dazugehörens. Dieses ist „intakt", wenn die Kleidung sauber und glänzend ist.

Geist und so mit dem Erbe der Verheißung). Wegen dieses Effektes des Christus-Anziehens verschwinden die Unterschiede zwischen den Menschen. Denn diese kamen vorher durch ihr je verschiedenes Kleid zum Ausdruck; dabei war ihr Kleid Realsymbol für ihre Rolle[24].
Die Wertschätzung des Kleides als Symbol und als Metapher besagt etwas über die Intensität gemeinschaftlicher Interaktion der Beteiligten[25]. Die generelle Bedeutung für die anderen wird so durch das Kleid definiert. Das gilt dann auch im Verhältnis gegenüber Gott.
Wenn nach Eph 2,10 auch die Werke von Gott vorbereitet sind, damit wir (wie in Kleidern) in ihnen wandeln, dann sind die Werke in diesem Sinne als Ausdruck der gemeinschaftsbezogenen Gerechtigkeit verstanden.
Schließlich ist nach 2 Kor 5,2-4 auch das eschatologische Ergehen an dem dann verliehenen Kleid orientiert. Damit kommt ein weiterer Gesichtspunkt hinzu, der das Gesagte verstärken kann: Denn nach diesem Text ist die Daseinsqualität des Menschen im Ganzen in höchstem Maße durch sein Kleid bestimmt. Und natürlich wäre es das Schändlichste und Unglücklichste, nackt zu sein.

5.3.3 Resultat

Kleid und Ich hängen für die Menschen im Umkreis des Neuen Testaments weitaus enger zusammen als bei uns. Denn durch das Kleid verwirklicht der Mensch die grundlegenden Außenbeziehungen, die geradezu die Qualität seines Daseins bestimmen. Daher geht es, wenn Christus „angezogen" wird, um eine neue Rolle, die man zugeteilt bekommt (und in die man hineinwachsen kann oder muß). Das Selbst des Menschen bleibt als Träger unter dieser Rolle erhalten. Aber alles Neue, das ihm zuteil wird, kann Paulus auch so beschreiben, daß wir ein neues Kleid haben. Das Ich wird durch dieses neue Kleid so weit betroffen, daß Paulus von einem anderen Ich reden kann, das mein Selbst so überkleidet. Daraus wird deutlich:
a) Die Kleid-Metaphorik steht dafür, daß der Mensch hier in höchstem Maße außen-, und das heißt: gemeinschaftsorientiert ist.

---

[24] In der Institution des Taufkleides hat die kirchliche Liturgie die Metapher wieder in liturgische Realsymbolik überführt.
[25] Im Unterschied zu unserer Gesellschaft, in der wir an verschiedenen Gruppen und Kreisen teilhaben, ist die Gesellschaft, in der das Kleid wichtig ist, durch Zusammenleben in allen Lebensbereichen und -situationen gekennzeichnet. Die Situationen werden daher je nach Kleid unterschieden und markiert. Von daher ergibt sich ein enger Zusammenhang zwischen der jeweiligen Erfahrung von Zeit und der Bedeutung des Kleides für das Zusammenleben von Menschen.

b) Diese Orientierung kann so weit gehen, daß das Kleid mich bestimmt und ein anderes Ich aus mir macht („Kleider machen Leute").

c) Wenn Jesus Christus das Kleid ist, das ich anziehe, dann heißt das: Er bestimmt und entscheidet so, was ich in den Augen der Mitwelt und das heißt: überhaupt darstelle. Und umgekehrt: Daß Jesus Christus das Kleid genannt werden kann, welches ich anziehe, ist nur möglich, weil Kleider mich so radikal „ausmachen".

d) Die „Fremd-" und „Außenbestimmung" durch das Ich Jesu Christi, die der Getaufte erfährt, hat daher ihre Analogie in der Erfahrung der gesellschaftlichen Rolle des Kleides. Und umgekehrt: Weil die sozialen Folgen dieses Kleides Jesus Christus so gravierend sind (Aufhebung aller Unterschiede), deshalb kann später das Taufkleid gerade als „neues" Kleid die bisherige Funktion von Kleidern zum Bewußtsein bringen und verschärft darstellen.

So macht die Kleid-Metaphorik sichtbar, in wie hohem Maße „Person" außen- bzw. sozialbestimmt erfahren wurde.

§ 4 Besessenheit durch Dämonen

1 Zur Problemstellung

Es gibt eine ganze Reihe ausgezeichneter neuer Darstellungen über Dämonismus und Exorzismus im Umfeld des Neuen Testaments, die hier vorausgesetzt sein müssen und nicht im einzelnen wiederholt werden können[1]. Allerdings zeichnen sich diese Sammeldarstellungen durch ein – von unserem Thema aus geurteilt – gewisses Maß an Positivismus aus, da hier die antiken Vorstellungen und Traditionen in erster Linie nur dargestellt, aber nur selten in einen kritischen Verstehenshorizont eingeordnet werden. Eben dieses soll hier als Ergänzung im Blick auf die Frage nach historischer Psychologie nachgeholt werden. Zudem geht es im folgenden fast ausschließlich um das Phänomen der Besessenheit; nur hier liegt ein psychologisches Problem im hier zu verhandelnden Sinn vor.

Analoges zu der in § 3 dargestellten Einwohnung des Christus (bzw. ihn als Gewand angezogen zu haben) geschieht im Falle der Besessenheit durch Dämonen. Auch hier ist es jeweils eine (oder mehrere) personhafte Größe, die im Menschen wohnt und sein Ich verdrängt. Die Analogie der Vorstellungen und Erfahrungen wird besonders an folgendem sichtbar:

a) Häufig ist unentschieden bzw. es herrscht Zweifel, ob ein guter oder ein böser Geist in jemandem wohnt (vgl. Mt 4,1-11; Mk 3,23ff par; Act 8,14-18).

b) Beide Arten Geist werden mit dem griech. Wort *pneuma* benannt, und zwar auch Jesus als dem Menschen innewohnender. Pneumatologie hat daher fast regelmäßig eine dualistische Ausrichtung[2]. An Mk 1 wird

---

[1] Vgl. die Gesamtdarstellungen von K.Thraede, Art. Exorzismus, in: RAC 7 (1969) 44-117; F.E.Brenk, In the light of the moon. Demonology in the early imperial period, in: ANRW II 16,3 (1986) 2068-2145; E.Schweizer, Art. Geister (Dämonen), in: RAC 9 (1975) 688-699; C.Zintzen, Art. Geister (Dämonen). Hellenistische und kaiserzeitliche Philosophie, in: RAC 9 (1975) 640-668; O.Böcher, Christus exorcista, 1972; ders., Das Neue Testament und die dämonischen Mächte, 1972. - Ferner: H.Nowak, Zur Entwicklungsgeschichte des Begriffs Daimon. Eine Untersuchung epigraphischer Zeugnisse vom 5.Jh. v.Chr. bis zum 5.Jh.n.Chr, Diss. Bonn 1960; P.E.Dion, Raphael l'exorciste, in: Biblica 57 (1976) 399-413; C.Bonner, The technique of exorcism, in: HThR 36 (1943) 39-51.

[2] Hier ist auch nach der Bedeutung der Dämonologie für den frühen Pharisäismus zu fragen. Denn wenn gilt, daß Pharisäer an pneuma glauben (Act 23,8 nennt Auferstehung, Engel und Pneuma nebeneinander), dann kann dieses auch dualistisch gedacht sein. Unterscheidet sich Jesus von den Pharisäern dadurch, daß

dieses exemplarisch deutlich (1,10.12: „das Pneuma" als Geist Gottes; 1,24.26 „unreiner Geist").

Die Bedeutung der Dämonologie für eine historische Psychologie liegt daher in folgendem:

a) Es liegt oft die Kehrseite zur Inspiration vor und damit eine ähnlich osmotische, offene Struktur der Persongrenzen. Der Mensch wird hier mit einem Haus verglichen, in das man eben eindringen kann, wie das tagtäglich geschieht[3]. Ein Haus ist normalerweise im Orient der Antike nicht verschlossen.

b) Das hermeneutische Problem ist angesichts der spiegelbildlichen Analogien zwischen Besessenheit und Inspiration ungleich gravierender. Vom innewohnenden Christus und vom heiligen Geist (oder: Geist Jesu Christi) mag man heute reden, von Dämonen in der Regel dagegen nicht. Gleiches hat auch Satan getroffen: Seine Person(haftigkeit) gilt weitaus häufiger als „abgeschafft" als die seiner göttlichen Gegenspieler.

2 Bemerkungen zum religionsgeschichtlichen Rahmen

2.1 Wider falsche Apologetik

Das Neue Testament setzt einen massiven „Dämonenglauben" (Rechnen mit Dämonen) voraus, der so ausgeprägt ist, wie sonst kaum je in seiner Umwelt. Jeder Versuch, das zu beschönigen, ist unwahrhaftig und apologetisch. Daher ist die Abschaffung der Beziehung auf Dämonen (wie auf Engel) in modernen Liturgien (auch bei der Sakramentenspendung) zumindest unbiblisch; der Himmel wird so systematisch entvölkert. Denn beispielsweise für die markinische Theologie ist der Bezug auf Dämonen durchaus konstitutiv[4], und anhand der Austreibung von Dämonen wer-

---

seine „offensive Reinheit" (vgl. dazu: K.Berger, Jesus als Pharisäer und frühe Christen als Pharisäer, in: NovTest 1988) eine Überlegenheit des Pneumas Gottes zur Basis hat? – Vgl. auch Mt 12,27.

[3] Bild des Hauses: Mt 12,43-45; Philo, Q in Ex I 23 (die bösen Mächte sollen nicht als Zerstörer in das Haus eintreten; Zitat von Ex 12,23).

[4] Nach Mk 3,15 ist es neben der Verkündigung der Hauptzweck der Aussendung der Zwölf, „daß sie Vollmacht hätten hinauszuwerfen die Dämonen"; nach Mk 6,7 ist dies überhaupt der einzige Sinn der Jüngeraussendung. Auch in Mk 6,12f ist Heilen und Exorzismus gegenüber der Verkündigung stark betont. – Die Dämonen kennen Jesu Identität, und ihr Zeugnis steht durchaus neben anderen und unterliegt wie andere dem Schweigegebot bis Ostern, weil erst die Summe der Zeugnisse inklusive des Osterzeugnisses dem Verfasser des MkEv halbwegs unanfechtbar erscheint. Aber die Dämonenzeugnisse selbst werden keineswegs bestritten oder als unsinnig bezeichnet (Mk 1,24.34; 3,11f) – sie sind nur nicht eindeutig (Mk 3,23ff ist gerade in diesem Kontext zu verstehen).

den zentrale Konflikte und Themen des frühen Christentums entfaltet[5]. Die Abwesenheit des Exorzismus in der paulinischen Theologie darf nicht dazu verleiten, Paulus als aufgeklärt gegen die Evangelien abzusetzen; zwar bezeichnet Philo den Glauben an Dämonen als „Aberglauben" (gr.: *deisidaimonia*) (Gigant 16), doch den „starken" Paulus hätte er von dem Vorwurf nicht ausnehmen können, denn wo es ernst wird, beruft sich auch Paulus auf die Faustschläge Satans (2 Kor 12,7). – Andererseits ist offenkundig, daß auf diesem Feld die Kluft zwischen dem neutestamentlichen Denken und dem heute verantwortbaren besonders groß ist[6].

2.2 Zentrale Bedeutung im zeitgenössischen Judentum
Zur Zeit des Neuen Testaments ist die Rede von Dämonen im Judentum von zentraler Bedeutung, und zwar a) für die Theodizeefrage (vgl. etwa Jub 10), b) für die Soteriologie (Schriften von Noah her über Levi dienen der Bekämpfung der Dämonen; der Messias ben David ist wie Salomo Herr der Dämonen); c) für die Eschatologie (der eschatologische Hohepriester nach TestLevi 18 wird Vollmacht über die Geister haben); d) die Tradition von den gefallenen Engeln, aus deren Verbindung mit Menschen Dämonen entstehen, wird gedeutet als Vorbild/Typos für die zum

---

[5] In Mk 5,1-20 geht es um das Problem heidnischer Unreinheit (Dekapolis), in Mk 9,14-29 um die Frage der Vollmacht der Jünger nach Ostern bzw. in Jesu Abwesenheit, in Mk 9,38ff wird das Problem der Verwendung des Namens Jesu außerhalb der Jüngerschar behandelt, also die Frage der Legitimität des Zugangs zu Jesus außerhalb der Gemeinde. Noch in Act 26,18 kann Mission überhaupt begriffen werden als Befreiung von Menschen aus der Herrschaft Satans.

[6] Vgl. etwa die Äußerungen von J. Card. Ratzinger nach „Die Weltwoche" Nr.30, 25.Juli 1985 (H.Haag: Der Teufel meldet sich aus der Verbannung zurück. Der Theologe Herbert Haag über Kardinal Ratzinger, das neokonservative Verständnis des Bösen und über Hexenwahn [Predigt Ratzingers vom 26.9.1976 in Altötting]): „Wenn es den Bösen nicht gibt, dann steckt das Böse ganz im Menschen. Dann ist der Mensch allein verantwortlich für die abgrundtiefe Bosheit, Gemeinheit und Grausamkeit. Dann ist er allein schuldig an den Morden im Archipel Gulag und an den Gaskammern in Auschwitz, an den unmenschlichen Folterungen und Qualen. Dann aber entsteht die Frage: Kann Gott den Menschen als ein solches Scheusal erschaffen haben? Nein, das kann Gott nicht, denn er ist Güte und Liebe. Wenn es keinen Teufel gibt, dann gibt es auch keinen Gott". H.Haag erwägt zu Recht, ob hier der Teufel nicht als „Sündenbock" herhalten müsse. – Zu dem tödlich verlaufenen Exorzismus von Klingenberg (Diözese Würzburg) 1976 vgl. die zusammenfassende Aufarbeitung von J.Mischo und U.J.Niemann, Die Besessenheit der Anneliese Michel (Klingenberg) in interdisziplinärer Sicht, in: Zeitschrift für Parapsychologie und Grenzgebiete der Psychologie 25 (1983) 129-193. Eine besondere Variante der Tyrannei tritt auf, wenn der wiedererwachende Sinn für die „Ästhetik" der Engel und Dämonen von rechtsgerichteten Gruppen zur technischen Erweiterung des Wahrheitsbestandes gebraucht wird wie im rechtskatholischen Opus angelorum.

Hellenismus abgefallenen Juden; e) in der zeitgenössischen Umwelt zeigt sich eine enge Verbindung von Religion und Heilung im Asklepios- und im Serapiskult. Schriften wie das Testament Salomos und die Noah-Bücher entstehen an der Grenzlinie zur hellenistischen Magie. „Religion und Gesundheit" ist das Thema. e) Selbstdeutung der jüdischen Religion: Die Götter der anderen Völker sind nur „Dämonen", sie rangieren unter dem einen Gott (vgl. 1 Kor 8.10).

2.3 Evangelien und Briefliteratur
Zwischen den synoptischen Evangelien und der gesamten Briefliteratur des Neuen Testaments sind in diesem Fall die Beziehungen eng und aufschlußreich. Den „unreinen Geistern" und „Dämonen" der Evangelien entsprechen die Herrschaften, Mächte, Throne und Gewalten der Briefe in bestimmter Weise. In jedem Falle wird ihnen durch Jesus Christus die Herrschaft über Menschen entzogen, da diese Mächte ihm unterworfen werden. Die Art und Weise, in der das geschieht, ist sehr verschiedenartig. Nach den synoptischen Evangelien werden Menschen einer nach dem anderen von Dämonen in der Form des Exorzismus befreit. Eine grundsätzlichere Aussage ist lediglich Lk 10,18, wonach Jesus Satan wie einen Blitz vom Himmel fallen sah, was (folgt man etwa der Logik von Apk 12,9.13.17) durchaus die Voraussetzung für intensiven Befall von Menschen durch Dämonen wie auch dann deren Unterwerfung auf Erden sein könnte. Markus etwa kennt nur Heilung und Exorzismus als initiale Befreiungstat durch Jesus Christus, nicht aber die Taufe.
In der Briefliteratur dagegen ist die Auferweckung Jesu als Erhöhung entweder der Anfangspunkt der weiteren Besiegung der Mächte (1 Kor 15,21-24; Hebr 2,8f) oder bereits deren Vollendung (Eph 1,20f; 1 Petr 3,21f). Die Auferweckung/Erhöhung Jesu hat diese Funktion entweder wegen der Besiegung des Widerspruchs der Engel gegen die Bevorzugung eines Menschen durch Gottes erhöhende Tat oder weil Gott seine „Macht" auf konzentrierte Weise als der Auferwecker an Jesus kundtat und nirgends anders (vgl. dazu unten zu 3.5). – Die Veränderung der Perspektive zwischen Evangelien und Briefen hängt weniger mit dem Wechsel von verkündigendem und verkündigten Jesus zusammen als eher mit der geographischen und politischen Situiertheit der Adressaten[7].

---

[7] Die Leser des MkEv sind am Großraum Palästina orientiert, und trotz des militärischen Ursprungs der Dämonen-Metaphorik sind grundsätzliche, auf Weltherrschaft bezogene Aspekte mit den Exorzismen Jesu nicht verbunden. Das ist anders dort, wo es sich um Mächte und Gewalten überhaupt handelt; schon 1 Kor 2,8f schließt ein Zusammenwirken jedenfalls nicht aus (obwohl ich für diese Stelle eher nicht mit dämonischen Mächten rechne), doch an den anderen zitierten Stellen geht es um alle Mächte und Gewalten.

Zu den politischen Implikationen kann das kürzlich von F.E.Brenk[8] präsentierte Material etwas beitragen. Denn Brenk kann zeigen, daß Plutarch aus antirömischem Interesse in De defectu oraculorum 419b-e über den Tod eines Dämons berichtet, näherhin des „Großen Pan", einer Zentralfigur im julio-claudianischen Symbolismus[9]. Und nach der augusteischen Ideologie werden dämonische Mächte (Jubo und Allecto) durch die Annahme von Gesetz und Ordnung sowie durch *pietas* zurückgedrängt, der Staat von ihnen befreit. Schließlich könnte das neutestamentliche Denkmuster dem Schema des Kampfes von Zeus/Juppiter gegen Titanen, Giganten und andere Unordnung stiftende Wesen vergleichbar sein, nur daß eben für die neutestamentlichen Autoren alle Götter außer JHWH zu den Unordnung stiftenden gehören[10].

Auf die politischen Implikationen der Exorzismen weist auch, daß außer bei den Exorzismen nach Mt 12,28; Lk 11,20 nirgends „Wundertaten" Jesu direkt mit dem Reich Gottes verbunden werden, nur in diesen Texten, wo von Jesu Exorzismen die Rede ist: Denn aufgrund der Exorzismen ist jeweils Gottes Reich bereits angekommen. Hier allein herrscht partielle präsentische Eschatologie (nur hier gibt es in Differenz zu den anderen Aussagen Jesu über das Reich Gottes auch ein „Gegenreich", das so zerstört ist. Das Reich Gottes ist deshalb nach Exorzismen präsentisch, weil es nach dem Sieg über diese Mächte nichts weiter zu besiegen oder zu verändern gibt. Hier geht es daher um die endgültige Auseinandersetzung selber[11]. Exorzismus wird daher hier erfahren als *endgültiger und unüberbietbarer Machtwechsel* (vgl. auch unter 3.9 zu „exorzistischer und politischer Erfahrung").

Die Intention neutestamentlicher Aussagen ist daher nicht die Abschaffung des Dämonenglaubens, sondern die Darstellung der Austreibung oder Unterwerfung der Dämonen.

In den nachpaulinischen Briefen des Neuen Testaments hat sich die paulinische Auffassung von der Besiegung der Mächte und Gewalten teilweise mit hellenistischer Aufklärung verbunden, so daß sie selbst als „vernichtet" galten. Dagegen erhob sich judenchristlicher Protest (Jud; Apk).

---

[8] F.E.Brenk, In the light of the moon, in: ANRW II 16,3 (1986) 2068-2145.
[9] F.E.Brenk, a.a.O., 2119f.
[10] F.E.Brenk, a.a.O., 2111.
[11] Als Exorzist hat Jesus daher nach diesen Texten die traditionelle Funktion Michaels an sich gezogen. Dabei wird nach der personbezogenen Auffassung antiker Reiche (ein Reich erstreckt sich nicht territorial über ein bestimmtes Gebiet, sondern existiert mit seinen Untertanen) mit jedem Exorzismus das Reich Gottes größer.

2.4 Besessenheit und Krankheit
Von zentraler Bedeutung für historische Psychologie ist die Frage, was als Besessenheit erfahren wurde. Dabei ist es grundsätzlich außerordentlich schwierig, ja wohl unmöglich, diese komplexen antiken Erfahrungen mit modernen Krankheitsbildern zu umschreiben, zumal gerade die neuere Psychiatrie von den festen Krankheitsbildern der letzten Jahrzehnte abgeht und die älteren Bezeichnungen nurmehr als Etiketten betrachtet. Wir können die antiken „Krankheits"zustände nicht mit heutigen medizinischen Begriffen rekonstruieren oder fachlich beschreiben (so aber der Weg vieler Kommentare), da wir die Menschen nicht vor uns haben. Das NT liefert uns auch keinen Selbstbericht von Besessenen. Statt nach dem Inneren der Besessenen zu fragen, bleibt uns nur der Weg, anhand der von Nicht-Besessenen geschriebenen Texte des NT deren Reaktionen darauf zu analysieren. Also nicht: Was geht bei den Kranken vor sich?, sondern: Was geht bei den Gesunden vor sich, die die Texte lieferten? Nur ihre Reaktion und Auffassung ist erhalten.
Wenn die Frage nach konkreten Krankheiten also offenbleiben muß, ist eine vorsichtigere Beschreibung wohl nicht unmöglich.
Nach den synoptischen Evangelien sind die Grenzen zwischen Besessenheit und Krankheit fließend. Wenn Mk 1,34a als Überschrift und 1,34b als Ausführung zu fassen ist, gehört das Austreiben von Dämonen zum „Heilen verschiedenster Krankheiten". Der „Geist ohne Sprache" aus Mk 9,17 wird in Mt 17,15 wiedergegeben durch „er ist mondsüchtig und elend", in Mt 17,18 wird die Mondsüchtigkeit aber dann plötzlich (gegen Mk 9,26) als „Dämon" beschrieben („Und es ging heraus von ihm der Dämon"). Lk 13,11 spricht von einer Frau, die einen „Geist der Krankheit" hat.
Die Forschung stellt immer wieder Zusammenhänge zwischen Besessenheit und Epilepsie bzw. Hysterie her[12].

3 Historische Psychologie der Besessenheit

3.1 Erfahrung des Fremden
In der Besessenheit wird das Widrige und abstoßend Fremde, mit dem man sich auf keinen Fall identifizieren kann, als Fremdseelisches erfahren. Es geht um das an oder in einem selbst als bedrohlich erfahrene Nicht-Eigene, das man um keinen Preis als Eigenes will. Damit zeigt sich hier gewissermaßen die Kehrseite des in § 3 dargestellten „Personbegriffs" mit

---

[12] Vgl. F.E.Brenk, a.a.O., 2108

niedrigen Schranken: Gerade weil man eine so enge Beziehung zum Fremdseelischen hat, kann es eben auch als bedrohlich erfahren werden.- Wegen dieser Beziehung zum Fremden kann Jesus bei seiner Verdächtigung als Samaritaner zugleich der Besessenheit verdächtigt werden (Joh 8,48f).

3.2 Erfahrung der Ohnmacht
Dem Exorzisten (und dem Wunderheiler) vertraut man sich erst an, wenn die gewöhnliche Medizin versagt hat (Mk 5,26)[13]. Wenn man über keine gewöhnlichen Gegenmittel mehr verfügt, greift man zum besonderen Mittel des Exorzismus. Dessen Affinität zum Kultischen teilt dessen Charakter des Besonderen.

3.3 Dämonen als Personen
Dämonen haben Namen; das bietet den Vorteil, daß man für den Fall der Kenntnis dieses Namens auch Macht über sie ausüben kann. Freilich genügt Kenntnis des Namens in der Regel nicht, da besondere (quasi-) kultische Bedingungen hinzutreten müssen[14]. Dämonen können auch sprechen und Dialoge führen[15], und sie können verhandeln (wie Mk 5,12f: b Pesach 112b/113) und gehorchen. Vor allem aber werden sie wegen ihres eigenständigen, nicht dem Willen des Menschen einfach technisch unterwerfbaren Wesens als Personen begriffen (wie heute bei uns formell noch Wirbelstürme).

3.4 Ein vormoralischer Bereich
Dämonen gelten – entgegen unserem Sprachgebrauch – im Neuen Testament und in seiner Umwelt nicht als moralisch böse; sie sind nicht sündig oder Übertreter des Gesetzes. Aus diesem Grund ist sowohl das Besessensein als auch der Exorzismus von der Frage der moralischen Verfehlung oder Besserung fernzuhalten. Es geht um die Frage des vormoralischen Unheils. Auch der Besessene selbst ist daher nicht per se vorher „sündig". Es geht um einen anderen Wertbereich, in dem eben nicht die Verantwortlichkeit der betroffenen Menschen im Vordergrund steht.

---

[13] Vgl. Belege bei F.E.Brenk, a.a.O., 2113.
[14] Besonders die Jungfräulichkeit gilt als Mittel der Abwehr von Dämonen
[15] Vgl. außer dem in K.Berger, C.Colpe, Religionsgeschichtliches Textbuch zum Neuen Testament, Göttingen 1987, Nr.12 S.32 genannten Text: b Chull 105b (Ende) und b Pesach 112b/113a. - Gegenüber K.Thraedes Vermutung, Philo, Immut 138 sei eine Abwehr des Dämons (a.a.O., Sp.58) ist zu betonen, daß es sich eher um ein Willkommenswort des „Geistes" handelt.

3.5 Die Machtfrage beim Exorzismus

Jesus begegnet den Dämonen als ihr Herr und Gebieter. Die Dämonen unterwerfen sich ihm, nachdem sie vorher die Kranken beherrschten. Es geht daher im ganzen um Macht und Ohnmacht: Die Kranken erfahren ihre Ohnmacht, Jesus läßt die Dämonen ihrerseits ihre Ohnmacht erfahren (vgl. Mt 12,29). Auch von modernen Exorzismen wird immer wieder berichtet, daß es sich um einen qualifizierten Machtkampf handelt: Der Kranke erfährt selbst Ohnmacht bzw. läßt sie erfahren. Der Exorzist versucht mit allen Mitteln, den trotzigen Widerstand zu brechen.

An der Stelle der Frage der Moral steht damit bei Besessenheit und ihrer exorzistischen Aufhebung allein die Frage der Macht, und zwar in völliger „Reinheit" (die ihre eigenen Gründe hat; s.u.). Aus diesem Grunde nimmt der Dämon auch in jedem Fall unmittelbar seinen „Herrn" wahr, d.h. er erfaßt blitzartig, ob sein Gegenüber stärker ist als er (Mk 1,24; Act 19,15). Die Belege über angebliche Gegenzauber halte ich aus diesem Grunde für nicht überzeugend[16]. Und wenn so der Stärkere ermittelt ist, dann kann dieser auch „einfach" befehlen. Es handelt sich dabei um den reinen Gebrauch evident überlegener Macht. In Mt 12,29 (Wort vom Binden des Starken) wird dieses gut sichtbar. Aus Kraftlosigkeit fällt auch Satan nach Lk 10,18 vom Himmel[17].

Derartige reine Gesetzmäßigkeit der Macht erfahren die Menschen zur Zeit des Neuen Testaments vor allem im Bereich des Militärischen; das Gleichnis vom Kriegsherrn Lk 14,31f macht dieses deutlich. Und so ist denn auch vor allem das Gebiet des Militärischen metaphernspendend für dämonistische Aussagen. Das reicht vom Namen des Dämons „Legion" (Mk 5,9) bis zu den Verhandlungen, die militärischen Kapitulationsverhandlungen nachgebildet sein dürften (Mk 5, 12f vgl. oben b Pesach 112b/113) und zu den barschen Befehlen und Drohungen, die der Part des Stärkeren im Krieg sind. Die Auszugsbefehle bezögen sich dann im metaphernspendenden Bereich auf besetzes oder okkupiertes Land[18].

Die reine Machtlösung (ohne Machtkampf) ist dabei nur das Korrelat zu der zuvor erfahrenen Ohnmacht. Die Ausweglosigkeit und das Wunder halten sich hier wie so oft die Waage. Anders gesagt: Der vorgängigen

---

[16] Vgl. dazu: Einführung in die Formgeschichte (UTB 1444), Tübingen 1987, S.153-155 und die vorige Fußnote.
[17] Vgl. dazu die Analogie in TestSal 20,16f: „Wir fallen wegen unserer Schwäche, und weil wir von nirgendwo her mehr Hilfe haben fallen wir wie Blitze auf die Erde" und Apk 12,8 („...er vermochte es nicht").
[18] Das bedeutet nicht, daß Jesu Exorzismen damit antirömischen Charakter hätten; es geht schließlich um Exorzismen, und der metaphernspendende Bereich ist von dem empfangenden Bereich weit genug entfernt.

Ohnmacht wird ihr spezifisches (auf sie strukturell zugeschnittenes) Mittel zu ihrer Aufhebung zuteil. Von daher wird auch verständlich, weshalb Jesus Christus gerade als der Auferstandene und somit als Träger der Macht Gottes (Mk 12,24) die dämonischen Mächte überwinden konnte (vgl. 1 Kor 1,24 und 15,24 [Ende]).
Exorzismus ist daher möglich unter der Bedingung der Erfahrung von Ohnmacht und fragloser, außergewöhnlicher Macht.
Dämonen wurden als Totengeister verstanden und zugleich als die „anderen Götter", d.h. die Summe der lebensfeindlichen Andersheit wird im Sinne dieser Feinde des Menschen erfahren als Macht, die auf Tod hinführt. Und so läßt sich die Erfahrung dieser Texte beschreiben: Solange der Tod eine Macht ist, wird auch Gott Macht haben müssen, wenn er denn für „Leben" steht. Exorzismen spiegeln auf konsequente Weise den krankheitsbezogenen Aspekt dieses Kampfes. Für uns wird dabei sichtbar, daß wir die enge Verflechtung der Größen Leben-Tod-Gott-Krankheit aufgelöst haben. Dadurch ist der Ort der Religion in diesem Geflecht fraglich geworden.

3.6 Die Befindlichkeit der Person im Inneren spielt keine Rolle

In Differenz zu unseren Vorstellungen und Wahrnehmungen wird nicht von den veränderten („karierten") Ideen der Kranken gesprochen, auch nicht von ihren Ängsten. Im Gegenteil sind die Dämonen grundsätzlich vernünftig und überhaupt nicht irre. Jesus kann völlig vernünftig mit ihnen reden; vor diesen Begegnungen sind sie nicht irre, sondern nur stumm. Das heißt: Über das Innewohnen hinaus und die sichtbaren körperlichen Plagen wird keine Zerstörung der Persönlichkeit angenommen.

3.7 Dualistische Erfahrung

Anders als bei heutiger Krankheitserfahrung und anders als bei heute praktizierten Exorzismen ist Besessenheit im NT nur die negative Hälfte eines dualistischen Gesamtphänomens. Der Besessenheit durch Dämonen/unreine Geister entspricht grundsätzlich die positive Besessenheit oder Inspiration. Das reine Pneuma ist nur stärker als das unreine (vgl. Mk 1,10 mit 1,23), es hat aber grundsätzlich ähnliche Wirkungen, vgl. das Getriebenwerden in Mk 1,12 (Wüste) mit dem vom unreinen Geist verursachten Aufenthaltsort (Berge und Gräber) in Mk 5,2-5, die laute Stimme von Mk 1,26 mit der von Mk 15,37 (laute Stimme genügt; Reaktion: „Gottes Sohn").
In Mk 5 wie in Mk 15 geht es um ein je anderes Geschick des Leibes (Quälen mit dem Ziel des Tötens, Tod / Befreiung oder Auferstehung). Auch an diesem „Geschick der Besessenheit" wird die Ausrichtung der antiken Psychologie auf Leiblichkeit erkennbar. Daß in beiden Fällen das Inne-

wohnen wichtiger ist als die individuelle/subjektive Befindlichkeit der Person, weist auf eine grundsätzlich andere Wahrnehmungsweise (vgl. so schon in 3.6).

3.8 Konfrontation und Ordnung

Nach der ausführlichen Schilderung in Mk 5,3-5 wird die Besessenheit als Trotz und Bedrohung der Ordnung empfunden. Ganz anders als bei uns (Nach Mk 5,3-5 konnte den Kranken niemand binden – heute kann man „alles") wird daher der Kranke als Träger einer Macht und mächtigen Bedrohung (Feind der Ordnung oder nur einfach als der, der zur Ohnmacht verurteilt) aufgefaßt. – Für unser heutiges Verständnis dagegen bedroht das, was das Neue Testament wohl unter dem Dämonischen vesteht, in erster Linie nicht die äußere Ordnung, sondern die Ordnung innerhalb der menschlichen Seele, und ganz entsprechend fragen wir auch bei den Wirkungen des Geistes Gottes zuerst nach denen für die innerseelische Glaubensgewißheit (Paulus dagegen nach den Früchten des Geistes und der Verwandlung der ganzen Schöpfung). - Offenbar ist dort, wo die äußere Ordnung fest installiert ist (wie bei uns) Dämonismus eher als inneres Chaos erfahrbar, wo sie dagegen labil ist, als Bedrohung der äußeren Ordnung. Und umgekehrt: In der Antike wird äußere Ordnung als pneumatische Gabe erreicht (Gal 5,22f), heute dagegen wird sie häufig per se als das Bedrohende aufgefaßt. Das aber bedeutet: *Die neutestamentlichen Texte weisen auf einen Zusammenhang von Ordnungserfahrung und Besessenheit. Je nach Stabilität und latenter Bedrohlichkeit der „öffentlichen Ordnung" wird Besessenheit anders erfahren, entweder als destruktiv für die öffentliche Ordnung (Antike) oder als chaotische Revolte gegen sie im Inneren*[19].

Und ähnliches gilt auch für den Augenblick der Begegnung von Besessenem und Exorzist: Die Begegnung mit dem Exorzisten ist im Neuen Testament eine punktuell zugespitzte Machtlösung (in dieser Hinsicht sind Exorzist – aufgrund welcher Qualifikation auch immer – und Dämon „wesensverwandt"). – Heute dagegen wird der Kranke nicht als Träger übermenschlicher Macht erfahren, sondern als „arm", eigentlich schwach und kraftlos. Es geht auch nicht um die punktuelle Zuspitzung, sondern die helfende (nicht etwas vernichtende) Macht ist verteilt (auf Instanzen: es gibt Ärzte, Medikamente, Seelsorger, Psychologen, notfalls

---

[19] Dieser Zusammenhang von „öffentlicher" Ordnung und „Dämonismus" ist möglicherweise auch für heutige Analogien von Bedeutung. Der Zusammenhang mit dem Phänomen Angst ist offenkundig. Die Angst „vor" der Ordnung äußert sich als Chaos im Inneren (heute), die Angst „in" der (mangelnden) Ordnung als Destruktion nach außen hin (Antike).

Polizei). Gerade so wird die isolierte Konfrontation vermieden. Auch heute sind daher Kranker und die ihm begegnende Instanz wesensverwandt (Dissoziierung von Macht). An die Stelle des Brechens der Macht (Neues Testament) ist die helfende Freundlichkeit getreten[20].
Nur pathologisch Machtbesessene (oder gänzlich außerhalb der Strukturen der modernen Gesellschaft Stehende) greifen daher in der Regel heute noch auf das Mittel des Exorzismus zurück. Nur hier wird Konfrontation zur Vernichtung geradezu gesucht.
Macht wird in der palästinischen Gesellschaft zur Zeit des NT nicht als verteilt erfahren, sondern wohl stets als monokratische. – Gerade hier ergibt sich ein enger Zusammenhang mit dem monotheistischen Gottesbild und der Praxis der Konfrontation im Exorzismus. Ist das eine mit dem anderen abgeschafft?

3.9 Exorzistische und politische Erfahrung

Bereits P.Brown konnte feststellen, daß die Exorzisten der Spätantike ein Vakuum an politischer und sozialer Autorität füllten und in besonderer Weise Mittler zwischen arm und reich waren[21]. Ähnliches gilt auch für die Zeit Jesu. Fernab und neben der Linie offizieller Politik demonstrieren Jesus und seine Jünger, daß es außer und neben Gott keine Macht gibt, die unüberwindlich bleiben müßte. Die Befreiung, die sie vollziehen, ist die „vor Ort" nötige und zugleich die „eigentliche", denn sie ereignet sich im wahrsten Sinne des Wortes dort, wo keine menschliche Macht mehr helfen kann. Es ergeben sich daher „para-politische" Befreiungserfahrungen[22]. Und zu dieser besonderen Art von Befreiung gehört auch ein eige-

---

[20] Auch eine altertümliche Pädagogik sah in allen jugendlichen Regungen den „Trotz, der zu brechen" war. – Gerade diese Beobachtung macht ein kritisches Verstehen der neutestamentlichen Texte mit „Machtlösungen" um so dringlicher.

[21] P.Brown, The Rise and Function of the Holy Man in Late Antiquity, in: JRS 81 (1971) 80-101.

[22] Die Frage nach dem Verhältnis von exorzistischen zu politischen Erfahrungen ist abhängig vom Verhältnis der „Mächte, Gewalten und Throne" zu den irdischen Institutionen. Entgegen immer wieder geäußerten Vermutungen gibt es keinen Beleg dafür, daß beides wirklich verzahnt ist (etwa so, daß die dämonischen Mächte „hinter" den irdischen Mächten und Thronen stünden). Denn Paulus unterscheidet sehr wohl die „Herrschenden (gr.: archontes) „dieser Welt" (1 Kor 2,8) von den „Mächten" (gr.: arche) (1 Kor 15,24). Und die politischen Mächte sind eben von anderer Art als etwa der Tod nach 1 Kor 15,26. - Richtig ist aber, daß es sich bei der politischen und militärischen Welt um den metaphernspendenden Bereich für die Beschreibung des Bereiches zwischen Gott und Mensch handelt. Das zeigt sich nicht nur darin, daß in der Dämonologie vorwiegend Militärisches nachgeahmt wird, auch daß die Menschen als Gottes

ner imperialer Universalismus (Beseitigung der Grenzen zwischen Juden und Heiden usw.). Eine gewisse Konkurrenz zu und zugleich Nicht-Verrechenbarkeit mit dem weltlich-politischen Bereich wird auch fortan zum Erbe des Christlichen gehören.

4 Fragen der Applikation

4.1 Personmetaphorik

Ein zentrales hermeneutisches Problem ist das der Person-Metaphorik. Die Ohnmachtserfahrung wird mit einer Person gemacht. Das Gegenüber des Dämons, der Exorzist, ist ja auch und zweifelsfrei eine Person. In der Regel ist es auch erst der Exorzist, der den Namen des Dämon kennt und mit ihm wie mit einer Person umgeht. Man könnte sogar meinen, daß das zuvor namenlose Unglück, dem man einfach ausgeliefert war, schon faßbarer und greifbarer wird, indem es vom Exorzisten als Person mit Namen und Eigenschaften, vor allem aber mit der Fähigkeit, Machtverhältnisse richtig einzuschätzen und zu gehorchen, gewissermaßen eingegrenzt wird. Und vielleicht liegt darin schon eine der wesentlichen Leistungen des Exorzisten. Denn es fällt auf, wie wichtig die Namen der Dämonen zu aller Zeit sind. Vom Personbegriff abhängig ist im Neuen Testament die Art der Therapie als Anrede, Befehl und Dialog.

Gerade dieser für jede Heilung konstitutive und positive Aspekt aber bereitet bei der Applikation heute die größten Schwierigkeiten. Und andererseits: Wenn die Personhaftigkeit des Dämonen entfällt, ist auch die neutestamentliche Therapie (Anrede etc.) nicht mehr möglich. Es wurde nun schon verschiedentlich betont (vgl. § 3 und oben unter 3.3),

---

Erwählte an Gottes Hofstaat und Großfürsten vorbei zur Ehre innigster Nähe zu Gott erhoben werden, auch dieses hat seine Analogien in der damaligen Welt. - Vor allem ist die Beurteilung der Frage, ob die dämonischen Mächte hinter den irdischen stehen oder ob sie nur analog gedacht werden, davon abhängig, ob die dämonischen bzw. himmlischen Throne und Mächte eine eigene Aufgabe haben oder nicht. Nur wenn sie sonst funktionslos wären, müßte man annehmen, daß sie die Welt durch die Politiker regieren. Das aber ist nicht der Fall: Gehorsame Engel regieren die verschiedenen Abteilungen der Schöpfung, die Völkerengel (das Frühjudentum rechnet nur mit Michael) haben mit den Politikern nichts zu tun und die den Menschen feindlichen Mächte haben die Aufgabe, den Zugang zu Gott zu versperren und Gottes Hoheit zu verteidigen, dazu gehört auch der Tod. Gott unterwirft sich diese Anwälte seiner eigenen Hoheit, um seiner Vorliebe für die Menschen nachgehen zu können. In diesem Sinne verstehe ich Röm 8,31-39 und 1 Kor 15,20-26. Daher bestehen zur Welt der Politik immer wieder Analogien, doch keine Verschränkungen.

warum die Antike genötigt war, Dämonen als Personen anzusehen. Für die Annahme der Personalität Gottes meinen wir gute Gründe zu haben[23], doch man sollte sich darüber im klaren sein, daß hier „rein methodisch" in unserem sprachlichen Handeln nichts anderes geschieht als bei der Personifizierung von Teufel und Dämonen auch: Bestimmte Erfahrungen von Übermacht werden metaphorisch gedeutet: Gott ist mindestens so etwas wie eine Person[24]. Im Falle der Dämonen äußert sich die Übermacht zum Beispiel als zweite Persönlichkeit bei Geisteskranken, als Äußerung fremder Laute und fremden Verhaltens, das nicht zur Person paßt, wie man sie kennt. Diese Wahrnehmungen des Fremdpersönlichen führten dazu, die Besessenheit des Kranken durch ein ebenfalls personhaftes Wesen anzunehmen. Sowie man aber die geschilderten Symptome anders und neu erklären kann, wie in der modernen Psychiatrie, entfällt natürlich auch die metaphorische Deutung mit dem Modell „Besessenheit durch eine andere Person". Überhaupt liegt wohl sehr häufig der Unterschied zwischen antikem und neuzeitlichem Denken darin, daß das antike Denken metaphorisch erfaßt, was das moderne Denken meint, kausal erfassen zu können[25].

Das bedeutet: Von der Personhaftigkeit der Dämonen ist die Rede auf einer früheren, ganz anders als bei uns orientierten Stufe des Personbegriffs. Da sich der Personbegriff inzwischen (aufgrund vor allem der christlichen Trinitätsdiskussion) gewandelt hat, betrifft das notwendig auch die Dämonen. Man kann auch fragen, wieweit christliche Depotenzierung des Teufels (z. B. in der Tradition des sog. Ostergelächters) selbst dazu beigetragen hat, daß Dämonen und Teufel nicht nur nicht mehr als Personen, sondern auch als überhaupt nicht existent angesehen werden. Es fällt ja, wie erwähnt, leichter, die Personmetaphorik für Gott und bestimmte Engel (z. B. Michael) zu bewahren.

---

[23] So etwa: Die Erfahrungen des Geführtwerdens, der Liebe, besonders anhand von Jesu Botschaft, der Zugang zu Gott durch eine verbale Botschaft oder durch Berufung.
[24] Zugrunde liegt zweifellos die für evident gehaltene Erfahrung, daß menschliche (sprachlich artikulierbare) Personalität so etwas wie einen Höchstwert darstellt; daher kann die Erfassung von Wesenheiten, die dem Menschen überlegen sind, nicht unterhalb der Verwendung der Personmetapher auskommen.
[25] Von daher wäre auch der Verfall des Ansehens der Metapher bis hin zu A. Jülichers Gleichnisbuch zu sehen. Umgekehrt lebt mit der Krise des neuzeitlichen Denkens in der neuesten Zeit auch das Ansehen der Metapher wieder auf (vgl. etwa die Arbeiten von H. Blumenberg).- Natürlich ist zu fragen, ob eine „kausale" Erklärung im Unterschied zur metaphorischen wirklich möglich ist. Möglicherweise ändern sich nur die metaphernspendenden Bereiche; in der Antike ist es mehr der familiäre Bereich, in der Neuzeit der technisch-handwerkliche.

Erfahrung und die Metaphorik, die man gebraucht, bilden stets eine Einheit, und man kann das eine nicht ohne das andere bewahren. Die Personmetaphorik bei der Applikation von Dämonenaussagen zu bewahren, weil sie biblisch ist, das wäre reiner Biblizismus.
Aus dieser schwierigen Lage bieten sich m.E. folgende Auswege bei der Applikation an:

4.2 Dämonologie und Gottesbild
Man realisiert bei der Interpretation, daß man theologiegeschichtlich die Dämonologie des Frühjudentums sehr wohl als eine spätere Entfaltung des „Dämonischen in JHWH" selbst ansehen kann[26]. Dabei wird unter dem Dämonischen das Unheimliche, Grauenvolle, Verderbliche, Grausame, Feindliche und Bedrohliche verstanden. Elemente des so definierten Dämonischen finden sich in allen Schichten des Alten Testaments; das bedeutet, daß es mutmaßlich zentral zum JHWH-Glauben dazugehört[27]. Es gibt nun eine erkennbare Tendenz, die Elemente des Dämonischen in JHWH in der Spätzeit des Alten Testaments dualistisch zu verstehen. Das wichtigste Beispiel ist die Interpretation von 2 Sam 24,1 (JHWH ist der Urheber der Volkszählung JHWHs und damit letztlich des daraus folgenden Bösen; Gott reizt David zum Zählen, und die Strafe dafür kommt dann gleichfalls von Gott!) in 1 Chron 21,1 (Satan ist an die Stelle JHWHs getreten).- Das bedeutet: Während zunächst Gott selbst unheilvoll und gefährlich ist, werden es in zunehmendem Maße seine Diener und Beauftragten (vgl. besonders Jub 10). Das Neue Testament unterscheidet zeit-

---

[26] Vgl. P.Volz, Das Dämonische in Jahwe, 1924.
[27] Die Erfahrung des Dämonischen kann auf vielfältige Weise geschehen. Einige wichtige Aspekte seien angeführt: Die Unheimlichkeit und Bedrohlichkeit der Gottheit äußert sich in Naturereignissen, die eine Theophanie begleiten; Beispiele sind die vulkanischen Elemente der Sinaitheophanie (Ex 19f); Erdbeben, die die ganze Schöpfung gefährden beim Kommen Jahwes zur Rettung (Ri 5,4f; Ps 18,8f); die Nähe der Gottheit ist lebensgefährlich (Ex 19,21: Sehen/Umkommen); schreitet er durch das Land, so bedeutet es Tod (Am 5,17; 6,8-10: todbringendes Erwähnen des Namens der Gottheit; Ex 33,20: die Nähe Gottes bedeutet Lebensgefahr); von der Gottheit gehen böse Geister aus, die innerseelische oder auf die Gruppe bezogene Konflikte verursachen (1Sam 16,14ff; Ri 9,23; 1 Reg 22,22); die Gottheit überfällt urplötzlich und ohne erkennbares Motiv einzelne Menschen (Ex 4,24ff: Gott will Mose in nächtlicher Begegnung töten. Durch den Ritus der Beschneidung ist die Tötungsabsicht abzuwenden; Gen 32,23-33: ebenfalls nachts, auch hier kann die Bedrohung abgewendet werden). - Menschliche Reaktionen auf die Erfahrung des Dämonischen können sein: Erschrecken, Grauen, das Gefühl der Geringheit, Sterben, ferner apotropäische Gesten oder Riten (Ex 3,5; Ex 4,25).- Prophetisch begabte Menschen werden selber Personifikationen des Dämonischen (2 Reg 23f).

lich: Dem barmherzigen Gott jetzt ist potentiell der grausame im Gericht gegenüberzusetzen (Mt 18,23-35; 25,14-30 par). In den Worten vom „Dieb in der Nacht" werden solche Züge Gottes teilweise auch auf den Menschensohn übertragen. Erst bei Markion ist der Gott Jesu Christi als der absolut gütige einem grausamen Prinzip entgegengesetzt, das nun freilich zum Gegengott stilisiert wurde. Die moderne Verkündigung der letzten 25 Jahre neigt dazu, überhaupt nur noch von diesem gütigen Gott zu reden, der so etwas wie das Prinzip Liebe sein soll.

Man könnte nun anläßlich eines Ernstnehmens der biblischen Aussagen über Dämonen versuchen, diese Entwicklung sozusagen bis an ihre Quelle zurückzuverfolgen und die Texte über Dämonen im Lichte von Aussagen über das Dämonische in JHWH interpretieren. Dann ginge es nicht um eine „spukhafte Welt von Wesenheiten", sondern um Aspekte des Gottesbildes selbst.

Ähnliches gilt auch für die Engel: Wie die Dämonen stellen sie bestimmte Seiten Gottes dar, der dadurch seine Einzigkeit nicht einbüßt. Die Engel stellen vielmehr Gottes Herrlichkeit wie tausendfach gebrochen dar[28], die Dämonen seine Undurchschaubarkeit und Abgründigkeit.

Für unsere psychologische Fragestellung würde das bedeuten: Bei der Deutung des Fremdpsychischen und Bedrohlichen, gegenüber dem man ohnmächtig ist, geht es am Ende um eine Erfahrung JHWSs selbst. Kann das weiterhelfen und ist das theologisch legitim? Was bedeutet das konkret?

a) Da die Identifikation der neutestamentlichen Fälle von Besessenheit mit bestimmten Krankheiten oder Zuständen nicht mehr möglich ist, entfällt mit Sicherheit eine fallweise Applikation. Wenn eine solche Deutung auf Geistes- oder Stoffwechselkrankheiten entfällt, ist ein weiterer Horizont gewonnen, der ja wohl auch der biblischen Erfahrung des Dämonischen entspricht.

b) Andererseits spiegelt die moderne Literatur menschliche Erfahrungen, die „dämonisch" genannt werden[29] (vgl. 4.3). Das Erfahrungsphänomen „gibt" es daher.

c) Daher gilt: Was das Neue Testament als dämonisch deutet, kann wegen des unter a) Bemerkten nicht psychopathologisch umgesetzt

---

[28] Vgl. meine Erwägungen zu Röm 8,38f in: K.Berger, Gottes einziger Ölbaum. Betrachtungen zum Römerbrief, Stuttgart 1990.
[29] Vgl. etwa die Werke von G.Bernanos allgemein und etwa besonders in K.Berger, Wie ein Vogel ist das Wort, Stuttgart 1987, S.14f zitierten Text aus G.Bernanos, Die Sonne Satans.

werden. Daher bietet sich dieser Weg der Applikation an: Statt einer psychologischen oder psychopathologischen Applikation sollte die theologische gewählt werden. Was „dämonisch" genannt zu werden pflegt, ist nicht psychologisch zu erfassen, sondern im Blick auf den Gott der Bibel. Da wohl grundsätzlich jede Erfahrung zu einer religiösen werden kann, geht es hier eben darum, die Wahrnehmung des übermächtigen Destruktiven als eine bestimmte Erfahrung Gottes zu deuten. Einsicht in historische Psychologie verbietet hier m.E. eine psychologische Applikation im modernen Sinn.

4.3 Dämonologie und Poesie
Es fällt auf, daß es innerhalb poetischer Gattungen auch heute als völlig legitim erscheint, von Engeln oder Dämonen zu reden. Die fraglose Akzeptanz von D.Bonhoeffers Gedicht „Von guten Mächten wunderbar geborgen" mag dieses statt anderen Materials belegen. Das aber bedeutet: Wenn und sofern es gelingt, den metaphorischen Charakter der Aussagen über die Personhaftigkeit Gottes, der Engel und der Dämonen zu verdeutlichen, braucht keine Scheu zu bestehen, so zu reden. Diese ästhetische Auffassung religiöser Rede (und Liturgie) als „Kunstwerk", der Poesie (nicht dem Poesiealbum) benachbart, ist durch vielerlei Dogmatismus und unreflektierte Rede von Wahrheit zerstört worden. Zu einem Spiel (mit Zeichen und Metaphern) gehört freilich eine spezifische Ernsthaftigkeit; sie erfordert es auch, daß man nicht in jedem Augenblick daran denkt, daß es „nur Spiel" ist, was da veranstaltet wird. Vielmehr ist die ästhetische (metaphorische) Art zu reden für viele Bereiche des Daseins die einzig adäquate. Zu diesen Bereichen gehört außer der Rede von Gott auch der menschliche Vollzug von Sexualität und Liebe[30]. Aus diesem Grund läßt man auch dogmatische Aussagen, wenn sie in Kirchenliedern verpackt sind, sehr viel leichter passieren, oder umgekehrt: Sofern deutlich wird, daß Lehraussagen eine Form von Lobpreis und Hymnus waren oder sein könnten (und nicht ein technisches Instrument zur Kirchenver-

---

[30] Hier sind dann Spiel und Ernst nicht entgegengesetzt. Poetische Rede und spielendes Tun haben vielmehr nur ein anderes Verhältnis zum Zeichen, bzw. das Verhältnis von Direktheit und Indirektheit ist anders als im technischen Umgang. Die Bereiche, die metaphorisch und poetisch erschlossen werden, leben von der indirekten Formulierung über das Zeichen, „der Umweg ist alles". In dem dafür notwendigen Einverständnis und Verstehen des Spiels (die Metaphern wollen richtig zugeordnet werden) äußert sich die Freiheit, der Wille zur Kommunikation. Beim nur technischen Vollzug entfällt die Freiheit dieser Art. Der „Umweg" ist daher nur ein anderes Wort für die Chance zur „Freiheit".

waltung), werden sie ganz anders vom freien Konsens der Adressaten getragen sein[31].

Das bedeutet: Die ästhetisch-metaphorische Wahrnehmung von Engeln und Dämonen bereitet keine Schwierigkeiten. Diese kommen von dogmatischer Verordnung[32].

4.4 Dämonologie und die Neigung zum Alternativen
Zweifel an der modernen und etablierten Wissenschaft haben Tradition; innerhalb des letzten Jahrzehnts führten sie zur postmodernen Krise der Rationalität überhaupt. Deren Ausdruck sind u.a. Vorlieben für jede Art von Irrationalismus, insbesondere Parapsychologie und das Tun der „Heiler". Der traditionelle Kirchenglaube wird abgelehnt, denn er wird dem Rationalismus zugeordnet. Offenbar teilt er mit der modernen Wissenschaft die Perfektion, die Rationalität und das hohe intellektuelle Niveau. Der Reiz der irrationalistischen Bewegungen besteht auch darin, daß die Wahrheitsfrage nicht entscheidbar ist. Ihre Träger sind offen für das, was nicht durch „allmächtige" und allesbestimmende Fachleute geregelt und verordnet ist. Der oben bereits angemerkte Wunsch nach Freiheit bzw. Freiräumen in entscheidenden Bereichen des menschlichen Daseins impliziert gegenüber Kirchenglauben wie Wissenschaft das Erstreben des Noch-nicht-Akzeptierten. Hier liegt wohl auf anderer, theologisch professioneller Ebene der Grund für die Akzeptanz zahlreicher theologischer Modebewegungen, die im Augenblick noch eher aufklärerisch-moralisch gefärbt sind im Unterschied zu den irrationalen Bewegungen im Bereich der Nichtfachleute.

Daher wäre eine Erneuerung des traditionellen Kirchenglaubens an Satan etc., obwohl er im Endergebnis auf dasselbe hinausläuft wie moderner Irrationalismus, die denkbar ungünstigste Reaktion; denn es soll gerade nichts verordnet werden. Das Bedürfnis nach Systemfreiheit kann nicht mit perfektioniertem Systemzwang beantwortet werden (vgl. die vorangehende Fußnote). Es kann bei alledem auch geschehen, daß gerade

---

[31] Die Krise der Volkskirchen könnte auch gerade darauf beruhen: Sie sind Instrumente von Verwaltung und Organisation geworden. Die notwendigen Metaphern zur Artikulation religiöser Erfahrungen besorgen sich dann die Menschen anderswo, und zwar dies z.B. schon seit der idealistischen Krise der protestantischen Theologie zu Beginn des 19.Jh..

[32] Schon der Satz „Es gibt diese Mächte" ginge zu weit, da es ja nicht um Erweisbares im Sinne des Alltagslebens geht. Es gibt nur bestimmte Erfahrungen, die als Begegnung mit solchen Mächten gedeutet werden, und darin liegt – vom biblischen Denken her gesehen – eine gewisse Konsequenz. Unter den psychischen Erfahrungen des Menschen ist die mit Dämonen eine begrenzte oder begrenzbare Negativerfahrung der Ohnmacht.

modernste, progressive Medizin, die (um des Fortschritts willen) offen ist für unorthodoxe Methoden, ein Bündnis eingeht mit vormoderner religiöser Subkultur[33].

Der wiederauflebende Irrationalismus weist mit Recht auf vergessenes religionsgeschichtliches Erbe auch im Bereich der christlichen Kirchen (besonders der katholischen) selbst. Daher ist dagegen auch nichts zu sagen, wenn es denn gewährleistet ist, daß diskutable, rationale Kriterien der Gemein(de)verträglichkeit angewandt werden können[34].

So befindet sich die Kirche angesichts der hermeneutischen Probleme der Applikation des antiken Dämonismus in einer Zwickmühle: Genau die biblischen Traditionen selbst sind Antworten auf die Fragen des Bereichs, der heute außerkirchlich abgedeckt wird und bezüglich dessen man der Kirche eine biblizistische Antwort übel nimmt. Einige Regeln für den Umgang mit diesem Phänomen betreffen nicht nur den Dämonenglauben, sondern auch andere Bereiche der historischen Psychologie[35].

Schließlich ist darauf zu verweisen, daß für viele „dämonologisch" deutbare Phänomene das Neue Testament auch nicht-dämonologische Deutungsmuster anzubieten hat. So wird etwa in 1 Kor 12,9.30 die Heilungsvollmacht über die Charisma-Konzeption gedeutet.

---

[33] Daher gilt, so könnte man sagen, im Rahmen des Pluralismus der modernen Gesellschaft in Mitteleuropa: Es gibt angesichts des Bestrebens, Freiräume für das Eigenste zu sichern, a) bei Nicht-Experten: den Irrationalismus, b) bei Experten: die aufklärerisch-moralischen „Bewegungen", c) eine „ungleichzeitige" Subkultur, deren Träger sich angesichts der unbewältigten sozialen und kulturellen Akzeptanz in das Festhalten an vor-aufklärerischen Denk- und Lebensmustern klammern oder die einfach nie daraus erwacht sind. Dem letztgenannten Milieu entstammen etwa die heute noch „gläubig" vollzogenen Exorzismen in Deutschland.

[34] Vgl. zu solchen Kriterien: K.Berger, Hermeneutik des Neuen Testaments, Gütersloh 1988, § 4.26. Eine besondere Rolle spielt dabei das Bild von der Ratio als der Platzanweiserin für Nicht-Rationales.

[35] Als solche Regeln könnte ich mir denken: a) Widerstand gegen die Alleinherrschaft des kirchlichen Rationalismus; Beachtung der Notwendigkeit nicht-rationaler Nischen; b) Tolerieren bestehender Subkulturen in Grenzen (zu diesen Grenzen vgl. die vorangehende Fußnote); c) Vermeidung der Schere, daß die de facto rationalistische Kirche immer wieder mit bestimmten Arten von Irrationalismus exklusiv identifiziert wird, nämlich den autoritären; d) ein ganzheitliches Menschenbild in Theorie und Praxis; e) Vermeidung des Eindrucks, Religion sei speziell mit Parapsychologie etc. verknüpft. Nicht jedes Gespenst ist automatisch eine Sache für die Kirche; sie ist genauso viel und genauso wenig für das Jenseits wie für das Diesseits zuständig. f) Das Eingehen auf die nicht-rationale Nische könnte zur Folge haben: besondere Heilungsgottesdienste an bestimmten Orten (nicht am Heimatort der Kranken; Vorbild: Wallfahrten) oder Eingehen auf die Schätze der Metaphorik in den christlichen Totenliturgien des 1. Jahrtausends.

4.5 Korrektivfunktionen des neutestamentlichen Dämonismus
Abgesehen von der kritischen Bedeutung neutestamentlicher dämonologischer Aussagen für jeden Rationalismus (s.o.) besteht für sie heute wohl folgende Bedeutung:
a) Die dämonischen Züge des Gottesbildes werden wieder entdeckt bzw. die Rede von Engeln und Dämonen gewinnt Sinn für das Gottesbild.
b) Exorzismen sind mythische Texte. Als solche kämpfen sie gegen Unsichtbarkeit und Vergeblichkeit an. Sie sind Ausdruck dessen, daß Ohnmacht ihre Grenzen hat und wir nicht ausgeliefert sein müssen.
c) Das Destruktive wird ganzheitlich aufgefaßt (leiblich und seelisch).
d) Der Außeneinfluß auf den Menschen wird betont; entsprechend wird auch seine Erlösung nicht gedacht als eine von innen herkommende Verwandlung des Ich des Menschen, sondern als Befreiung von einer „Besatzung". Weder die moralische Schuld noch die moralische Besserung stehen zur Diskussion. Alle diese Elemente kommen unseren Erfahrungen entgegen, insbesondere der Relativierung des Schuldbegriffs in der modernen Diskussion anhand des Hinweises auf die Bedeutung von Milieu und Umständen, der Zurückdrängung des Allein-Moralischen im modernen Religionsbegriff.
e) Bei den Exorzismen geht es um die Erfahrung von Macht im Bereich der Religion. Das betrifft auch die politische Metaphorik. Damit ist nicht nur ein wichtiger Bereich des Lebens mit der Wirklichkeit religiöser Erfahrung verbunden (diese ist eben nicht nur kognitiv, ästhetisch, beschaulich oder ethisch), sondern auch ein Schlüssel gegeben zum Verstehen anderer auf „Macht" bezogener Elemente in der jüdischen und christlichen Religion (Gott als der Herr der Geschichte; Messianismus; Geschichtstheologie; Anspruch auf Mitgestaltung der Gesellschaft).
f) Die Heilungssekten weisen darauf, daß der psychosomatische Aspekt in der Verkündigung und in der Praxis zu kurz gekommen ist.
g) Der Zusammenhang von Dämonismus und Ordnungserfahrung macht darauf aufmerksam, daß die perfekte öffentliche Ordnung heutzutage nur dann nicht Angst einjagt, wenn in ihr Platz für ein wenig heilsames Chaos gelassen wird.
h) Christentum bietet nicht eine Botschaft, sondern einen Mittler an. Seine Autorität wirkt als Ordnungszentrum.

§ 5 Leiberfahrung

1 Die psychologische Fragestellung

In der „Theologie des Neuen Testaments" von R.Bultmann wird der Abschnitt über „Leib" unter der Überschrift „Die anthropologischen Begriffe" geführt[1], und bei Bultmanns Präzisierung dieses Begriffs steht das Verhältnis zu sich selbst eindeutig im Vordergrund[2]. Welterfahrung kommt bei Bultmann in diesem Zusammenhang nur negativ zur Sprache als „ein() fremd(es), nicht dem eigenen Wollen entsprungene(s) Geschehen"[3]. Die Einseitigkeit dieser Definition, die ihren Ursprung bei Hegel und Kierkegaard im übrigen nicht verleugnen kann, ist zugleich der Anlaß unserer Anfragen: Die Dimension der Geschichte ist bei R.Bultmann zwar nicht ausgeschlossen, aber doch abgeblendet; vor allem aber scheint mir eine Beschränkung auf die Relation Ich-Leib nicht ausreichend zu sein, um die Dimension Leib bei Paulus und auch sonst im Neuen Testament zu deuten. Denn es geht wohl schon immer um das Dreieck Selbst-Leib-andere(s)(„Welt"). Und damit ist zugleich die psychologische Frage gegeben. Denn an die Stelle der eher formalen Relation nach R.Bultmann tritt jetzt die gefüllte im Verhältnis zu Mitmenschen, Umwelt und Gott. Erst wenn diese positiv konstitutiv (und nicht im Modus der Entfremdung oder nur als vorübergehende Hilfe[4], wie R.Bultmann es denkt) für die Leiblichkeit ist, gibt es darin auch eine Erfahrung, die diesen Namen verdient. Anders gefragt: Erfährt der Christ nach Paulus nicht Christus oder den Heiligen Geist so unmittelbar am eigenen Leib, daß für solche selbstdistanzierende Selbstreflexion, wie sie für Bultmann Leiblichkeit ausmacht, gar kein Raum mehr ist? Ist Leib dann wirklich eine vornehmlich anthropologisch begründete Realität oder nicht vielmehr von der neuen Erfahrung Jesu Christi und des Pneuma bestimmt?

---

[1] R.Bultmann, Theologie des Neuen Testaments, 4.Aufl., Tübingen 1958, S.192f.
[2] R.Bultmann, ibid., S.196f.
[3] R.Bultmann, a.a.O., 196.
[4] Vgl. R.Bultmann, a.a.O., 197. B. spricht hier ausdrücklich von Entfremdung. Andererseits erwähnt er auch ausdrücklich eine „hilfreiche Macht, die den sich selbst entfremdeten Menschen wieder zu sich selbst zurückbringt". Aber auch dann bleibt diese Macht nur äußerlich und Mittel zum Zweck. Eben das wird hier bestritten.

2 Beziehungen als leibliche Erfahrung

Leib ist bei Paulus ein Wort für den ganzen Menschen, jedoch nicht in der Abgeschlossenheit unseres Personbegriffs, sondern als Kontaktwesen in Beziehung zu Mitmenschen, Gott und Sünde. Der Mensch ist daher auch Leib, sofern er sich unter Gottes Herrschaft begibt. Daher ist der Leib des Menschen nie nach außen hin abgeschlossen oder autonom im modernen Sinne, sondern Herrschaftsbereich Gottes oder der Sünde. Leiblichkeit bedeutet Abhängigkeitserfahrung, und Erneuerung des Leibes ist nichts anderes als ein Austausch der Relationen.

Der paulinische „Leib" steht daher nicht im Gegensatz zu irgendeiner „Seele", noch ist hier Bewußtsein gegen „Unterbewußtes" auszuspielen; diese Kategorien sind dem Neuen Testament fremd.

2.1 Leib und Selbst

Zunächst einige exegetische Beobachtungen:

a) Paulus spricht über „Leib" bzw. „Glieder" und über das „Ich" in gleicher Bedeutung (Röm 6,12-16).

b) Paulus rechnet in demselben Text aber mit einem verantwortlichen Zentrum, welches bestimmt, was im Leib ist (Röm 6,12). Daher „ist" der Mensch nicht einfach sein Leib. Diese Spaltung des Ich wird wichtig auch in 1 Kor 6,18, wo der Täter (das Selbst) gegen den eigenen Leib sündigen kann.

c) Paulus denkt daran, aus dem Leib dieses Todes befreit zu werden (Röm 7,24), und nach 2 Kor 5,2f rechnet Paulus damit, daß der sichtbare Leib aufgelöst wird und daß – offenbar in der Gegenwart schon und von Tag zu Tag immer mehr – ein neuer, pneumatischer Leib aufgebaut wird.

d) Der neue, pneumatische Leib verhindert, daß die Christen bei der Auflösung „dieses" Leibes zum Zeitpunkt von Tod oder Parusie „nackt" dastehen, was Verdammung oder Untergang bedeuten würde (2 Kor 5,3).

e) Die Geschicksgemeinschaft zwischen Leib und Selbst ist sehr eng. Denn die Qualität des Leibes bestimmt auch das Selbst (je nachdem fleischlich oder leiblich). Es bleibt daher nicht einfach das Selbst konstant, während nur der Leib sich wandelte. Mit dem neuen Leib wird auch das Selbst anders sein.

Fazit: Offenbar sind die Kategorien „Sein" und „Haben", die in neuerer Zeit häufig gegeneinander ausgespielt werden, beide gleichermaßen und auch als Alternative ungeeignet, das Verhältnis zwischen Personzentrum und Leib zu beschreiben. Denn „Haben" würde den Leib zum Objekt machen, „Sein" aber wäre eine falsche Nivellierung zwischen Selbst und Leib. Es ist daher ein Modell zu suchen, das dem differenzierten Tatbestand bei Paulus Rechnung trägt.

2.2 Erneuerung des Leibes
Zum exegetischen Befund:
a) Nach Röm 6,4.8.11 bedeutet das „Sterben" des Leibes bei der Taufe eine Erneuerung des ganzen Menschen. Dabei bleibt das Selbst als fast nur formaler bleibender Bezugspunkt (als Name) erhalten. Diese starke Reduzierung des Trägers der Erfahrung hatten wir auch schon für Gal 2,20 beobachtet (auch dort: Verflüchtigung fast bis zum bloßen Namen).
Diese Erfahrung ist anders als die der moralischen Erneuerung nach Auffassung und Erfahrung der griechischen Philosophie. Dort ging es in der Regel um ein anthropologisches Problem: um den Sieg des besseren (geistigen) Teiles im Menschen, um einen Kampf zwischen Seele und Leib. Vielmehr läßt sich an verschiedenen Stellen beobachten, daß Paulus den Kampf Seele/Leib (der ihm traditionsgeschichtlich durchaus vorgegeben war) systematisch ersetzt durch den von Geist/Fleisch.
b) Nach Röm 6,6 ist die Vernichtung des Sündenleibes wohl zu verstehen als Kappen der Totalität der Beziehungen des Menschen. Weil nämlich auch nach der Taufe de facto die alten Haut und Knochen fortbestehen, ist „Leib" bei Paulus offensichtlich nicht das physisch Vorfindliche, sondern Beziehungen, Verflechtungen, Strebungen und Orientierungen des alten bzw. des erneuerten Menschen. – Sterben und Erneuerung des Leibes bedeutet daher: Umgestaltung aller externen Beziehungen. Und dabei wird offensichtlich vorausgesetzt, daß der Leib sich bis in die Träume (Begierden) hinein erstreckt.
Entscheidend für das Neuwerden ist nicht die Beseitigung von Leiblichkeit, sondern neue Leiblichkeit („als aus Toten auferweckte"), verbunden mit neuer Freiheit. Diese neue Leiblichkeit erschöpft sich nicht in bloßer Gewißheit, sondern ist einem Handeln zugeordnet[5].
Sehr wahrscheinlich liegt im Bereich des Handelns das besondere Interesse des Paulus an Leiblichkeit überhaupt. Denn vor der Taufe gab es den Sündenleib, der Werkzeug der Sünde war, und nach der Taufe sollen die Glieder der Christen Werkzeuge der Gerechtigkeit

---

[5] Dem entspricht, daß nur in Röm 6,13 die umgewandelten Glieder „Waffen der Gerechtigkeit" sein können; sonst wird so etwas nur von pneumatischen Größen wie Gebet etc. gesagt. Hier wird erstmals die Waffen-Allegorie mit der Konzeption der neuen Leiblichkeit verbunden.

sein. Für den Pharisäer Paulus ist das vom Gesetz geforderte Tun das Entscheidende.

c) Der Leib ist nach Paulus nicht Endzweck, sondern Instrument des Handelns und Agierens. So ist er weniger Weise des Selbst-, als vielmehr des Gott- und Weltverhältnisses.

2.3 Der Leib und die Mitmenschen
In 1 Kor ist sowohl der Leib des einzelnen (6,19) als auch der Leib, der die Gemeinde ist (3,16), Tempel des heiligen Geistes. Auch nach 10,17 gilt, daß „wir alle ein Leib" sind. Nach 12,12f ist das begründet durch die Taufe mit dem einen Geist, nach 10,16 durch die Teilhabe an Jesus im Abendmahl. – Wenn Gottes Geist aber in jedem einzelnen Christen wie in einem Tempel wohnt und zugleich auf dieselbe Weise auch in der Gemeinde, wenn jeder einzelne Glied des Christus ist und wir alle sein Leib, dann hat offenbar die Leiblichkeit der Christen eine konstitutive Beziehung zur Gemeinde als Leib. Dann setzt sich das große Ganze aus vielen strikt analog zum Ganzen gebauten Zellen zusammen.

Der Leib des einzelnen Christen ist in dem Leib, der die Gemeinde ist, Kontaktorgan zu den anderen, und mit ihnen konstituiert er den Leib der Gemeinde. Der Leib ist daher weniger das Private als vielmehr das Vermittelnde. Und diese Funktion des Leibes ist beim Sündenleib wie beim Leib, der jetzt Christus gehört, ganz analog. Der Leib ist die Art, wie wir mit anderen in Kontakt stehen, und je nachdem, ob wir durch Sünde oder durch den Christus qualifiziert sind, fällt dieses Verhältnis aus als Ungerechtigkeit oder als Gerechtigkeit.

3 Der Leib als übertragbares Eigentum

3.1 Der Leib ist immer im Besitz anderer
Der Leib des Menschen ist nach Paulus nicht nur nicht abgeschlossen und nicht autonom, zu seiner Leiblichkeit gehört auch, daß er sich nicht selbst gehört.
Paulus denkt dabei den Leib im Rahmen sich ausschließender Besitzverhältnisse. Denn entweder gehört der Leib des Menschen der Sünde (Röm 6,6: Leib der Sünde) oder zu Jesus Christus (Röm 7,4 „dadurch, daß euer Leib der Leib des Christus ist"). Für unsere Vorstellungen geht es in beiden Fällen um ein entfremdetes Verhältnis des Selbst gegenüber dem Leib[6]. Allerdings wird die im Menschen wirksame Begierde (Röm 6,12) in

---

[6] Dieses gilt gegenüber R.Bultmann (s. oben Fußnote 4). Die moderne Alternative Entfremdung – Zurückbringen zu sich selbst ist wohl fehl am Platze.

6,13 positiv ersetzt durch „euch selbst" und in 6,17 durch „von Herzen" – immerhin schüchterne Anzeichen dafür, daß der Wunsch des Selbst in eine andere Richtung ging als die Besatzungsmacht Sünde es diktierte (vgl. Röm 7,20). Das ändert indes nichts daran, daß auch der neue Status der Christen ein Dienstverhältnis ist.
Der Leib wird so eher als Besitzgegenstand wechselnder externer Besatzer angesehen. Gleiches gilt übrigens auch für den christlichen Ehestand: Auch dort herrscht wechselseitiges Eigentumsrecht von Frau und Mann je über den Leib des Partners (1 Kor 7,4). Auch hier scheut Paulus sich daher nicht, auch für Christen von etwas zu sprechen, das wir nur als wechselseitige Heteronomie bezeichnen könnten.
Für die zugrundeliegende religiöse Erfahrung bedeutet das: Es gibt keinen mittleren Zustand. Der Leib steht ganz und gar unter der Erfahrung der Gegensätze Gott/Sünde und Leben/Tod.

3.2 Der Besitzer des Leibes wohnt in ihm
Paulus verwendet das Bild des Tempels, in dem der heilige Geist wohnt (vgl. ähnlich auch TestIsaak 4,16: Leib als Heiligtum des heiligen Geistes): Der Besitzer wohnt in seinem Haus. Und der Besitzer ist jeweils ein anderer, nicht das Selbst (die Sünde oder Christus). Der Leib ist damit in religiöser Hinsicht nicht ich-bezogen, sondern auf ein extra nos hin orientiert. Das heißt: Der Mensch ist, sofern er Leib ist, „Schlachtfeld" zwischen Gott und Sünde. Der Leib ist auch das Feld von äußerster Bedrängnis oder Rettung. Dabei geht es für den Leib selbst um ein striktes Abhängigkeitsverhältnis gegenüber dem einen oder dem anderen („Sklaverei" nennt Paulus das in Röm 6,16-22).
Die Besitzverhältnisse werden in 1 Kor 6,20 ausdrücklich gemacht (Bild des Sklavenkaufs). Auch 6,20b mit dem Bild des Verherrlichens gehört dazu, da so nach einem traditionellen Wortfeld die Aufgabe des Sklaven bestimmt wird[7].
Fazit: Zur Wirklichkeit der Menschen gehört konstitutionell, daß sie nicht sich selbst gehören. Leiblichkeit bedeutet Abhängigkeitserfahrung. Der „Wert" des Leibes wird für Paulus nicht durch seine vorfindliche materielle Körperlichkeit bestimmt (denn körperlich wird auch der pneumatische Leib sein), sondern abhängig davon, ob Christus in ihm wohnt oder nicht. Da der Christ nicht in sich abgeschlossen ist, wird Identität dadurch bestimmt, wie der Mensch in seinem Leib Schnittpunkt von

---

[7] Jes 49,3 (Gott wird durch seinen Knecht Israel verherrlicht werden); Mal 1,6 (Der Sklave verherrlicht seinen Herrn); 1 Chron 17,18 (verherrlichen...Sklave); 1 QH 11,33.

Welterfahrung und Christuserfahrung geworden ist. Daher wagt es Paulus als erster, die neue Bestimmtheit des Leibes durch den innewohnenden Geist zum Kriterium seiner Ethik zu machen, für Heidenchristen anstelle des Gesetzes.

3.3 Leiblichkeit und Ordnung
Nach 1 Kor 6,12-20 ist der Verkehr des Christen mit der Dirne ausgeschlossen, weil er mit ihr ein Leib wird. Und der Christ ist doch Teil des Leibes Christi. Beides verträgt sich nicht, so gilt: entweder Christus oder Dirne. - Interessanterweise wird nicht untersagt, mit der eigenen Frau zu verkehren, mit der man doch auch ein Leib wird (6,16 ist dabei noch der Beschreibung der ehelichen Gemeinschaft nach Gen 2,24 entlehnt!). Der Unterschied besteht offenbar darin, daß mit der Dirne kein Verhältnis auf gleicher Basis besteht, sondern eines der Ausbeutung; Paulus versteht es als Ausbeutung durch die Dirne (6,12b). Jedenfalls ist es nicht die Gegenseitigkeit des Verhältnisses (1 Kor 7,4 verwendet dasselbe Wort „verfügen" wie 6,12), die erst die spezifische Gerechtigkeit begründet. Das heißt: Leib Christi kann nicht bestehen auf der Basis sozialer Ungerechtigkeit[8]. Wenn man mit einer Frau ein Leib wird, dann hat die Qualität dieses Vorgangs als gerechte oder ungerechte direkt etwas zu tun mit dem Leib Christi. Damit ist der Leib das Feld der sozialen Gerechtigkeit oder Ungerechtigkeit. Auch hier zeigt sich daher das pharisäische Interesse des Paulus am sozialen Handeln der Menschen.

Für die psychologische Frage nach der Erfahrung des Leibes bedeutet das: Der Leib ist für Paulus das Organ des Handelns, und das gilt ganz umfassend und sogar so weit, daß es kein Handeln gibt, das nicht leiblich wäre (2 Kor 5,10). Im Unterschied zu unserer Wahrnehmung geht es beim Leib nicht um Gefühle oder Stimmungen; der Leib ist auch nicht das an sich Abzulehnende: Paulus ist kein Feind der Leiblichkeit. Nur ist der Leib einerseits Organ des Handelns, andererseits aber auch durch das Handeln betroffen, so daß ihn das Todesurteil trifft, das der Sünde droht (Röm 7,24b). Abzulehnen ist nur die todverfallene Qualität des Leibes.

In Differenz zu uns wird der Leib für Paulus nur in seltenen Fällen mit Emotionalität assoziiert. Der Aspekt von Tun und Ergehen ist für Paulus wichtiger. Und das heißt: Es geht immer um Leben und Tod, nicht um

---

[8] Paulus geht damit von einem bestimmten Ordnungsdenken aus: Hurerei ist Verkehr, bei dem nicht Gegenseitigkeit besteht. Ausbrechen aus der Ordnung der Gegenseitigkeit ist Ungehorsam gegen Gott (Ähnlich wird auch in Röm 13,1f ein Ordnungsdenken zur Basis der Argumentation). Damit zeigt Paulus, in wie hohem Maße er die Einzelgebote der Torah durch eher prinzipielles Denken überhöht hat.

neutrale Zwischengefühle. Darin liegt ein wichtiges Korrektiv in der Applikation, das von der egozentrischen Nabelschau ablenken könnte.

4 Sündigen gegen den eigenen Leib

Der rätselhafte Satz 1 Kor 6,18 („Jede Sünde, die ein Mensch tut, ist außerhalb des Leibes, wer aber hurt, sündigt gegen den eigenen Leib") hat Voraussetzungen in der menschlichen Erfahrung:
a) Sexualität betrifft den Leib im ganzen.
b) Alle anderen Vergehen betreffen nicht den Leib als eigenen „Gegenstand"; höchstens etwa den Bauch (1 Kor 6,13); nur Sexualität betrifft direkt den Leib.
c) Der Leib ist bei Hurerei nicht Organ des Handelns, sondern Betroffener. Er ist nicht Instrument, sondern Partner, Gegenüber. Er muß mein Tun gewissermaßen ausbaden, ist – wie heute die Umwelt – fast personhafter Partner in meinem Handeln. Paulus hat das Ich so gespalten in einen handelnden und einen betroffenen Teil.

Die Erfahrung ist hier: Gegen Objekte und Instrumente kann man sich nicht versündigen, nur gegen Höheres, gegen Instanzen (wie der verlorene Sohn Lk 15,21 sagt: „Vater, ich habe gesündigt gegen den Himmel...")[9]. Der Leib ist damit etwas, gegenüber dem ich mich verhalte; ich achte ihn gering und unter Wert oder achte ihn hoch und seiner Würde gemäß.

Paulus will seinen Hörern deutlich machen, daß mit der Hurerei nichts Äußerliches geschieht. Er will die Erfahrung seiner Hörer klären.

Aber wie kommt der Leib in Zusammenhang mit Hurerei zu dieser Würde? Was hat er mit Gott zu tun, der doch der ist, dem Sünde eigentlich gilt. Hurerei ist anders als andere Sünden in höchstem Maße eine Art der Selbstverachtung, eine Behandlung des Leibes „unter seiner Würde". Aber wie kommt er zu dieser Würde?

Als Antwort diese *These:* Der Leib wird durch die Sünde der Hurerei als Instanz tangiert, weil er Eigentum Gottes ist. – Die anderen Sünden sind im Sinne des Paulus nicht gegen den Leib gerichtet, sie tangieren Gott anderswo (natürlich tangieren sie ihn, es sind ja Sünden). Paulus will daher offensichtlich in diesem Text den Hörern eine neue Sensibilität für dieses Tun beibringen, ein verändertes Leibgefühl begründen: Der Leib ist etwas Heiliges, denn er gehört Gott. Paulus begründet meines Erachtens seinen Satz vom „Sündigen gegen den eigenen Leib" in 6,19.20a.

---

[9] Auch in Mk 10,11f („bricht die Ehe gegen sie") wird ein innerweltlicher Betroffener der Sünde genannt, die Frau. Aber hier geht es nicht um das Selbst.

Denn hier erklärt er ja den Leib zu Gottes Tempel. Dadurch erhält der Leib seine spezifische Würde; deshalb kann man sich gegen ihn wie gegen eine Instanz versündigen. Paulus stellt daher nicht einfach eine neue Forderung auf, sondern er liefert eine Begründung, die auf die christliche Erfahrung des Leibes abhebt.

Psychologisch bedeutet das: Die Heiligkeit des Christen ist für Paulus nicht Sache innerlicher Gewißheit oder einer Gefühlswahrnehmung, sondern sie besteht im verbindlichen Anspruch Gottes auf diesen Leib. „Mein Leib gehört nicht mir" ist geradezu das Motto der paulinischen Psychologie des Leibes. Und das betrifft alles Handeln nach dem Maßstab der Gerechtigkeit. Nicht nur die jungfräulich Lebenden (1 Kor 7,32-34), sondern alle stehen unter dem Eigentumsrecht Gottes bezüglich ihres Leibes. Im gesamten Bereich des Leibes (paulinisch: meines Handelns und meiner Kontakte) begegne ich Gottes Gegenwart und seinem Anspruch.

5 Die Leiblichkeit von Heil und Unheil

Heil und Unheil werden am Status des Leibes symptomatisch greifbar. Leiberfahrung ist daher nicht nur bezüglich des Besitzers (Gott oder Teufel), sondern auch soteriologisch polar strukturiert. Dabei geht es keineswegs um den Wert des Leibes selbst, sondern am Ende um Leben oder Tod, die ihn betreffen. Wohl und Wehe des Ich sind immer vom Leib her bestimmt. Dabei scheint der schrecklichste und auf jeden Fall zu vermeidende Zustand der der Nacktheit zu sein, nämlich leiblos wie ein Gespenst (2 Kor 5,3b)[10] zu werden. In der Gegenwart besitzt der Christ zwar einen dem Tod verfallenen Leib, aber unsichtbar reift der neue Leib. Und für die Zukunft wird in diesem Sinne ein verwandelter Leib erwartet (1 Kor 15,51). In jedem Fall ist der Leib grundsätzlich von Heil oder Unheil, von Tod oder Leben betroffen.

Das bedeutet: Nicht das pure Dasein des Ich ist um jeden Preis erstrebenswert, entscheidend ist vielmehr die Qualität des Daseins. Weder habe ich den Leib, noch bin ich der Leib; Entscheidend ist die leiblich erfahrene Qualität meines Daseins. Denn das Wie des Existierens macht seine Situation aus. Wahrscheinlich liegt darin ein Unterschied zu unserer Wahrnehmung: Das pure Existieren des (nackten) Daseins ist nicht schon an sich ein Wert, vielmehr bestimmt das Wie des Leibes über Seligkeit und Ver-

---

[10] Zur Leiblosigkeit der Gespenster vgl. K.Berger, Die Auferstehung des Propheten und die Erhöhung des Menschensohnes, Göttingen 1976, S.462 Anm.123; S.476 Anm.151.

dammnis. Wenn das Nacktsein (als Gespenst) als Status äußersten Unglücks geradezu Verhinderung des körperlichen Daseins ist, dann kann Paulus nicht leibfeindlich gesonnen sein.

Fazit: Wie das Handeln des Menschen leiblich ist, so auch das Ergehen. Und entsprechend der Bedeutung des körperlichen Handelns gibt es auch eine leibliche Auferstehung. Weder das eine noch das andere hat Paulus als erster entdeckt, beides dürfte vielmehr zusammen bereits pharisäische Tradition sein, die Paulus übernommen und christlich aufgefaßt hat. Nach der Qualität des Handelns jetzt bestimmt sich die Qualität des leiblichen Daseins in der Folge. Und beides ist schlechthin entscheidend für die Existenz des Menschen.

6 Konsequenzen

a) Der Leib ist das Haus für seine Bewohner – für das Selbst als den nominellen Eigentümer und für den heiligen Geist oder Satan oder Dämon, die als Besatzungsmacht in ihm wohnen. Die Orientierung des Leibes auf ein extra nos hin ist daher wesensgemäß. Das bedeutet Abhängigsein und Angewiesensein auf andere. Das Heil besteht darin, daß die Besatzungsmacht (heiliger Geist) nicht gegen, sondern mit Willen des Besetzten dort wohnt. Leiblichkeit des Menschen bedeutet daher, daß er nicht für sich ist. An die Stelle der Metapher vom Innewohnen kann vielleicht auch die des Anziehens treten[11].

b) Weil der Leib das Feld von Tun und Ergehen ist, gibt es kein Trösten nur der Seele.

c) Wenn Leiblichkeit etwas sagt über unsere Stellung im Netz verbindlicher Beziehungen, dann ist auch leibliche Auferstehung etwas anderes als das Wiedererstehen nur von Haut und Knochen. Und dennoch geht

---

[11] Vgl. Gal 3,27f. Hier liegt wohl so etwas wie die Konzeption vom Leib als Kleid zugrunde. Kann man sagen: Der neue Leib ist Christus, und der verbindet uns dann in der Tat alle zum einen Leib Christi (nicht in Gal)? Daher wären auch per se die Unterschiede alle beseitigt, weil diese ja Merkmale des je individuellen, nicht-christusförmigen Leibes waren. Dieser neue Christusleib wäre dann wesentlich pneumatisch (vgl. Gal 3,14 mit 3,27f). Auch in 1 Kor 12,12f wird ja das Leib-Christi-Sein pneumatologisch begründet. Im Unterschied zu 1 Kor 15,44-51 wäre dieser pneumatische Leib in Gal 3 und 1 Kor 12 aber nicht futurisch, sondern präsentisch. Aber in Gal 3 und in 1 Kor 12 wird eben der individuelle „Leib" der Christen nicht ausdrücklich erwähnt. Reicht das Angezogen-Haben des Christus doch nicht so weit wie die Verwandlung der Leiber? Offensichtlich! In 2 Kor 4,16f bemüht sich Paulus jedenfalls um eine Vermittlung.

es bei Beziehungen nicht nur um Gedankliches, sondern um Handeln und Handlungsgemeinschaft.

d) Wenn der „Leib der Sünde" von Röm 6,6 dem „Leib des Christus" von Röm 7,4 entgegengesetzt ist, dann bedeutet die Größe im Genitiv in beiden Fällern die Instanz, zu der ich verbindlich gehöre. Und das heißt: Das, woraufhin ich lebe, wem ich diene und zugehöre, bestimmt jeweils meinen Leib. Mein Leib ist ganz und gar Ausgerichtetsein-auf. Er ist die Richtung, in der ich auf etwas hin lebe, wem ich auch zur Verfügung stehe. Wie ein Schwamm, der aufnimmt, wohinein man ihn legt. So wird der Leib erfüllt durch das, worauf man ihn richtet. Strikt entgegengesetzt sind hier Parolen wie „Mein Bauch gehört mir" (verstanden im Sinne anthropologischer Universalregel). Vielmehr ist Leiblichkeit stets Existenz-für.

Es dürfte daher kein Zufall sein, daß Paulus in Röm 6,6 den Leib und in Röm 6,12f Leib und Glieder mit „als Sklave dienen" und „gehorchen" verbindet, wo doch das antike Wort „Leiber" (gr.: somata) terminus technicus für „Sklaven" ist. Das weist darauf, daß die paulinische Füllung des Wortes zumindest einem semantischen Teilgehalt des griechischen Wortes für Leib (*soma*) entspricht.

Als mögliches Korrektiv bedeuten diese Beobachtungen: Paulus versteht den Leib weder physikalisch noch individualistisch. „Leib" entspricht für ihn eher einer Größe im Bereich der Nerven. Leiblichkeit ist geradezu mit Sensualität und Sensibilität identisch, konstituiert wesentlich unser Weltverhältnis. Die These von der grundlegenden Abhängigkeit unseres Leibes von außen ist ein wichtiges Stück des biblischen Realismus. Gott ist ein mit Sünde, Tod und Teufel konkurrierendes Außen. Paulus zeichnet daher seine strenge Ethik in diese Erfahrung von der Abhängigkeit des Leibes ein.

§ 6 Innen und Außen

1 Die psychologische Frage

Die Frage nach „Innen und Außen" menschlicher Wirklichkeit ist nicht nur eine der Anthropologie und der Weltanschauung, sondern auch eine psychologische: Warum erleben und erfahren Menschen überhaupt ein Innen und die unsichtbare Welt ihres „Herzens" und ein Außen (den Bereich der anderen Menschen)? – Ist dabei die Erfahrung gleichmäßig oder – wenn nicht – zur gleichen Zeit auch je nach Sitz im Leben verschiedenartig? Da die Frage nach Innen und Außen auch das Problem der Reinheit berührt, verläuft hier eine der wichtigen Grenzlinien zwischen Judentum und Christentum.
Auffällig sind vor allem simultan nebeneinander bestehende gänzlich verschiedene Wertungen von Außen und Innen im frühen Christentum. Diese haben ihren Ursprung in verschiedenen Werterfahrungen.

2 Begriffsbestimmung von „innen" und „außen"

Wenn das Neue Testament vom „Innen" des Menschen spricht, dann ist damit nicht immer der Bereich der Innerlichkeit, der Gefühle, des Bewußtseins oder Unbewußten oder der Bereich der bloßen Pläne und Absichten gemeint. Vielmehr kann gemeint sein entweder (1) das, was nur der Öffentlichkeit entzogen, keineswegs aber unsichtbar ist, oder das (2), was der Mensch will im Gegensatz zu dem, was er tun kann, oder schließlich das (3), was unsichtbar eschatologisch-zukünftig „am Menschen" ist. Nach Mt 23,25 ist das Innen z.B. unsichtbar, und zwar im Sinne der Nicht-Öffentlichkeit[1]. Es geht hier nicht um etwas, das nicht überhaupt unsichtbar ist, sondern vor allem um das, was nicht alle sehen, was nicht öffentlich geschieht. Der Begriff des Innen ist daher hier sehr stark sozial, nicht aber anthropologisch-individualistisch orientiert. Vor allem ist der Begriff des Innen wohl stets von der bloßen Gesinnung zu unterscheiden;

---

[1] Vgl. dazu etwa Mt 23,25: Raub und Unreinheit sind nicht nur die Gesinnung der Pharisäer, sondern sind das, was sie heimlich, nicht vor aller Augen tun. Ebenso ist auf Mt 6,2-18 zu verweisen. Das „im Verborgenen" Geschehende ist nicht das, was man nur in der Gesinnung tut und was daher prinzipiell unsichtbar ist, sondern das, was man nicht öffentlich tut, um „von den Menschen gesehen zu werden". Erst in der Wirkungsgeschichte hat freilich insbesondere die Mahnung zum Beten Mt 6,6 dazu geführt, daß es allmählich punktuell auf den bloßen Akt der Gesinnung reduziert worden ist.

in diese Richtung zielte ein häufiges Mißverständnis im Zeitalter der Gesinnungsethik, als habe Jesus die vornehme und reine Gesinnung und nicht die Tat gepredigt.

Vom Begriff des Innen ist das „Herz" (z.B. Mk 7,21) zu unterscheiden. Dieser Bereich ist unsichtbar und ungreifbar und hat personhafte Struktur, ist etwa das, was wir als Zentrum der Person bezeichnen würden. Dem Innen korrespondiert notwendig das Außen, das Äußere – nicht die leibliche Beschaffenheit des Menschen als anthropologischer Faktor, sondern das, was der Mensch mit seinem Leib macht (er pflegt und schmückt ihn, er redet und handelt) und das, was mit diesem Leib geschieht. Das Außen ist daher stets durch Dynamik und Beziehungen gekennzeichnet. Auch das Innen wird als in bestimmtem Sinne dynamisch verstanden, jedoch anders als bei uns (vgl. unter 4.2).

3 Abwertung des Außen

3.1 Gefahr der Sinnlichkeit

Wo man die Verführung nicht in der Neigung des Herzens, sondern in der Sinnlichkeit selbst erblickt, also eine relativ oberflächliche Zuschreibung der Ursache unternimmt, dort ist das Außen des Menschen gegenüber dem Inneren ganz abgewertet. So dient in dem apokryphen Evangelientext aus POxy 840[2] die äußere Reinheit als das Verführerische, das die Begierde der Männer erregt: Antipharisäische Kritik hat sich mit der hellenistisch-vulgärphilosophischen und weisheitlichen[3] Abwertung der

---

[2] Vgl. dazu die apokryphe Jesuserzählung aus P Oxy 840: „... Und er nahm sie (die Jünger) mit in den Reinheitsbezirk selbst und ging auf dem Tempelplatz umher. Und es traf ein pharisäischer Oberpriester, Levi (?) mit Namen, mit ihnen zusammen und s(prach) mit dem Heilande: Wer hat dir gestattet, diesen Reinheitsbezirk zu bet(reten) und d(ie)se heiligen Geräte zu besehen, ohne daß du dich badetest und gar ohne daß deine Jünger die F(üße wu)schen? ... Da sagte der Heiland zu ihm: Wehe euch Blinden, die ihr nicht seht! Du hast dich in diesen ausgegossenen Wassern gebadet, in dem Hunde und Schweine bei Nacht liegen, und hast dich gewaschen und die äußere Haut abgerieben, die auch die Dirnen und Flötenspielerinnen salben, baden, abreiben und schminken, um die Begierde der Männer zu erregen, inwendig aber sind sie voll von Skorpionen und von (Schlechtig)keit (aller Art). Ich aber und (meine Jünger), von denen du sagst, wir hätten uns nicht unter(getaucht, wir sind unter)getaucht in dem leben(digen...) Wasser, das herabkommt von (...A)ber wehe denen...". (Nach W.Schneemelcher, Neutest. Apokryphen, 5.Aufl., Tübingen 1987, 81f).

[3] Hier ist auf die auch in der jüdischen Weisheit traditionelle Polemik gegen die Dirne zu verweisen.

Sinnlichkeit verbunden. So wird die äußere Reinheit nicht nur wertlos, sondern eben geradezu zur Falle. Der Text gegen die Dirne aus 4Q 184 belegt, daß besonders Schriftgelehrte sich durch diese Art der Ablenkung gefährdet sahen.

3.2 Gefahr der Heuchelei
Die antipharisäischen Reden in der Überlieferung sind regelmäßig bestimmt vom Gegensatz Innen-Außen oder sichtbares Tun-Herz[4] und sie benennen dieses Phänomen mit dem Wort „Heuchelei". Für unsere Themenstellung bedeutet dies:

3.2.1 Standpunkt einer marginalen Gruppe
An der Beliebtheit der Pharisäer in der damaligen Bevölkerung kann kein Zweifel bestehen. Wer sie in dem genannten Sinn kritisiert, wendet sich gegen ein populäres Wertgefüge, das von der „Gesellschaft" akzeptiert wurde. Es geschieht von der Position einer Gruppe von Außenseitern her, die die gängigen Standards nicht akzeptieren. Wer sich gegen die fromme, akzeptierte Elite der „Volksheiligen" wendet, kritisiert von einer radikalen Minderheit her. Vorausgesetzt sind daher allemale die Erfahrungen von Distanz und Protest. Die Spannungen zwischen der marginalen Gruppe und der Gesellschaft werden am einzelnen erfahrbar als der Kontrast von außen und innen.

3.2.2 Erfahrung von Ethik und Kult
Was wir als „Heuchelei" meinen schon immer verstanden zu haben, ist in Wirklichkeit ein komplizierteres Phänomen. Denn es umfaßt Voraussetzungen und Erfahrungen, die nicht mehr die unseren sind. Die Antithese von Ethik und Kult ist uns nurmehr per Vorurteil geläufig, und zwar zuungunsten des Kultes; aus dem neutestamentlichen polemischen Urteil ist bei uns ein Vorurteil (ohne Praxis- und Erfahrungshintergrund) geworden. In diesen Worten wird mithin vorausgesetzt oder jedenfalls behauptet, daß es zwei Bereiche gibt:
a) Ethik, näherhin Sozialethik: Hier soll es um etwas gehen, das aus dem „Herzen" kommt, also offenbar in riskanter Entscheidung im Blick auf Menschen und Situationen vollzogen wird, was nicht oder jedenfalls nicht zur Gänze kalkulierbar ist[5].

---

[4] Historisch wird man diesen Texten nur gerecht, wenn man den Heuchelei-Vorwurf als Folge und Kehrseite des Bestrebens der Pharisäer ansieht, das alltägliche Leben wirklich mit Frömmigkeit zu durchdringen. Jeder Versuch dieser Art wird sich eines Tages den Vorwurf der Heuchelei gefallen lassen müssen.

[5] Die Rekonstruktion der Erfahrung hier geschieht auch mit Hilfe historischer Religionsphänomenologie.

b) Kultisches im weitesten Sinne des Wortes. Davon wird folgendes Bild gezeichnet: Es kommt nicht „aus dem Herzen" und hat in seinem Vollzug mit dem Inneren nicht notwendig etwas zu tun. Die Aussage, daß kultisches Tun vom „Herz" verschieden sei, ist als überraschende, nicht selbstverständliche Aussage zu lesen. Denn es wird ja doch in der Regel bewußt und in guter Absicht vollzogen. Offenbar ist die Erfahrung so: Hier ist, was getan wird, kalkulierbar und vollzieht sich als Einordnung in ein sehr stark regelhaftes Geschehen. An der Stelle des persönlichen Risikos steht hier das Sich-Einfügen in einen Rhythmus. Dieser steht zugleich für geltende Ordnung.

Diese unter b) geschilderte Erfahrung fehlt uns, wie wir nach erstem Hinsehen wohl sagen müßten. Daher ist uns auch der psychologische Hintergrund des Kontrastes nicht deutlich. Denn die Konsequenz aus den neutestamentlichen Aussagen über die Heuchelei war zumeist, diesen Bereich überhaupt fallen zu lassen. Das bedeutet: In den Texten über Heuchelei werden Einteilungen in Innen und Außen, in Herz und Tun vorgenommen, die uns nicht mehr ohne weiteres nachvollziehbar sind.

Das historische und hermeneutische Problem kann man auch so benennen: Wenn man den Vollzug des Kultes nicht im Herzen verankert hat, wo dann? Was bedeutet es, daß das Herz so aufgewertet wird? Ist das eine Frage des „Bewußtseins"? Geht es dabei um die Entdeckung des Individuums gegenüber der äußerlichen Ordnung, wie man lange Zeit meinte? Wahrscheinlich geht es um verschiedenartige Erfahrungen des Besitzanspruchs Gottes:

a) Im Bereich des kultischen Handelns wird dieser Anspruch ausgegrenzt realisiert, wenn auch diese Ausgrenzung den Anspruch Gottes auf das Ganze zeichenhaft sichtbar macht. Dabei wird die Ausgrenzung als Gefahr begriffen, weil so der Bezug zum Ganzen verlorengehen kann. Daher der Heucheleivorwurf, der sich ja immer darauf bezieht, daß das Handeln nur zum Teil „in Ordnung" sei[6].

b) Ethisches Handeln dagegen unterscheidet nicht zwischen dem zeichenhaften Bereich (der für das Ganze steht) und dem Rest, sondern bezieht sich radikal und unterschiedslos auf alles. Daher kann man sagen, das Innen und das „Herz" sind für Jesus das Feld, auf dem sich die Radikalität seiner Verkündigung erweist. Und das heißt: Gottes

---

[6] Das kultische Handeln wurde bei uns nicht nur wegen dieser Gefahr aufgegeben, sondern vor allem auch deshalb, weil sein zeichenhafter Charakter nicht mehr verstanden wurde. Unsere Unfähigkeit, etwas als Zeichen (für ein Ganzes) zu begreifen, vielmehr unser Unverständnis gegenüber Zeichen überhaupt, führten dazu, im allgemeinen lediglich den ethischen Bereich als religiös relevant zu betrachten.

ungeteilter und unterschiedsloser Anspruch auf alle Bereiche des Menschen. Es geht um die totale Heiligkeit des Menschen, die Gott fordert. Eben diese und nichts Geringeres ist die „bessere Gerechtigkeit" (im Verhältnis zu den Pharisäern), die Jesus nach Mt 5,20 fordert. Wenn so der ganze Mensch radikal heilig sein soll, dann kann das nur auf Kosten der Einschätzung des kultischen Bereichs gehen.
In psychologischer Hinsicht liegt daher hier nicht eine Spiritualisierung oder Innerlichkeit oder Betonung der Geistigkeit des wahren Gottesdienstes (im Unterschied zum materiellen und dinglichen Kult)[7] zugrunde, sondern eher das Gegenteil: Der („unkultische") „Rest" des Lebens ist in seiner dinglichen Konkretheit genauso ernst zu nehmen wie die Observanz der Riten. Die zugrundeliegende Erfahrung ist daher die fordernde Nähe Gottes (sie ist auch die des Richters; es geht dabei auch um die Frage der Möglichkeit des Lohnes im kommenden Äon).

4 Der Weg von innen nach außen

Im Zentrum der folgenden Überlegungen stehen Texte wie Lk 6,43-45[8].

4.1 Die Qualität steht fest

Diese Jesusworte orientieren sich an einem „Sein" des Menschen, das durch sein Herz qualitativ als gut oder böse bestimmt ist. Diese moralische Identität äußert sich in Taten; so werden Menschen auch in ihrer Biographie wahrgenommen: Wer oder was jemand ist, das äußert sich in seinen Taten und Werken[9]. So wird zwar die Identität durch das Innen bestimmt, doch dieses muß sich schlechterdings notwendig in Werken als Zeichen kundtun; die Werke sind der einzige Weg zum Innen. Das Außen macht die Spitzen des Eisbergs als Worte oder Taten sichtbar.

---

[7] In diesem Sinne argumentierte das aufgeklärte hell. Judentum im Gefolge griech. Philosophie: Der körperliche Kult sei der Geistigkeit Gottes unangemessen, vor allem aber dessen Begrenztheit Gottes Universalität. – Auch die bürgerlich-aufklärerischen Vorurteile des 19.Jahrhunderts gegen kultische Verdinglichung sind am Schema des Gegensatzes von Materie und Geist orientiert. Erst die Postmoderne gewinnt wieder ein anderes Verhältnis zur Materialität.
[8] Lk 6,43: Denn es gibt keinen guten Baum, der eine schlechte Frucht bringt, und es gibt keinen schlechten Baum, der gute Frucht bringt. /44/ Denn jeder Baum wird aus der eigenen Frucht erkannt. Denn man sammelt von Disteln keine Feigen noch erntet man von einem Dornbusch eine Traube./45/ Der gute Mensch bringt aus dem guten Schatz seines Herzens das Gute hervor. Und der Böse bringt aus dem bösen das Böse. Denn aus dem Überquellen des Herzens redet sein Mund. – Vgl. dazu: Mt 7,16-18.20; 12,33-35; ThomasEv
[9] Vgl. dazu: R.Heiligenthal, Werke als Zeichen (WUNT II 9), Tübingen 1983.

Im Unterschied zu Mt 7,21, wo die Worte gegenüber den Taten ganz abgewertet sind, weil allein die Taten zählen, liegt in Mt 12,34 – durch den Kontext (Worte und Lästern) bedingt – der Akzent gerade darauf, daß auch die Worte im Sinne von „Werken als Zeichen" Ausdruck der Qualität des Herzens sind.

Bei allen vergleichbaren Sätzen ist aber dieses vorausgesetzt: Die sittliche Identität steht längst vor der Tat fest (wie in Joh 3,20f), und sie besteht im Sinne eines strikten moralischen Dualismus von gut und böse.

4.2 Das Innen als Überschuß

Nach Lk 6,45 (Aus dem Überfließen des Herzens...) par Mt 12,34 wird das Innen eines Menschen als etwas gedacht, das wie ein übervolles Gefäß nach außen hin überströmt, und das gilt für gute wie für böse Menschen. Ähnlich wie das Außen, so wird daher auch das Innen als etwas verstanden, von dem Dynamik ausgeht. Aber das Bild des Fließens setzt eine ganz eigenartige Erfahrung des Innen voraus: Wenn das Innen wie ein überfließendes Gefäß nach außen wirkt, dann bleibt das meiste immer Verborgen, dann ist das Innen tatsächlich wie ein Schatz, aus dem etwas, aber doch nur ein Stück, herausgebracht wird (Lk 6,45 par Mt 12,35). Ähnliches gilt vom „Herausgehen" nach Mk 7,15b.

Die Rede vom Überfließen der Gnade bei Paulus zeigt, daß Paulus sich ebenfalls dieser Metaphorik bedient[10], und zwar gleichfalls, um das Hervorgehen von Werken aus dem Innen zu beschreiben, so besonders in 2 Kor 8,7 und speziell in 2 Kor 9,8 („daß ihr überfließt zu jedem guten Werk"). Anders als es in den oben zitierten Jesusworten formuliert ist, denkt Paulus auch das Verhältnis zwischen Gott und Menschen in diesen Metaphern: Die Hinneigung Gottes zu den Menschen wird als Überfließen seiner Gnade verstanden, wobei dasselbe griechische Wort, das Gottes Gnade bezeichnet, beim Menschen dann zur Liebestat der Kollekte wird (2 Kor 8,7.9).

Auch in der nächsten Umwelt des Neuen Testaments wird ähnlich vom Fließen der Gnade Gottes gesprochen[11], und es wird deutlich, daß das Bild der Quelle zugrundeliegt. Wie eine Quelle Wasser aus sich herausbringt, so äußert sich Gott durch Gnade und Barmherzigkeit und der Mensch durch Werke. In jedem Falle ist die Quelle weitaus mehr als das einzelne Werk oder der einzelne Gnadenerweis. Dieses Bild hat für die Auffassung der menschlichen Taten besondere Konsequenzen:

---

[10] Vgl. dazu: M.Theobald, Die überströmende Gnade (FzB 22), Würzburg 1982.
[11] Vgl. Philo v.Alexandrien, Exsecr 168 (fließend); 5 Esra 2,32 (exuberant fontes mei et gratia mea non deficiet)

4.3 Der Übergang von innen nach außen
Beim Bild des Überfließens der Quelle wie auch beim Bild der Früchte ist das Hervorbringen von Werken ein natürlicher processus und damit ein völlig automatischer (wie beim physikalischen Bild vom Überfließen) oder organischer (wie beim Bild der Früchte) Vorgang. Ähnlich ist auch noch beim Herausbringen aus einem Schatz (Lk 6,45; Mt 12,35) das Herausgehen von innen nach außen selbst unproblematisch. Denn in jedem dieser Fälle ist das, woraus die Werke hervorgehen, als Überfluß, im Überreichtum oder als unfraglich produktive Kraft (bei Früchten: eine Pflanze, die ja immer wieder Früchte hervorbringt und die sie alle schon in sich hat wie Adam oder Abraham alle ihre Kinder in den Lenden hatten: Hebr 7,5b) vorhanden. Das aber bedeutet: *Der Täter selbst oder das Sich-Aufraffen zur Tat spielen bei diesem Verständnis keine wichtige Rolle.* Vielmehr kommt es, folgt man dem Bild, vor allem darauf an, den natürlichen *processus* von innen nach außen nicht zu unterbrechen. Oder: Einzelobjekte aus einem Schatz, der vorhanden ist, lediglich herauszutragen. In keinem dieser Fälle geht es darum, daß die Tat selbst (etwa im Verhältnis zum Vorsatz wie in Röm 7,19) auch nur im mindesten problematisch wäre. Vielmehr werden Sein und Tun unter Überspringen der Phase des Sich-Aufraffens miteinander verknüpft. Denn das gute Herz oder der Schatz werden einfach vorausgesetzt. Die Bedeutung dieser Sätze für historische Psychologie ist nicht eindeutig:
a) Es könnte sich darum handeln, daß das Verhältnis von Sein und Tun tatsächlich so erfahren worden ist. Die Mühelosigkeit des Hervorbringens wäre dann eher eine charismatische Erfahrung. Dafür spricht, daß die frühchristlichen Missionare ihre Vollmacht offenbar als eine dynamische, treibende Kraft verstanden haben. Denn diese Vollmacht beseitigte alle Angst vor Unreinheit und Heidentum, vor Krankheit und Tod. Man kann versuchen, diese Erfahrung als die der offensiven Heiligkeit und Reinheit darzustellen[12]. Es geht dann um die Widerspiegelung der Erfahrung eines alle Grenzen sprengenden missionarischen Durchdringens der Welt für Gottes Reich. An die Stelle des (pharisäischen) Sich-Zurückziehens auf die gefährdete Heiligkeit trat die Erfahrung einer Gabe Gottes, die alle Grenzen sprengt.

---

[12] Vgl. dazu: K.Berger, Jesus als Pharisäer und frühe Christen als Pharisäer, in: NT 30 (1988) 231-262, darin S.238-248. Die Verbindung der „offensiven Reinheit" mit der Botschaft Jesu vom Reich Gottes liegt an dieser Stelle: Schon nach Dan 7 überwinden die „Heiligen" (7,21f) die Mächte der Welt. Es geht daher bei Jesu Reinheitskonzept darum, daß er, die Heilige (in Dan 7 ja auch parallel zum Menschensohn) die Mächte der Welt überwindet. In der Konsequenz wird ja auch in Kor 15 (unter Verwendung des Sprachgebrauchs von Dan 7 in 15,24) die bedrohliche Macht des Todes überwunden (15,26)

Es kann daher sein, daß die psychologische Entsprechung zu diesem missionarischen, kirchensoziologischen Phänomen in der Konzeption des Hervorfließens und Überströmens aus dem Innen des Menschen liegt. Diese Analogie wäre dann wie folgt zu beschreiben:

Kategorie	Richtung	Resultat
psychologisch:	von innen nach außen	Überfließen, Schatz, Früchte, Geben
missionarisch:	von Israel zu den Völkern	offensive Reinheit Grenzaufhebung

b) Es könnte aber auch sein, daß es sich bei diesen Sätzen um ein suggestives Überspielen des Grabens zwischen Wollen und Tun handelt. Dann handelte es sich um eine besondere Art des Appells, so daß dem Menschen die Leichtigkeit seines Tuns zugesprochen würde. Ganz ähnlich wäre auch die Funktion des vorausgesetzten Dualismus: Von einem guten oder bösen Herzen (oder: der entsprechenden Pflanze) ist die Rede, um eindeutige Parteinahme herbeizuführen. In beiden Fällen, bei der guten oder bösen Basis wie bei der Darstellung des mühelosen und „automatischen" Weges zur Tat könnte dieselbe Pädagogik vorliegen: An der Stelle eines Imperativs steht ein Indikativ, der – höchst parteilich formuliert – vor vollendete Tatsachen stellt. Dadurch aber wird auf höchst suggestive Weise der appellative Charakter aufs äußerste gesteigert. Denn wenn vom guten oder schlechten Baum (Lk 6,43 par Mt 12,33) die Rede ist, dann will jeder Angesprochene zu den guten Bäumen gehören. Die Schilderung selbst bezweckt die Parteinahme.

Resultat: Das Handeln des Christen wird als wünschenswerte Übereinstimmung von Innen und Außen dargestellt, und zwar so, daß, wenn das Vorzeichen grundsätzlich positiv entschieden ist, sein Tun nurmehr als Sichtbarwerden des Innen nach außen gedacht und erfahren wird. Wie eine Quelle sprudelt das Innen und bringt so automatisch gute Werke hervor. Es kann durchaus sein, daß mit dieser Konzeption den Angeredeten eine ganze Reihe von Ängsten genommen wird, etwa die, wie man ein Gerechter werden könne oder die, wie man denn vom Vorsatz zur Tat gelangen könne. Beides wird bekanntlich als quälender, langwieriger Prozeß erfahren. Eben diese Quälerei wird durch die Logik dieser Sätze abgeschafft. Es wird gewissermaßen alles auf den Kopf gestellt, was sonst plagt und ängstigt. An die Stelle des endlosen Weges auf dem Weg zum Gerechten wird einfach grundsätzlich vorausgesetzt, daß man gerecht oder ungerecht ist[13]. Und an die Stelle des mühsamen Tuns wird das Herausfließen gesetzt. – In meinen Augen eine höchst eindrückliche Weise, in der über etwas der Rechtfertigung Analoges gesprochen wird.

4.4 Das Innere als Almosen geben

Der rätselhafte Satz Lk 11,41 („Vielmehr: Das Innere gebt als Almosen, und siehe, alles ist rein für euch") verarbeitet zwei schon erwähnte Aspekte der Thematik von Innen und Außen:

a) Üblicherweise bedroht Unreines von außen her. Der Satz Lk 11,41 verheißt, daß diese Bedrohung aufgehoben wird.

b) Der beim Thema Unreinheit dominanten Richtung von außen nach innen wird hier die andere, die von innen nach außen, entgegengesetzt. Sie ist hier als Geben präzisiert.

c) Damit vollzieht der Täter etwas Ähnliches, wie wenn er von einem inneren Schatz (Lk 6,45 „Der gute Mensch bringt aus dem guten Schatz des Herzens das Gute hervor") austeilt und gibt. Nur wird jetzt in Lk 11,41 dieser innere Schatz so verstanden, daß er sich auf dem Weg nach außen auch wirklich als Schatz im wörtlichen Sinne, nämlich finanziell (oder wenigstens „vermögenstechnisch") äußert.

Das heißt: In der bildlichen Rede entsprechen an den behandelten Stellen einander das „Hervorbringen aus dem Schatz", das „Überfließen des Herzens" und das Fruchttragen von Bäumen und anderen Gewächsen. In jedem Falle ging es darum, daß das Werk des Menschen genau dem Inneren in seiner Qualität entspricht. Die Pointe lag in Lk 6,43-46 par eindeutig darauf, daß man aus der Qualität des Werkes genau auf die Qualität des Inneren schließen kann.

In Lk 11,41 ist dasselbe Material verarbeitet, aber die Pointe ist eine andere: Es geht nicht mehr um den Rückschluß „auf gleiche Qualität", sondern es geht um eine bestimmte inhaltliche Festlegung dessen, was da hervorgebracht werden soll. Nicht mehr Gutes oder Schlechtes, sondern Almosen sollen hervorgebracht werden.

Wenn das deutlich ist, muß erneut nach der Gültigkeit der Verheißung für dieses Tun gefragt werden („... und siehe, alles ist rein für euch"):

d) Weil Almosengeben eindeutig ein gutes Werk ist (im Sinne des Lukas sogar das wesentlichste), deshalb ist der, der Almosen gibt, auch mit Sicherheit „gut" und „gerecht". Ist er aber in seinem Inneren (das sich

---

[13] Gerade wenn man die synoptischen Evangelien nicht mit Paulus vermengt und nicht paulinische Gnadenlehre für die Evangelien voraussetzt, wird hier eine Analogie zu Paulus erkennbar: Auch für Paulus ist der Status des angesprochenen Christen grundsätzlich entschieden; denn gerechtgesprochen aufgrund des Glaubens ist der Christ jeweils jetzt schon.

ja in Almosen äußert) gut und gerecht, dann kann ihm alles Äußere, also auch alle Unreinheit, nichts mehr anhaben. Denn so dokumentiert man, daß das Innere zweifelsfrei gut ist.
Anders als in den oben erörterten Lk 6,43-46 und Parallelen geht es hier nicht ums Grundsätzliche, sondern um eine bestimmte Forderung (Besitzverzicht) und um ein bestimmtes Problem aus dem Bereich Innen und Außen (Unreinheit). Daher spielt der Text eine besondere Bedeutung für das Thema der offensiven Reinheit[14]. Für die historische Psychologie ist hier entscheidend die starke Betonung der Richtung von innen nach außen im Verhältnis zur Bedrohung und Ängstigung durch alles, was als unrein gilt. In dieser zentrifugalen Richtung haben wir die Struktur auch der frühchristlichen Missionsbewegung wiedererkannt.
Im Unterschied zu Lk 6,43-46 par formuliert Lukas in 11,41 einen Imperativ mit Verheißung (bedingte Heilszusage). Doch Gültigkeit hat auch dieser Satz nur dann, wenn der Täter aufgrund seiner Gabe nicht erst gerecht wird, sondern wenn er schon gerecht ist. Denn nur dann kann er geben[15].
Ein Stück Wahrheit hat die im Satz Lk 11,41 vorausgesetzte Reinheitstheorie auch heute behalten, weil man sagen kann: Böse Taten verunreinigen, weil sie schwächen und angreifbar machen.

5 Der „innere Mensch" bei Paulus

5.1 Der frühchristliche Befund
Bei Paulus und im Eph ist auf sehr verschiedene Weise vom „inneren Menschen" die Rede.
a) Nach Röm 7,22 („Ich freue mich mit dem Gesetz Gottes dem inneren Menschen nach, ich sehe aber ein anderes Gesetz in meinen Gliedern...") ist der „innere Mensch" der Bereich des bloßen Wollens (vgl. Röm 7,15b.18b.19.20a.21). Dieses geht nicht in „vornehmer Gesinnung" auf, sondern ist das Wollen zum Handeln. Dem inneren Menschen ist hier entgegengesetzt das, was der Mensch faktisch mit seinen Gliedern vollbringt, wobei dieses in besonderer Beziehung zum

---

[14] Vgl. dazu Anm. 9, S.244 Anm.19.
[15] Der Satz „das Innere gebt als Almosen" könnte in diesem Sinne aufgefaßt werden: Wenn der Mensch sein (seine Qualität bestimmendes) Sein in sich hat wie einen Schatz an Taten, dann geht die Aufforderung dahin, dieses Innere, realisiert als Taten des Almosengebens, nach außen hin umzusetzen.

"Gesetz" steht. Es geht dabei nicht um die Zweiteilung Seele/Leib, sondern um den Kontrast zwischen Wollen und Tun.

b) Nach 2 Kor 4,16 („Wenn auch unser äußerer Mensch zerstört wird, so wird doch unser innerer neu gemacht Tag um Tag") ist der äußere Mensch der irdische, in der irdischen Existenz lebende, und zwar als Ganzer. Der innere Mensch ist die neue eschatologische Existenz des Menschen, das, was Zukunft hat und wachsen muß. In 2 Kor 4,18 setzt Paulus das Unsichtbare dazu in Beziehung. Damit besteht eine Relation zu dem oben unter 2 zum „Innen" in der Jesusbotschaft Gemeinten.

c) In Eph 3,16 („... kräftig zu werden durch seinen Geist auf den inneren Menschen hin, daß Christus wohnt... in euren Herzen") ist der „innere Mensch" wohl wie in 2 Kor (wo durch 2 Kor 5 ebenfalls eine Beziehung zu „Geist" gegeben ist) der neue Mensch als eschatologisches Ziel des Werdens der Christen.

Belege für die Vorgeschichte des Begriffs liefern Plato und CH XIII 7[16]. Bei Plato geht es noch um den inneren Löwen im Gegensatz zum inneren Menschen, in CH gibt es nur noch den „inneren" oder „wesenhaften" Menschen im Gegensatz zu den Sinnen. Während Plato den Gegensatz Mensch/Tier betont (beides ist im Inneren des Menschen), hebt CH auf den Gegensatz „innerer Mensch"/„Sinne" ab.

Mit diesen hellenistischen Analogien ist am ehesten Röm 7 verwandt, denn auch hier findet sich die Rede von der „Begierde" im Kontext (Röm 7,7). Die Glieder als Instrumente des Handelns werden gegen den inneren Menschen gestellt.

Resultate:

a) Der innere Mensch ist durchweg positiv bewertet. – In keinem Falle handelt es sich um das anatomische Innere oder um die Innerlichkeit.

b) Wo der Begriff anthropologisch verstanden ist, steht er regelmäßig der ungeordneten, „tierischen" Begierde gegenüber (Plato, CH XIII, wohl auch Röm 7).

c) In 2 Kor 4 und in Eph 3 dagegen ist der Begriff aus der statischen anthropologischen Betrachtungsweise herausgenommen und zeitlich ver-

---

[16] Vgl. dazu K.Berger, C.Colpe, Religionsgeschichtliches Textbuch zum Neuen Testament, Göttingen 1987, S.216f. Nach Plato, Politeia IX 12 (588D-589B) hat der Mensch in seinem Innern einen Löwen, einen Menschen und ein vielköpfiges Tier. Der „innere Mensch" ist dabei der edelste Teil, nach 589D ist er das „Göttliche" im Menschen. Nach Plato kommt es darauf an, daß der „innere Mensch stark sein müsse". Der Löwe steht für das Begehren (Nachwirkung dieser Bilder auch in Thomas Ev 7). – Nach CH XIII 7 leidet der innere Mensch an den Sinnen; die Leidenschaften zwingen den eingekerkerten inneren Menschen, an den Sinnen zu leiden. Einen Wandel schafft die Wiedergeburt.

standen: Der innere Mensch ist der neue, noch unsichtbare als das Ziel des Werdens.

d) Nur in 2 Kor 4 findet sich wörtlich der Gegensatz zum „äußeren Menschen". Aber auch hier gilt, gerade weil hier nicht an die anthropologische Dichotomie gedacht ist, ebenso wie an den anderen Stellen: Das Innere ist mehr als der Gegensatz zum Außen. Vielmehr gibt es keinen Beleg, wonach ein anthropologischer Gegensatz zwischen innerem und äußerem Menschen bestünde. Der innere Mensch ist anthropologisch nirgends der Gegensatz zum äußeren Menschen. So gilt: Das Innere ist in diesen Texten nicht der Ort des Eigentlichen auf Kosten des Äußeren. Vielmehr steht der „innere Mensch" entweder für ein bestimmtes rationales Potential im Gegensatz zum Irrationalen oder er steht für das noch unsichtbare Zukünftige.

Paulus nennt den eschatologischen neuen Menschen deshalb den „inneren", weil der frei ist (im Sinne des negativ gefaßten paulinischen Freiheitsbegriffs) von der Tyrannei der Leidenschaften, der Sünde und des Todes.

5.2 Psychologische Auswertung

a) Nach Texten wie Mt 23,25 ist „Innen" der nicht-öffentliche Bereich, in dem man in Worten und Taten fernab allen schönen Scheins offenbar ist. Wenn man das Innen nennt, geht es um einen primären Sozialbereich im Unterschied zum sekundären Sozialbereich der Öffentlichkeit, wo einen die Menschen sehen (sollen). Zwischen diesen Bereichen liegt hier die entscheidende Zäsur, nicht zwischen außen und innen beim Einzelmenschen. Wer hier für das Innen optiert, verbindet damit sehr viel „Gesellschaftskritik".

b) Bei Paulus ist der „innere Mensch" in jedem Fall derjenige, der für die Sehnsucht und Forderung nach Freiheit von aller Tyrannei und die künftige Wirklichkeit dieser Freiheit steht – sowohl als der, der von den in den Gliedern wirkenden sündigen Begierden versklavt wird, wie als der, der künftig frei von Tod und Vergänglichkeit sein wird (2 Kor 4,16). Entweder leidet der innere Mensch als der, der frei sein will, unter der gegenwärtigen Tyrannei, oder er ist schon derjenige, der frei vom Tod sein wird. Auf diese Weise hängen die verschiedenartigen Stellen bei Paulus und in Eph über den Begriff der Freiheit miteinander zusammen. Voraussetzung ist hier: Paulus erfährt die Bindung des Leibes an Trieb, Sünde und Tod als Sklaverei. Jenseits derer gibt es etwas am oder im Menschen, das lebendiger Protest und lebendige Alternative zu dieser Versklavung ist. Der innere Mensch ist daher der neue Mensch, den es trotz der erfahrbaren Versklavung[17] und des sichtbaren

---

[17] Dabei bleibt hier unentschieden, ob Röm 7 den christlichen oder den vorchristlichen Status des Menschen beschreibt.

Dahinsterbens schon gibt. In 2 Kor 5,16 werden Existenz und Werden dieses neuen Menschen ganz als Gabe aufgefaßt, der Aspekt des Kampfes, der Plato, CH XIII (Leiden) und Röm 7 bestimmt, fehlt hier. Der „innere Mensch" ist für Paulus nicht wichtiger als der „äußere", denn die Sklaverei von Sünde (Röm 7) und Tod (2 Kor 4f) macht alles Leid und allen Schmerz aus. Ähnlich wie im Ausruf des Schmerzes in Röm 7,24 kann Paulus auch in 2 Kor 5,4 vom Stöhnen unter der Last sprechen. In beiden Fällen geht es laut Kontext wesentlich um die Spannung zwischen dem inneren und dem äußeren Menschen.

Wichtig scheint mir, daß die christliche Erlösung nicht lediglich in Aussagen über Gott beschrieben wird, sondern daß als Träger der schon existierende innere Mensch genannt wird. Damit aber geht es gerade nicht um freischwebende religiöse Aussagen, auch nicht nur um deren „Auswirkungen" am Menschen, sondern um den neuen Menschen und sein „Recht" als Inhalt der Erlösung selbst. So ist der innere Mensch nie und nimmer der auf die Innerlichkeit bezogene, sondern der grundsätzlich neue Mensch, der nur noch nicht sichtbar und greifbar ist, den man aber schon spürt an den Soll-Bruchstellen mit dem leiblich so verfaßten jetzt bestehenden äußeren Menschen: an der Enttäuschung beim Übergang vom Willen zur Tat und angesichts der Sterblichkeit unseres Leibes. Aber diese Schmerzzonen, in denen sich der innere, neue Mensch mit dem äußeren „bricht", sind gerade bezüglich des Schmerzes ein Indiz dafür, daß der innere Mensch herausdrängt aus dem Bereich des Unsichtbaren und voll und ganz offenbart werden will.

Paulus nennt hier „Inneres", was nicht sichtbar ist (2 Kor 4,18), doch schon besteht. So geht es auch Paulus nicht um das individuelle Innere jedes Menschen. Paulus nennt es Inneres eher im Sinne der Innenseite der Wirklichkeit als im Sinne innerlicher Wahrnehmungen. Inneres ist die unter der sichtbaren Oberfläche heranreifende Zukunft.

Psychologisch „erfahren" werden die harten Berührungskanten mit dem bestehenden äußeren Menschen, und zwar in höchst gesteigerter Emotionalität (Röm 7,24; 2 Kor 5,4). Die beiden Stellen gehören zu den ganz wenigen, an denen Paulus sich direkt „allgemeingültig" (nicht nur auf sich persönlich bezogen wie in Röm 9,1) emotional äußert. Diese Aufwertung des Inneren gegenüber dem Äußeren bedeutet aber zugleich auch Aufhebung des gesellschaftlichen Konsenses als Wert gegenüber dem eschatologischen Konsens der Glaubenden.

§ 7 Wahrnehmen

7.1 Wahrnehmen von Wirklichkeit (Faktizität)

Was wir als „Fakten" bezeichnen würden, wird von den Menschen im Umkreis des Neuen Testaments speziell dann anders erlebt, wenn es sich um „Werke Gottes" oder seines eschatologischen Gesandten handelt und wenn religiöse Zeiterfahrung zur Sprache kommt, wo „Zeit" ebenfalls mit Gott in enger Beziehung steht. Der Verdacht legt sich daher nahe, daß die Wahrnehmung von Fakten und von Zeit in direkter Relation zur Gotteserfahrung selbst steht. Oder anders: Wenn Zeit oder Fakten so wahrgenommen werden, handelt es sich nach dem Urteil derer, die darüber reden, um „Gott".

1 Die Taten Gottes

1.1 Gottes eschatologische Taten sind immer schon geschehen
Schon lange hat es die Forschung beschäftigt, daß das sog. Magnificat (Lk 1,46-55) vornehmlich von solchen Taten Gottes im Aorist[1] erzählt, die noch nicht geschehen sind: Die Niedrigkeit seiner Magd hat Gott zwar „angesehen", aber der Rest der Taten, die von Gott ausgesagt werden (V.51-55) harrt noch seiner eschatologischen Realisierung. Dennoch wird über dieses Tun Gottes im Aorist geredet. - Gleiches liegt in den sog. „Hymnen" der ApkJoh vor[2]: Schon nach Apk 11,15.17 ist Gottes Königreich verwirklicht, obwohl das auch 19,6 wieder gilt, nach 15,4 sind seine Rechtsentscheide geoffenbart, nach 19,2 hat Gott das Blut seiner Knechte schon gerächt, obwohl das auch immanent in der Apk erst ab 19,17 erfolgt. Ganz unabhängig davon, daß zur Zeit der Abfassung der ApkJoh solches in der Realgeschichte noch nicht passiert war, wird solches daher auch in der Apk selbst vorlaufend zu den Ereignissen gesagt. − Die

---

[1] Seit H.Gunkel redet man vom „eschatologischen Aorist", der ein Futur vertrete, freilich ohne diese Sicht näher zu begründen. Vgl. dazu H.Schürmann, Das Lukasevangelium I, Freiburg 1969, S.71: "Es spricht von der letzten Tat Gottes so, als ob sie schon geschehen wäre: Der prophetische Blick sieht die Vollendung der Taten Gottes schon in ihrem kleinen Anfang... Für das Lied Mariens ist das Ineinander des Dankens für persönlich erfahrene Gnade und die hymnische Verherrlichung zukünftiger Taten Gottes − in der Vergangenheitsform, als wenn sie schon geschehen wäre − charakteristisch...".

[2] Zu den diversen Gattungen dieser Hymnen vgl. K.Berger, Formgeschichte des Neuen Testaments, Heidelberg 1984, die Übersicht S.242.

„Hymnen" des Magnificat wie der Apk haben daher einen eigenartig antizipierenden Charakter.
Ähnliches gilt für die Thronvision der Apk (ab 4,1) im ganzen: Die gesamte Geschichtsvision stellt etwas dar, was „tatsächlich" (in unserem Sinne) nur höchst partiell realisiert ist. Die Analogie zu den Hymnen überrascht nicht. Denn die Hymnen begleiten die Vision ja nur, wie in der antiken Komödie der Chor kommentierend und orakelnd tätig wird. Der Seher Johannes kann alles, inklusive Roms Untergang und der Herabkunft des Neuen Jerusalem, bereits sehen. Denn es ist – wenn auch nur für ihn – wahrnehmbare Wirklichkeit, innerhalb derer auch die himmlische Identität der Christen gesehen werden kann (vgl. Apk 7).
Versucht man, die hier formulierte Erfahrung zu analysieren, so ergeben sich folgende Ansatzpunkte:
a) Es fällt auf, daß in allen Fällen das hymnisch oder visionär Wahrgenommene nicht „rein" zukünftig ist, daß vielmehr ein Ansatz- und Anfangspunkt in der Gegenwart vorliegt, so für das Magnificat in der Schwangerschaft Mariens und in ApkJoh in Tod und Auferstehung des Lammes, im Tod der christlichen Märtyrer und im Gebet ihrer Seelen um Rache (Apk 6,9).
b) Offenbar liegt die Wahrnehmung vor, daß *mit der definitiven Entscheidung über die Machtfrage auch bereits die Tatsächlichkeit ganz gegeben ist. Diese bedarf lediglich der Enthüllung.* Der Sänger des Hymnus wie der Visionär sind Menschen, die „in actu" solches erfahren.
Während bei der Vision der „ekstatische" Zustand auch für uns noch begreiflich scheint, ist er beim Hymnus für uns nicht gegeben, weil auch wir noch Lieder singen und dabei keine besondere Offenbarung wahrnehmen. Im Neuen Testament jedoch werden wiederholt „Sänger" als vom Geist erfüllt gedacht, so Zacharias bezüglich des Benedictus (Lk 1,68-79) nach 1,67 („... wurde vom heiligen Geist erfüllt und prophezeite") und die Sänger von Liedern nach Eph 5,19; Kol 3,16 („pneumatische Lieder"). Auch die frei formulierten „Gebete" der frühchristlichen Propheten nach Did 10,7 weisen in diese Richtung.
Die Auffassung von „Offenbarung" und „Offenbarmachen" im Frühjudentum und im frühen Christentum wird dadurch erhellt: Wenn die Targumim vom „Offenbarwerden der Königsherrschaft Gottes" sprechen, dann wird die im Himmel schon immer und de jure bereits existente Herrschaft Gottes auch auf Erden sichtbar[3]. Daher wird in bestimmtem

---

[3] Vgl. dazu U.Bejick, Basileia. Königsherrschaft Gottes im religionsgeschichtlichen Umfeld des Neuen Testaments, Diss. Heidelberg 1990 (erscheint als Band in T.A.N.Z. 1991).

Sinne nichts Neues geschehen, es wird nur offenbar, was schon immer gilt. Auch die Rechtsfrage ist daher schon immer geklärt. Gott der Herr *hat* schon seit je her Recht, und Eschatologie heißt, daß er auch Recht *bekommt*.

c) Daß die Machtfrage schon längst entschieden ist, kommt in Apk 12,7-9 in dem Mythos des Kampfes Michaels gegen Satan zum Ausdruck. Hier wird ein zeitlich undatierbares, im Rücken des Sehers liegendes Geschehen aufgerufen, das sich „im Himmel" ereignet hat und das gewissermaßen den Hintergrund bildet für die Situation der Gemeinde.

d) Bei Paulus kommt eine vergleichbare Anschauung durch die Begriffe „Angeld" und „Arrabon" zum Ausdruck (2 Kor 1,22; 5,5; Röm 8,23). Hier steht der juristische Gedanke im Vordergrund: Die Rechtsfrage ist entschieden. Betont werden bei dieser Sicht die begünstigten Menschen. Nun läßt sich beobachten, daß im Zusammenhang der Rede vom Angeld überall auch vom Offenbarwerden die Rede ist; darauf wird sich daher Zukunft beschränken. So geht es auch für Paulus im Kontext der Rede vom Angeld vor allem um die Enthüllung dessen, was ist und gilt (Röm 8,19; 2 Kor 5,10).

Resultat: Wo Gottes eschatologische Werke alle schon geschehen sind, herrscht die Auffassung, daß die Macht- und die Rechtsfrage schon geklärt sind. Dieses ist entweder seit jeher so (Königsherrschaft Gottes) oder aufgrund eines neuerlichen Ereignisses (Geschick des Messias Jesus Christus). Eine besondere Bedeutung hat daher die Rede vom Himmel[4]. Weil im Himmel die Macht- und die Rechtsfrage schon geklärt sind, deshalb bestehen alle Werke Gottes dort schon (analog wohl: Eph 2,10).

Der Himmel steht in diesen Aussagen für die „Wahrheit" im biblischen Sinn. In die räumliche Ebene eines transzendenten Ortes wird etwas projiziert, das als das Eigentliche, Beständige, Wertvolle und wahrhaft Wirkliche erfahren wird. Die räumliche Projektion bietet sich an, da diese Wahrheit unsichtbar ist und aus diesem Grund dann als unsichtbare Welt neben der bestehenden wahrgenommen wird.

Eine nahe Analogie zu dieser Weise der Wahrnehmung bilden neutestamentliche Wundererzählungen:

1.2 Zur Faktizität von Wundern
Die Annahme der Historizität von Wundern bereitet bekanntlich besonders in den Fällen Schwierigkeiten, in denen alttestamentliche Vorlagen

---

[4] Vgl. dazu auch: B.Ego, Im Himmel wie auf Erden (WUNT II 34), Tübingen 1989.

geradezu kopiert worden zu sein scheinen, besonders bei den Speisungsgeschichten und bei der Auferweckung der Tochter des Jairus. Gerade diese Erzählungen könnten aber ein Schlüssel sein für die Art, in der Wunder erfahren werden.
Im Unterschied zu unserer Wahrnehmensweise werden Wunder nämlich nicht gewissermaßen induktiv wahrgenommen, sondern im Rahmen eines Zirkels bzw. einer Wechselwirkung von Induktion (Erfahrung) und Deduktion (Erschließen). Das bedeutet: Weil Jesus Wunder wirken kann, deshalb hat er auch Wunder gewirkt. Aber die erstgenannte Annahme „Weil Jesus Wunder wirken kann" hat eben selbst auch ihren Ursprung, ist keine Deduktion, sondern ist in einer komplexen Erfahrung begründet:

a) Der Wundertäter wird als religiös-charismatische Persönlichkeit erfahren. Diese Erfahrung wird ganzheitlich gemacht. Daher ist sie eine Machterfahrung.

b) Er steht in Konflikt zu den bestehenden Autoritäten. Man kann m.E. zeigen, daß alle Wunder „destruktiv" gegenüber bestehenden Autoritäten sind.

c) Der mit dem Wunder Bedachte ist „am Ende", keiner kann ihm mehr helfen. Es gibt daher eine „Einbahnstraßensituation".

d) Bei Wundertäter wie bei Wunderempfänger bestehen keine Vorbehalte hinsichtlich der Möglichkeit von außergewöhnlichen Machterweisen. Dieser Faktor ist auch kulturell bedingt. Er ist gekoppelt mit einer Wahrnehmungsweise, die für Wunder typisch ist: der magischen (vgl. dazu unter 3).

Wahrscheinlich gibt es noch weitere Faktoren. Sie gehören eng zusammen. Durch sie ist der Horizont abgesteckt, in dem der Satz gilt: *Weil der Wundertäter solche Zeichen wirken kann, deshalb hat er sie auch getan.*
Versucht man, diese Auffassung auf ihre Voraussetzungen hin zu befragen, so ergibt sich:

a) Es liegt eine Auffassungsweise zugrunde, wie sie sich literarisch noch in der Gattung des Panegyricus spiegelt, der dem antiken Enkomion verwandt ist. Dabei geht es um ein umfassendes Lob, wie es größer nicht sein kann. Und für eben dieses Lob gilt, daß der darin Besungene (vgl. die Behandlung der Hymnen unter 1.1!) alles Herrliche getan hat, weil er es tun konnte.

Wir halten heute Texte dieser Art für unecht und übertrieben. Zumeist handelt es sich um Herrscherlob. Die Texte haben daher mit der Erfahrung von Übermacht zu tun. Doch die Erfahrung der Antike ist hier anders; ein Panegyricus ist keineswegs von Hofschranzen erlogen. Denn in Differenz zu uns kennt die Antike nicht das Phänomen der konstitutionell eingeschränkten Macht an der Spitze. Vielmehr gilt: Wenn der

Machtträger der einzige ist, der helfen kann, das heißt: wenn er in seiner Gattung der höchste oder der einzige ist, dann ist seine Macht unumschränkt. Daher konnte auch der römische Kaiser, potenzierter Inbegriff der Macht, Wunder wirken; ein moderner Ministerpräsident vermag es nicht, selbst nicht in Sizilien. Daher war es dem Messias möglich, dem Schriftgelehrten nicht[5].

b) Im Falle des Wunders liegt das Wunderbare darin, daß der Übermächtige einen Augenblick Zeit hat für den, der in äußerster Not ist, daß er sich ihm „persönlich" zuwendet[6].

c) Alle von dem Wundertäter erzählten Wunder sind auch geschehen, weil die „Werke" nur Zeichen dessen sind, was in ihm ist und was ihn „ausmacht". Nach der im Umkreis des Neuen Testaments vorherrschenden Anthropologie[7] offenbaren Werke lediglich das, was jemand ist. Für die Jesusüberlieferung läßt sich das besonders gut an Lk 6,43-45par festmachen: Die Werke sind geradezu das, was von der „Substanz" des Herzens her überfließt (vgl. § 6).
Das führt zu der Beobachtung: Für die Erfahrung der frühen Christen ist *die Schwelle zwischen Können (Vollmacht; Begabtsein mit Charisma) und Getanhaben sehr niedrig*. Für uns dagegen ist sie hoch. Die Schwelle liegt für das antike Denken in diesem Falle *zwischen Erwähltsein und Nicht-Erwähltsein*. Bei uns dagegen gilt, daß man fast alles lernen kann. Die Erwählung oder Begabung mit Charisma ist für das frühchristlich-antike Denken nicht hinterfragbar. Sie ist das Staunenswerte, die Taten und Werke sind nur der Ausdruck. Daher ist die Christologie sachlich und logisch die Voraussetzung für die Wundertaten Jesu. An dieser Stelle ist unser „demokratisches" Denken dem neutestamentlichen entgegengesetzt: Durch Studien, Zusatzausbildung und Lehrgänge werden Qualifikationen erworben. Das Problem liegt dabei immer an der Stelle, ob man etwas auch in die Tat umsetzen kann. Genau das aber ist für die neutestamentliche Erfahrung nicht zentral.

d) Eph 2,10 ergänzt die unter c) genannte Auffassung, weil hier die Werke des Menschen geradezu präexistent sind: Gott hat die Werke, in denen Christen wandeln „zuvor bereitet". Es ist daher ganz deutlich, daß sie aus diesem Grund geschehen müssen. Nicht die Identität der Christen produziert und präjudiziert diese Werke geradezu, sondern Gottes Erwählung.

---

[5] Vgl. dazu: K.Berger, C.Colpe: Religionsgeschichtliches Textbuch zum Neuen Testament (NTD Textreihe 1), Göttingen 1987, S.37f, Nr.25.
[6] In gewissem Sinne ist daher „Liebe" das Geheimnis des Wunders. Und umgekehrt.
[7] Vgl. dazu R.Heiligenthal, Werke als Zeichen (WUNT II 9), Tübingen 1983.

	NT	heute
Erwerb der Vollmacht	Erwählung, Gnade	Ausbildung, Schule
Hauptproblem	Erwähltsein, Charisma	Umsetzung in Taten
sekundäres Problem	sichtbare Taten	innerliche Befähigung

e) Für die Wunder Jesu wird die in c) vertretene Auffassung durch Joh 11,41-42 geradezu bestätigt: Gott erhört Jesus „immer". Jesus kann jedes Wunder wirken, das er will. Die Faktizität ist keine Frage. Die Taten sind ganz leicht. Jesus spricht das Dankgebet nicht deshalb, weil dieses infrage stünde. Vielmehr muß er öffentlich beten, damit seine grundsätzliche Legitimation von Gott her (und nicht etwa von der Gegenseite her) erkennbar wird. Das heißt: Nicht die Kraft zur Verwirklichung, sondern die Herkunft des Charismas steht zur Diskussion.

Resultat: Wundertaten werden erfahren wie Werke auch sonst, nämlich als Zeichen dessen, was oder wer jemand ist. Dabei gilt die Erfahrung, daß diese Zeichen jeweils „mit Leichtigkeit" zu setzen sind. Denn wenn das eigentlich Staunenswerte gegeben ist, die Begnadung und Erwählung eines Menschen, dann sind diese Zeichen wie selbstverständlich Überfließendes. In keinem Falle ist das Problem die Umsetzung in die Praxis.

Gerade das, was uns nach unserer Erfahrung schwerfällt, ist hier leicht. Und während nach unserer Erfahrung sich jemand „aufbaut" oder langsam „verwirklicht" durch seine Werke oder Taten, ist dieser ganze Bereich im Neuen Testament Folge der schon je zuvor vorhandenen Wirklichkeit. Psychologisch bedeutet das ein wesentlich anderes Verständnis des Verhältnisses von Handeln und Sein.

Kritische Relevanz hat daraus für heute:

a) Die Wundertaten sind nicht isoliert zu sehen, sondern Ausdruck dessen, der wirkt. Ein isolierter Wunderglaube ist daher nicht sachgemäß.

b) Man sollte Menschen dazu führen und ihnen dazu verhelfen, daß die Entfremdung zwischen ihnen und ihren Taten aufgehoben wird, damit sie ihre eigenen Taten mit „Leichtigkeit" tun können. Das gilt besonders für die Forderungenkataloge christlicher Moral.

2 Zeiterfahrung

2.1 Anderes Grundverständnis

Wenn in Mk 13,20 die Anschauung belegt ist, daß Gott „die Tage verkürzt", dann wird daran deutlich, daß das frühe Christentum eine Auffassung von Zeit hat, bei der der Zeitfluß selbst zur Disposition steht. Unsere heutige Auffassung von Zeit ist grundsätzlich technisch bestimmt, da sie maschinell „diktiert" wird. Zeit ist linear zu denken und physikalisch meßbar. Ihr Verlauf ist prinzipiell uninteressant, da er immer gleich ist. Für das frühe Christentum bedeutet dagegen die Möglichkeit, daß Gott die Tage verkürzt: Zeit kann schneller ablaufen[8]. Besonders eindrucksvoll wird das Phänomen in ApkBar(syr) geschildert:

„Denn siehe, Tage kommen, da werden die Zeiten rascher eilen als die früheren und die Jahreszeiten rascher laufen als die, die vergangen sind, und die Jahre schneller vergehen als die bestehenden. Darum habe ich Sion verstoßen, damit ich so eilig als möglich die Welt heimsuche zu ihrer Zeit".

Nach Ps.-Philo, AntBibl 19,13 ist diese Beschleunigung durch eine Erhöhung der Geschwindigkeit der Gestirne hervorgerufen, auch nach Hen(äth) 80,2f ändert der Mond seine Ordnung. So erfolgt die Änderung der Zeit nicht ohne den Kosmos, sondern in dessen Rahmen. Der religionsgeschichtliche Hintergrund interessiert hier weniger[9]. Entscheidend ist, daß die Beschleunigung – als Strafe oder zur Rettung – möglich ist, weil die Zeit Gott gehorcht.

Was als theologische oder kosmologische Aussage formuliert wird, hat seinen Erfahrungshintergrund darin, daß Menschen Zeit nicht als gleich-

---

[8] Frühchristliche Apokalypsen denken dann daran, daß Gott die Jahre zu Monaten, die Monate zu Tagen, die Tage zu Stunden, die Stunden zu Minuten, die Minuten zu Sekunden werden lassen kann: PsJohApk (ed.Tischendorf, Apocalypses Apocryphae, Leipzig 1866) Kap.8, S.76.

[9] Grundsätzlich sind zwei Linien anzunehmen: A. Negative Linie: Gott verkürzt als Strafe die Lebenszeit, so bei Menschen (Gen 6,3) und bei Tieren (die Schlange nach BarApk [griech] 9,7). Negativ urteilt auch Hen(äth) 80,2: Verkürzung der Jahre in den Tagen der Sünder, die Saat und Früchte verzögern sich, der Mond verändert seine Ordnung. – B. Positive Linie: Zugrunde liegt das schon in der alttestamentlichen Erwartung verschieden gehandhabte Schema der 70 Jahrwochen oder 70 Jahre (Dan 9,24 / Jer 25,11-14). Aus den dreieinhalb Zeiten der letzten halben (Jahr-)Woche von Dan 7,25 werden in ApkJoh einerseits dreieinhalb Jahre (Apk 11,2f), aber auch dreieinhalb Tage (Apk 11,11). So wird die Unheilszeit verkürzt. Positiv ist auch das schnelle Vergehen der Welt nach 4 Esr 4,26 gewertet. Nach 4,34 wird Esra gemahnt, nicht schneller zu eilen als der Herr. In Ps.-Philo, Ant Bibl 19,13 geht es um eine Beschleunigung der Auferstehung, in BarApk(syr) um die Beschleunigung der Heimsuchung der Welt.

artig erleben, sondern – das ist aus den Wünschen erkennbar – daß sie Unheilszeiten als unerträglich lang erleben und die Rettung gerne beschleunigt sähen.

2.2 Naherwartung als Ausdruck von Zeiterfahrung

Die im Neuen Testament greifbare und dann im Laufe des 1.Jh. bereits enttäuschte Naherwartung hat eigenartigerweise weder als Hoffnung noch als Enttäuschung Spuren hinterlassen, die für das frühe Christentum schlechthin konstitutiv gewesen wären. Dennoch wäre das frühe Christentum ohne Naherwartung nicht denkbar. Andererseits ist bekannt, daß jedes Jahrhundert der Kirchengeschichte eine Naherwartung gekannt hat. Offensichtlich gilt dabei:

a) Für das früheste Christentum war Naherwartung nicht der entscheidende Glaubensgrundsatz[10].

Vielmehr wird offensichtlich die von Jesus verkündete Nähe Gottes auf mindestens drei Ebenen greifbar: auf der personalen Ebene (Eröffnung eines neuen, kindlichen Vertrauensverhältnisses gegenüber Gott), auf der räumlichen Ebene (Wunder als direkter Kontakt mit göttlicher Kraft) und in der zeitlichen Dimension (Naherwartung). Diese drei Ebenen interferieren. Auf jeder dieser Ebenen wird Spezifisches und Unverwechselbares gesagt[11]. Von der Ebene der Naherwartung her wäre als kritisches Potential vor allem die Kritik an bestehenden Machtverhältnissen einzubringen.

b) Daß Naherwartung zu allen Jahrhunderten wiederkehrt, hat jeweils mehrere Gründe. Es wird sich daher um ein Syndrom handeln, und zwar so, daß Naherwartung jeweils besteht

– in marginalen (am Rande der Gesellschaft stehenden, nicht etablierten) Gruppen, die an der ökonomisch orientierten weltlichen Kultur kaum Anteil haben
– angesichts der Erfahrung oder Erwartung von Katastrophen
– für bestimmte Gattungen (das ist besonders am Neuen Testament deutlich; einen eigenen Ort hat Naherwartung z. B. in der argumentativen Begründung von Mahnrede wie in Röm 13)

---

[10] Mit Freude entsinne ich mich an dieser Stelle einiger Gespräche mit Kurt Erlemann (Heidelberg), der zu diesem Thema in Kürze eine umfasende Untersuchung vorlegen wird.

[11] Die neuere protestantische Hermeneutik hat etwa seit A.v.Harnack allein die personale Ebene der Nähe Gottes bevorzugt, und zwar in liberaler, pietistischer oder existenialer Auslegung. Die beiden anderen Ebenen wurden sektenartigen Gruppierungen überlassen (den charismatischen Bewegungen mit ihrer Neigung zum Fundamentalismus und den auf Naherwartung und Millenarismus fixierten Sekten).

- in der Situation der Verfolgung oder Nicht-Akzeptanz solcher Gruppen, die finden, es sei „nicht mehr zum Aushalten". Die Verfolgung ist oft politisch bedingt.
- unter der Bedingung der Anteilhabe an „klassischer" apokalyptischer Tradition, wie sie seit der Antike im wesentlichen ungebrochen, wenn auch in vielerlei Gestalten, bis ins 20.Jh. hinein fortlebt, und zwar in mündlicher und schriftlicher Tradition.

Nur selten sind alle diese Elemente gegeben, häufig genügen wenige davon. Nur das letztgenannte ist konstitutiv. – Und umgekehrt führt zur Aufgabe der Naherwartung wohl weniger enttäuschte Parusierwartung (das auch) oder ein Sich-Einrichten in der Welt (F.Overbeck; A.Schweitzer), sondern Veränderungen an den oben genannten Faktoren. Auch wird Naherwartung wohl nie im Sinne einer bestimmten Gesamtkonzeption „aufgegeben", wie man eine Lehre aufgibt, sondern in bestimmtem Milieu und unter bestimmten Umständen tritt sie von Natur aus nicht auf. So gilt: Jesu Botschaft und Person attrahierten vor wie nach seinem Tod eine Reihe unterschiedlicher Zeitvorstellungen. Doch nicht eine bestimmte Zeiterfahrung ist das Primäre, sondern diese ist nur eine Komponente im jeweils unterschiedlichen Sich-Beziehen auf Jesus. Der Rückbezug auf Jesus ist die Konstante, die Zeiterfahrung ist die Variable.

Im Rahmen der historischen Psychologie bedeutet das:

a) In der Naherwartung werden die durch Jesus angesagte Nähe Gottes und die damit verbundenen Erfahrungen *auf die Ebene der Zeit projiziert*. Das ist grundsätzlich möglich, weil, wie oben unter 2.1 dargestellt, die lineare Zeiterstreckung in religiöser Erfahrung nach Art der oder Analogie zur neutestamentlichen zur Disposition steht.

b) Diese besonderen Erfahrungen sind:
- Bestehende politische (später: auch kirchliche) Macht wird als dem Untergang geweiht erfahren, und zwar aufgrund deren Lügenhaftigkeit und Ungerechtigkeit.
- Wenn Zukunft das ist, worüber wir nicht verfügen können, Gott aber als der Unverfügbare gilt, dann ist verständlich, weshalb Aussagen über Zukunft eine besondere Domäne von Aussagen über Gott sind. Je intensiver und fordernder Gott daher erfahren wird, um so eher kann dieses als Naherwartung Ausdruck gewinnen.
- Es besteht ein enger Zusammenhang zwischen Martyrien und Naherwartung, oder allgemeiner: zwischen der Forderung nach und der Erwartung von Recht-Schaffen Gottes und dem baldigen Eingreifen Gottes. Dieser Zusammenhang ist vor allem emotional begründet[12].

---

[12] Vgl. Apk 6,9f mit dem Ruf „Wie lange noch, Herr... richtest du nicht und rächst nicht unser Blut...?" und die Parallelen vor allem in Hiob 24,12; Hebr 12,26-29;

Aus den Texten spricht die Ungeduld der Opfer, für deren Auffassung das Unrecht nicht ewig triumphieren darf und möglichst bald ein Ende finden muß. Das „Wann endlich schaffst du uns Recht?" oder „Wie lange noch dauert es, bis du dein Recht durchsetzst?" kann Gott, der der Gerechte selber ist, nicht lange unerhört lassen. Es ist oft das Gebet als Ruf um Rache zu Gott, das der emotionalen Situation der Menschen Ausdruck verleiht, kein „braves" Gebet also, aber ein ehrliches, das in Gott den einzigen Anwalt der Gerechtigkeit erblickt.

c) Naherwartung ist vor allem ein affektiv-emotionales Phänomen. Während für uns die chronologische Fixierung im Zentrum steht, ist die Erfahrungsweise von „Zeit" für das Neue Testament von uns erst mühsam zu rekonstruieren. Einige wichtige Elemente lassen sich schlagwortartig zusammenfassen: „Liebe kann nicht warten", „Das Wichtigste ist schon geschehen", „Die Zeiten laufen jetzt schneller als früher, da sie kurz vor dem Ziel sind", „Die Mission hat ja schon die Grenzen der Erde erreicht".

Gewiß hat sich diese emotional begründete Naherwartung auch in chronologischen Fixierungen niedergeschlagen, und darin erscheinen sie uns heute irrtümlich. Indes muß man das frühe Christentum eher als einen noch jungen Planeten sehen, der im Kern und überhaupt weithin „weich" ist, nur im Punkte der chronologisch fixierten Naherwartung eine Kruste bildet, nicht wie bei einem bereits erkalteten Planeten, bei dem die einzelnen Krusten in Widersprüchen und Spannungen zueinander stehen. Und es könnte ja auch sein, daß die Naherwartenden nicht irrten, sondern daß wir seither wirklich in einem Geschehen darin stehen, von dem wir ähnlich wenig sehen wie Jesaja nach Jes 6,1: den Saum des Gewandes Gottes. Dann würden die Naherwartenden nur eine anderen verborgene Seite der Realität artikulieren.

Resultat: Primär sind es die Erfahrungen ungerecht wirksamer irdischer Macht, auf die Naherwartung (als Zusage des baldigen Kommens Gottes) eine mögliche Antwort ist. Diese Gemeinden leben in der Erwartung: Wenn es den gerechten Gott gibt und wenn wir alles dieses unseres Glaubens wegen erleiden mußten, dann kann es nicht lange dauern, bis Gott zugunsten der Opfer eingreifen wird. Und auch darüber hinaus gilt: Unrecht hat „kurze Beine". In Anbetracht dessen, daß Gott der Herr ist, kann Unrecht nicht lange dauern, und das ist nicht im weisheitlichen Sinne gemeint, vielmehr gilt, daß hier nur noch Gott selbst helfen kann.

Hen(äth) 9,4-10,3; 47,1-4; 97,5 sowie das Gebet der Witwe in Lk 18,1-8 mit der starken Betonung der emotionalen Elemente in den Versen 5-7.- Der Tod Jesu wird demnach als Martyrium eine die Naherwartung steigernde Funktion gehabt haben. Besonders deutlich wird der Zusammenhang von Martyrium und Naherwartung in Mt 23,35 (alles gerechte Blut kommt „auf euch", und dann: „Amen, ich sage euch, dieses alles kommt auf diese Generation"). Nach V.37-39 ist dabei auch an den Tod Jesu zu denken.

2.3 Präexistenzaussagen als Zeiterfahrung
In gewisser Weise die Kehrseite zu Aussagen über Naherwartung sind solche über die Präexistenz[13]. Auch hier spiegelt sich eine für unsere Erfahrung extrem fremde Weise der Wahrnehmung von Zeit. Während die Naherwartung vor allem das baldige Ende des im Augenblick triumphierenden Bösen betrifft, ist die Präexistenz umgekehrt auf die schon seit Ewigkeit erwählten Gerechten bezogen. „Qualität" vor Gott äußert sich daher als Sein vor der Welt.
Es genügt nicht, die präexistenten Personen und Dinge als wichtige und „heilsnotwendige" zu erkennen[14] oder zu sagen, daß Gott von Anfang an Heil im Sinn habe (a.a.O.), bei der Schöpfung ein bestimmtes Ziel verfolgt und ihre Vollendung fest im Blick gehabt[15] und durch die Vorordnung einen qualitativen Wert vor allen anderen festgelegt habe (a.a.O.). Alles das ist richtig, aber sagt noch nicht viel über das hier implizierte Zeitverständnis. Es ist auch darauf zu achten, ob etwas oder jemand „vor aller Schöpfung" oder als „erstes der Schöpfungswerke" geschaffen wurde bzw. bei Gott war.
Für die implizierten Zeitvorstellungen aber gilt in jedem Falle:
a) Alter wird nicht als etwas Negatives erfahren.
b) Im Gegensatz zur eschatologisch qualifizierten Kategorie der „Neuheit" (wie bei „neuer Schöpfung" oder „neuem Bund") ist gerade das eschatologisch Gültige hier das, was schon immer da war.
c) Soziologisch gesehen herrscht daher das Ancienitätsprinzip und damit die Regel einer deutlich patriarchalischen Gesellschaft. Öfter geht es auch um die familiäre Metaphorik des Erstgeborenen[16]. Daß diese Hochschätzung des Alters im Umkreis des Neuen Testaments nicht durchgehend so gelten mußte, zeigen Jub 23 (die Jungen sind es im Gegensatz zu ihren Eltern, die nach dem Gesetz zu suchen beginnen) und die Worte Jesu über die Kinder.
d) Die Präexistenzaussage ist – wie ähnlich die über Naherwartung – für uns (!) eine mythische, nur unter Absehen von dem uns geläufigen linearen Zeitverlauf verstehbare. Denn: Warum sollen die späteren Dinge

---

[13] Vgl. dazu auch: G.Schimanowski, Weisheit und Messias (WUNT II 17), Tübingen 1985, 107ff. - Zu den Schlußfolgerungen dieses Autors auf S.308 (der präexistente Name des Messias sei seine „Person") gilt das oben in § 3 zum Unterschied von Selbst und Person Bemerkte. Denn der von Schimanowski verwendete Personbegriff bleibt unklar.
[14] G.Schimanowski, a.a.O., S.308
[15] G.Schimanowski, a.a.O., 302.
[16] Z.B. Kol 1,15. - Leider lassen sich keineswegs alle Texte auf diese Lösung festlegen. Denn öfter ist auch von ersterschaffenen Gegenständen die Rede.

weniger wertvoll sein? Die Dinge, die man zuerst „fabriziert", sind doch oft keineswegs die besten und wertvollsten. Das „vor aller Zeit" ist eine Aussage über die Nähe (Intimität, Vertrautheit, Ranghöhe) zu Gott, was aufgrund des zeitlichen Prae keineswegs selbstverständlich ist. Offenbar sind die später geschaffenen Dinge zugleich weiter von Gott entfernt; liegt daher eine uns ungeläufige Verquickung räumlicher und zeitlicher Vorstellungen zugrunde? Die Vorstellung könnte dann sein, daß mit allem, was Gott schafft, der Abstand zu ihm größer wird, weil immer mehr dazwischen tritt.

e) Ebenso ist das, was da präexistent ist, nicht einfach die Person oder die Sache, auch nicht die bloße Idee, sondern eher das „Selbst" in dem in § 3 geschilderten Sinn. Hier liegen daher wiederum Vorstellungen von Identität zugrunde, die uns fremd sind.

Für historische Psychologie bedeutet das: Der Zeitverlauf wird als differenziert wertbesetzt erfahren. Keineswegs sind alle Augenblicke gleich nah zu Gott. Die Zeit vor allem Anfang ist die in höchstem Maße qualifizierte. Am Ende gilt nur der, der dort präsent war und das, was dort festgesetzt wurde. Ohne Zweifel spiegeln sich hier Erfahrungen über die Bedeutung der Zeit vor allem Anfang für menschliches Leben. Der Anfang ist für die Antike die besonders gefährdete Zone.

Zu denken ist auch an die Rolle von anfänglichem Fluch oder Segen, die oft schon formuliert sind, bevor etwas in die Welt tritt. Und andererseits kennen Altes (2 Reg 4,29) und Neues Testament (Lk 10,4) auch das Phänomen der Abnutzung des Segenswortes: daher darf der Wundertäter unterwegs niemanden grüßen, damit die Kraft seines Wortes erhalten bleibt. Gottes anfängliches Schöpfungswort ist daher das kräftigste. Hier ist seine ganze Schöpfermacht noch gegenwärtig. Daher kann auch der Vater nur einmal sein Kind erfolgreich segnen (Jakobsgeschichte).

3 Verschiebung von Wahrnehmungen

3.1 Partielle Aufhebung von Grenzen
Das Neue Testament hat teil an einer Weltsicht und Weltwahrnehmung, in der kein strikter Gegensatz besteht zwischen Natur und Übernatur, Person und Ding[17], Individuum und Kollektiv, Körper und Geist, Sichtbar und Unsichtbar, Gegenwart und Zukunft. Die Übergänge zwischen

---

[17] Wenn in Hebr 11,4; 12,24; Apk 6,9f das Blut der Märtyrer (um Rache) schreit, dann geht es um den klassischen Fall der von uns verschiedenen Auffassung von Person und Ding. In Hebr 12,24 wird diese Vorstellung auch auf das Blut Jesu übertragen und ist dort Ursache für das Kommen des Gerichtes.

diesen Phänomenen sind, wenn sie überhaupt kategorial erfaßt werden, jedenfalls fließend. Andere Gegensätze dagegen, die bei uns weniger ausgeprägt vorkommen, gibt es sehr wohl, so die von Gut und Böse (heute zumeist nicht eindeutig zu beantworten), von Gott und Nicht-Gott, von Starken und Schwachen. Für das religiös qualifizierte Weltbild des Neuen Testaments stehen diese Gegensätze im Vordergrund. Sie betreffen im wesentlichen den Unterschied zwischen dem Bereich Gottes und dem, was außerhalb seiner liegt. Das polare oder dualistische Wahrnehmen von Wirklichkeit hat sich heute in ganz andere Bereiche verschoben.
Die Konsequenz der dualistischen Trennung zwischen dem Bereich Gottes und allem außerhalb für das Neue Testament ist, daß innerhalb des Bereiches Gottes, d.h. wenn der Mensch in diesen eintreten durfte, keine Gegensätze mehr bestehen. Wenn durch den Empfang von Gottes Geist Christen in den Bereich Gottes eingetreten sind, dann schwinden folgerichtig die Gegensätze zwischen Juden und Heiden, Freien und Sklaven, Mann und Frau (Gal 3,27f). Auch in 1 Kor 12,13 steht die Aufhebung der Unterschiede in direktem Zusammenhang mit dem Empfang des Geistes. Deutlich wird daran:

a) Die Wahrnehmung von Gegensätzen durch frühe Christen ist von innerer Logik: Weil alles auf das eine Entweder-Oder von Gott (und seinem Bereich) und Nicht-Gott zugespitzt ist, sind folgerichtig innerhalb des Bereiches Gottes keine Gegensätze mehr möglich. Die Erfahrung der Aufhebung der Gegensätze im Wirkungsfeld des Geistes Gottes setzt daher voraus, daß solche Gegensätze außerhalb dieses Feldes als um so krasser empfunden wurden. Denn nur der kann die Erlösung spezifisch als Beseitigung von Grenzen erfahren, der diese zuvor als einschneidenstes Signum der Unerlöstheit erlebt hat. Für Paulus ist es der soziale Antagonismus, der jetzt aufgehoben ist.

b) Die Eröffnung der beschneidungsfreien Heidenmission ist mit Sicherheit nicht aus theologischem Kalkül geboren, sondern aus einer Erfahrung der Aufhebung von Grenzen, wie unter a) angegeben.

Historische Psychologie fragt danach, welche Grenzen vorlagen und wie ihre Aufhebung erfahrbar wurde. Der Erfahrung der Einheit in Christus liegt ein schroffer Dualismus sozialer Art voraus. „Bekehrung" und Taufe liegen hier in besonderer Weise im Schwarz-Weiß-Schema.
Die Not schmerzlicher Trennung und die wunderhafte Erfahrung der Aufhebung von Grenzen werden hier geradezu zum Weg der Gotteserfahrung selber. Diese ist hier eine bestimmte Art, Gemeinde zu erfahren.

3.2 Magischer Messianismus
Eines der Merkmale des frühen Christentums ist die Erfahrung der Unverhältnismäßigkeit zwischen Ursache und Wirkung, ein Stück Wahr-

nehmung unalltäglicher Machtkonzentration beim Messias selbst und bei denen, die in seinem Namen Wunder wirken können. Ein Wort oder eine Berührung, das Ergreifen der Hand oder der pure Glaube, der nur so groß ist wie ein Senfkorn, erreichen Gewaltiges, bisher nie Dagewesenes. Ähnlich ist auch die Wirkung von Segen und Fluch gedacht: Das bloße Wort bewirkt Staunenswertes.

Merkmal aller dieser Handlungen ist ein paradiesisches Verhältnis zwischen Tun und Wirkung, welches der unendlichen Mühe des Alltagslebens entgegengesetzt ist. Waren nach 3.1 die sozialen Grenzen das Signum der Unerlöstheit, so ist es hier die endlose Arbeit und ihr geringer Erfolg. Erfahrung Gottes bedeutet, daß diese schier endlose Erfolglosigkeit aufgehoben ist.

Ich nenne dieses Phänomen magischen Messianismus, und zwar aus folgenden Gründen:

a) Das Wort „Magie" wird nicht im diffamierenden und negativen Sinn verstanden, vielmehr wird es auf alles angewandt, was ex opere operato geschieht. – Begründung: Wenn die Magier nach Mt 2 vor Jesus niederfallen, dann wird Magie in und mit Jesus, dem Sohn Davids und eschatologischen Salomon[18], „aufgehoben".

b) Die Zeugnisse des frühchristlichen Alltagslebens bis zum 4.Jh. lassen den Schluß zu, daß dieses weitaus intensiver, als wir es uns vorstellen mögen, durch Wunder, absolute Gebetserhörung und die Verwendung von Segen und Fluch gekennzeichnet war. Die praktische christliche Volksfrömmigkeit war magisch, basierte vor allem auf der Verwendung des Namens Jesu und Gottes. Für die Geschichte der Taufe und der übrigen Sakramente ist dieses längst bekannt[19].

c) Es wird früh üblich, als Magie die nicht anerkannten, illegalen Formen der Frömmigkeit, insbesondere solche, die nicht von Amtspersonen, sondern von Privatleuten und Laien, von Hexen etc. praktiziert wurden, zu bezeichnen. Trotz vorhandener Unterschiede[20] ist die phänomenologisch erhebbare Struktur nicht anders als bei den unter b)

---

[18] Vgl. dazu: K.Berger, Die königlichen Messiastraditionen des Neuen Testaments, in: NTSt 20 (1973) 1-44, bes. 3-15; E.Lövestam, Jesus Fils de David chez les Synoptiques, in: StTh 28 (1974) 97-109.

[19] Vgl. dazu: O.Böcher, Christus Exorcista, Stuttgart 1972

[20] Diese liegen in der Motivation (zum Teil: willkürliches Schaden-Wollen) und in der Art, in der kultische Integrität hergestellt wird (Name und Kreuz Jesu versus antike „Opferriten" bzw. „Medikamente"). Man kann sagen, daß im günstigen Fall das „solus Christus" und das „sola gratia" auch in die Welt der Magie eingedrungen ist als verbale Anrufung dieser Größen.

genannten Formen. Das gilt auch für das phänomenologisch dazugehörige Vertrauen in die Wirkung.
d) Als „Sohn Davids" ist Jesus eschatologisches Gegenbild zu Salomo und damit vor allem Wundertäter und Exorzist. Daher ist diese Magie „messianisch". Denn sie ist mehr oder weniger an die Person des Messias gebunden.
e) Die entscheidende Frage, wer imstande sei, ex opere operato zu wirken, wird in der Umwelt stets mit der Bedingung der kultischen Integrität begründet. Diese wird im Namen Jesu erreicht durch „Friedenmachen" oder „Glaube". So erscheint einerseits die Bereinigung des Verhältnisses zwischen Menschen als Voraussetzung für absolute Gebetserhörung (Mk 11,25: Vergeben; Mt 5,23: Versöhnung mit dem Bruder; ThomasEv 48: Friede; ThomasEv 106: Einheit von Zweien; 1 Petr 3,7: Ehren der Frau), andererseits der Glaube (Mt 17,20 par). Das Resultat ist jeweils, daß man so mühelos (mit einem magischen Befehlswort) Berge umstellen oder umwerfen kann oder daß überhaupt das Gebet erhört wird. Die Bindung an den magisch verwendeten Namen Jesu wird im JohEv deutlicher (Joh 14,13f; 15,16).

Der „Glaube" in Mt 17,20par wie auch häufig in Wunderberichten ist weniger ein personales Geschehen als vielmehr eine durch Zutrauen zum Wundertäter erlangte magische Kraft (Daher „rettet" der Glaube und ist er quantitativ vermehrbar wie eine Kraft: Lk 17,5).

Psychologisch bedeutet das: Daß Kranke nicht geheilt, Tote nicht auferweckt und Gebete nicht erhört werden, ist das Normale. Jesus eröffnet durch sich selbst (durch seinen Namen) oder durch Bedingungen, die er nennt, einen Weg zum vorher und sonst Unvorstellbaren. Dabei sind auch die Bedingungen nichts Geringes, und auch auf sie fällt bezeichnendes Licht, vielleicht sind sie sogar das Wichtigste: daß zwei Frieden machen in einem Haus, daß man einander vergibt, daß der Mann die Frau ehrt und daß ein Minimum von Zutrauen (Glaube) da ist. Wie auch sonst im magischen Denken geht es um eine Reihe kleiner Dinge, die auch zum Alltag gehören. Zum Wundertun bedarf es daher nicht irgendeiner exotischen Macht, sondern „nur" solcher Dinge. In diesen Worten zeigt sich daher etwas von der Übertragung magischer Denkstrukturen auf das Gebiet der alltäglichen Ethik. Wir erkennen das auch in Sätzen wie Mt 10,42: Ein Becher Wassers bringt himmlischen Lohn (vgl. 10,40f). Die magische Unverhältnismäßigkeit von Aufwand und Resultat wird daher hier auf geforderte Handlungen übertragen, die für die Gemeinde sehr wichtig sind. Auch die Bedeutung des Kleinen und der Kleinen bei Matthäus liegt auf dieser Linie.

Nicht an den großen Worten, sondern am Detail entscheidet sich das Geschick dieser Gemeinden.

Zwei Wahrnehmungen verbinden sich hier, und sie werden als einander bedingend angesehen: die Nähe des Paradiesischen und die Bedeutung der Vergebung, des Friedens und kleiner Wohltaten im menschlichen Miteinander, insgesamt scheinbar unbedeutender Dinge, die doch alle miteinander gemeinsam haben, daß im Nächsten das Wichtigste geschieht, daß hier Gott begegnet.

7.2 Visionen

1 Zur Theorie der Vision im neutestamentlichen Zeitalter

1.1 Vision und Metapher
Auf den sachlichen und traditionsgeschichtlichen Zusammenhang zwischen Vision und Metapher habe ich bereits hingewiesen[1]. Am Beispiel der Königs- und Thronmetaphorik, der Lamm-Christologie aber auch etwa der Aussagen über das Wort als „Scheider" (Hebr 4,12f und Apk 1,16) kann man zeigen: Offensichtlich bestehen enge Querverbindungen zwischen der visionären und der metaphorischen Weise der Erfahrung. Das ist hier näher zu präzisieren:
a) Die Vision umfaßt im Unterschied zur Metapher ein Geschehen, wird daher als bildhafter Vorgang aufgefaßt. Damit ist die Vision dem Gleichnis an die Seite zu stellen. Das gilt besonders im Verhältnis beider zur Metapher: Die Beziehung Metapher-Gleichnis ist analog zu der Metapher-Vision.
Offensichtlich haben auch die neutestamentlichen Autoren ähnlich gedacht. Denn sie betrachten Gleichnis und Vision gleichermaßen als auszulegende bildhafte Rede, was sich u.a. an der gemeinsamen Verwendung des Dreischritts von Bild – Darstellung des menschlichen Nichtverstehens – „allegorische" Erklärung des Bildes zeigt[2].
b) In Metapher, Vision und Gleichnis geht es um bildhafte Bündelung und Vermittlung von Erfahrungen. Welche Erfahrung vorausgeht, das kann jedenfalls nicht nachträglich einfach als abstrakte Satzwahrheit (A.Jülicher) formuliert werden. Und von der Textoberfläche ist dessen Botschaft nicht als das Eigentliche, das hinter dem Text läge, abzulö-

---

[1] Vgl. K.Berger, Hermeneutik des Neuen Testaments, Gütersloh 1988, 342ff.388f, besonders 391f („Zum Verhältnis von Metapher und Vision").
[2] Vgl. dazu: K.Berger, Formgeschichte des Neuen Testaments, Heidelberg 1984, zu Mk 9,2ff.

sen. Das Bildhafte ist in gewisser Hinsicht die letzte erreichbare Instanz. Dennoch kann und muß man versuchen, den Ausdrucksgehalt eines Bildes wiederzugeben, wenn auch nicht in abstrakter Sprache (sondern vielleicht durch Schilderung der Wirkungseindrücke usw.).
c) Während Neubildung von Metaphern zu einer lebendigen Sprache gehört, ist Gleichniserzählen schon eine hohe Kunst. Die visionäre Schau dagegen ist an bestimmte soziale und kulturelle Bedingungen geknüpft.[3]

1.2 Visionen als Weise menschlicher Wahrnehmung
Ich halte es für möglich, daß die visionäre Wahrnehmung nicht per se etwas Übernatürliches ist oder sein muß (Begriff und Vorstellung des Übernatürlich-Transzendenten kennt das Neue Testament sowieso nicht), sondern eine Wahrnehmungsform neben anderen.
Visionen – auch die im Neuen Testament – wären dann zwar eine besondere, aber doch eine durch Vorbereitung und Einüben mögliche oder ermöglichte Form der Wahrnehmung. Sie ist öfter an bestimmte Bedingungen geknüpft, z.B. an besonderes Lebensalter oder spezielles Fasten oder auch an die nächtliche Stunde[4], aber alle diese besonderen Bedingungen ändern nichts daran, daß es sich um eine menschliche Wahrnehmungsweise unter anderen handelt.
Zusammen mit Metapher und Gleichnis bilden Visionen eidetische Weisen der Wahrnehmung. Sie stehen eo ipso den abstrakten Weisen der Verarbeitung von Wahrnehmungen gegenüber.
Visionen sind in diesem Sinne verständlich zu machen als extreme Konzentration von Erfahrungen, die für uns nur im Nacheinander greifbar sind. In der Vision werden sie gebündelt. Ähnliches geschieht wohl im Traum, und es ist wohl kein Zufall, daß beides oft nachts geschieht. Doch ist der entscheidende Unterschied, daß der Visionär nicht schläft.
Bei Visionen handelt es sich demnach offenbar um eine para-abstraktive Bildung einer Summe von Erfahrungen, um ein konzentriertes Innewerden auf sinnlicher Basis. „Para-abstrakt" heißt: Diese Weise der Wahrnehmung ist gerade nicht abstrakt, sie konkurriert vielmehr dem abstrak-

---

[3] Auch Gleichniserzählen und überhaupt Erzählen (und Erzähler) sind an bestimmte soziale und kulturelle Bedingungen geknüpft. Eine „narrative Theologie" entdeckte man gerade in jenen Dezennien dieses Jahrh., in denen diese Tradition erstmals rapide vom Aussterben bedroht ist, so daß es den Anschein hat, hier überlebe eine Kulturform vor allem theologisch stilisiert.
[4] Vgl. dazu die Bindung der Visionen an ein bestimmtes Lebensalter etwa in Hen(äth) 83,2 (beim Erlernen der Schrift bzw. vor der Ehe) und die Regeln zur Vorbereitung der Himmelsreise in der jüdischen Mystik.

ten Denken auf exklusive Weise[5]. So geht es um eine Fähigkeit zur Wahrnehmung, die alternativ zu Begriffsbildung und verwandt mit Metaphern Erfahrungen bündelt. So wird in der Apk Joh eine Summe vielfältiger schriftgelehrter und historisch-sozialer Erfahrungen visionär zusammengefaßt.

Die Konkurrenz zwischen abstraktem und eidetischem Wahrnehmen ist wohl auch durch die Differenz von Kulturkreisen bedingt. Wenn es daher gewisse Analogien gibt zwischen unserem Verhältnis zu Ländern (am Rande der) sog. Dritten Welt und unserem Verhältnis zur Welt des Neuen Testaments, dann könnte diese Analogie ein Beitrag zu der Frage sein, weshalb in sizilianischen Landgegenden und in äthiopischen Klöstern Visionen (und Wunder) noch erfahren werden, bei uns aber nicht. Und andererseits gilt auch: Die bei Kranken oft stark ausgebildete visionäre Fähigkeit ist ein Zeichen rationaler und vor allem sozialer Desorientierung (das visionäre Element setzt sich dort fest und durch, wo es nicht hingehört; ähnlich: bei Tagträumen). So gilt also wahrscheinlich, daß die Möglichkeit zu visionärer Wahrnehmung in unserem Kulturkreis verkümmert und abgedrängt ist, dagegen bei bestimmten Krankheiten sich ungehindert meldet und in südlicheren Ländern noch voll ausgeprägt ist. – Diese Beobachtungen verstehen sich nicht als Beitrag zu moderner Psychologie, sie stellen vielmehr einen Versuch dar,

a) die großen Schwierigkeiten zu demonstrieren, die für unser abstraktes, nicht-eidetisches Wahrnehmen bestehen, Visionen als menschliche Wahrnehmensweise zu begreifen. Die offensichtliche und „sachnotwendige" Verdrängung des einen durch das andere erklärt zu einem Teil, weshalb bei uns der Zugang zu visionärer Wahrnehmung abgebrochen ist und damit auch kein Verständnis mehr gegeben ist.

b) Visionen als eine kulturkreisspezifische Art des Erlebens von Wirklichkeit zu begreifen.

c) die eidetische Wahrnehmung dieser Art als eine nicht spezifisch religiöse darzustellen[6]. – Gleichwohl hat die visionäre Wahrnehmung

---

[5] Möglicherweise ist eidetische Wahrnehmung in unseren Breiten bei Kindern noch vorhanden und wird dann durch das Erlernen des abstrakten Denkens zurückgedrängt. Mit der Erlernung abstrakter Begriffsbildung (kulturkreis-spezifisch!) geht daher ganz offensichtlich automatisch die Fähigkeit zu eidetisch-visionärer Wahrnehmung verloren.

[6] Auch „Spökenkieckerei" ist nicht in erster Linie etwas, das religiös erfahren oder zu beurteilen wäre. Der Theologe ist nicht eo ipso der Fachmann für alternative Wahrnehmungsweisen. Die Bibel bezeugt gerade in der Vielfalt ihrer Gattungen, daß grundsätzlich alle menschlichen Erkenntniswege in Beziehung zu Offenbarung treten können (auch etwa Weisheitsspruch und Fabel, auch Anekdote [Chrie] und Argumentation usw.).

ihren unverwechselbaren Ort in der jüdischen und christlichen Religion. Insbesondere gilt das für die Funktion der Visionen, eine Art *Summe von Erfahrungen* zu bilden. Gerade in dieser Funktion sind sie schwer ersetzbar. Die Verklärung Jesu erfolgt als Abschluß seiner thaumaturgischen Tätigkeit.

Eine Art Bindeglied zum abstrakten Wahrnehmen ist die im Neuen Testament geübte Klassifizierung mit einem „Namen" (z. B. christologischer Titel). Einerseits geht es um eine unbildliche Summierung, andererseits steht der Name eher für eine nur implizite Christologie und ist doch zugleich Anknüpfungspunkt für christologische Dogmatik abstrakteren Charakters bis heute. In Mk 8f steht beides nebeneinander: So konnte die Gemeinde einerseits titular formulieren, wer Jesus ist (Mk 8: Petrusbekenntnis), andererseits parallel dazu narrativ-visionär (Mk 9).

Resultat: Es ergab sich eine gewichtige Konkurrenz zwischen einander konkurrierenden Weisen, Wirklichkeit wahrzunehmen und zu vermitteln:

a) eidetische Weisen der Wahrnehmung:
   Metapher
   Gleichnis
   Vision
b) vermittelnd:
   Name
   Erzählung
c) abstraktive Weisen der Wahrnehmung:
   Begriff
   Struktur/Schema
   Gesetz/Regel

Kritische Funktion: Für die Frage der Applikation von Visionsberichten könnte der Zusammenhang mit Metaphern und überhaupt mit gebündelter Erfahrung sinnvoll sein. Denn gerade so wird es möglich, Visionen nicht als übernatürliches Etwas, sondern als eine bestimmte Weise menschlicher Erfahrung zu begreifen[7].

---

[7] Der Offenbarungscharakter besteht dann – wie immer – in der Erschließung eines sinnvollen Zusammenhanges in menschlicher Erfahrung.

2 Beobachtungen zu den Visionen des Auferstandenen

2.1 Sozialpsychologische Voraussetzungen

Das zeitgenössische Judentum kennt das Erscheinen Toter[8] oder Entrückter (Propheten; besonders Elia)[9]. In Mart Pionii 14 wird die Erscheinung Jesu ausdrücklich mit der Samuels verglichen, und auffallende Übereinstimmung mit der Darstellung der Erscheinung Samuels nach AntBibl besitzen die Darstellungen der Apparitio Zachariae und die Revelatio Stephani[10] mit der Gemeinsamkeit, daß jeweils priesterliche Figuren oder als priesterlich dargestellte bedeutende Personen erscheinen. Der Himmel wird als himmlisches Heiligtum gedacht, sie entsprechend als Priester. In Hen(äth) 106 wird der entrückte Henoch „an den Grenzen der Erde" um eine Offenbarung gebeten[11]. Hier wie in AntBibl liegt der Fall einer Nekromantie vor.

Für Hen(äth) 106,8ff gilt:
a) Der Tote/Erhöhte ist gleichzeitig der Vater (beachte: Henoch ist entrückt/ins Paradies erhöht)
b) seine Auskunft ist Offenbarung

---

[8] Vgl. die Erscheinung Samuels nach Lib Ant 64: „Du befragst mich über Götter. Siehe nämlich, sein Aussehen ist nicht das eines Menschen. Er ist nämlich mit einem weißen Gewand und einem darübergelegten Mantel bekleidet, und zwei Engel begleiten ihn... daß ich dir künden soll, daß du schon zum zweitenmal in nachlässiger Weise gegen Gott gesündigt hast..." (die Hexe von Endor zu Saul).

[9] Philo, Abr 113 (über Sara und ihr Lachen angesichts der Verheißung durch die drei Männer) „Sie bekam eine andere Vorstellung von den erschienenen Fremdlingen, eine würdigere, die von Propheten oder Engeln, die aus geistigem und seelenartigem Sein sich verwandelt hätten in menschenähnliche Gestalt".

[10] Vgl. K.Berger, Die Auferstehung des Propheten und die Erhöhung des Menschensohnes, Göttingen 1976, S.573f.

[11] „Und als Methusala die Rede seines Sohnes (sc. Lamech, der hatte gerade einen wunderbar strahlenden Sohn bekommen: Noah, und es entstand die Frage, ob er von den Engeln abstammt) hörte, kam er zu mir an die Enden der Erde, denn er hatte gehört, daß ich dort wäre. Und er schrie, und ich hörte seine Stimme, kam zu ihm und sprach zu ihm: Siehe, da bin ich, mein Sohn, warum bist du zu mir gekommen? Und er antwortete mir und sprach: Wegen einer großen Sorge bin ich zu dir gekommen... denn meinem Sohn Lamech ist ein Sohn geboren worden... und siehe, ich bin zu dir gekommen, daß du mir die Wahrheit verkündest. Und ich, Henoch, antwortete und sprach zu ihm: Der Herr wird neue Dinge auf Erden schaffen, und dies habe ich bereits in der Vision geschaut und es dir verkündet...und auf Erden wird großes Strafgericht sein...verkündige deinem Sohn Lamech... Und als Methusala die Rede seines Vaters Henoch hörte – denn er hatte ihm im Verborgenen alle Dinge gezeigt – , kehrte er zurück und zeigte sie ihm..."(Hen [äth] 106,8ff).

c) sie geschieht an seine Söhne/die Nachfolger in der Autorität.
d) die eigenartige Lokalisierung „Enden der Erde" gibt einen transrealen Ort an. Eine sachlich entsprechende Alternative wäre es, von Vision zu sprechen.

Fazit: Das zeitgenössische Judentum kennt auch sonst das Erscheinen Toter. Schon im Alten Testament wird nirgends bestritten, daß Tote aus ihrem „Bereich" heraustreten können. Dieses geschieht in der Regel zu Offenbarungszwecken. In diesem Punkt besteht dann der Konflikt mit der Jahwereligion. Die moderne okkultistische Subkultur hat diesen Bereich wiederentdeckt und damit eine ganze „Welt". Deren Realität wird von der Bibel gerade nicht bestritten, sondern vorausgesetzt. „Okkultistisch" ist eine bestimmte Weise, mit diesen Phänomenen zu verfahren. Auferstehungsvisionen sind daher nicht „okkulte Phänomene". Vielmehr ist zunächst ganz unbefangen nach dem Verstehenshorizont solcher biblischer Erfahrungen zu fragen.

Von vornherein sind rationalistische Erklärungsversuche abzuweisen. Sie wären das Gegenteil sorgfältiger Rekonstruktion und vielmehr einfach Übertragung vorhandener einfacher Modelle aus dem gleichen Bereich auf das antike Phänomen (so aber H.E.G.Paulus[12]).

2.2 Präsenzerfahrungen

Wurden Präsenz oder Nicht-Präsenz Toter in der Antike genauso aufgefaßt wie heute? Wurde der Tod in jedem Falle als Verabsentierung aufgefaßt? Dazu folgende Hinweise:

a) Grundsätzlich ist wohl sozialpsychologisch zu rekonstruieren: Wie wird der Tod eines der Mitglieder in einer modernen Kleinfamilie erfahren und wie in einer antiken und mittelalterlichen Großfamilie? Erst in unserem Jahrhundert ist der Übergang zur Kleinfamilie das einschneidenste sozialpsychologische Erlebnis der Menschen. Was bedeutet dieser Wandel für die Erfahrung des Todes?

b) Für andere Wahrnehmungsweisen wird der Tod eher als Übergang in eine andere Seinsgestalt verstanden, aber nicht als Verschwinden[13].

In den Ostervisionsberichten kommt die Präsenzerfahrung am stärksten in Mt 28,20 zum Ausdruck: Gerade als Erscheinender wird der Herr

---

[12] Vgl. dazu: Ch.Burchard, H.E.G.Paulus in Heidelberg 1811-1851, in: Semper Apertus II, Berlin, Heidelberg 1986, 222-297.
[13] Vgl. die Schilderung kindlicher [mythischer] Erlebensweise in W.Wordsworths Gedicht „We are seven": Der Dichter trifft sechs Kinder, die in der Nähe eines Friedhofs spielen. Sie behaupten konstant, sieben Geschwister zu sein. Das auf dem Friedhof bestattete siebente Geschwisterchen wird als gegenwärtig erfahren; es ist lediglich ein besonderes Kind unter den anderen.

„mit" den Jüngern sein, und im Unterschied zum üblichen Ablauf von Erscheinungen fehlt die Notiz über das Weggehen[14]. Auch das „mit" in Mk 16,20 weist auf dynamische Präsenz des Herrn.
Auch die Emmausgeschichte (Lk 24,13-32) bringt wohl eher eine typische Erfahrung wandernder Missionare zum Ausdruck: Der Herr hat die zu zweit (vgl. Mk 6,7) wandernden Missionare nicht verlassen, sondern kann ihnen begegnen, zum Beispiel in der Gestalt eines geheimnisvollen Fremden. Seine Belehrung über die „Schrift" legitimiert das Schriftverständnis der nachösterlichen Gemeinde[15].

2.3 Kontinuitätserfahrung

Die Präsenz verbindet sich in bestimmter Weise auch mit dem Nachfolger (Urbild ist wohl Vater/Sohn-Relation).
In den neutest. Visionsberichten lebt gerade dieses Element fort: Diejenigen, denen der Herr erscheint, sind seine „Nachfolger", so besonders Petrus (1 Kor 15,5.7f; Joh 21; Lk 24,34 etc.)[16].
Der Ursprung dieser Art Präsenz „Toter" ist meines Erachtens zu suchen in der sozialpsychologischen Erfahrungswelt der Großfamilie. So erklärt sich u.a. auch eine hohe Konvergenz von Vision und Tradition im Judentum: Das Jubiläenbuch z.B. denkt sich die Kontinuität der Überlieferung als Tradierungsprozeß jeweils vom (Vater auf den Sohn, hauptsächlich aber vom) Großvater auf die Enkel.
Die Weitergabe der Tradition an den Sohn/Enkel („Testament") kann dabei so gestaltet werden, daß der Sohn neben dem Vater/Großvater schläft und das zu Tradierende per Traumvision erfährt: „Durch den Schlaf beim Großvater soll somit angedeutet werden, daß der Schüler mit der Übergabe der Tradition zugleich an den Visionen der Väter teil hat ... Im Schlaf haben die Väter und damit die bisherigen Traditionsträger selber die Segensverheißung empfangen"[17].

---

[14] Die formgeschichtlichen Parallelen belegen die Deutung des Mit-Seins im Sinne charismatischer Wirkmächtigkeit des als begleitend vorgestellten Herrn, vgl. K.Berger, Die Auferstehung des Propheten und die Erhöhung des Menschensohnes, Göttingen 1976, S.505f (Anm.235). 510 (Anm.244).434f (Anm.29). 513 (Anm.257). 532 (Anm.299).
[15] Vgl. a.a.O., S.183f
[16] Religionsgeschichtliches Material dazu findert sich in meinem Aufsatz: Der traditionsgeschichtliche Ursprung der „traditio legis", in: Vig Chr 27 (1973) 104-122, besonders 114ff. und in: Einführung in die Formgeschichte (UTB 1444), Tübingen 1987, S.95-102 („Joh 21, das sog. Nachtragskapitel des JohEv"), bes. 99-101.
[17] E.Rau, Eschatologie, Kosmologie und die Lehrautorität Henochs, Hamburg 1974, S.476.

Auch bei Paulus ist offenbar zwischen Übernahme der Tradition und Vision kein Unterschied; vgl. besonders 1 Kor 15,3 („was ich auch übernommen habe"; „übernehmen" ist dabei rabbinischer terminus technicus der Tradierung) und Gal 1,12 (das Übernehmen durch Apokalypsis). Ein Gegensatz zwischen Tradieren und Vision wäre daher konstruiert. Verschiedene der hier gemeinten Erfahrungen konvergieren in dem oben bereits zitierten Hen(äth) 106,8ff (Rede Henochs).

2.4 Auferstehungsvisionen und historische Psychologie
Die Ostervisionen lassen sich rekonstruieren
a) als Präsenzerfahrungen
b) als Kontinuitätserfahrungen („Mit-Sein" und Traditionskontinuität)
c) als Legitimation der nachfolgenden Autoritäten
d) als Offenbarungserfahrungen (qualifizierte Rede des Erhöhten)
Es erscheint als legitim, die Frage der Erscheinungen des Auferstandenen mit dem oben genannten Material zu verbinden. Denn die Auferstehungsbotschaft selbst wird nur den Frauen am Grab mitgeteilt. Die Erscheinungen vor den Jüngern haben andere Funktionen; in ihnen geht es viel eher um das In-Erscheinung-Treten des lebendigen Herrn (aus dem unsichtbaren Bereich Gottes) zum Zwecke lebendiger Kontaktnahme (Beauftragung, Schrifterklärung usw.).
So wird die spezielle Frage nach den Ostervisionen greifbar einerseits in ihrer ekklesiologischen Dimension (Kontinuität usw.), andererseits gilt das über die Funktion von Visionen allgemein Ermittelte auch hier: Die Vision ist „evidente Zusammenfassung" dessen, was Jesus „ist". Auch Jesu Erhöhtsein bei Gott ist Erfahrung dessen, was Jesus im ganzen „ist". Und gerade deshalb, weil der Erscheinende „er selbst in voller Aktualität und Dynamik" ist, kann der Zeuge einer solchen Vision ein „Amt" in der Nachfolge innehaben. In der Vision erfährt er den Herrn gewissermaßen in geballter Mächtigkeit.
Bei den Präsenzerfahrungen geht es nicht, wie wir uns das oft vorstellen, um ein Jenseits, sondern um Heraustreten aus der Unsichtbarkeit. Der erscheinende Herr ist nicht fern, sondern bei uns und mit uns, nur unsichtbar. Die Erscheinungsberichte des Neuen Testaments sind eine kritische Anfrage an unsere Erfahrung, nur das Sichtbare gelten zu lassen. Hier aber ist das Unsichtbare das Wirklichere. Und das gilt analog auch heute beim Umgang mit Menschen.
Und bei der Verknüpfung von Kontinuität mit Vision (durch den Nachfolger) gilt offenbar: Die Vision schafft qualifizierten Kontakt mit dem, dessen „Nachfolger" einer ist. In diesem Sinne ist die Vision zur Legitimität unabdingbar. Es geht um die religiöse Rangpriorität dessen, der so leibhaftig in Kontakt mit dem Herrn stand (vgl. auch 1 Joh 1,1-4).

Fazit: Zwar erscheint der Auferstandene nicht aus der Sheol, sondern „vom Himmel" her, nicht als „der Tote", sondern voll göttlichen Lebens (Entrückung Henochs als Bindeglied), aber diese Visionen potenzieren Elemente, die anderen postmortalen Präsenzerscheinungen funktional verwandt sind.

3 Wahrheit und Trugbild

Anhand der Wortgeschichte von gr. „phantasma"/„phantasia" („Erscheinung") läßt sich überdies folgendes zeigen: Das Wort bezeichnet durchweg eine negativ gewertete Erscheinung. Dabei wird aber nicht unterschieden (wie wir es tun würden), ob es sich um eine nur eingebildete halluzinatorische Wahrnehmung handelt (Sap Sal 17,15), die krankhaften Ursprungs ist – wo also in Wirklichkeit gar nichts zu sehen ist – oder um eine objektiv vorhandene diabolische Täuschung (z.B. Mk 6,49; man kann etwas sehen, aber es ahmt Wirklichkiet nur nach, es hat keine Substanz und stammt daher vom Satan; vgl. dazu bes. K. Berger, die Auferstehung des Propheten, 1976, S. 454ff Anm. 92–98). Auch die antike (epikureische) Psychologie diskutiert hier mit (Philodemus, vgl. v. Arnim, SVF IV 152). Für historische Psychologie bedeutet das:

a) Zwischen „objektiver" und „subjektiver" Erscheinung wird nicht unterschieden. Das heißt: Es findet sich nicht ein Hauch Reflexion darüber, ob etwas aus der Tiefe der (kranken) Seele oder aus der satanischen Transzendenz kommt. Beides wird mit demselben Begriff bezeichnet (anders: Artemidor, Oneir 1,1). Diese Nicht-Unterscheidbarkeit von Transzendenz und Seele ist überaus bemerkenswert.

b) Entscheidend ist vielmehr allein, daß ein „phantasma" nicht von Gott kommt, Lug und Trug ist, keine Wirklichkeit, auf die man bauen (und die man glauben) kann. Dabei herrscht die Auffassung, daß alle nur nachgeahmte Wirklichkeit (eben gerade der Teufel ist derjenige, der nur trügerische Nachahmungen zustande bringt) von nichtiger Qualität ist. Nachahmungen gaukeln den Menschen etwas vor und lassen sie dann „auf die Nase fallen". – Wenn dagegen die Erscheinung von Gott kommt, ist sie nicht Nachahmung, sondern geradezu die eigentliche Wirklichkeit. Auf lange Strecken aber sind beide nicht zu unterscheiden. Es wird erkennbar, daß wir uns damit hier in einem Areal befinden, in dem der Kampf um die Legitimität von (rivalisierenden) Offenbarungsansprüchen ausgetragen wird. Die wirklichen Unterscheidungskriterien sind dann am Ende sehr handfester Art (moralischer Lebenswandel des Offenbarungsempfängers und Dreizahl der Erscheinungen). – Psychische bzw. Transzendenz-Erfahrung wird daher in diesem Bereich als eine strikt dualistische greifbar.

7.3 Mythische Ereignisse

Die mythischen Aussagen des Neuen Testaments haben eine mehr weltanschauliche Seite und eine eher psychologische. Die letztere ist hier zu diskutieren. Die Mythosdiskussion hat sich bislang vornehmlich mit der ersteren beschäftigt. Freilich ging es der existenzialen Interpretation der mythischen Aussagen wenigstens dem Ansinnen nach um deren Existenzbezug; dieser kam jedoch nur eher in formaler und sehr abstrakter Hinsicht zur Sprache.
Als Beispieltexte dienen im folgenden der Seewandel Jesu nach Joh 6 und Apk 12.

1 Nähe und Distanz

Die Besonderheit fast aller mythischer Aussagen des Neuen Testaments besteht darin, daß sie mit der historischen Person Jesu von Nazareth verknüpft sind; in Apk 12 ist die Verknüpfung des Drachensturzes durch Michael mit der Geschichte Jesu allerdings bezeichnenderweise nur indirekt. Diese Verknüpfung des Historischen mit dem Mythischen wirft eine Reihe wichtiger hermeneutischer Fragen auf, weist aber vor allem auch auf die Frage der Erfahrung des Mythischen selbst.
Ein erster wichtiger Aspekt ist der von Nähe und Distanz. Er ergibt sich eben daraus, daß Jesus ein Mensch wie wir ist und daß gleichwohl Gott in ihm begegnet. Daher ist die Frage des Heils, das dieser Gott zu schenken hat, direkt verknüpft mit Nähe oder Distanz zu Jesus. In der Erzählung vom Wandeln auf dem Meer wird das dramatisch gestaltet: Nach Joh 6,19 ist Jesus „nahe", nach V.20 dagegen „fürchteten sie sich", nach V.21 „wollen sie ihn aufnehmen", während nach V.21b dieser Versuch gerade offen ausgeht. Ähnlich sind die Motive auch in der Markus-Parallele (6,48: er wollte vorübergehen; 6,51: Jesus ist mit den Jüngern im Schiff und stillt sogar den Sturm).
Auf dem Meer wandeln kann nur Gott. Wenn der dicht bei den Jüngern ist, der Macht hat wie Gott, dann ist in ihm die Zuwendung Gottes ganz nahe gekommen. Ihre Realisierung findet diese Nähe in Jüngerschaft, Nachfolge und Nachahmung.
Nähe und Distanz ist in vergleichbarer Weise auch das Grundproblem der Aussagen über Gottes Reich. Wenn es nahegekommen oder vielleicht sogar schon da ist, liegt alles daran, nicht fern zu bleiben (vgl. Mk 12,34). Aus diesem Grund kann auch die pure körperliche Nähe Jesu heilen, sei es, indem er die zu Heilenden berührt, sei es, indem Jesus in einem Haus zu Gast ist. Diese „magischen" Anschauungen sind eine direkte Konse-

quenz dessen, daß die mythische Übermacht Gottes in einem irdischen Menschen begegnet[1]. Dann ist tatsächlich auch Berührung alles. Mythisches und Magisches hängen hier auf einzigartige Weise zusammen.

2 Mythisches und Alltägliches

Die mythischen Aussagen des Neuen Testaments betreffen Alltägliches wie Hunger (Speisungsgeschichten), Seesturm, Tod und Krankheit, aber auch Verfolgtwerden der Gemeinde (Apk 12).
In den mythischen Aussagen werden daher nicht die großen Menschheitsfragen behandelt, sondern die tiefgreifenden alltäglichen Nöte. Wohl aus diesem Grunde spielen in diesen Erzählungen Frauen eine überdurchschnittlich große Rolle.
Diese Fragen werden nun nicht in einem allgemeinen Weltmythos „gelöst", sondern anhand der konkreten Person Jesu Christi. – Am Beispiel des Seewandels läßt sich dieses verdeutlichen. Wenn Jesus über das Meer schreitet, dann geht es nicht um ein Kunststück auf dem Wasser dabei, sondern das Meer steht zugleich für den Abgrund der Unterwelt (Abyssus) und den Tod. Wenn Jesus das kann, dann ist in ihm alle Freiheit gegenüber Angst und Tod wie konzentriert; er ist die Freiheit vom Tod, ist die Auferstehung[2]. Gott, der allein über dem Wasser zu gehen vermag, ist nicht fern und hinter den Wolken, sondern in Jesus berührbar geworden, mitten im Alltag von galiläischen Fischern. Anders gesagt: Weil Heil und Gegenwart Gottes nicht „sachlich", etwa im Tempel, lokalisiert sind, sondern personal, in Jesus, deshalb ist auch Jüngerschaft als personale Bindung die angemessene Form der Teilhabe an diesem Heil.
Damit aber wird den Jüngern in der Nachfolge ein wenigstens tangentiales Verhältnis zur mythischen Wirklichkeit eröffnet. Der absoluten Freiheit begegnen sie wenigstens in einem Moment der Epiphanie[3] oder wenigstens dadurch, daß sie mit den ersten Jüngern durch die Menschenkette der Zeugen in Verbindung stehen.

---

[1] Auch die magisch-materiellen Aspekte der späteren Sakramentstheologien haben hier ihren Ursprung.
[2] Von daher läßt sich das hohe Alter der johanneischen „Ich bin (+Metapher)" – Prädikationen verstehen.
[3] Daß in Jesus als einem, der Mensch ist wie wir, gleichwohl mythische Macht begegnet, wird so Wirklichkeit, daß es sich immer nur um kurze Momente der Epiphanie handelt (Verklärung, Wunder etc.). Von daher ist auch die Perikopeneinteilung der Evangelien (die Tatsache also, daß es sich um keinen durchgehenden Erzählfluß handeln kann) durch die Sache vorgegeben.

3 Nicht genug zu preisen

Es ist schon häufiger bemerkt worden, daß gerade sehr hohe christologische Prädikationen im Neuen Testament oft sehr alt sind[4]. Das früher oft angenommene Entwicklungsschema von einer erst eher subordinatianischen zu einer Jesus immer stärker an die Seite Gottes stellenden Christologie ist daher für das Neue Testament selbst zu bestreiten.
Der Grund dafür scheint zu sein, daß mythische und im weitesten Sinne hymnische Aussagen zumindest teilweise konvergieren. Es ist aber Stilgesetz „hymnischer" Rede[5], den Besungenen nicht hoch genug preisen zu können. Das heißt: Die mythischen und hymnischen Aussagen des Neuen Testaments sind Antworten auf die Art, in der die Menschen in Jesus Gott begegnet sind. Sie sind Antwort aufgrund von Staunen und Begeisterung, von Verwunderung und Angerührtsein. Die Chorschlüsse der Wundererzählungen, die das Staunen zum Ausdruck bringen, sind daher in bestimmter Hinsicht, soweit unsere heutige Sichtweise reicht[6], „historisch" am wenigsten zu bestreiten.
Damit soll aufgrund formgeschichtlich begründeter Beobachtungen nahegelegt werden: Mythische Erzählungen werden nicht aus dem Kerygma als dessen Illustration abgeleitet, sondern sie entstehen, wenn man sich den Vorgang unbedingt verständlich machen will, in einer Art Spiralbildung, bei der Erwartung immer wieder Erfahrung mitgestaltet[7]. Mythische Aussagen im Neuen Testament sind immer wie aus Staunen und Akklamation entstanden und damit nie grundlos.

---

[4] Dazu gehört etwa die Kombination von Seewandel und Brotvermehrung (Synoptiker und Johannes) oder die Aussage über die Schöpfungsmittlerschaft in 1 Kor 8,6 und andere offenbar kompakt übernommene ähnliche christologische Aussagen des 1 Kor, die für frühe Zeit schon maximale christologische Aussagen voraussetzen.
[5] Es handelt sich daher auch um eine „formgeschichtliche" Frage, wenn man das Wort in dem von mir vorgeschlagenen Sinn verwendet. Modern ausgedrückt: Die Form des epideiktischen Enkomions besitzt ein inneres inhaltliches Gefälle in Richtung maximalistischer Aussagen.
[6] Man beachte diese Einschränkung; zur Historizität und Faktizität vgl. im übrigen oben unter § 7.1 .
[7] Der Anfang der ersten Spiralwindung läge demnach in frühjüdischen Erwartungen über Gottes Gesandte und über messianische Figuren. – Der Anfang der Spirale ist meines Erachtens also nicht erst mit Ostern gegeben, sondern besteht schon zuvor. Desungeachtet sind die Osterereignisse eine entscheidende, alles Weitere tragende Windung.

4 Erfahrungen, die den Mythos konstituieren

Durch die mythische Erfassung und Darstellung eines Ereigniszusammenhanges wird eher dessen Unfaßbarkeit als dessen Greifbarkeit zum Ausdruck gebracht. Der Vorwurf Bultmanns, der Mythos rede in weltlicher Sprache ungeziemlich von Gott, trifft daher nicht; vielmehr bieten die häufig surrealistischen mythischen Bilder (z. B. in Apk 12) eine Fülle von Leerstellen und Neuverwendbarkeiten. Die surrealistische Darstellungsweise fügt gerade nicht zu einem kompakten Bild zusammen. Sie ist Ausdruck dessen, daß jede nur mögliche Geschlossenheit der Abläufe der Welt durch die unerwartete Größe des Eingreifens Gottes zerbrochen ist. Die überwältigende Intensität des Heils kommt auch in der Vielzahl der „dramatis personae" zum Ausdruck; der Gläubige hat nicht allein Gott zum Gegenüber, sondern die ganze „familia dei" des himmlischen Hofstaates; diese steht gleichzeitig auch für die vertrauenswürdige „Masse" des Neuen.

Weil aber der neutestamentliche Mythos nicht zeitlos ist, sondern an einen konkreten Menschen gebunden, wird die Zeit Jesu zur mythischen Zeit. Zeit ist damit nicht ein stets gleichartiges Kontinuum, sondern es gibt die ausgezeichnete „Basiszeit", die wie ein Grundgesetz für alle weitere christliche Zeit wirkt. Während wir Zeit eher gleichartig erfahren, wird die Zeit Jesu dadurch zur Basiszeit, daß Zeit für neutestamentliche Wahrnehmung überhaupt durch die jeweils dominierende Macht bestimmt wird[8]. Damit ist zugleich die Möglichkeit für einen gewissen Spielraum der mythischen Zeiterfahrung der „Wiederholung" gegeben. Konkret geschieht das kultisch (Abendmahl; Nacherzählung von Jesusgeschichten) und ethisch (nachösterliche Nachfolge und Nachahmung).

5 Die mythische Struktur von Glauben und Gebet

Glaube hat eine mythische Struktur insofern, als er das konsequente Sich-Einlassen auf die machtvollere Wirklichkeit Gottes ist, gewissermaßen ihre psychische Realisierung (Beispiele: Röm 4,17-20; Mt 17,20). Man könnte sich das auch im Sinne einer imaginativen Kraft denken.

Das Gebet geht noch einen Schritt weiter: Das der Erhörung gewisse Wort bewirkt innerhalb der Beziehung (!) Mensch-Gott auf paradiesische Weise das, was es „sagt". Ähnlich wirken auch die Machtworte Jesu.

---

[8] Von daher auch der doppelte Synchronismus in Lk 2,1f; 3,1f.

Nun ist weder bei Glauben noch bei Machtworten dieser Art an eine bloß postulierte kontrafaktische ferne Welt gedacht. Die Wahrnehmung umfassenderer Wirklichkeit entsteht nicht durch Befehl, sondern bezieht sich auf eine nicht-anonyme umfassende Gemeinschaft: Daß der mächtigste potentielle Bundesgenosse zwar unsichtbar-verborgen ist, aber angesprochen werden kann und will. Die auch heute noch mögliche Erfahrung, daß Gebet am leichtesten (oft: fast nur noch) in Gemeinschaft möglich ist, könnte ein Rest dieser grundlegenden Erfahrung sein, daß der Beter grundsätzlich nicht allein ist. Mit diesem Gemeinschaftscharakter ist auch eine Ordnungserfahrung gegeben[9]. Wir-Gefühl wie Ordnungserfahrung sind psychisch wahrnehmbare Elemente aus einem „Bündnis" mit der unalltäglichen und das heißt: mythischen Machtkonzentration auf Seiten Gottes.

6 „Verrückte" Taten als Antwort

Die mythischen Ereignisse rufen nicht nur verbale Äußerungen bei Menschen hervor, sondern auch solche der Tat. Diese Taten fallen regelmäßig aus dem Rahmen des Üblichen und sind durch nichts oder nur mühsam zu rechtfertigen oder gerechtfertigt worden.
War schon das Geldopfer der armen Witwe nach Mk 12,41-44 nach menschlichem Ermessen unverhältnismäßig und unvernünftig[10], so ist das verschwenderische Tun der Frau, die Jesus salbt (Mk 14,3-9) dieses erst recht. Zweifellos hatten auch schon die Evangelisten mit dieser anstößigen Erzählung zu kämpfen: Lukas bringt die Erzählung außerhalb der Passionstradition (7,36-50) und gestaltet sie durch 7,50 wie eine Heilungsgeschichte; Markus hilft sich, indem er die Tat als antizipierte Totensalbung deutet und damit als Liebeswerk zu einem Casus dem Almosengeben vorordnen darf. Johannes betont besonders den Gegensatz zu Judas. Doch der Kern der Überlieferung ist eine „Wahnsinnstat", die sowohl sexuell (Lk 7,36-51) als auch bezüglich der sonst üblichen Almosenforderungen

---

[9] Hier ist nur darauf hinzuweisen, in wie hohem Maße die Sabbatliturgie von Qumran und dann die Traktate der Hekalot-Literatur Ordnungserfahrung vermitteln. Und die ApkJoh, die unter allen Apokalypsen an stärksten gottesdienstlich orientierte (vgl. die sog. „Hymnen" im himmlischen Bereich), ist zugleich auch die am intensivsten gegliederte.
[10] Nach Jesu Urteil gab sie „ihr ganzes Leben"- das Wortspiel mit gr. bios („Leben" wie „Lebensunterhalt") ist sicher nicht zufällig. Das ist, wie wenn heute eine Witwe ihre ganze Rente in die Kollekte gäbe.

(Mk 14,3-9 nach Mk 10,19) überaus anstößig war[11]. Denn im Kern geht es darum, daß angesichts Jesu Menschen außer sich geraten, jede Verhältnismäßigkeit vergessen und Jesus „alles" geben. Das ist analog dazu, daß auch die Blutflüssige nach Mk 5 nunmehr alle Hoffnung auf Jesus setzt. Hier wie dort ist das mit Berührung verbunden.
Dieses „alles daransetzen" (um Jesus zu berühren) stört und durchbricht jedes vernünftige Alltagsverhalten. Bei Frauen geht es dabei um leibliche Berührung[12], bei den Jüngern um Nachfolge. Wenn Lukas dieses „Liebe" (Lk 7,47) nennt, geht er nicht fehl[13]. Und aus diesem Grunde gehört die salbende Frau ins Evangelium (Mk 14,9)[14]: Sie ist so angerührt, daß sie verrückt reagiert und Jesus alles schenken will.
Von diesen Beobachtungen her ist es wohl kein Zufall, daß auch die Gleichniserzählungen Jesu durch das Element der Extravaganz gekennzeichnet sind; auch dort ist Extravaganz ein „auffälliges" Verhalten, das einen sicheren Hinweis auf die Pointe gibt: Nur ein verrückter Vater läuft dem verlorenen Sohn auch noch entgegen (Lk 15,20).
Fazit: Die Reaktion auf die mythische Präsenz Gottes in der Person Jesu zeigt sich nicht nur im Staunen oder Schrecken nach epiphanen Ereignissen, sondern auch im irregulären Verhalten von Menschen, das wir nur als die Überschwenglichkeit wirklicher Liebe deuten können. Jedenfalls ist uns solches nur von der Kategorie „Liebe" her vertraut.

---

[11] Der bei Mk angegebene Wert von 300 Denaren entspricht dem Jahreslohn eines damaligen Arbeiters.
[12] Die Verbindung der Maria Magdalena mit der Passions- und Ostertradition gehört in diese Linie: Sie steht zum leiblichen Geschick Jesu in besonderer Beziehung. Die männlichen Jünger haben dabei schon vom Typ ihrer Beziehung zu Jesus her nichts zu suchen.
[13] Vgl. zu dieser neutest. Konzeption von Liebe meine Meditation in: K.Berger, Wie ein Vogel ist das Wort, Stuttgart 1987, S.211f.
[14] Gegen D.Lührmann, Das Markusevangelium (HNT3), Tübingen 1987, 233 („...daß auch das, was nun in der Passion Jesu geschieht, Teil des Evangeliums als der Nähe des Reiches Gottes im Wort Jesu ist"). Da müßte man doch fragen, warum es gerade diese Tat ist, die das hergeben soll. Lührmanns Deutung bewegt sich m.E. zu sehr auf der Ebene theologischer Abstraktion.

7.4 Himmelsreisen

1 Das psychologische Problem

Sind die zahlreichen überlieferten Himmelsreisen[1] zu Gottes Thron oder den Orten, an denen die Gerechten belohnt werden, sowie in die Unterwelt zu den Orten der Strafe nicht Widerspiegelung des unbewußten Inneren? Nimmt man auch die seit Baudelaire üblich gewordene Erschließung des Inneren durch Drogen hinzu, so ergeben sich zu den Himmels- und Unterweltsreisen folgende Übereinstimmungen:
a) Es handelt sich um die Erfahrung einer Wanderung durch Räume.
b) Das Erlebte ist von dualistischer Qualität (Seligkeit oder Verdammnis).
c) Sehr wichtig sind Wahrnehmungen von leuchtenden Farben und von Glanz.
d) Wahrnehmungen dieser Art sind durch bestimmte Techniken auf jeden Fall vorzubereiten (Askese, besonders Fasten).
e) Die Wahrnehmung ist oft, aber nicht immer klimaktisch aufgebaut, d.h. sie läuft in Stufen auf einen Höhepunkt zu.
f) Es handelt sich um Erfahrungen von Individuen. Gemeinschaftliche Wahrnehmungen dieser Art kennt die Antike nicht.

Das methodische Problem besteht darin, wie diese Analogien angesichts großer Differenzen zu behandeln sind. Im folgenden gehen wir versuchsweise davon aus, daß es sich um etwas Ähnliches handle:

2 Das Problem von Außenraum und Innenraum

Nimmt die Antike hier als Außenraum wahr, was wir (nur noch) als Innenraum erleben? Dazu folgende Beobachtungen:
a) Was bei uns als Tiefe der Seele erscheint, ist in der antiken und mittelalterlichen Wahrnehmung eine Vielzahl verschiedener Instanzen und Räume, auch Personen, die in den Räumen begegnen (Diversifikation statt Tiefe).
b) Die Verschiedenheit hat möglicherweise auch Entsprechungen in der allgemeinen Mobilität der Menschen. Bestehen da Zusammenhänge, und zwar im Sinne jeweiliger Kontrastpaare? – Nämlich so, daß der Unbeweglichkeit nach außen eine Beweglichkeit der Seele entspricht

---

[1] Vgl. die noch immer unersetzliche Materialsammlung von W.Bousset, Die Himmelsreise der Seele (Libelli 71), Darmstadt 1961 (= ARW 4 [1901] 136-169.229-273).

und umgekehrt? Kann man in diesem Sinne sagen, daß für unser Zeitalter gesteigerter Mobilität die Seele eher als stagnierender, ortsfester Innenraum gedacht wird, während für die Antike die Seele in Himmel und Unterwelt reist? Ist zum Beispiel die monastische *stabilitas loci* auch als mystisches Programm gedacht?

Eine besondere Beziehung zwischen Ortswechsel und pneumatischer Erfahrung kennt auch das frühe Christentum (im Anschluß an prophetische Traditionen): Der Geist trägt die Wandercharismatiker von Ort zu Ort[2]. Der Geist beseitigt nach dieser Erfahrung die Begrenzung durch langsames Sich-Fortbewegen zu Fuß – ein Vorgeschmack dafür, wie der Geist auch als Garant für die Aufhebung der Todesgrenze erfahren wird. Denn der Geist ist die Macht, die Grenzen überhaupt aufheben kann, auch die der Beschneidung und die sozialen Grenzen.

Eine Ortsbeziehung haben auch ausgetriebene Geister: Sie sind auf Wanderung (in öden Gegenden; die noch heute lebendigen Wüstengeister kommen daher), um Wohnung zu suchen, eventuell zur Rückkehr bereit. Sie sind die potentiell Unbehausten.

c) Jedenfalls kann für die Antike die Seele ohne Schwierigkeiten den Körper für eine Zeit verlassen; so lautet die zweite der von Paulus in 2 Kor 12,2 erwogenen Möglichkeiten. Nach Paralipomena Jeremiae 9,7-13 und Ascensio Jesaiae G 2,1-3 verläßt jeweils die Seele den daliegenden Propheten für drei Tage und begibt sich auf Himmelsreise, während der Prophet wie tot daliegt.

Das aber ist exakt die Kehrseite zur oben genannten Inspirationsauffassung und dazu komplementär: Weil die Schwelle der Seele niedrig ist, kann leicht eine andere Seele hinein, aber auch die eigene Seele kann mühelos einmal hinaus. Vielleicht hat in dieser Bewegung auch der Tod (verstanden im Sinne des Entschlafens) seinen Ort als Rückzug der Seele in die Physis des Toten (ein weiterer Aspekt ihrer Wanderungsfähigkeit).

d) Die unter a) bis c) genannten Aspekte lassen erkennen, daß es zwischen Geist/Seele und Haus (als dem zukommenden Raum) eine spannungsvolle Beziehung gibt. Denn einerseits kann die Seele/ein Geist den Körper leicht verlassen und auch wieder betreten, andererseits ist die Seele/der Geist bestrebt, einen endgültigen Ruheort (in griechischen Texten *katapausis*) zu finden, ein Moment, das bis heute abendländisches Empfinden bestimmt (vom augustinischen „unruhigen Herzen", das endlich „in Gott" ruhen will, maßgeblich beeinflußt). In dem Maße, in dem Seele nicht mehr wandern kann, sondern stabil „mein

---

[2] Vgl. dazu meinen Art. Geist, in: TRE 12,179f.

Inneres" bleibt, schwindet natürlich auch das Bedürfnis nach einem endgültigen Ruheort. Man sehnt sich höchstens poetisch nach „Flügeln", aber nicht mehr nach einem festen Ort.

3 Ungeläufige Erfahrungen bei Himmelsreisen

Den oben dargestellten Affinitäten zwischen Himmels- und Unterweltsreisen einerseits und modernen Wahrnehmungen der Seelentiefe andererseits stehen ebenso große Verschiedenheiten gegenüber:

a) Die antiken Erfahrungen bestehen im wesentlichen aus Reproduktionen von jeweils traditionellem Material. Das betrifft den Aufbau der Reise, die Ausstattung der einzelnen Stationen wie auch die Personen, die dabei begegnen. Davon kann bei modernen verwandten Erfahrungen keine Rede sein. In der ApkJoh kommen die zahlreichen Anspielungen an LXX hinzu.

b) Die Darstellungen der antiken Erfahrungen sind durchaus rational. Die einzelnen Phasen (in 2 Kor 12: „Himmel") werden genau unterschieden. Denn es handelt sich um Ordnungserfahrungen: Der rationalen Abgrenzung der Phasen entspricht die gegliederte Komposition des literarischen Gesamtwerkes. Keine andere Schrift des Neuen Testaments ist so streng und rational gegliedert wie die ApkJoh. Deren Verfasser ist ein auf die literarische Architektonik des Ganzen bedachter Schriftsteller.

c) Für die Antike handelt es sich um Begegnungen mit Personen, die Räume, die durchwandert werden, sind bevölkert. Die personale Konzeption des Ganzen beginnt beim *angelus interpres* bzw. bei den Engeln, die den Zeugen abholen, und sie endet beim Thron Gottes. Zwischendurch begegnen Gerechte oder Engelwesen. In den modernen vergleichbaren Texten sind begegnende Personen die Ausnahme.

d) Die Grunddifferenz ist, daß für den modernen Blickwinkel die Seele eine Art verzweigtes unterirdisches Verlies (im Menschen) ist, während umgekehrt für die Antike das Selbst den Leib verläßt (s.o.). Es ist lediglich unsere moderne Interpretation, die davon ausgeht, es handle sich um Elemente der „Seele" oder des Unbewußten. Mit dieser Privatisierung und Verinnerlichung ist eine einschneidende Deutung vollzogen, die sich auch auf die Inhalte selbst auswirkt: Während heute diese Erfahrung oft als „amorph" erscheint, dominieren für antikes Wahrnehmen Gestalten und damit eine bestimmte Ordnungserfahrung. Das gilt auch dann, wenn bereits antike Nekyia-Darstellungen eine Neigung zum Psychologisieren zeigen (vgl. J. M. Reese: Hellenistic Influence on the Book of Wisdom and its Consequences, Rom 1970, 101f.)

e) Dabei bemerken wir, daß für die antike Erfahrung offensichtlich überhaupt kein Gegensatz besteht zwischen literarischer Schreibtischproduktion und wirklicher („echter") visionärer Schau. Das am Schreibtisch entstehende literarische Werk kann sehr wohl gleichzeitig visionärer Ekstase entstammen (vgl. dazu unter 5.).

Nun muß die Eigenart der antiken Wahrnehmung zweifellos auch im Sinne einer kritischen Anfrage an die moderne Art zu erleben begriffen werden: Denn für die antike Erfahrung wird eben auch dieser Raum der Wahrnehmung einbezogen in die Frage nach Gott. Diese bzw. die religiöse Grunderfahrung ist so stark, daß der ganze hier diskutierte Erlebensraum davon bestimmt und wie durchtränkt ist; denn wahrgenommene und in gewissem Sinne vom Betrachter „geteilte" Seligkeit oder Unseligkeit werden mit Moral verknüpft (als Lohn und Strafe), und die Personenerfahrung kann nur religiös orientiert sein. Zum anderen aber wird, wie etwa in der ApkJoh, die Thronvision durchaus mit der Dimension der Geschichte verknüpft. Die Thronvision ist nicht „abgehoben" und spielt nicht jenseits von Geschichte und Politik, sondern ist das Forum, vor das geschichtliche Ereignisse gebracht werden, in dem sie kommentiert werden und aus dem die Opposition in der Geschichte ihre Kraft zum Widerstand bezieht. Dieser Weltbezug geht den modernen Tiefenerfahrungen ab.

4 Versuch einer psychologischen Erfassung

Eine Entscheidung darüber, ob der hier verhandelte Wirklichkeitsbereich „innerhalb" oder „außerhalb" des Menschen „existiert", und zwar zugunsten einer dieser Möglichkeiten, wäre im Ansatz verfehlt. Denn das hieße, sich außerhalb der je differenten historischen Bedingungen zu stellen, die die eine und auch die andere der beiden Möglichkeiten hervorgebracht hat und von der sie beide radikal abhängig sind. Es hieße auch, den einen Standpunkt als „wirklichkeitsgetreuer" denn den anderen einzustufen – und dazu kann wohl nur ein metahistorisches Subjekt in der Lage sein. So geht es auch überhaupt nicht an, die Transzendenzerfahrung der antiken Visionsberichte zu „reduzieren" auf moderne neuro-physiologische Zustände. Denn die Apokalypsen verstehen sich per definitionem als Enthüllungen von Wirklichkeit, wie sie ist. Darin aber stimmen sie mit den modernen Erfassungen der Tiefe des Menschen überein, so daß sich daraus unser Versuch der Erfassung bestimmt:

Nach dieser These handelt es sich bei den antiken wie bei den modernen Erfahrungen um eine *symbolische Totalität als Verarbeitung von Wirklichkeit*. Dazu:

a) Das Wichtigste ist, daß es sich um eine bestimmte „Verarbeitung" von Wirklichkeit handelt, keiner anderen Wirklichkeit als der einen, unteilbaren ganzen Wirklichkeit. Es geht nicht um eine zweite Wirklichkeit qua Gegenwelt, die als Transzendenz von einer „ersten" irgendwie vordergründigen Wirklichkeit geschieden wäre. Sondern es geht um eine produktive, besonders bedingte Sichtweise der ganzen Wirklichkeit.
Diese Einschätzung der hier diskutierten Erfahrungen bedeutet zunächst eine Infragestellung des herkömmlichen Transzendenz-Immanenz-Schemas. Dieses ist überhaupt erst ein spätes Produkt mittelalterlich-neuplatonischer Trennung von Natur und Übernatur. Die etwa von der ApkJoh vollzogene Trennung zwischen Himmel und Erde (im Sinne zweier Szenarien) bedeutet dabei etwas anderes als eine Trennung von Transzendenz und Immanenz (sonst könnten nicht Feuerbrand und Satan vom Himmel auf die Erde „fallen").
Indem wir die hier diskutierten Phänomene beschreiben als eine bestimmte Weise der Wahrnehmung von Wirklichkeit, entsprechen wir jedenfalls dem Selbstverständnis der Apokalyptiker, die Wirklichkeit enthüllen wollen, „wie sie in Wahrheit ist"[3].
b) Dabei bedeutet „symbolisch": Etwas wird als Bild wahrgenommen und darstellbar. Die Gesamtwirklichkeit ist eingegrenzt auf ein repräsentatives Bild. Damit ist das Geschaute nun alles andere als irreal, phantastisch oder irrational. Im Blick auf die ApkJoh kann man sagen: Die Gesamtheit der Geschichte bis zum Ende wird als Bild gegliederter Ordnung eben „ästhetisch" eingefangen. So sind etwa die Tiere in der ApkJoh symbolische Erfassung verschiedenster Phänomene der Wirklichkeit, die dem Verfasser so und nicht anders (also auch nicht etwa, indem bestimmte Tiere lediglich für bestimmte Eigenschaften stünden – dazu ist das alles viel zu „sinnlich") erscheinen.
c) „Totalität" bedeutet: Im Unterschied zu alltäglicher Partikularität (dem „kleinen Ausschnitt") besteht der Anspruch, das Ganze oder doch zumindest die Ebene der Entschlüsselung des Ganzen wahrzunehmen (von daher erklärt sich auch die Bedeutung des Buchbegriffs in Visionen. Denn Bücher können oder sollen Wirklichkeit entschlüsseln). Damit geht es hier auch um etwas anderes als bei den modernen Begriffen des Unbewußten oder Unterbewußten, denn hier besteht ja per definitionem kein Vollständigkeitsanspruch. Vielmehr erfüllen die Apokalypsen auf ihre Weise die alte Sehnsucht der Philosophen, die Ursachen und Zwecke zu erfassen. Genau dieses geschieht hier, und zwar nicht auf irrationale, sondern auf ästhetisch-dramatische Weise.

---

[3] Vgl.dazu die Beteuerungen in SophonApk(kopt) Steindorff S.170.

Himmel und Thron Gottes nebst dem ganzen Drama, das sich davor abspielt, stehen für das Szenarium der „Gesamtheit".

5 Die Echtheit der Visionen

Die alte Frage, ob es sich bei den hier erörterten Texten um akademische Fiktionen oder um wirkliche Erlebnisse handelt, ist wahrscheinlich eine Schein-Alternative. Natürlich kann es immer sein (und das Gegenteil ist nie zwingend erweisbar), daß ein Text dieser Art reines Schreibtischprodukt ist. Doch die Wahrscheinlichkeit spricht eher gegen solche reinen Künstlichkeits-Hypothesen, und zwar solange, wie keine literarische Kopie im engeren Sinne vorliegt. Dafür gibt es eine Reihe von Gründen:
a) Zwischen Vision und Tradierungsakt besteht weder im zeitgenössischen Judentum[4] noch im Neuen Testament ein sachlicher Gegensatz; es kann sich um zwei Aspekte derselben Sache handeln. Der bekannteste Fall ist die Art, auf die Paulus sein Evangelium empfangen hat, durch Vision (Gal 1,10ff) oder durch Übernehmen von Überliefertem (1 Kor 15,1ff).
b) Philo von Alexandrien bezeugt das Phänomen der religiös völlig ernstzunehmenden Schreibtisch-Ekstase. Beim Lesen und Studieren der Schrift erschließt sich für Philo (unter Beachtung der Regeln allegorischer Schriftauslegung) ein völlig neuer, ebenso aktueller wie genuin religiöser, ja soteriologischer Sinn der Schrift. Hier handelt es sich in gar keiner Weise um Irrationales, sondern um eine Art entzückter Rationalität, die auch dem modernen Philologen, oder besser gesagt und wohl eher zutreffend: dem auf Applikation bedachten Ausleger der Schrift nicht fremd ist. Es geht wohl darum, daß sich ein neuer Zusammenhang erschließt, zu dem alle Indizien stimmen. Ein Zusammenhang, der zugleich die Schrift in die Gegenwart hinein sprechen läßt.

---

[4] E.Rau, Kosmologie, Eschatologie und die Lehrautorität Henochs, Diss. Hamburg 1974, weist S.345-353 auf den Zusammenhang von „Visionen" und Einblick in die „himmlischen Tafeln". Vgl. zum Problem besonders die Ausführungen Raus S.497f, die sich mit unseren Beobachtungen decken. Mit Recht bezeichnet Rau die Hypothesen von K.Wegenast, Das Verständnis der Tradition bei Paulus und in den Deuteropaulinen (WMANT 8), Neukirchen 1962, als fragwürdig apologetisch. Der Zusammenhang von Vision und Tradierung zeigt sich im Judentum besonders an der Art, in der Henochüberlieferung weitergegeben wird. Denn parallel zu den Büchern schlafen die Traditionsempfänger bei ihren Traditionsgebern, so daß es der Herr den Seinen auf diesem Wege gibt.

Ohne daß man annehmen dürfte, es läge nun dasselbe bei den hier diskutierten Himmelsreisen etc. (z. B. in der ApkJoh) vor, so gibt doch vielleicht die Art ekstatischer Rationalität bei Philo einen Hinweis darauf, in welchem Sinne sich hier Mystik und angespannteste Rationalität miteinander verbunden haben. (In gewisser Analogie zu Philo ist auch die ApkJoh durch ein hohes Maß von „in sich stimmiger" Schriftgelehrtheit bezüglich zahlreicher Anspielungen auf die LXX gekennzeichnet).

c) Auch für Paulus muß man mit einer rationalen Art von Ekstatik rechnen, die nichts mit „chaotischen Ausbrüchen des Unbewußten" gemeinsam haben muß. Sein Verhältnis zur Rationalität und die sehr geringe Berücksichtigung menschlicher Emotionalität bei ihm weist auch für Paulus auf eine Verbindung von Rationalität und Ekstatikertum. Jedenfalls sei vor allzu schnellen Rückschlüssen aus modernen Vorstellungen von Ekstase gewarnt. Das betrifft auch das Zungenreden als Reden in der Spache der Engel.

7.5 Gewissen

Die historisch-psychologische Frage nach dem Gewissen erwies sich in zunehmendem Maße als bedeutungsvoll für die Erfahrung des menschlichen Selbst.
Für die exegetische und religionsgeschichtliche Seite ist auf neuere Vorarbeiten zu verweisen[1], die historisch-psychologische Dimension ist dabei kaum je bedacht worden. Angesichts dieser Fragestellung muß aber wohl sehr viel stärker als bisher zwischen der kultischen und der juridischen Gewissensmetaphorik unterschieden werden.

1 Kultische Metaphern

Solche Metaphorik liegt vor, wenn gesagt wird, das Gewissen sei befleckt, besudelt oder werde gereinigt. Hier wird dann älterer Sprachgebrauch fortgeführt, nach dem solches vom Herzen, vom Sinn oder vom (heiligen) Geist im Menschen gesagt worden war. Beschrieben werden so in erster Linie die Folgen eines sündigen oder entsündigenden Tuns. Es liegt wohl die Auffassung zugrunde, daß es im Menschen so etwas wie einen „heiligen Ort" gibt, der verunreinigt oder gereinigt werden kann.

---

[1] Vgl. zusammenfassend den Artikel von M. Wolter, Gewissen II, in: TRE XIII, 213-218.

Bemerkenswert ist, daß von einem solchermaßen beschriebenen Gewissen nie gesagt wird, ob oder wie es sich psychisch bemerkbar macht. Ein solches Gewissen ist oder wird einfach befleckt oder gereinigt. Man „merkt" aber nichts davon.
Hier scheint freilich etwas vorzuliegen, das kultischem Denken auch sonst zueigen ist und das nicht zur Annahme verleiten darf, in diesem Horizont werde unsensibel mit der menschlichen Seele und ihren Wahrnehmungen umgegangen. Konstitutiv ist aber, daß darüber nicht expressis verbis gesprochen wird. Vielmehr wird im gesamten kultisch-rituellen Bereich (inklusive der danach ausgerichteten Metaphorik, so in unserem Fall) das, was zu sagen ist, dinglich, dramatisch oder demonstrativ formuliert. Das gilt für Bedingungen wie für Folgen, und aus diesem Grunde gibt es in unserem Fall die Rede vom befleckten Gewissen und seiner Reinigung. Jede Rede über die Seelenregungen und Ängste dazwischen würde die kultische Metaphorik zerstören, die doch eben als Metaphorik sich schon auf dieses Feld bezieht. Dieser Bezug muß daher nicht verdoppelt werden. Kultische Darstellung wie Rede hat daher im Ganzen Spiegelcharakter für das Verhältnis Gott/Mensch.
Diese besondere Schweigsamkeit der dinglich-rituellen Denkweise in psychologicis gilt es zu beachten, wenn von der Befleckung und Reinigung des Gewissens die Rede ist.

2 Juridische Metaphern

Im Unterschied zu den kultischen Metaphern sprechen die juridischen in Verbindung mit dem Gewissen sehr viel häufiger von den Erfahrungen der Menschen; hier ist von Anklagen und Zeugesein, vom Streit vor Gericht, vom Überführen, von Richterspruch (Urteil) und Strafe die Rede. Schon das metaphernspendende Feld ist daher stark verbal ausgerichtet. So kommt der Sachverhalt anders in den Blick als bei der kultischen Metaphorik: War für die kultische Metaphorik objektivierend von Verunreinigung (Belastung) und Reinigung (Befreiung) die Rede, so geht es hier um Anklage und Verurteilung, und bei dieser stärker verbal orientierten Metaphorik werden nun auch die Ängste artikulierbar, so etwa bei Seneca[2] und bei Polybius[3]. So kann dank der anderen Metaphorik auch die

---

[2] Vgl. Seneca, Ep 97,16: „Viele befreit das Glück von Strafe, von Furcht (metus) niemanden. Warum, wenn nicht deswegen, weil uns eingepflanzt ist die Abscheu vor einem Verhalten, das die Natur verdammt hat? Deswegen gibt es niemals Verlaß darauf, verborgen zu bleiben, auch wenn sie verborgen sind, weil das Gewissen sie überführt (coarguit) und sie vor sich selbst enthüllt. Eigenart des Schuldigen aber ist es zu zittern (trepidare)".

Gewissensqual verbalisiert werden.
Zur rechten Einschätzung dieses Befundes ist es wichtig zu wissen, daß
a) das Gewissen für die Epoche des Neuen Testaments nie gute Taten zum Inhalt hat, also bestenfalls „gut" und „rein" ist.
b) das Gewissen nie zu einer bestimmten Tat auffordert, sondern nur geschehene Taten nachträglich beurteilt.

3 Psychologische Beurteilung

3.1 Differenzen in der Wahrnehmung
Wir Heutigen halten zwar an der Rede vom Gewissen weithin fest, doch ist der Glaube an seine Unabhängigkeit geschwunden, da man um die biographischen Bedingungen seiner Entstehung weiß und also die subjektive Seite stärker betont. Häufig ist bei uns vom Gewissen im Widerstand gegen staatliche Obrigkeit die Rede; gerade das aber fehlt der Antike; zur Zeit des Neuen Testaments rechnete man für solche Akte (Verhöre etc.) mit dem heiligen Geist oder der Gabe der Weisheit direkt von Jesus, also jedenfalls mit einem inspiratorischen Geschehen. Eben davon kann beim Gewissen nicht die Rede sein. Es wird auch nicht als „Stimme Gottes" gedacht.

3.2 Psychologischer Mikrokosmos und Makrokosmos
Für die Zeit des Neuen Testaments ist Gewissen in jedem Falle eine im Subjekt selbst besonders ausgezeichnete und diesem gegenüber unabhängige Instanz; denn entweder wird das Gewissen Objekt des Tuns (bei kultischer Metaphorik: es wird befleckt) oder der Täter wird Objekt des Gewissens (bei juridischer Metaphorik: er wird angeklagt etc.). Bei kultischer Metaphorik ist das Gewissen so etwas wie der Tempel in der antiken Polis: Er ist der heilige Ort, er wird befleckt durch das Unrecht der Bewohner der Stadt und muß entsühnt werden. Alles unmoralische Tun in der Stadt geschieht mit Wirkung gegen die Heiligkeit des Tempels; dieser muß daher (regelmäßig) entsühnt werden; er ist sozusagen der kultisch neuralgische Punkt der Stadt. – Und bei juridischer Metaphorik ist das Gewissen wie das richterliche Forum der Stadt: Alles ungesetzliche Geschehen wird hier zur Sprache gebracht und beurteilt.
Daher gilt: In beiden Ausprägungen der Metaphorik, in der kultischen wie in der judizialen ist die Funktion des Gewissens eine mikrokosmische

---

[3] Polybius 18,43 „Es gibt keinen furchtbareren Zeugen, keinen so schrecklichen Ankläger wie das Gewissen, das in der Brust eines jeden wohnt".

Entsprechung zum sozialen Makrokosmos der antiken Polis. Das aber bedeutet: Was wir als unruhiges Gewissen oder „Gewissensbisse" zu bezeichnen pflegen, ist für die Menschen im Umkreis des Neuen Testaments in Abhängigkeit von damals geläufiger Metaphorik anders vorgestellt und erfahren, nämlich so, daß für das Individuum und seine Selbstauffassung soziale Mechanismen der größeren Gesellschaft nachgebildet werden. Insofern ist die Selbstauffassung ganz von der sozialen Erfahrung geprägt. Es „funktioniert" dabei dann konsequent auch in Analogie zu ihr.

Das hier zunächst phänomenologisch Behauptete läßt sich wohl für die kultische Metaphorik auch wirklich beweisen, und zwar durch die in Hebr 9,14 und 9,(21-)23 direkt parallel zur Reinigung des himmlischen Heiligtums gesetzte Reinigung des Gewissens. Beides geschieht nämlich durch Jesu hohepriesterliches Tun; der Zusammenhang zwischen beidem schien bisher eher assoziativ, nicht aber kausal zu sein. Unsere phänomenologische Analyse führt zu der Einsicht, daß auch hier das Verhältnis von Mikrokosmos und Makrokosmos bestimmend ist: Himmel und Gewissen stehen deshalb in direkter Entsprechung zueinander. Die Deutung der Erfahrungen des Gewissens hat somit auf besondere Weise das Denkschema von Mikrokosmos und Makrokosmos an sich gezogen. Die dem Hebr in diesem Punkt nahe verwandte Tauftheologie des 1 Petr bestätigt diese These, denn hier werden nun beide Bereiche auch kausal miteinander verknüpft:

Nach 1 Petr 3,21f ist die Taufe Anfrage (Bitte) um ein gutes Gewissen, auf Gott gerichtet; damit aber verbunden ist die hier zunächst nur formelhaft anmutende Erklärung „durch die Auferstehung Jesu Christi, der zur Rechten Gottes ist, hinaufgegangen in den Himmel, nachdem ihm Mächte und Gewalten und Kräfte unterworfen wurden". Die Frage ist daher auch hier, welcher Zusammenhang zwischen der Taufhandlung hier und dem christologischen Geschehen besteht. Zwei Szenarien sind zu unterscheiden:

I Der Sieger über die Mächte überwindet die dem Menschen feindlich gesonnenen Ankläger vor Gott, die die Menschen jedenfalls nicht in den Bereich Gottes zulassen wollen. Im Forum vor Gott sind daher die Ankläger zum Verstummen gebracht, und der zur Rechten Gottes Sitzende ist der Fürsprecher der Menschen[4].

---

[4] Ich ergänze daher den Satz 1 Petr 3,21 für meine Auslegung um zwei Elemente, die sich m.E. mühelos aus der Tradition erweisen lassen: Das Sitzen zur Rechten dient der Fürsprache als Anwalt – und die unterworfenen Mächte und Gewalten fungierten als Ankläger.

II Appliziert wird dieses sakramental (man könnte sagen: auf magisch-imitatorische Weise) im Taufgeschehen vor dem inneren Forum des Menschen. Die Anklägerfunktion des Gewissens wird ausgeschaltet durch die offenbar per se wirksame Bitte unter Berufung auf die Tat Jesu nach I. Damit wird die Fürbitte des Taufspenders (oder der taufenden Gemeinde) sakramental identisch mit der Fürbitte Jesu[5]. Denn wie sein Wort die himmlischen Ankläger fesselt, so fesselt jetzt die Fürbitte das anklagende Gewissen.

Voraussetzung für unsere Argumentation war: Das Forum vor Gott ist dem Forum „im Menschen" analog und parallel. Und das himmlische Geschehen hat durch die Appellation an das himmlische Forum auch durchschlagende Wirkung hier: Die Ausschaltung der Ankläger.

In 1 Petr liegt wohl übrigens der eher juridische Sprachgebrauch vor, da von der Reinigung des Gewissens nicht die Rede ist. Von daher ist die übliche Übersetzung von *eperotema* mit „Bitte" im übrigen zu kritisieren; vielmehr weisen alle sprachlichen Indizien auf einen forensischen Gebrauch dieses griechischen Wortes hier, und zwar im Sinne einer gerichtlichen Entscheidung[6]. Die Wassertaufe wäre dann deren sichtbare Bestätigung.

---

[5] Auch in diesem Punkt sind Hebr und 1 Petr zu vergleichen: Nach Hebr 9,24; 7,25 ist es die Funktion des Erhöhten, Fürsprache (als Anwalt) zu leisten für die Seinen. Dem entspricht m.E. die Funktion Jesu Christi zur Rechten Gottes nach 1 Petr 3,22.

[6] Noch bei Cremer, Wörterbuch der Neutest. Gräcität, 6.Auflage Gotha 1889, S.386 wird dazu bemerkt: „im forens. Sprachgebrauch, anschließend an eperotan von der Erfragung einer richterl. Entscheidung oder Bestimmung, so im Cod.Justin. ..."; in Inschriften sei zu übersetzen mit „gemäß dem Antrage/Beschlusse des Senats" bzw. „mit obrigkeitlicher Bewilligung" wie ex senatus consulto. Von daher sei auch Dan 4,14 Theod. zu erklären. Schon Cremer unternimmt dann aber lebhafte Anstrengungen, 1 Petr 3,21 von der juristischen Bedeutung abzusetzen. Auch H.Greeven (in: ThW II 685f) verweist auf die Bedeutung „Urteil, Entscheidung" in Dan 4,14 und verweist S.685 A 4 auf weitere Belege. H.Greeven weist ausdrücklich daraufhin, daß die Bedeutung „Bitten" im Judengriechisch (LXX) nicht nachweisbar sei (vgl. auch: N.Clausen-Bagge, Eperotaema, 1941). Ich kann nicht verstehen, weshalb die Theologen an dieser Stelle Versuche machen, den Sprachgebrauch des 1 Petr aus der juridischen Sphäre herauszuziehen (wo doch für Paulus die Rede vom Forensischen so beliebt ist). Es scheint vielmehr geradezu so zu sein, daß Jesu Eintreten bei Gott wie die Urteilsfindung im Senat vorgestellt wird. Die Taufe ist dann nur die Umsetzung dieses Beschlusses.

3.3 Gewissen und Inkongruenz

Paulus berichtet in 1 Kor 8,7 den interessanten Fall, daß das Gewissen der „Schwachen" (die sich um Rituelles ängstigen) dann befleckt wird, wenn diese gegen ihre subjektive Überzeugung die Starken (die keine Bedenken tragen) beim Genuß von Götzenopferfleisch nachahmen. Für das „Objektive" ist Paulus davon überzeugt, daß Götzenopferfleisch kein Anlaß zur Angst ist. Doch das ist nicht entscheidend – wichtig ist bei den Schwachen allein, ob sie ihre eigenen subjektiv geprägten Grundnormen verletzen.

In diesem Sinne ist wohl die paulinische Rede vom Gewissen auch in 2 Kor zu verstehen, so daß dann wohl doch noch eine einheitliche Auffassung des Paulus vom Gewissen zustande kommt: Wenn Paulus dem Gewissen der Korinther „offenbar" ist, dann so, daß diese mühelos prüfen können, ob er zu ihren Grundsätzen paßt oder nicht. Auch hier geht es daher um (mögliche) Inkongruenz, und zwar bei den Hörern des Paulus. Das bedeutet: Offenbar wird das Gewissen erfahren als ein Indikator oder Seismograph von Inkongruenz des Handelns oder Hörens (zum Zweck des Akzeptierens) mit dem Grundgesetz der jeweiligen Einzelexistenz. Mein Gewissen reagiert daher, wieder analog zur Polis verstanden, nach so etwas wie einem Grundgesetz, einem Stadtrecht oder „väterlichen Gesetzen". So ist auch erklärlich, warum es zunächst über Jahrhunderte nur negativ erfahren wird: Es zeigt die Inkongruenzen an. Eine Inkongruenz mit dem eigenen Grundgesetz aber zerstört eine Stadt, und daher wird auch vom Schwachen, der so handelt, in 1 Kor 8,11 gesagt, er gehe zugrunde. – Daß es sich um so etwas wie ein Grundgesetz handelt, wird auch durch Röm 2,15 bestätigt.

Interessanterweise ist die Wahrnehmung der lästigen Funktion des Gewissens einer der Wege zur Konstituierung der Individualität nach abendländischem Verständnis geworden:

a) Indem das Gewissen die Frage der „Vereinbarkeit mit meinen Grundsätzen" aufwirft, wird es zur Metainstanz der Überwachung meiner Identität.
b) Die Leiden der Gewissensqual werden in diesem Sinne aufgefaßt als Schmerzen, die auf die Gefährdung der Identität aufmerksam machen.
c) Hier meint man, direkt einen Zusammenhang von Moral und psychischem Ergehen greifbar zu haben, bzw. die Gewissensbisse werden in diesem Sinne gedeutet.
d) Wenn auch Schmerzpunkt, so ist Gewissen dennoch mein eigener Kontrollpunkt. Doch der Bereich der subjektiven Spielräume ist sehr begrenzt. Kein antiker Autor kann sich vorstellen, daß das Gewissen gegen die geltende Moral oder die geltenden Gesetze verstößt (Röm

13,5). Dem entspricht ja auch die oben konstatierte Mikrokosmos-Funktion[7].
e) Identität wird hier nicht positiv gefunden, sondern indem der einzelne als Angeklagter erscheint – eine überaus folgenschwere Ausgangsposition für die Entwicklung der abendländischen Individualität. Denn das Gewissen macht sich nur bemerkbar, wenn ich sein „Objekt" bin. Man kann sogar noch weiter gehen und feststellen, daß die Personifizierung des Gewissens in der judizialen Metaphorik ein Rest archaischer Multipersonalität ist, der eben nur paradoxerweise oder via Unterwerfung dann zur Prägung des Selbst führt. Philo macht diesen Umstand gut deutlich, wenn er von einem „Menschen in mir" spricht[8]. Denn genau das ist das Gewissen als eine Instanz, der ich unterworfen bin. Es ergibt sich daher der paradoxe Sachverhalt, daß gerade die Instanz, der ich unterworfen bin, über meine Identität wacht.
Unschwer ergibt sich hier die Beobachtung, daß das Gewissen heute wohl diese Funktion nicht mehr einnimmt, da es stärker als subjektiv bedingt und eingefärbt erscheint. Mit Recht ist dem antiken Gewissensbegriff vorzuwerfen, daß nicht nach der Herkunft der inhaltlichen Normen gefragt wurde (Das Gewissen wird überhaupt nur vorgefunden; es wird auch nicht gesagt, daß es von Gott komme).

3.4 Gewissen und christliche Erfahrung

3.4.1 Kultisch: Freier Zugang zum Thron der Gnade
Nach der kultischen Metaphorik des Hebr hat Jesus das himmlische Heiligtum und gleichzeitig damit auch das Gewissen der Christen „gereinigt". Himmlisches Forum und Gewissen werden daher „sakramental" ineins gesetzt. Eine spezifisch kultische „Erfahrung" gibt es hier so wenig wie sonst. Deren Stelle nimmt hier wie sonst auch ein Status oder Statusbewußtsein der Gemeinde ein. Die Christen des Hebr haben als solche

---

[7] Wenn man heute im Zusammenhang mit Gewissen von „internalisierten Normen" spricht, dann ist damit nur etwas teilweise Ähnliches gemeint. Denn das antike Gewissen internalisiert nicht primär die Normen, sondern die Struktur des Systems.
[8] Philo von Alexandrien, Det pot 22f „Dieser Mensch, der in der Seele eines jeden wohnt, stellt sich bald als Herrscher und König, bald als Richter und Preisverteiler in den Lebenswettkämpfen heraus, manchmal auch nimmt er die Rolle eines Zeugen oder Anklägers an, überführt unsichtbar im Innern und läßt nicht zu, daß wir den Mund auftun, sondern fängt ihn ein und legt ihm einen Zaum an und hält mit den Zügeln des Gewissens den ungebändigt kecken Lauf der Zunge an".- Die Kommentare verweisen für diese Philostelle auf den oben zitierten Beleg aus Polybius 18,43.

freien Zugang zum Thron der Gnade (4,16). Mit dem „Freimut"(4,16) wird ihnen zugesprochen, daß sie sich ohne Angst vor Gottes Thron „heimatlich", „zu Hause" fühlen dürfen. Dieses ist wohl das Äußerste, was sich über die Erfahrbarkeit des kultisch gereinigten Gewissens nach Hebr sagen ließe (wobei Hebr 4,16 auch noch in gehörigem Abstand zu Kap.9-10 steht).

3.4.2 Kaum christlicher Einfluß im paulinischen Gewissensbegriff

Der paulinische Gewissensbegriff ist erstaunlicherweise nicht christlich beeinflußt (insbesondere nicht durch paulinische Sünden- und Rechtfertigungslehre) und spiegelt daher auch keine spezifisch christliche Erfahrung. Vielmehr beruft sich Paulus auf einen Wandel „mit gutem Gewissen" wie andere auch, und dieses verwendet er ungeniert zur Selbstempfehlung (2 Kor 1,12). Auch bei (vorchristlichen) Heiden ist das Gewissen in diesem Sinne wirksam (Röm 2,15). An der Funktion des Gewissens als einer Urteilsinstanz im Menschen, die durch Gottes Gericht bestätigt werden wird (Röm 2,16), ändert sich durch das Christwerden nichts.

In gewisser Weise neu, indes nicht spezifisch inhaltlich christlich, ist bei Paulus die Sozialbindung des Gewissens. Zwar ist das Gewissen des Christen selbst nicht dem Urteil des Gewissens des anderen unterworfen – es richtet und urteilt nur für sich selbst[9]. Aber das faktische Handeln des Christen kann und muß auf den Gewissensspruch des anderen Rücksicht nehmen, und zwar für den Fall, daß der andere angesichts meines Handelns durch sein eigenes Gewissen belastet wird (während ich in meinem Gewissen selbst keine Belastung merke). Damit handle ich nicht „gegen" mein Gewissen, sondern ich ändere mein Tun nur für den Fall, daß der andere durch mein Handeln in Schwierigkeiten gerät (z. B. indem er gegen sein Gewissen mich nachahmt). Paulus erörtert diesen Fall in 1 Kor 8 wie in 1 Kor 10. – Damit bleibt das Gewissen eine strikt individuelle Instanz (besonders 1 Kor 10,29b macht dieses deutlich); mein Handeln darf auch nicht gegen sein Urteil verstoßen. Aber mein Handeln muß sich gegebenenfalls (wo mein Gewissen nichts Negatives meldet) nach dem Gewissen des anderen richten.

---

[9] 1 Kor 10,29b. Es ist das Verdienst M.Wolters, Art. Gewissen II, in: TRE XIII, 215 dieses als den klaren Sinn von 1 Kor 10,29b herausgestellt zu haben. Paulus verteidigt dort in der Tat die Freiheit der Starken zu essen (Wolter: „Freigabe des Essens" in V.25.27).- Nicht so eindeutig ist die Frage zu klären, ob Paulus hier noch immer (oder: wieder) das Gewissen der Schwachen aus Kapitel 8 meint (so Wolter, a.a.O.) oder nicht vielmehr das Gewissen der heidnischen Mahlgenossen, die darauf hinweisen, daß es sich um Götzenopferfleisch handelt (der Heide ist in seinem Gewissen von der besonderen Bedeutung des Götzenopferfleisches überzeugt, und dem trägt der Christ dadurch Rechnung, daß er nicht ißt).

Damit unterscheidet Paulus für manche Fälle zwischen dem Urteil des Gewissens und dem möglichen Handeln des Christen. Beides kann bzw. muß möglicherweise auseinanderfallen.

7.6 Tod

1 Tod als öffentliche Angelegenheit

Für die Antike und bis ins Mittelalter gilt: „Die Menschen lebten... viel stärker mit dem Bewußtsein ihres Todes. Denn jeder Tag konnte der letzte sein, die Gefahr des Todes bestand – durch Krankheit und Hunger – zu aller Zeit. Der Tod war deshalb ein allgemeiner Bestandteil des Daseins... Dieser natürlichen Allgegenwart des Todes begegnet man in den... Quellen zuhauf... Man starb in einer vertrauten Einfachheit, und ein wichtiges Element des Sterberitus war der Beistand der Verwandten. Denn tatsächlich hatte man oft weniger Angst zu sterben, als allein zu sterben. Das Sterben war eine öffentliche Angelegenheit"[1].
Daß diese Feststellungen auch für die Erfahrung des Todes im Neuen Testament gelten, dafür gibt es zahlreiche Hinweise.
Selbstverständlich ist die Klage um den Toten öffentlich: Trauer um Tote ist eine fast politische Angelegenheit (Mk 5,38f), das gilt auch vom Trauerzug (Lk 7,11 „viel Volk") oder von den Tröstenden: Joh 11,19.31. Noch nach vier Tagen ist in Joh 11,42 „viel Volk" am Grab. – Auf einer anderen Ebene liegt das Wort Jesu am Kreuz nach Mk 15,34 („... warum hast du mich verlassen?"). Aber auch hier wird der Tod in „sozialen" Kategorien erfaßt: Jesus stirbt allein, von Gott verlassen, isoliert. Nicht das Aufhören des biologischen Lebens ist entscheidend, sondern die Verlassenheit und Isolation. Daher ist der Tod selbst Gottverlassenheit, Aufhebung der Gemeinschaft mit Gott. – Ähnlich ist der Besessene von Gerasa nach Mk 5,2f deshalb gänzlich isoliert, weil er in Gräbern wohnt.
Gerade weil aber Gott als der Lebendige dem Tod und den Toten fern ist, wird seine Wiederzuwendung in der Auferweckung um so dringlicher[2].

---

[1] Th.Faltin, Brücke in eine unbekannte Zeit, in: Die Zeit Nr.43, 19.10.1990, 48.
[2] Darauf ist bei der Applikation von Aussagen über den Tod als Aufhebung der Gemeinschaft mit Gott zu achten: Wo ein lebendiger Auferstehungsglaube möglich sein kann, ist die Auffassung vom Tod als Gottverlassenheit nicht das Letzte, sondern nur Voraussetzung für die dann folgende Wiederaufnahme der Gemeinschaft durch Gott.

Fazit: Der Tod wird in Kategorien von Gemeinschaft erfahren, in Gemeinschaft (von seiten der überlebenden Angehörigen und Freunde) und als Abbruch von Gemeinschaft (von seiten des Toten). Die Erfahrung des Todes entspricht damit nur einer generellen Struktur psychischer Erfahrung, die wir immer wieder bestätigt finden konnten: Sie ist stärker gemeinschaftsbezogen und weniger am isolierten Individuum und auch weniger nur biologisch-physisch orientiert.

2 Todeserfahrung in der Taufe

Gerade unter Voraussetzung des unter 1 Geschilderten ist nun auch der in der Taufe erlittene Tod (das Mitsterben und Mitgekreuzigtwerden; vgl. außer Röm 6 auch die Bezeichnung des Todes als Taufe in Mk 10,38f) kein privates „Eingehen" oder „In-sich-Zusammensacken", sondern ein Geschehen von prinzipiell sozialer Tragweite:

a) Entsprechend dem Leibverständnis des Paulus ist dieser Tod ein Abbruch aller Brücken und Beziehungen zu sich selbst und zu anderen. Die zwischenzeitliche Isolation steht im Vordergrund.

Der hellenistisch-jüdische Bekehrungsroman „Joseph und Aseneth" läßt Aseneth sehr eindrücklich diese Isolation der sich bekehrenden Frau beklagen[3]. Diese langen Klagegebete der Aseneth sind somit eine Illustration der Todesverlassenheit des Getauften nach Röm 6. Zugleich wird aufgrund der auch in JosAs verwendeten Todesmetaphorik[4] deutlich, daß die Erfahrungen des zum Judentum Übertretenden in dieser Hinsicht Analogie und Vorgeschichte der christlichen Taufe darstellen.

b) Indem Paulus überdies vom Mitgekreuzigtwerden spricht, wird dieser Tod nicht nur als soziale Isolation, sondern auch als Paradigmenwechsel in der Werteordnung begriffen. Denn „Kreuz" steht für die Umwertung alles Gültigen und Ehrenwerten. Für Paulus betrifft das die Umwertung Dienen/Herrschen und die Mechanismen des Sich-Abgrenzens, Sich-Unterscheidens und Richtens (Röm 12f).

---

[3] JosAs 11,3f (Übers.C.Burchard) „...was soll ich reden, ich die Jungfrau und Waise und einsame und zurückgelassene und gehaßte? (4) Alle haben nämlich Haß gefaßt auf mich und (zusammen) mit diesen mein Vater und meine Mutter, denn auch ich (selbst) habe Haß gefaßt auf ihre Götter und verdarb sie und gab sie zertreten zu werden von den Menschen"; 12,13 „...und ich bin jetzt Waise und einsam".

[4] Vgl.JosAs 13,9 (Übers.C.Burchard) „,,,, meine Lippen sind geworden wie eine Scherbe, und mein Angesicht ist zusammengefallen"; 8,10 „...und wieder lebendig mache sie mit deinem Leben".

c) Interessanterweise finden sich im Neuen Testament zur Beschreibung der Bedeutung von Taufe zwei entgegengesetzte Bilder: das des Sterbens und das des Geborenwerdens. Die Geburtsmetaphorik ist sozial integrativ und betont den Ausblick „nach vorn".- Die Todesmetaphorik setzt die Erfahrung der tödlichen Bedeutung von Sünde voraus (antizipiert wohl dabei in gewisser Hinsicht den verdienten Tod) und wirkt als Bildfeld sozial desintegrierend.- Beide Bilder schließen sich eigentlich aus und werden auch im Neuen Testament nicht miteinander kombiniert.

d) Der erlittene Tod bedeutet etwas für den Vollzug der Vitalität: Dieser ist nicht mehr so vorstellbar, als sei „nichts gewesen". Der geschehene prinzipielle Bruch bedeutet auf jeden Fall eine grundsätzliche Relativierung aller Selbstverständlichkeiten im Sich-Auslebenlassen „normaler" Vitalität. Doch nicht sie bekämpft Paulus, sondern die Naivität, mit der man den Begierden dient (Röm 6,12).

e) Der in der Taufe erlittene Tod bedeutet vor allem eine fundamentale Freiheitserfahrung, die sich auf das gesamte christliche Leben auswirkt. Dabei bleibt christliche Freiheit inhaltlich durchaus an der Negativität des Todes orientiert, weil sie negativ als „Freiheit von..." verstanden wird. Am Ende ist die durch den Tod in der Taufe errungene Freiheit die von der Vergänglichkeit, und das heißt: die vom Tod selbst.

Denn paulinische Freiheit ist die Befreiung von der Notwendigkeit, den Begierden zu gehorchen, das Gesetz zu übertreten, die Befreiung von der Entfremdung gegenüber dem Gesetz („Buchstabe") und vom Sein unter dem Gesetz.

Der spürbare Ertrag dieser Freiheit ist nicht nur die (relative) Selbstbestimmung von Röm 6,13, er liegt auch in all der Angstfreiheit, die die Gabe des Geistes den Christen beschert. Eine Freiheit, die nicht mehr bedrohte Freiheit ist, steht erst am Ende als „herrliche Freiheit der Kinder Gottes" (Röm 8,21).

f) Im Unterschied zur Übereignungstaufe „auf den Namen Jesu" ist damit Taufe (Christwerden) für Paulus die konzentrierte Erfahrung eines Todes mitten im Leben, von Isolation und radikaler Umstellung des Lebensstiles, von Neinsagen und Verweigerung. Daran wird nicht nur erkennbar, wie Tod erfahren wurde, sondern auch, daß Taufe und Bekehrung überaus einschneidende Erfahrungen waren, und zwar zunächst und in aller Regel zwangsläufig aufgrund der automatisch mitgegebenen sozialen Begleiterscheinungen. Taufe und Bekehrung waren somit nicht Ausdruck „hehrer Initiation", sondern sind Talsohle einer in jeder Hinsicht grundsätzlichen Lebenskrise.

Wie tiefgreifend diese Krise erfahren wurde, das wird eben daran sichtbar, daß Paulus die so leidenden einzig der Gemeinschaft des Gekreuzigten versichern kann. Bekehrung und Taufe sind nicht weniger als Mitgekreuzigtwerden, vor allem ganz gewiß nicht angenehmer.

Kritischer Ertrag: Im Zeitalter extensiv geübter Kindertaufe ist es schwer, über Taufe als Todeserfahrung zu reden. Dennoch ist es wohl in jedem Falle notwendig, aus dieser heiligen Unterbrechung kritische Elemente zu gewinnen[5].

3 Der vorchristliche Sünder ist „tot"

Um eine bestimmte Todeserfahrung geht es auch dann, wenn das Dasein des Sünders vor Bekehrung oder Taufe Tod genannt wird. Impliziert ist bei dieser metaphorischen Verwendung, daß Tod Gottferne und Beziehungslosigkeit bedeutet. Wenn dem Sünder zudem tote Werke nachgesagt werden, dann weist das auf die Erfahrung qualifizierter Handlungsunfähigkeit.

Zu einem ganz anderen Verständnis der Todesstunde und des Todes im Sinne der Nähe zu Gottes Geist und Herrlichkeit vgl. § 8.8 unter 4.

7.7 Fremdheit

Bei der Kategorie der Fremdheit wirken in biblischer Religion sozialpsychologische und theologische Aspekte auf besonders interessante Weise zusammen.

Bereits für das Alte Testament typisch ist die strikte Ablehnung fremder Religion und fremder Götter in Verbindung mit einer liebevollen Zuwendung zur Person des Fremden selbst; und wo immer von Schwäche oder solidarischer Zuwendung zum Schwachen die Rede ist, kann die Fremdlingsmetaphorik auf Israel oder auch auf Gott selbst übertragen werden. Theologisch hat diese eigenartige Mischung von Abgrenzung und Zuwendung System: Gott ist allein zuständig, auch und gerade für jegliches Erbarmen.

Für das Neue Testament sind zu unterscheiden:

---

[5] So z. B. Durchbrechung der nur familiären Affirmation durch Betonung der kosmopolitischen Aspekte des Christenstandes, kritische Relativierung gesellschaftlicher Zwänge durch die höheren Verbindlichkeiten aus dem Christentum.

1 Die vorgängige Dämonisierung des Fremden

Mit bis dahin unbekannter Konsequenz werden gerade die nahen Fremden als dämonisch identifiziert (die Samaritaner: Joh 8,48), werden fremde Götter als Dämonen erfahren und erklärt (1 Kor 10,20) und wird psychisch Fremdartiges als Dämonismus gedeutet (vgl. hier § 4). Diese konsequente und umfassende Dämonisierung des Fremden ist vor allem Ausdruck der menschlichen Hilflosigkeit. Die alttestamentliche Erfahrung, daß der Fremde der Hilflose ist, erweist sich besonders hier in ihrer Wechselseitigkeit: Wer dämonisiert, ist hilflos. – Gleichzeitig wird so aber auch der Boden dafür bereitet, daß ein Exorzist Messias sein kann. Denn als Exorzist steht er an der Schaltstelle.

2 Aufhebung jeglicher Fremdheit von seiten Gottes selbst

In der Botschaft Jesu von der Nähe Gottes wie in der paulinischen Rede vom Geist der Kindschaft oder der Botschaft des Hebr vom „freien Zugang" zu Gott in Freimut wird programmatisch jegliche Fremdheit zwischen Gott und Mensch zugunsten einer einzigartigen Intimität aufgehoben. Dieses Angebot hat man schon früh als auch für die Heiden geltend wahrgenommen, und so kann Eph 2,19 feststellen, daß die Fremdheit auch der Heiden aufgehoben sei. – Hier geht es um die Wahrnehmung eines vorgängigen Handelns Gottes selbst.

Konkret geht es wohl darum, daß die Betonung der mirakulösen, exorzistischen und magischen Seite schon in der Verkündigung Jesu in der synkretistischen Welt von Natur aus gute Anknüpfungspunkte bot, und dasselbe gilt von den charismatischen Geistphänomenen. Hier war es leicht, Grenzen für aufgehoben zu erklären.

Im folgenden geht es um die Konsequenzen aus dieser Heilserfahrung und die Antworten darauf.

3 Gott wird erneut fremd

Daß das Judentum in überwältigender Mehrheit die unter 2 genannte Heilsbotschaft ablehnte, führte zu dem bekannten Grundansatz „Wenn ihr nicht wollt, kommen andere dran"[1], und theologisch wird dieses so

---

[1] Dieses offenbar bereits von Johannes dem Täufer praktizierte Denkschema wurde angewandt auf Frauen (besonders: Dirnen), Zöllner, Samaritaner und Heiden.

gedacht, daß Gott die Selbstbindung an die Prärogativen Israels in bestimmter Hinsicht aufgegeben habe. Im 9. Kapitel des Römerbriefes stellt Paulus auf dramatische Weise dar, wie der Gott, der in dem unter 2 genannten Sinn handelt, für sein Volk fremd und abstoßend wirken mußte. Denn die eigene Gerechtigkeit Israels (Röm 10,3) war keine andere als die bis dato von Gott verordnete. Gottes neues Handeln versteht man nicht mehr, wird ein Ärgernis für seine früheren Anhänger. Gott ist seinem Volke fremd geworden, weil er es überrascht hat. Die Folge: Die Fremden gehen den seit alters Zugehörigen voraus, sie können eher zustimmen. Warum? Hat Gott sich eine fremde Seite zugelegt?
Uns interessiert hier die psychologische Seite dieser theologischen Erklärungen. Wie kommen Menschen zu diesen Auskünften? Methodisch gesehen fragen wir hiermit nach der Kehrseite theologischer Aussagen in der menschlichen Erfahrung. Denn wer sagt, Gott habe sich geändert, habe einen neuen Weg beschritten, sei fremd geworden, ist selbst irritiert, und dies vor allem angesichts des Kontrastes von schimpflichster Strafe (Kreuz) und höchster Würdetitel (Kyrios, Menschensohn), Ausgrenzung aus Israel und universaler Religion (beides Merkmale und Geschick des frühesten Christentums). Hatte Gott seine Handschrift und Vorgehensweise geändert? Entdeckt wurde angesichts dessen die tiefe Fragwürdigkeit, die dem Mechanismus von Erwartung und Erfüllung anhaftete. Die Verunsicherung betraf die eigenen bis dato gültigen religiösen Voraussetzungen und damit religiöse Identität selbst. Denn Gott erwies sich als der, der mehr ist, als Menschen erwarten konnten. Wenn nach theologischer Aussage Gott seinem Volke so fremd wird, dann ist das Ausdruck einer tiefgreifenden Krise auf seiten seines Volkes.

4 Erneute Selbstabgrenzung

Die sich im Sinne der Heilsbotschaft als von Gott Geliebte wissen, antworten darauf, indem sie sich von allen Fremden abgrenzen, von Sündern, Zöllner und Heiden, selbst von den Pharisäern, gegenüber denen es um die bessere Gerechtigkeit geht. Auch in der Überlieferung der Botschaft Jesu sind abgrenzende rhetorische Fragen wie diese sehr alt: „Tun dies nicht auch die Heiden?". Alle, die außerhalb der primär familiär gedachten Gemeinde stehen, sind Fremde. Ihre Unfähigkeit, mit den Christen Gemeinschaft zu haben, läßt sie schnell zu Fremden werden. Und der bei der Bekehrung erfahrene „Tod" bedingt eine für andere fremde Freiheit gegenüber allem emotional Wichtigen (1 Kor 7,29-31).
Und umgekehrt betrachtet sich auch die Gemeinde als fremd und als Fremdlinge in der Welt, und sie sieht Israels Erzväter als Vorbilder dafür

an. Diese Erfahrung der eigenen Fremdheit ist begründet durch ein anderes Wertesystem, vor allem aber durch Geborgenheit und Heimatrecht in „himmlischer Vaterstadt" und parallel dazu in der engen Gemeinschaft der Christen untereinander (Bedeutung des Hauses und der Gastfreundschaft). Die Fremdheit in der Welt hat daher ein massives Korrelat sowohl im Himmel wie auf Erden.

Die intensiv erfahrene Neuheit hat daher eine Distanzerfahrung gegenüber allen zur Folge, die nicht daran teilhatten. Auf beiden Seiten geht es dabei um ein Wir-Gefühl.

5 Fremdabgrenzung

Hier sei es gestattet, nicht nur auf die Erfahrung der frühen Christen, sondern auch auf die der anderen einzugehen, die frühe Christen erleben. Sie betrachten frühe Christen als fremd, und zwar gerade wegen mangelnder Solidarität in den elementaren Bereichen der Vitalität. Jemand, der gegenüber Trauer und Freude, Besitz und Erwerb, Sexualität und der Angst vor dem Tod (vgl. 1 Kor 7,29f) souverän zu sein scheint oder es auch ist, jemand schließlich, der die Verehrung des Ordnung und Friede stiftenden Kaisers in Rom (ApkJoh) nicht mitvollzieht, der ist auf ärgerliche Weise fremd. Vor allen Denunziationen und Verfolgungen steht diese emotionale Barriere, die zumeist nicht genügend beachtet worden ist. Denn sie betrifft mangelnde Gemeinschaft in elementaren alltäglichen Bedürfnissen, zu denen auch das nach Ordnung gehört. Die (auch nur partielle) Nicht-Teilhabe an solchen Bedürfnissen ist wesentlich ärgerlicher als irgendwelche eschatologischen Utopien oder Gnadenlehren[2].

---

[2] Diese Nicht-Teilhabe ist daher auch am stärksten gefährdet und schleift sich am ehesten ab. Das ist bereits zu sehen am Kampf des Jub gegen Mischehen und am Kampf von 2 und 4 Makk gegen die Zwangsmaßnahmen zur Übertretung der Speisegebote. Es gilt auch für die in 1 Kor 7,29-31 geforderten Freiheiten, gegenüber der dort und in Mt 19,13 verhandelten Jungfräulichkeit und gegenüber dem Handelsembargo gegenüber Christen nach Apk. Dergleichen Verweigerungen sind wie vorgeschobene Posten, die oft sehr schnell (gerade von Intellektuellen, wegen des angeblich geringeren Wertes nur äußerlicher Bräuche und Handlungen) preisgegeben werden. Dennoch sollte man der Weisheit der Makkabäerbücher mehr trauen: Hier entscheidet sich alles, nicht in weltfernen Theorien.

6 Antworten auf das gegenseitige Sich-Fremdsein

Die sich fremden Gruppen bleiben selten in einem statischen Verhältnis zueinander. Die Möglichkeiten der Überwindung sind Nivellierung (Preisgabe der religiösen Identität) oder Apologetik (als Versuch, das Fremde als Nicht-Fremdes darzustellen, so ausdrücklich schon Tatian, Or Graec 33,2), Krieg (von den Formen der Polemik bis zur militärischen Okkupation; vgl. etwa den Islam in Spanien) und Mission (Aufhebung der Fremdheit unter teilweiser Aneignung von Elementen der eroberten Religion). Auch dieses ruft wieder Gegenmaßnahmen hervor wie Eindämmung der Nivellierung durch Stärkung der Identität usw.

7 Verfremdung des Alltags

Die Botschaft der Nähe Gottes zu den Menschen hat auch diese Folge: Die vertraute Nähe ist das wahrhaft Unbekannte, denn in dem, was wir für gering, Kleinigkeiten oder Routine halten, entscheidet sich himmlischer Lohn. Und im geringsten Fremden haben wir es mit dem Herrn selbst zu tun. Die Maxime ist nicht mehr nur: Gott liebt die Fremden, oder: Wer dem Armen leiht, leiht Gott, sondern: Im geringsten Fremden begegnen wir dem Weltenrichter selbst. Nicht das Alltägliche im allgemeinen, sondern speziell das unwichtige Alltägliche, die allzeit unterschätzten Dinge und Personen in der nächsten Nähe, werden ganz unalltäglich fremd, und das heißt: in ihrer geradezu bestürzenden Relevanz entdeckt, dadurch, daß wir darin direkt auf Gott stoßen (z.B. Mt 10,40-42). Die nächste Nähe wird dadurch verfremdet, daß es sich um die Nähe Gottes handelt. Der Gott des Himmels ist ganz nahe gekommen. Hier liegt zweifellos eine der Brücken zwischen Pharisäismus (strikte Durchdringung des Alltags durch Gottes Willen) und Reich-Gottes-Botschaft. Es ist nicht mehr nur der Wille Gottes, der nahe ist, sondern Gott selbst.

8 Fazit

Die im Neuen Testament proklamierte Aufhebung aller Fremdheiten hatte in Wahrheit vom ersten Anfang an die Konsequenz neuer Fremdheiten. Ein besonderes Merkmal frühchristlicher Erfahrung ist die ausgeprägte Interferenz zwischen Fremdheit oder Vertrautheit im Verhältnis zu Gott mit der im Verhältnis zu Menschen. Kritische Relevanz: Im Christentum erhält die Erfahrung der Fremdheit eine neue Qualität und Dimension, auch als Konflikt.

§ 8 Affekte

8.1 Gefühle bei Paulus

1 Kein Bewußtseinschristentum

Neue Schöpfung (Sterben in der Taufe und Neusein; vgl. Röm 6,4.6; 12,2) sind für Paulus nicht Dinge des Gefühls und der inneren Erfahrung und Gewißheit. Mit dieser Art Psychologie hat Christentum bei Paulus nichts zu tun. Damit ist er ein realer Gegner der modernen Ehe von Pietismus und Psychologie.
Dort, wo wir nach Heilsgewißheit, neuem Selbstverständnis, Bewußtseinswandel und Christentum als Selbstverhältnis und -verständnis fragen, kurzum: wo Christentum wesentlich Reflexion ist, gibt es bei Paulus entweder konkrete Bindungen und Verpflichtungen gegenüber der neuen Gemeinschaft der Christen (neuer Leib: neue Einbindung; es gibt eben kein „Christentum" für Paulus, sondern eine neue Gemeinschaft) oder jedenfalls keine weiteren Spuren von Reflexion des „Selbst". Es ist im wesentlichen die mittelalterliche Mystik, die hier die Kategorien der Innerlichkeit überhaupt sprachlich faßt; eine der Ursachen der Verschiedenheit zwischen Paulus und uns ist auch, daß wir uns vieler Dinge erst „vergewissern" müssen, die für das antike Judentum Selbstverständlichkeiten (im „Zubehör zur Welt") sind wie Gott und Satan; daher kann man sagen: Das Selbstverstehen wird in dem Maße wichtig, in dem Selbstverständlichkeiten abhanden kommen: Da hilft nur noch mentale Vergegenwärtigung, in der man sich etwas bewußt macht. Die wenigen Ausnahmen, die es bei Paulus bezüglich dieser Feststellungen gibt, sind für moderne Fragen nach dem Bewußtsein relativ ungeeignet oder Grenzfälle:

2 Kategorien des menschlichen Inneren bei Paulus

Paulus kennt nur einen Fall der Bedeutung des spezifischen Inneren des Menschen, und dieses belegt er dann auch mit dem einzigen quasi-reflektorischen Begriff, den er hat: das Gewissen (vgl. § 7.5). Dabei aber geht es um gut und böse. Gerade das aber betrifft nur die Grenzphänomene des Beurteilens.
Ferner ist der „innere Mensch" für Paulus nicht eine sich selbst gewisse Innerlichkeit, sondern seine unsichtbare eschatologische Identität (2 Kor

4,16). Auch in Röm 7 geht es dabei nicht um ein Gefühl, sondern um den Willen des Menschen (7,18-21); vgl. § 6.

Auch die Begierde kann Paulus nur deshalb negativ werten, weil sie nicht (wie bei uns) mehr oder weniger persönliche Gefühle betrifft, sondern das verkehrte, auf Verletzung des Gesetzes zielende Wollen, das kriminelle Übertreten.

Stöhnen und Sehnen sind bei Paulus eng mit der Hoffnung auf die erst kommende Erlösung (des Leibes) verknüpft (vgl. § 8.7).

Lediglich das „mutig sein" (gr.: *tharrein*) von 2 Kor 5,6.8 beschreibt so etwas wie eine Gefühlsgrundlage christlichen Daseins. Aber während es nach 5,6 „allezeit" gilt, ist es in 5,8 schon wieder hauptsächlich für das Daheimsein beim Herrn angesetzt. Das Verb hat im hellenistischen Judentum vor allem bei Philo seine religiöse Prägung erhalten; es steht in Opposition zu Furcht/Angst[1] und ist synonym mit „freimütig sein" (gr.: *parrhesiazomai*)[2]; es gilt besonders gegenüber Königen (oder entsprechenden Ansprüchen), vor Gericht und im Kampf. – Für die Stellen in 2 Kor 5 könnte R.Bultmann recht haben mit seiner Meinung, es gehe um die Furchtlosigkeit angesichts des Todes bzw. des in V.1-5 Dargestellten. 2 Kor 5,8 ist dann nach Bultmann frei wiederzugeben mit: „Wir schauen dem Tod getrost ins Angesicht, ja wir begrüßen ihn sogar"[3].

3 Ekstatischer Rationalismus

Angesichts des unter 2. dargestellten Befundes läßt sich sagen: Die „neue", christliche Existenz wird von Paulus kaum je mit dem Gefühl, der Emotionalität oder dem Strebevermögen des Menschen positiv in Beziehung gesetzt. Vielmehr ist das letztere ihm grundsätzlich verdächtig. Daher kann man die These wagen:

Paulus ist in seiner Anthropologie und Theologie entschiedener Rationalist, und darin ist er ganz auf einer Linie mit dem hell. Judentum (Gesetz als Vernunft[4]; nur dieses ermöglicht auch eine politische Bedeutung der Vernunft; Folgewirkungen bis Spinoza). Aufklärerischer Rationalismus

---

[1] Vgl. Philo v.A., Heres 24.28.29; Fug 6; Vit Mos II 169.
[2] Vgl. Philo, Heres 19.28. – Bei Paulus fehlt der Wortstamm überraschenderweise bis auf 2 Kor 3,12 (hier aber wohl eher „offen, unverhüllt") und 1 Th 2,2 („Mut fassen").
[3] R.Bultmann, Der zweite Brief an die Korinther, Göttingen 1986, 144.
[4] Der menschliche Wille wird bei Paulus nicht als Gefühl gefaßt, sondern als Vorsatz zum Handeln. Gerade aus Röm 7,15-23.25 (Parallelsetzung mit dem Erkennen in V.15 und dem Nous in V.25!) wird deutlich, daß Paulus den Willen eher rational faßt.

kennzeichnet in diesem Sinne etwa die postconversionale Mahnrede (Dualismus; Einst-Jetzt; Licht-Finsternis; neue Politeia der Bekehrten) z. B. in Röm 12,1f.5.10.16[5].
Und andererseits bzw. als Ergänzung gilt: gemeinsam mit dem Stephanuskreis und mit Apollos ist Paulus dabei die auch sonst häufige Verbindung von Rationalismus mit Enthusiasmus (Ekstatikertum). Dieses Phänomen nennen wir „ekstatischen Rationalismus". Und das bedeutet:

3.1 Die fehlende subjektive „Mitte"
Zwischen Vernunft einerseits und Ekstase andererseits „fehlt" bei Paulus, so würden wir es sagen, die subjektive Mitte der Gefühle, der eigenen, „privaten" Bedürfnisse und der positiven Wahrnehmung sowie personalen Vermittlung eigener Leiblichkeit. Dagegen sind sowohl Ratio wie Ekstase gekennzeichnet durch das Prinzip absoluter Klarheit und „gestochener Schärfe". Da ist nichts Diffuses, alles wird zum Glashaus. Da ist aber auch keine Rede von Gemüt oder persönlicher Wärme. – Die damit gegebene Nähe zum Juristischen versteht sich von selbst: Wer der Ehe entsagt, ist als Frau dann „heilig [für Gott] an Leib und Seele" (1 Kor 7,34). Das heißt: Eine solche Frau bringt mit ihrer ganzen Existenz ein Eigentumsverhältnis zum Ausdruck, denn als heilige gehört sie ganz dem Herrn. Das (religiös-) juristische Denken bestimmt hier radikal und in aller Schärfe die Verwirklichung von Leiblichkeit.

3.2 Ein programmatischer Text
Damit stimmt der Befund aus Texten, die wir hier im Rahmen historischer Psychologie analysiert haben, auffallend mit dem Selbstzeugnis des Paulus überein, das er in 2 Kor 5,13 liefert („Wenn wir in Ekstase sind, dann für Gott; wenn wir vernünftig denken, dann für euch"): Zwischen den beiden Polen „Gott" und „Gemeinde" gibt es keine subjektive Mitte. Paulus begründet das im folgenden durch die Wirkung des Todes Jesu an ihm selbst. Denn seitdem lebt Paulus nicht mehr „für sich selbst". Er gehört dem, der ihm neues Leben erworben hat, und er teilt dessen Liebe der Gemeinde mit (5,14). Aber er ist nicht mehr als der Mittler. Er selbst – für sich selbst genommen – ist gestorben (5,15)[6]. Er ist ganz und nur Apostel.

---

[5] Vgl. zu dieser Gattung: K.Berger, Formgeschichte des Neuen Testaments, Heidelberg 1984, S.130ff (§ 40).
[6] Dabei ist nun freilich wiederum die Besonderheit zu beachten, daß gerade Paulus, der für sich selbst gestorben zu sein vorgibt, im frühen Christentum überhaupt und dann noch einmal in 2 Kor insbesondere uns so deutlich als geprägtes Individuum gegenübertritt wie sonst niemand im frühen Christentum. Auch hier dürfte das bekannte Wechselverhältnis zwischen Selbstpreisgabe und Selbstgewinn bestehen (vgl. § 11.4).

3.3 Religionsgeschichtliche Einordnung
Der ekstatische Rationalismus des Paulus hat als Phänomen wohl seine nächste Entsprechung bei Philo v.Alexandrien. Dieses gilt ungeachtet der Differenz aufgrund des christlichen Messianismus. Vergleichbar ist bei Philo, daß auch dort zwischen Ekstase und Vernunft kein Gegensatz besteht; denn die göttliche Vernunft, die den Ekstatiker erfüllt, wenn die menschliche Vernunft wie die Sonne untergeht (Heres 265), äußert sich nicht in wirrem Irrationalismus, sondern in der Schau der Zusammenhänge in der Schrift. Für Philo ist es Ekstase, den Geist hinter dem Buchstaben zu entdecken. Es ist, wie er selbst schreibt, „nüchterne Trunkenheit" und eben nicht Irrationales, was er erlebt. Seine Schriften sind wohl selbst großenteils Produkte dieser „Schreibtisch-Ekstase". Bei Paulus geht es auch um die Schrift, aber noch umfassender darum, überall die unumgängliche Notwendigkeit des Angewiesenseins auf Jesus Christus zu entdecken. Paulus denkt fast die gesamte religiöse Tradition Israels auf Jesus Christus hin um – und eben dabei gehen ihm neue, tiefe Zusammenhänge auf, die „Geheimnisse". – Gewissermaßen historisches Bindeglied zwischen Philo und Paulus ist die Stephanusgruppe, von der sowohl Pneumatikertum wie auch Schriftauslegung[7] berichtet wird.

3.4 Am Beispiel Freude
Die Verbindung mit Ekstatikertum kennzeichnet besonders den paulinischen Begriff der Freude: Weil – anders als bei uns – laut Paulus Freude befohlen werden kann, so in 1 Thess 5,16; 2 Kor 13,11, geht es dabei um ein wertbezogenes und ganzheitliches Verhalten. Da Freude Gabe des Geistes (von außen her!) ist, hat Freude keinen subjektiven Ursprung, sondern ist sie der Modus der Anteilhabe der Menschen am Offenbarungsgeschehen und am Heil und als solcher die Überwindung des Nicht-Könnens bezüglich des Handelns. Wie wenn ein Kind am Arm hochgenommen wird und fliegt. Freude ist daher vor allem Leichtigkeit des Handelns. Sie ist und bleibt nicht subjektiv: Sie kommt von außen (Geist) und geht nach außen (Werk). Dabei ist sie die Erfahrung, daß Gebotserfüllung geschenkt wird.
Für unseren Zusammenhang bedeutet das: Freude ist nicht Fröhlichkeit, Heiterkeit oder Witzigsein, sondern diejenige angstfreie und ruhige Rationalität, die alles für die Gerechtigkeit Notwendige leicht und ohne Widerstände tun läßt.

---

[7] Vgl. die überaus zahlreichen Belege für „pneuma" in Act 6-8 und die Schriftauslegung des Stephanus nach Act 7. Von Apollos, der dieser Gruppe wohl nahestand, wird Ähnliches in Act 18,24f berichtet.

3.5 Der Wille zu leben
Seine Erklärung kann das von uns beobachtete Fehlen von Zwischengefühlen bei Paulus m.E. finden, wenn man von der paulinischen Grundthematik von Leben und Tod ausgeht.
Auch im Rahmen der Kampfmetaphorik (Röm 13,12; vgl. Röm 6,13) geht es Paulus nicht um Zwischengefühle, sondern um den absoluten Willen des Menschen zu leben und um die radikale Bedrohung durch den Tod. Wie in dualistischer Weisheit geht es um das Grundsätzliche.
Hier ist schließlich auch das Phänomen der Sünde einzuordnen: Sünde ist für Paulus keineswegs ein latentes Schuldbewußtsein o.ä., sondern vor allem die Erfahrung der Machtlosigkeit, des Nicht-Ankommens gegen die Realität, des Preisgegebenseins trotz besseren Willens, einer Besatzungsmacht. Das heißt: Sünde ist an den Gesamtbereich des Handelns gebunden und bedeutet die Erfahrung, daß einem die Hände gebunden sind. Die Konsequenz ist der Tod (der Sünde „Sold"). – Es wird von daher verständlich, weshalb Erlösung bei Paulus immer wieder beschrieben wird als Befreiung.
Auch die beklagte Unglückseligkeit (Röm 7,24) ist für Paulus nicht irgendein Frustrationsgefühl, sondern die absolute Bedrohung durch den Tod, und es ist wichtig, daß diese „anthropologische Not" bei Paulus durch das an Gott gerichtete Danken beantwortet wird (Röm 7,25). Auch damit bleibt die Erfahrung der Befreiung nicht subjektiv, sondern äußert sich in der Verbindlichkeit kultischen Handelns.

4 Fazit

Im Gefolge weisheitlichen (Dualismus Tod / Leben), gemeinschaftsbezogenen (Volk Gottes), ekklesiologischen und torahorientierten (rationale Norm) Denkens sowie des suprarationalen Ekstatikertums fehlt bei Paulus die neutrale, (von Paulus aus gesehen wohl eher) diffuse, aber auch persönliche Welt der (religiösen) Gefühle. Wo er wirklich einmal trauert (Röm 9,2), da um seines Volkes willen und juridisch umkränzt (9,1 und 9,3 vgl. 11,1f). Ratio, Wille und (soziale) Teilhabe an von Gott gesetzten Ereignissen (Offenbarung) oder Wirklichkeiten („Ekklesia") sind für ihn die entscheidenden Dimensionen.
Kritische Relevanz: a) Das pragmatische und soziale Denken des Paulus hat eine Korrektivfunktion gegenüber einem allzu stark auf Selbstreflexion, Frage nach der eigenen Gewißheit und Kreisen um den eigenen Bauchnabel ausgerichteten Christentum. b) Der Verzicht auf „die Weisheit dieser Welt" nach 1 Kor 1 bedeutet in gar keiner Weise eine Ablehnung rationaler Klarheit und argumentativer Wege. Gerade wenn uns

paulinische Ratio oft (gerade bezüglich der Schriftbeweise) als verwegen erscheint, so zeigt doch eben dieses gerade, daß Paulus sie rückhaltlos einsetzt. Das Geheimnis Gottes ist nicht irrational; es erschließt sich dem bis in die Tiefe, der den Geist Gottes empfängt (1 Kor 2,10f)[8], und daß dieser den Verstand nicht ausschließt, bezeugt Paulus in seinen Briefen. Der ekstatische Rationalismus könnte uns daher vor jedem willkürlichen (oder verordneten) Abbrechen der Wege des Verstandes bewahren. Christliche Mystik bedeutet nicht Unvernunft. Und die Unausforschlichkeit der Wege Gottes (Röm 11,33-35) hinderte Paulus doch nicht daran, Röm 9-11 zu ersinnen.

8.2 Begierde

1 Die theologisch-psychologische Doktrin des Paulus

Nur zu wenigen Inhalten des psychischen Lebens des Christen entwickelt Paulus eine eigens dieses explizierende Doktrin. Für die „Begierde", traditionell bezogen auf Essen, Trinken, Sexualität und die Affekte, stellt Paulus eine solche Doktrin auf: „Die Sünde bewirkte durch das Gebot in mir jegliche Begierde" (Röm 7,8). Was den Menschen selbst betrifft, so ist damit die Begierde das eigentlich Verhängnisvolle. Denn der Akzent liegt zweifellos auf „jegliche" Begierde. Die Herrschaft der Sünde äußert sich so in einer Vielfalt von Begierden.

Vom Dekalog her, dessen Schlußgebot auch sonst im Griechisch sprechenden Judentum als zentral angesehen wird (Philo v.Alexandrien; die Begierde als „Haupt der Sünde" in jüd. Schriften usw.), könnte dem Gebot theologisch der Aspekt der Verletzung des Eigentums anhaften: wie wenn man alles Mögliche haben will, ohne doch Herr zu sein.

2 Der Erfahrungsaspekt

Da Paulus sehr stark betont, daß der Mensch das Gesetz durch sein Handeln übertritt, kann auch Begierde nicht als eine „Stimmung" oder „innerliche Lust" aufgefaßt sein, sondern nur als Tat. Begierde ist nicht bloße

---

[8] Das Revelationsschema zeigt, daß die Geheimnisse Gottes nicht irrational, sondern bezüglich des Personenkreises der Empfänger begrenzt sind.

Gesinnung im Gegensatz zur Tat, sondern sie ist als Denken und Trachten (vgl. Röm 8,6 und die wichtigen Parallelen in WKG 14,4-8) verkehrtes Handeln. Oder anders: Das vielerlei sündige Handeln des Menschen hat seinen gemeinsamen Nenner darin, daß es insgesamt vielerlei Begierde ist. Zwar geht es so nicht um eine handlungsfreie Gesinnung, aber doch immerhin um etwas zweifellos psychisch Wahrnehmbares. Und die Einheit der vielen Taten besteht gerade in der Möglichkeit, sie in Selbstwahrnehmung als „triebhaft" zu identifizieren.

Man kann nur vermuten, daß Paulus wie das hellenistische Judentum vor ihm nicht nur im Gefolge der Stoa die Begierde so hoch ansetzen, sondern auch deshalb, weil die Begierde ähnlich die Seele ganz zu füllen vermag wie es die Gottesliebe nach Dtn 6,4f sollte: Dort, wo die Liebe zu Gott regieren sollte, erfüllt nun als deren spiegelbildliche Perversion die Begierde die Seele. Für diese Vermutung gibt es Belege in der Tendenz der LXX, die heidnischen Götzen als enthymemata und damit als „Begehrlichkeiten" wiederzugeben. Das heißt: Für die Auffassung des hellenistischen Judentums gibt es eine große Nähe von Götzendienst (Abfall von Gott) und Begierde.

Man kann versuchen zu rekonstruieren, wie die dieser Auffassung zugrundeliegende Erfahrung strukturiert gewesen ist:
a) Die triebhaften Sehnsüchte des Menschen werden als quasi-religiös aufgefaßt bzw. sie treten in Konkurrenz zum Sich-Halten an Gott.
b) Sie nehmen exklusiv das Innere des Menschen in Beschlag.
c) Besonders wichtig und symptomatisch ist ihre Vielzahl im Kontrast zum Verhältnis zu dem einen Gott.

Von dieser hypothetischen Grundlage aus wird Paulus gut verständlich:

3 Die Herrschaft der Begierde

3.1 Die paulinische Lehre

Daß der Mensch begehren kann, ist nach Paulus die Voraussetzung dafür, daß die Sünde sich überhaupt in ihm einnisten konnte. Denn zugleich, und das war gewissermaßen der Glücksfall für die Sünde, hatte Gottes Gebot an zentraler Stelle, am Schluß des Dekalogs als dessen Spitze das Verbot „Du sollst nicht begehren". Nichts war einfacher, als den Menschen mit seiner Neigung zum Begehren auf diese Weise mit dem Anspruch Gottes in Konflikt zu bringen. Dabei war das eigentliche Ziel der Sünde, Tod über den Menschen zu bringen (und so auf universale Weise zu herrschen), was eben durch die dann zwangsläufige Verurteilung des Menschen durch das Gesetz erreicht werden konnte[1].

In ihrem Streben nach universaler Macht hat sich die Sünde am Gesetz orientiert, weil hier und nur hier der Gegenanspruch des einen Gottes greifbar wurde.

3.2 Paulus knüpft an Erfahrungen der hellenistischen Juden an

An die oben unter 2 dargestellten Erfahrungen des hellenistischen Judentums konnte Paulus anknüpfen und sie weiter ausgestalten:

a) „Jegliche Begierde" nach Röm 7,8 weist auf die Vielfalt der Triebregungen im Kontrast zur Einheit Gottes

b) Begierde ist das Instrument der Herrschaft der Sünde, und dieser ist der Mensch wie einer Sklaverei ausgeliefert (Röm 6,12 „Es soll nicht herrschen die Sünde in eurem sterblichen Leib, daß ihr ihren Begierden gehorcht"). Im Grunde wird auch hier das Verhältnis zu Gott (die Israeliten als Sklaven ihres Gottes) negativ spiegelbildlich auf die Begierde übertragen.

Das aber bedeutet: Den Begierden verfallen zu sein ist nichts anderes als einer Vielzahl von Despoten ausgeliefert zu sein (an der Stelle des einen Gottes). Diese Vielzahl von kleinen Tyrannen, denen man dann gehorcht, bedeutet zugleich, daß man nicht einen Orientierungspunkt hat, sondern gewissermaßen auf der Flucht ist (so Paulus nicht ausdrücklich, wohl aber Philo v. Alexandrien und dann Augustinus).

Paulus betont die Einheit der fast personifizierten Sünde; die Vielzahl der Begierden tritt demgegenüber etwas zurück bei ihm.

3.3 Gegen Fehldeutungen des Paulus

Die geläufigste Form der Fehldeutung des Paulus hat die Gestalt, daß auf der einen Seite „Verstand" und „klare Grundsätze" stünden, für die Paulus optiere, auf der anderen Seite aber eben Begierde, alle Gefühlsregungen des Menschen, insbesondere die sexuellen, das vitale Wahrnehmen und Fühlen, das Durchbrechen des Regelhaften – und gegen alles dieses richte sich Paulus.

Dagegen gilt, daß sich ausweislich Röm 12f nach Paulus Gerechtigkeit vor allem auf den zwischenmenschlichen Bereich bezieht; und selbst bei der „Sünde gegen den eigenen Leib" in 1 Kor 6,12-20 argumentiert Paulus nicht mit der bösen Lust, sondern eigentumsrechtlich, wie er es wohl am Ende auch bei der Begierde tut.

Und Paulus ist sicher nicht leibfeindlich; sein Ziel ist eine neue Leiblichkeit ohne Angst vor dem Tod und Terrorisierung des Nächsten. Oder

---

[1] Das Gesetz wurde auf diesem Wege zwangsläufig in die Lage gebracht, den Menschen verurteilen zu müssen. – So wird es eingespannt in den „Plan" der Sünde, eine universale Herrschaft des Todes zu errichten. Vgl. dazu: Röm 7,7-11.

anders: Der Begierde, dem Habenwollen ohne Recht, sind entgegengesetzt jene „Früchte des Geistes", die in Gal 5,22f (und anderswo) in einer loyalen und funktionsadäquaten Übersetzung auch um das Stichwort „Zärtlichkeit" zu ergänzen wären.
Das bedeutet: Der Herrschaft des einen Gottes zugetan sein bedeutet, ihn durch eine Fülle von Verbindlichkeiten hindurch zu lieben und dabei die leibliche Integrität der anderen Menschen zu schonen – der Tyrannei der Begierden ausgeliefert zu sein bedeutet demgegenüber eine Flucht (von einem Tyrannen zum anderen) ohne bleibende Verbindlichkeiten zum Schaden der Leiblichkeit der anderen.

4 Die psychologische und theologische Bedeutung der paulinischen Rede von der Begierde

1. Indem Paulus Begierde auf Herrschaft bezieht („gehorchen"), macht er sie zum theologischen Thema, weil es um den Anspruch Gottes auf Herrschaft und Gehorsam geht.
2. Im paulinischen Sprachgebrauch hat „Begierde" keine eigentlich positive Entsprechung. Jedenfalls gibt Paulus nicht leicht zu erkennen, wie er sich die Erfahrung auf der positiven Seite denkt. Das hat folgende Gründe:
a) Begierde ist eine individuell-anthropologische Kategorie; Begierde ist per se nicht sozial bzw. anti-sozial. Darin liegt der Gegensatz etwa zu „Gerechtigkeit".
b) Da Begierde für Paulus ein Handeln ist, kommen als Gegensatz alle Taten der Gerechtigkeit bzw. Früchte des Geistes infrage.
c) In Röm 6,17 sagt Paulus vom positiven Gehorsam der Christen, er sei „von Herzen" erfolgt – eine Wendung, für die wiederum auf der Negativseite die Entsprechung zunächst fehlt. Besteht etwa ein bestimmter Gegensatz zwischen „Begierde" (Röm 6,12) und dem „von Herzen" (Röm 6,17) (in beiden Fällen mit Gehorsam!)?
Wahrscheinlich ist im Sinne des Paulus der angemessenste Gegensatz zu Begierde der „Glaube" und auch der „Gehorsam des Glaubens".
3. Im Unterschied etwa zu 4 Esr führt Paulus die Sünde des Menschen nicht einfach – mehr „aufschiebend" als erklärend – auf das „böse Herz" oder den „bösen Trieb" des Menschen zurück, sondern er setzt bei einer konkreten Erfahrung ein; diese Erfahrung von Begehren und Sehnsucht ist zunächst jedoch im allgemeinen Sprachgebrauch und so überwiegend auch vor Paulus moralisch indifferent.
Wer so wie Paulus von Begierde spricht, greift eine zunächst und an sich indifferente und moralisch „neutrale" Erfahrung auf. Diese wird zur Klä-

rung der ethischen und moralischen Frage „eingesetzt", und zwar mit der Wirkung, daß die ethische Frage psychologisch vertieft wird. Was gut und böse ist, wird nämlich so weder einfach „per Dekret" noch auch lediglich „eschatologisch" (am Ausgang, am Ergehen) greifbar – das waren die beiden klassischen Wege von Torah und Weisheit -, sondern anhand einer Erfahrung, die sich einzustellen pflegt und die man prüfen kann. Mitten im Vollzug des Handelns wird die ethische Frage damit psychologisch geklärt. Dabei ist Begierde nicht irgendein Gefühl, sondern in der Vitalität begründete Neigung zur Irregularität.

Der beachtliche Ansatz dieser gedanklichen Leistung kann vielleicht etwas darüber trösten, daß diese Lösung Schwächen hat, was die Differenzierung und damit die Kriterien einer solchen „Prüfung" angeht; das wurde bereits oben unter 2. dargestellt. Aber der Gewinn liegt allemal darin, daß die Frage nach einer aktuellen Evidenz von Moral überhaupt gestellt wurde.

Dabei wagt Paulus, die Lebensinstinkte[2] selbst infrage zu stellen und gewissermaßen aufs Spiel zu setzen. Daraus wird erkennbar, daß eine solche psychologische Vertiefung der ethischen Frage von spezifischer Radikalität ist[3]. So ist ja auch bei den paulinischen Ansätzen, eine positive Kehrseite der Emotionalität zu finden, das „von Herzen" (Röm 6,17) nicht zufällig dem „aus ganzem Herzen" des Hauptgebotes verwandt.

4. An die Stelle des hellenistischen anthropologischen Gegensatzes von Ratio und Irrationalem setzt Paulus den von Geist und Fleisch. Dabei sind sich Ratio und Geist, Gefühl und Fleisch nur scheinbar ähnlich. In Wirklichkeit versteht man Paulus nur dann, wenn man die Gegensätze hier nicht beschönigt. Geist (gr.: *pneuma*) hat nichts mit Geistigkeit zu tun (sondern bedeutet ein neues Sein des ganzen Menschen), und Fleisch bezieht sich nicht auf Emotionalität überhaupt (sondern auf das alte Sein). Paulus hat den hellenistischen anthropologischen Gegensatz in einen zeitlichen transformiert. An die Stelle der Zweiteilung des Menschen setzt er den Gegensatz von alt und neu. – Daß die hellenistische Zweiteilung Spuren bei Paulus hinterlassen hat, ist differenziert darzustellen und eigens zu erörtern (vgl. § 5; § 8.2).

Kritischer Ertrag: Wenn es zutreffend sein sollte, daß die positive Entsprechung der Begierde in gewisser Hinsicht der Glaube ist, dann gilt:

---

[2] Denn die Begierden betreffen nun einmal den Vollzug aller lebensnotwendigen Funktionen. Es handelt sich ja nicht um irgendwelche Gelüste dabei.
[3] So ist es wohl nicht zufällig, daß Paulus gerade als Pharisäer die Verbindung von Sünde und Begierde annimmt. Diese Annahme ist Ausdruck pharisäischer Radikalität, weil das Übel gewissermaßen an der Wurzel in den Blick genommen und so bekämpft werden kann.

a) Begierde ist die Weise, in der Sünde im Menschen herrscht – und so ist umgekehrt Glaube die Weise, in der Gott und seine bzw. die von ihm intendierte Gerechtigkeit sich im Menschen darstellen.
b) Nur wer weiß, was Begierde ist, kann auch ermessen, was Glaube ist. – Das heißt: Wenn unsere These zutrifft, bedeutet sie eine kritische Anfrage an ein primär intellektuelles Glaubensverständnis. Gegenmacht zu Begierde kann nur ein Glaube sein, der deutlich emotional geprägt ist. Und umgekehrt: Daß der Glaube in Differenz zu Begierde vor allem rational verstanden wurde, gehört zu den oben dargestellten typischen Fehldeutungen des Paulus. Denn Paulus kämpft nicht gegen die Emotionalität, sondern gegen „das Fleisch" (im Sinne des Ausgeliefertseins des Menschen an Hinfälligkeit und Vergänglichkeit mit der Folge, nicht „Kurs halten" zu können, überhaupt).

8.3 Furcht und Angst

1 Kein Unterschied zwischen Furcht und Angst

Weder die griechische noch die hebräische Bibel unterscheiden zwischen Furcht und Angst (gr.: *phobos, phobeisthai*). Die praktische Konsequenz dessen ist, daß auch im Verhältnis zu Gott und seinen Repräsentanten keine Differenzierung der Art möglich ist, wie sie die beiden deutschen Wörter nahelegen.

2 Gemischte Gefühle

Wo die Differenzierungsmöglichkeiten für die neutestamentliche Zeit lagen, kann der folgende Abschnitt aus der jüdischen Schrift Joseph und Aseneth (1.Jh. n.Chr.?) dokumentieren:
(Nach dem Empfang des Segens durch Joseph heißt es von Aseneth in 9,1)
"Und es freute sich Aseneth über den Segen des Joseph mit großer Freude sehr und eilte und ging weg in das Obergeschoß zu sich selbst, und sie ist gefallen auf ihr Bett schwach werdend, denn es war in ihr Freude (gr.: chara) und Traurigkeit (gr.: lype) und Furcht viel (gr.: phobos polys) und Zittern (gr.: tromos) und anhaltender Schweiß, wie sie hörte alle die Worte Josephs". (Übers. C.Burchard)
Die emotionale Erschütterung Aseneths wird durch die Angabe widerstreitender Zustände geschildert. Da den neutestamentlichen Texten der

„romanhafte Stil" nirgends eigen ist, wird man Analogien zu dieser ausführlichen Darstellung des Seelenzustandes vergeblich suchen. Doch ist der Zusammenhang von Schwäche und Furcht zur Einordnung der „Schwachen" in paulinischen Briefen wichtig.

Die Verbindung von „Furcht und Zittern" in JosAs 9 ist ein bedeutsamer Beleg zur Rekonstruktion des paulinischen „mit Furcht und Zittern". Denn in JosAs geht es dabei um die Reaktion auf die „Epiphanie Josephs", der Aseneth als „Sohn Gottes" gegenübertritt.

3 Furcht und Zittern

3.1 Zur Geschichte eines Wortfeldes

Die Geschichte dieser Wendung läßt sich durch mehrere Phasen hindurch verfolgen:

a) Die Reaktion vor dem überlegenen Feind:

Nach der hebräischen Bibel und der LXX gelten „Furcht und Zittern" regelmäßig im Verhältnis zwischen Feinden: Der unterlegene Teil empfindet Furcht und Zittern gegenüber dem überlegenen[1]. In Gen 9,2 gilt es übertragen von den Tieren gegenüber den Menschen. In den Qumrantexten kann Analoges zur Beschreibung der Situation und Umgebung des Beters dienen[2]. Auch wenn es immer wieder einmal Gott ist, der am Ende bewirkt hat, daß Furcht und Zittern vor einem mächtigen Gegner herrscht (so in Dtn 2,25; 11,25; besonders Jes 19,16), so geht es doch nicht um ein Element der ausgeführten Schilderung von Epiphanie oder Theophanie.

b) Teil der Theophanie oder Epiphanie

In 4 Makk 4,10 geht es zwar immer noch um kriegerische Ereignisse, aber es sind Engel mit blitzenden Waffen, angesichts derer von dieser Reaktion berichtet wird. Um eine Reaktion innerhalb der Epiphanie geht es dann in dem oben zitierten Text JosAs 9,1 und in JosAs 14,10[3]. So ist auch der verwandte Ausdruck in Mk 16,8 zu beurteilen („Zittern und Entsetzen").

---

[1] Vgl. Ex 15,16; Dtn 2,25; 11,25; Jdt 2,28; 15,2; Ps 55,6; Jes 19,16.
[2] Vgl. 1 QS 10,15 „Und bevor ich meine Hand erhebe, mich zu sättigen vom reichen Ertrag der Welt, am Anfang von Schrecken und Furcht und am Ort der Trübsal und Öde, will ich ihn preisen, weil er überaus wunderbar handelt...". – In 1 QS 1,16f wird Ähnliches mit Belial verknüpft.
[3] JosAs 14,10: Der Engel erscheint, „und es fürchtete sich Aseneth mit großer Furcht, und es zitterten alle ihre Glieder".

c) Teilweise Ethisierung

In späteren Apokryphen, bei Paulus und im nachpaulinischen frühchristlichen Schrifttum wird die Wendung von der Darstellung von Epiphanien teilweise gelöst, doch ist nicht zu verkennen, daß die beiden nach a) und b) wichtigen Teilgehalte fortleben: Nach SedrApk 14,12 gilt von den Sündern, daß sie Gott „nicht in Furcht und Zittern anbeten, sondern große Worte machen". Einerseits geht es um die Lage des Unterlegenen, andererseits ist die Situation der Anbetung grundsätzlich mit der der Epiphanie verwandt. Zu vergleichen ist Röm 11,20 („denke nicht Übermütiges, sondern fürchte dich"; „Übermütiges denken" entspricht dem „große Worte machen" von SedrApk).

Der ethische Aspekt überwiegt in dem Wortfeld (es handelt sich nicht um eine feste „Wendung") „gehorchen (Gehorsam) mit Furcht und Zittern", das sich bei Paulus und unmittelbar anschließend findet (Phil 2,12f „wie ihr immer gehorcht habt... mit Furcht und Zittern"; 2 Kor 7,15 „euren Gehorsam, wie ihr mit Furcht und Zittern ihn aufgenommen habt"; Eph 6,5 „ihr Sklaven gehorcht den Herren... mit Furcht und Zittern").- Dennoch ist in diesen Texten auch das epiphane Element nicht auszusondern. Denn Paulus ist Apostel Jesu Christi, Titus sein Repräsentant, und bei den Herren in Eph 6,5 heißt es ausdrücklich, ihnen sei mit Furcht und Zittern zu gehorchen „wie dem Christus". Auch denen gegenüber, die Gott (selbst in Subdelegation) repräsentieren, gilt daher „Furcht und Zittern". Die Epiphanie gilt daher auch für die Repräsentation (Gottes) – eines der bemerkenswertesten Phänomene der frühjüdischen und frühchristlichen Religionsgeschichte.

In dem Satzgefüge Phil 2,12f nimmt die Wendung „mit Furcht und Zittern" eine Schlüsselstellung ein, denn sie ist auch begründet in der Präsenz Gottes in den Menschen (Phil 2,12 „...denn Gott wirkt in euch").

In 1 Kor 2,3 verbindet Paulus die Rede von Furcht und Zittern mit der Angabe der Schwäche (wie oben der unter 2 genannte Text aus JosAs 9,1). Hier wird eindeutig das epiphane Element betont: Paulus kommt schwach und unter Furcht und Zittern zu der Gemeinde, weil Gottes Kraft in ihm wirkt und damit sie wirken kann. Mit Phil 2,12f verbindet der Gedanke, daß Furcht und Zittern eine angemessene Reaktion derer ist, in denen und durch die selbst Gott wirkt. Es geht sozusagen um das Verhalten derer, die das Heilige in sich tragen, vor dem, was sie in sich tragen und was in ihnen wirkt. In 1 Kor 2,3 wie in Phil 2,12f ist dabei das Wirken Gottes sehr stark betont. Es handelt sich dabei um eine wirkmächtige Gegenwart Gottes, angesichts derer Reaktionen wie bei der Epiphanie erwartet werden.

In 1 Petr 1,17 („in Furcht wandelt für die Zeit eurer Fremdlingschaft...") liegt für eine analoge Wendung eine rein ethische Bedeutung vor.

Fazit: Die Wendung „mit Furcht und Zittern" hat einen bleibend an Epiphanie orientierten Gehalt, zu dem in neutestamentlicher Zeit eine stark ethisch ausgerichtete Bedeutung hinzutritt. „Furcht und Zittern" werden jedenfalls im Umkreis des Paulus in soziales Handeln verwandelt oder sind die Basis für solches. Eine wichtige Vermittlerrolle übernimmt dabei, daß Gott durch seinen Verkündiger wie durch einen Boten repräsentiert wird. Im Unterschied zum überwiegenden Sprachgebrauch des Alten Testaments ist bis auf 4 Makk 4 in neutestamentlicher Zeit der kriegerische Aspekt entfallen.

3.2 Psychologische Bedeutung

3.2.1 Paulus als Seelsorger in Phil 2,12f

In diesem kurzen Abschnitt des Phil erörtert Paulus das Thema „Angst" und „Handeln". Bezüglich der Angst sagt er, daß sie (allein) Gott gegenüber gelte, über das Handeln sagt er gleichfalls, daß Gott es bewirke. Wir versuchen uns vorzustellen, warum Paulus hier gerade so argumentiert. Ich halte es für möglich, daß Paulus hier eine ähnliche Doppelstrategie verfolgt wie in 2 Kor 5,13. Dort lenkt er den Blick weg von sich selbst, vom eigenen Ich. Er richtet den Blick vielmehr auf Gott und das menschliche Gegenüber (für sich selbst: die Gemeinde)[4]. Ähnlich sehe ich das auch in Phil 2,12f[5]:

a) Angst, sagt Paulus, sollt ihr nur vor Gott haben, nicht aber, so ergänze ich, vor euch und eurem eigenen Versagen. Setzt Paulus hier die Erfahrung voraus, daß Menschen wie gelähmt sind, wenn sie an das eigene Versagen denken? (Besonders alle Süchte entstehen dadurch, daß wir fürchten, wir schafften es nicht). Wer Angst vor Gott hat, ist schon aus seinem Elfenbeinturm heraus. Diese Angst gilt in Phil 2,12f konkret Gottes Repräsentanten. Sie realisiert sich als verbindlicher Gehorsam.

---

[4] In 2 Kor 5,12-15 geht es um das Problem des „Rühmens" und damit der Bedeutung des Sozialprestiges des einzelnen (auch und gerade der Verkündiger). Paulus zeigt auf, daß alle Christen sich selbst gestorben sind und damit frei sind von einem Interesse zugunsten der eigenen Person. Daher nennt er in 5,13 die beiden Pole, auf die er das Sich-Rühmen schiebt: Gott und die Gemeinde.- Wie in Phil 2,12f so ist auch hier dieses Von-sich-absehen-Können in Gottestat begründet: in 2 Kor 5 durch Jesu Tod, in Phil 2 durch Gottes Wirksamkeit.

[5] Im Unterschied zu vielen Kommentaren (vgl. etwa die Diskussion bei J.Gnilka, Der Brief an die Philipper, z.St.) sehe ich das Problem an diese Stelle nicht in der Frage des Synergismus, sondern als ein seelsorgerlich-psychologisches. Daher geht es überhaupt nicht um eine Ergänzung menschlicher Aktivität durch göttliche (oder umgekehrt), sondern um die Pädagogik des Paulus angesichts der Frage: Wie ist die Gemeinde zum Handeln zu bewegen?

b) In einem zweiten Schritt hebt Paulus diese Angst vor Gott in bestimmtem Sinne wieder auf. Denn all das, worauf es nun ankommt, wirkt Gott als Geschenk, so daß man ihn nur wirken lassen, sich von ihm die Hand führen lassen muß. Durch diese „frohe Botschaft", daß Gott selbst das wirkt, was nötig ist, wird die Angst vor der Schwelle zur Tat suggestiv beseitigt. Entscheidend ist jetzt nicht mehr, sich zur Tat aufraffen oder überwinden zu müssen. Vielmehr soll der Blick auf Gott gelenkt werden, auf den schrecklichen und den gütigen. Wenn das gelingt, kann der Christ das Heil wirken.

Ich gehe davon aus, daß es Paulus an dieser Stelle um das Handeln der Menschen geht – insofern ist meines Erachtens Paulus gerade auch als Christ Pharisäer geblieben. Denn er fragt: Wie ist jetzt das Handeln in Gerechtigkeit möglich? Und er läßt den Angeredeten keine Ausflucht: Als Christen begegnen sie dem fordernden Willen Gottes direkt durch dessen Repräsentanten, und darin ist Gott der, auf den man nur mit Furcht und Zittern reagieren kann, und das gilt auch gegenüber dem Wirken Gottes in den Christen. Aber andererseits führt Gott durch sein Wirken in den Christen diesen gewissermaßen die Hand (wie eine Mutter, bei der man Schreiben lernt), so daß der Christ zwischen Schrecken und Fürsorge keine Ausflucht mehr hat.

3.2.2 Die heilsame Angst

In Röm 11,20f (Glaube und Furcht) sowie in 2 Kor 5,11 (Furcht Gottes als Regulativ des paulinischen Handelns) wird – außer an der behandelten Stelle Phil 2,12f der Angst/Furcht vor Gott für das christliche Verhalten im ganzen wichtig, und zwar außerhalb des Wortfeldes „Furcht und Zittern", wohl aber unter Verwendung des Wortstammes „Furcht" (gr.: *phob-*). In Röm 11,20f wie in 2 Kor 5,11 (vgl. 5,10) gilt dieses angesichts des Gerichtshandelns Gottes. Auch „Furcht und Zittern" waren ja nicht grund- und zwecklose Verhaltensweisen, sondern bezogen sich stets auf die Erwartung möglicher Reaktionen des mächtigeren Gegenübers als Strafe für eigenes Fehlverhalten.

Paulus greift zu diesen Mitteln nur selten (niemals bei der Darstellung seiner Soteriologie), aber dann in sehr wichtigen Zusammenhängen, in denen es um das Verhalten der Menschen geht[6]. Angst sowie Furcht und Zittern sind die Reaktionen vor der Macht Gottes und beziehen sich auch darauf, daß er strafen kann. Denn wenn das Verfallensein an die Sünde auf der

---

[6] In Röm 11 ermahnt Paulus die Heidenchristen in Rom; in 2 Kor 5,11 geht es um die moralische Verteidigung seines Apostolats, in Phil 2,12f um die grundsätzliche Bereitschaft der Gemeinde zum Gehorsam. Das eine ist für Paulus kirchenpolitisch so wichtig wie das andere.

Seite des Menschen zusammenkommt mit der Erfahrung von Gottes Macht, dann ist Schrecken die angemessene Reaktion.
Eine Opposition von Angst vor Gott und Liebe gegenüber oder von seiten Gottes ist hier wie auch sonst der Bibel zumeist (vgl. jedoch zu 4.) unbekannt[7]. Vielmehr ist das Vorkommen von Angst/Furcht gegenüber Gott an sich bereits etwas unbezweifelbar Positives. Denn solche Angst richtet sich eben nicht auf andere Götter oder Mächtigkeiten (oder einen selbst), sondern auf den einzigen, gegenüber dem diese Angst etwas austrägt – im Sinne des Paulus: daß man seinen Willen dann tut.

3.2.3 Kritische Funktion für die Applikation:
Gegenüber unserer Unterscheidung, daß Furcht, nicht aber Angst vor Gott angemessen sei, bedeutet die biblische Sicht, nach der beides zusammengehört, die Möglichkeit der Kanalisierung aller Ängste:
Entscheidend ist für die Erfahrung der Bibel, Angst zu haben vor dem „richtigen", nicht vor irgendwelchen Göttern oder vor der eigenen Fehlleistung. Daß es ein Angstpotential gibt, ist notwendig und vorausgesetzt. Schlechthin entscheidend ist, auf wen hin wir dieses gerichtet sein lassen, vor wem wir Angst haben. Wenn und insofern als moderne Theologie und Seelsorge die Angst/Furcht vor Gott uns ausreden wollte, hatte das die Konsequenz, daß die Angst wieder diffus wurde oder sich neue Felder suchen konnte (Nekromantie etc.)[8]. Andererseits ist die notwendige oder: faktische Angst vor Gott allzu häufig von einer machthungrigen kirchlichen Obrigkeit unter der Hand zu einer Angst vor Menschen geworden. Auch diesem Phänomen gegenüber gilt, daß sie vor Gott allein legitim ist, was zu einer Freiheit gegenüber allem anderen führt, was Angst machen könnte (vgl. Mt 10,28; Lk 12,4-5).
Angst ist – wie Anklage als Form des Gebetes und Zweifel und andere „negative" Erfahrungen – im Verhältnis zu Gott nicht zu verschweigen und zuzudecken. Ängste dürfen vor Gott benannt werden, da das Gottesverhältnis nach jüdischem und christlichem Verständnis jede Ehrlichkeit zuläßt.
Das Neue Testament „macht" nicht Angst. Vielmehr deckt es bestehende Angst auf, benennt sie und zeigt die Chance auf, wie sie am letzten Ende überwunden sein kann.

---

[7] Der Kleine Katechismus M.Luthers hält daher in partieller Synonymität fest: „Du sollst Gott fürchten und lieben...".
[8] Die okkultistische Praxis betont den Umgang mit dem Unheimlichen. Mir will scheinen, als sei dies eine Art Ersatz dafür, daß Gott jede Unheimlichkeit verloren hat. Okkultismus ist der Preis für Rationalisierung und Ethisierung des Christentums.

3.3 Furcht/Angst und Freude

Die Kombination von Furcht/Angst und Freude begegnet außer in JosAs 9,1 (s.o. unter 2) auch in Mt 28,8 (von den Frauen: „mit Angst und Freude"). Im Unterschied zu unserer Wahrnehmung liegt hier offenbar kein Gegensatz vor. Für uns würde sich beides gegenseitig aufheben. Die „gemischten Gefühle" (C.Burchard) hier und in JosAs 9,1 bedürfen der Erläuterung. Denn hier könnte ein hermeneutisch bedeutsamer Hinweis auf sehr unterschiedliche Erfahrungsweisen in Differenz zu uns vorliegen. „Furcht/Angst" ist hier eindeutig ein Element aus Theophanien/Epiphanien[9], Signal für das Wahrnehmen der stärkeren Macht (vgl. oben zu 3.1 a] und b]). Furcht/Angst ist daher anders als bei uns nicht auf etwas per se Negatives zu beziehen, sondern auf die Wahrnehmung einer (freilich ambivalenten) stärkeren Macht. Nur aus diesem Grunde ist hier Furcht/Angst durch Freude zu ergänzen und zu erweitern. Gerade in diesem Sinne ist Furcht/Angst auch die Reaktion auf die Ankündigung der Auferstehung in Mk 9,32b. Dabei ist aufschlußreich, daß es zum Vorkommen von Freude (Mt 28,8) in Epiphanien kaum Analogien gibt[10]. Es geht dabei wohl um ein in den Ostertexten neues Motiv. Die Freude steht hier in Kontrast zu der (freilich unter den Ostertexten nur im sekundären Markusschluß Mk 16,10b berichteten – nur Joh 20 nennt das Weinen der Maria Magdalena –) Trauer über Jesu Tod.

Auch Luk 24,41 gehört hierher („als sie noch ungläubig waren vor Freude")[11]. Freude steht daher für ein spontanes Überwältigtsein, das noch nicht zur Besinnung kommen läßt.

4 Angst und Liebe

Nach 1 Joh 4,17f sind Furcht/Angst und Liebe unvereinbar: „Darin ist die Liebe bei uns zur Vollendung gelangt, daß wir Freimut haben am Tage des Gerichts, denn wie jener ist, sind auch wir in dieser Welt. Furcht ist nicht in der Liebe, (18) sondern Liebe treibt als die vollkommene die Furcht

---

[9] Vgl. K.Berger, Die Auferstehung des Propheten und die Erhöhung des Menschensohnes, Göttingen 1976, S. 433 Anm. 22 (zu „fürchte dich nicht"). Auch die Aufforderung, Mut zu fassen (a.a.O., Anm.23), setzt voraus, daß Furcht/Angst zu überwinden war.

[10] Nach op.cit. S.397 Anm.543 freuen sich die Jünger des Johannes laut Acta Ioannis, als sie das Grab ihres Meisters leer finden, seinen Leichnam erfolglos suchen und sich des Wortes Jesu nach Joh 21,23b erinnern: Er ist entrückt.

[11] Vgl. dagegen als Kontrast AntBibl 42,5 („Manue glaubte seiner Frau nicht, verwirrt durch Traurigkeit"). Hier liegt im Verhältnis zu Lk 24,41 ein Kontrast von Freude und Traurigkeit vor.

aus, denn die Furcht bezieht sich auf Strafe; wer sich aber fürchtet, ist in der Liebe nicht zur Vollendung gelangt". – Die Bedeutung ist: Wer Anklage und Strafe im Gericht erwarten muß, der hat Furcht (K.Wengst). Furcht/Angst blickt wie gebannt auf die Strafe vor sich (R.Schnackenburg).

Entscheidend ist hier die positive Ergänzung durch den „Freimut" (gr.: *parrhesia*) in 4,17. Das Wort bedeutete zunächst „Freiheit der Rede" und dann Zuversicht, Offenheit im Umgang, Angstfreiheit. Gerade das Element der unbefangenen Offenheit ist daran wichtig[12]. Dieser Freimut ist eine der Weisen, auf die die Gabe des Geistes (vgl. bes. 2 Kor 3,12 mit 3,9.17) und die damit verbundene Adoption zu Gottes Kindern erfahrbar wird, und zwar gerade angesichts der Hoheit Gottes, d.h. angesichts alles dessen, vor dem man Angst haben müßte[13]. Es erscheint mir daher als wichtig, daß der metaphernspendende Bereich für dieses Verhalten in der Öffentlichkeit (jede Art Versammlung, Gericht, Audienz beim König), nicht im familiären Umfeld liegt. In 1 Joh 4 wird dieser Freimut als direkte Folge des Geliebtseins durch Gott verstanden.

Dieser Text ist für das Thema Angst und Liebe Zeuge einer überaus bemerkenswerten Entwicklung, die wir im hellenistischen Kulturraum des 1.Jhr.n.Chr. an mehreren Stellen zugleich haben:

a) Bei Philo von Alexandrien ist Liebe, nicht aber Angst/Furcht die Gott allein wirklich angemessene Weise der Verehrung: Wer Gott an sich selbst verehrt, liebt ihn, und dann wird weder an Gottes Körperteile noch an Affekte gedacht; kurzum, Gott wird nicht wie Seiendes vorgestellt. Wer Gott dagegen fürchtet, orientiert sich an Anthropomorphismen (Immut 69). Wer Gott fürchtet, ist noch nicht so weit, daß er ihn liebt (Migr 21), und nach Somn I 163 geht es darum, ihn nicht als den Herrn (Kyrios) zu fürchten, sondern ihn als den Wohltäter in Liebe zu verehren.

---

[12] Insbesondere 2 Kor mit seiner häufigen und signifikanten Verwendung des Stammes „offenbar machen" (gr: phaneroun) ist m.E. ein Zeugnis für paulinischen Freimut. Daher kann er den Gegnern Verhülltheit vorwerfen, während er selbst ohne Schonung seiner Person die Flucht nach vorn antritt (so auch 2 Kor 11,23-30). Unter diesem Aspekt vgl. besonders 2 Kor 3,12 mit 7,4.

[13] W.Bauer, Wörterbuch, 6.Aufl. gibt zum Stichwort an: „die Offenheit im Reden, die nichts verschweigt oder verhüllt", „frei heraus", „ohne Umschweife", „öffentlich", „Freimütigkeit, die sich nicht geniert", „den Mut gewinnen", „wagen", „Unerschrockenheit, besonders Höhergestellten gegenüber", im Verhältnis zu Gott besonders: „die Freudigkeit, das gute Zutrauen", „freudige Zuversicht".

Da bei Philo die Liebe gegenüber Gott eindeutig die vollkommenere Weise der Hinwendung ist, habe ich in 1 Joh 4,18 nicht übersetzt: „die vollkommene Liebe", sondern: „die Liebe als die vollkommene".
b) Die Unvereinbarkeit von Liebe und Furcht gerade in der Gottesverehrung betont auch Seneca[14]. Dabei geht es um die Zuordnung des „colere" (verehren) und des „amare". Diese Relation ist für das Verhältnis zu den Göttern kennzeichnend.
c) Außer an unserer Stelle 1 Joh 4,17f ist auch für die paulinische Theologie die Überwindung jedenfalls des Gerichtsgedankens durch die Erfahrung der in Jesus Christus zugeeigneten Liebe entscheidend (Röm 8,1: „Also gibt es keine Verurteilung für die in Christus"; 8,33b: „... wer ist noch, der verurteilt?"; 8,35 „Wer wird uns trennen von der Liebe des Christus?"). Besonders in Röm 8,38f wird die Bedeutung der „Liebe Gottes" in Jesus Christus allem gegenübergestellt, vor dem man sich – der Sache nach, ohne daß das Wort fiele – fürchten müßte.
In diesen Texten zeigt sich religionsgeschichtlich ein regelrechter Paradigmenwechsel[15] an, der in folgendem besteht:
1. Die Einsicht von der Überlegenheit und dem Allein-Angemessensein der Liebe in der Religion bricht sich Bahn. (Bestehen Querverbindungen zur Konzeption der Pax Augustea?). Der Seneca-Text macht deutlich, daß dieses unmittelbar soziale Konsequenzen hat.
2. Die Synonymität von Furcht und Liebe sowie auch ihr alternatives bloßes Nebeneinander werden aufgehoben. Die Liebe hat „gesiegt", ohne daß ihre Rivalin, die Angst/Furcht, vergessen wäre.
3. Damit ist die Option für Intimität und Herzlichkeit im Verhältnis zu Gott gefallen, im Gegensatz zur Repräsentation von Furcht und Angst durch den anonymen Staatskult.

---

[14] Seneca, Epist Moral V 47,18: „Sagen wird einer, ich riefe nun die Sklaven zur Freiheit und stieße die Herren aus ihrer Stellung, weil ich gesagt habe: sie sollen verehren lieber ihren Herrn als fürchten. – So', hat er gesagt, – geradezu? Sie sollen ihn verehren wie Abhängige, wie Besucher?' – Wer das gesagt hat, wird vergessen, daß für einen Herrn nicht zu wenig ist, was dem Gott genügt. Wer verehrt wird, wird auch geliebt; nicht kann sich die Liebe mit Furcht mischen (non potest amor cum timore misceri) (19) Am richtigsten also handelst du, meine ich, daß du gefürchtet werden von deinen Sklaven nicht willst...".
[15] Diese Feststellung bedeutet weder, daß es vor dem 1.Jh.n.Chr. keine Belege über den Gegensatz von Furcht und Liebe gibt (vgl. nur Wettstein z.St.), noch daß hier der religionsphänomenologische Grundansatz, es gebe stets das mysterium tremendum neben dem mysterium fascinosum, infrage gestellt würde. Es geht um mehr: Gegenüber Angst/Furcht wird die Liebe für eigentlich allein angemessen erklärt.

Für die spezifische Geschichte dieses Paradigmenwechsels innerhalb des frühen Christentums sind noch drei Bemerkungen von gewissem Wert:

a) In der Verkündigung Jesu besteht (noch) eine unaufhebbare Spannung zwischen dem Gerichtsgedanken (auch in vielen Gleichnissen) und seiner persönlichen Intimität im Verhältnis zu Gott. Anders gesagt: Jesus selbst tritt als der Heiland auf (vgl. besonders das Programm der Worte vom Gekommensein), der vor der Zeit des Gerichtes Gottes Liebe anbietet. Mit jeder Konzentration auf die Person Jesu wird die Konkurrenz zwischen Heilands-Christologie und Gerichts-Eschatologie zugunsten der ersteren betont. Die spätere Mariologie hat sich dieser Spannung entzogen[16].

b) In Eph 5,25 wird den Männern empfohlen, die Frauen zu „lieben"; dagegen soll die Frau nach Eph 5,33 den Mann „fürchten". Diese Unterschiedlichkeit mag mit dem Übergewicht der religiösen Motivation für das Verhalten des Mannes zusammenhängen (der es offenbar nötiger hatte ermahnt zu werden); sie ist aber von den oben genannten Einsichten her auch kritisierbar.

c) Eine Reihe frühchristlicher Texte zeigt, daß die Opposition Furcht/Angst und Liebe ein kirchensoziologisches Problem ist. Es hängt mit dem Phänomen Volkskirche zusammen, der die „mystische Elite" gegenübersteht. Die Lösung wird so gesucht, daß man sagt, für die Volkskirche sei die Furcht/Angst psychologisch nötig, für die spirituelle Elite dagegen gelte die Botschaft der reinen Liebe[17]. So fatal diese Lösung sein mag, sie zeigt zumindest, daß der Kontrast wahrgenommen wurde und lebendig blieb.

Der Paradigmenwechsel des 1.Jh.n.Chr. ist demnach aufs Ganze gesehen so etwas wie eine kühne, in der Folge selten eingeholte Spitzenaussage geblieben.

---

[16] Maria ist nie Richterin, repräsentiert reine Liebe und Zuwendung. – Wahrscheinlich hängen gewisse Auswüchse der Mariologie zusammen mit dem Verlust der menschlichen Seiten der Heilands-Christologie infolge überwuchernder Dogmatik.

[17] Vgl. dazu: K.Berger, Unfehlbare Offenbarung. Petrus in der gnostischen und apokalyptischen Offenbarungsliteratur, in: Kontinuität und Einheit, FS F.Mußner, Freiburg 1981, 261-326, 305, mit Bezug auf die PetrusApk (äth) I (nach ROC 5,1910, 425-439): „Offenbare es keinem anderen Menschen außer Weisen und Wissenden"; die Sünder sollen nicht um die Barmherzigkeit Gottes wissen und dadurch in Gefahr geraten, von Reue und Umkehr abzulassen. Die große Menge soll vielmehr in Furcht vor dem Gericht leben und durch die drohende Züchtigung erschreckt werden.- Ähnlich in SchenuteApk(äth) (Ed. Grohmann, ZDMG 67, 1913, 217 „Enthülle es nicht der Menge, damit ihnen diese Rede nicht zur Hoffnung gereiche und sie in ihrem Leben nicht von der Reue ablassen").

8.4 Schrecken

1 Schrecken und Grauen

Anhand des Abschnittes Apk 9,1-12 soll dargestellt werden, wie der Verfasser dieses Buches „Schrecken und Grauen" darstellt und vermittelt, sowie welche religiöse Funktion diese Gemütszustände haben.

1.1 Durchbrochene Erwartungen und Verfremdungen
Eine Reihe von Lesererwartungen wird „enttäuscht", speziell solche, die sich auf natürliche Normalität richten und an der Konsistenz von Gattungen orientiert sind.
So sind die Tiere widernatürlich zusammengesetzt, eine Einordnung in ein Gattungsschema ist nicht möglich (V.7-10); die Bäume und Pflanzen, das übliche Objekt von Heuschrecken, werden von ihnen gerade nicht geschädigt (V.4): es sind widernatürliche und dadurch erfahrungsgemäß viel schlimmere Tiere. Keine Erfahrung im Umgang macht es möglich, diese Tiere abzutun. Fabelwesen, bis dato bereits in Erzählungen literarisch gebändigt, erhalten eine neue Konkretion.
So richten sich diese Schilderungen gegen die Neigung der Leser, das Gewohnte als bekannt „abzuhaken", sich daran anzupassen, Erwartungen bestätigt zu finden. Die Größe des Schreckens steht parallel zur „Durchlöcherung" jeglicher Erwartung.
Zu den Verfremdungen gehört: Üblicherweise kommt Rauch nicht aus der Erde (V.2; höchstens bei Vulkanen), sondern wird am Himmel sichtbar; Brunnen (V.2) enthalten sonst lebensrettendes Wasser, hier nicht. Vor allem tragen Heuschrecken, die wie Pferde aussehen, keine Kronen (V.7). Die Bildmontage läßt völlig fremdartige Wesen entstehen.

1.2 Darstellung von Perversität
In V.7-9 kommen menschliche Körper- oder Ausstattungsteile vor (Kronen, Angesichter, Frauenhaare, Brustpanzer), die „an sich" sehr schön und edel sind, aber sich hier an Orten befinden, wo sie nicht hingehören. (Im übrigen kommen Menschen dann nur noch als Opfer vor: V.4.5.6.10). Daß etwas dort ist, wo es nicht hingehört, ist für antikes Denken „Greuel" und „Perversität", weil es die „Mischung" (gr.: *mixis*) von Dingen ist, die nicht zusammenkommen dürfen. Das ist überhaupt das Ärgste, was geschehen kann.
In diesem Sinne ist in Mk 13,14 vom Greuel der Verwüstung die Rede, dessen Greuelhaftigkeit vor allem darin besteht, daß er „steht, wo er nicht sein darf" (nämlich wohl im Tempel). Und aus diesem Grunde bestraft

Gott die Mißachtung seiner als des Schöpfers durch Anbetung geschaffener Dinge (das ist pervers, weil Anbetung dort stattfindet, wo sie nicht hingehört; Röm 1,21-23), indem er Menschen dann der Perversität anheimgibt, die nach der Regel der Talio dann auch darin besteht, daß sich vermischt, was sich nicht vermischen darf (Röm 1,24-27). Für antikes Wahrnehmen folgt daher hier die eine Perversität aus der anderen.

Für das Erleben der frühen Christen ist es das Ärgste, wenn sich verbindet, was sich nicht verbinden darf. Dann entsteht Unordnung, die schrecklich und grauenhaft ist. Offenbar ist diese Weise der Wahrnehmung sozial und kulturell bedingt: Unordnung wird dort als das Ekligste und Bedrohlichste empfunden, wo Ordnung eine Wohltat und ein Geschenk ist, das heißt: wo Ordnung nicht fest gegründet, sondern labil und bedroht ist. Zum Vergleich: Da heute in Mitteleuropa Verhältnisse gegeben sind, die im Vergleich zu allen anderen der Menschheitsgeschichte als geordnet angesehen werden können, verschiebt sich auch die Vorstellung von Perversität. Nicht die Vermischung des Nicht-Zusammengehörigen gilt als pervers, sondern verschiedenste Formen von Gewalt. Und das heißt: Ordnung wird eher als bedrückend erfahren, da sie durch das staatliche Gewaltmonopol bis ins kleinste durchgesetzt wird[1].

1.3 Ansprechen von Sinnen und Emotionen
In dem erörterten Stück Apk 9 werden nahezu alle Sinne geweckt: Sehen (V.1), Hören (V.1.9), Riechen (V.2: Rauch riecht gewöhnlich), Schmerz (V.5 Qual und Stich; V.10), Tastsinn (Schilderung von Körpern V.3a.7-9a.10).

Als Emotionen werden geweckt: Fremdheit (vgl. oben unter 1.), das Grauen des Eroberungskrieges (V.7.9), die Todessehnsucht aus Verzweiflung (V.6), das Schreckliche an Monstra (V.7-9), die Not, die durch Wegfressen entsteht (V.3f), das Versperrtsein des Fluchtweges (V.6) – die Erfahrung des Eingeklemmtseins zwischen Himmel (V.1) und Unterwelt (V.11) und des Bedrängtseins auf der Erde (V.3-10) in der Schilderung der Textebene spiegelt Enge und Aussichtslosigkeit; zwischen dem Engel vom Himmel V.1 und dem Engel des Abgrunds V.11 sitzt der Mensch unentrinnbar in der Zange -, das Gefühl der Machtlosigkeit (V.5f.10), besonders angesichts der Massenhaftigkeit von Gegnern (V.9), wohl auch Zorn über Sadismus (V.5), Erschrecken (über den Fall des Sternes V.1).

---

[1] Diese Beobachtung schließt nicht aus, daß es auch hier und heute viele Menschen gibt, die Ordnung sich von außen vorgeben lassen und die daher an den älteren Empfindungen (!) von Perversität festhalten.

1.4 Steigerung
Der Leser wird dahin geführt, daß er einsieht: Die Konsequenz der Gottlosigkeit ist schlimmer, als wir dachten. Es ist alles schlimmer als gedacht. In 9,1 wird der Abgrund genannt, in V.11 gibt es einen König des Abgrundes; dieser König wird am Ende nicht mehr geschildert, nur sein Name wird noch genannt (V.11), so daß der Hörer ihn sich vorstellen muß. Er ist namenlos schrecklich. Die höchste Steigerung wird durch Verschweigen erreicht.

1.5 Die seelsorgerliche Dimension des Grauens

1.5.1 Rezeptionskritik
Die Rezeption des Stückes müßte sich nach seiner Anlage durch die Aktivität des Zusammensetzens der Figuren (deren Neuheit steht für ihre Unverfügbarkeit) und durch die (im Text ausgesparte) Ausmalung des Schmerzes vollziehen.
Der Verfasser von Apk 9 schildert, welche Konsequenz die Abwendung von Gott hat. Er versucht dabei, die Emotionen seiner Hörer zu erreichen. Er entfaltet den Reichtum der Bilder des Grauens, um jede Einordnung unmöglich zu machen. Formelhafte Sprache würde zu leicht abgenutzt; die Bilder des Grauens von Apk 9 erweisen sich auch nach mehrfacher Lektüre als kaum erinnerbar – eine Folge davon, daß sie in Gattungsschemata nicht einzuordnen sind. Gerade das aber könnte die Intention des Verfassers sein: Der Effekt, daß Mahnrede nur konsumiert, abgehakt und leicht abgenutzt wird, soll so vermieden werden. Jegliche Erinnerung an Früheres wird buchstäblich zerfetzt. Der Schrecken übersteigt jede Erfahrung.
Kritisch verwertbar ist daraus in der Applikation: Meditationen sind oft zu harmonistisch; hier dagegen geht es nurmehr um Fetzen und Bruchstücke. Auch „Brüche" und Schrecken haben ihren Ort. – Auf uns „wirkt" dennoch Apk 9 kaum – auch weil wir wissen, daß der Text nicht für uns geschrieben ist?

1.5.2 Das Gottesbild
Offenbar ist es nicht die Absicht des Verfassers, Angst zu machen; denn das wäre der Fall, wenn so etwas eigentlich unbegründet wäre. Vielmehr ist offenbar seine Intention:
a) Das Grauen, das Menschen haben (können), wird unverhüllt in Bilder gebannt. Nichts muß verschwiegen werden. Die Apk ist hier ein expressiver Text. Nicht die Leiden der Opfer werden dargestellt (diese Leerstelle muß der Rezipient füllen), sondern die Gestalten der Täter.

b) Alles nur mögliche Grauen wird wachgerufen, um aufmerksam zu machen auf die Wirklichkeit und Tiefendimension der Abwendung von Gott. Damit geht es dem Verfasser *nicht um Weissagung irgendeiner Zukunft, sondern um Enthüllung dessen, was ist.* Wir hatten oben bereits diesen „aufklärerischen" Zug als charakteristisch für die eschatologische Offenbarung ermittelt. Keine Not wird verhüllt, aber gleichzeitig wird auch Gottes Wahrheit nicht verhüllt. Beides gehört zusammen.

c) Für den Verfasser ist das hier geschilderte Grauen die abgewandte Seite Gottes, die erfahrbar wird, wenn sich die Menschen von Gott abwenden. Die Folge ist die Erfahrung der Aussichtslosigkeit. Hier wird der Hörer mit der Hölle konfrontiert, und auch dies ist für ihn eine Erfahrung mit Gott. Gott ist auch im Grauen, und zwar nicht als dessen Beschönigung.

Und da in der ApkJoh nicht eindeutig definiert ist, was Versiegeltsein konkret bedeutet (Versiegelung wird nicht durch die Taufe definiert), ist das hier Geschilderte auch die Gefahr für den christlichen Hörer.

d) Der Schrecken geht nicht von Menschen aus, sondern von Fremdpsychischem; zwischen Engeln und Tieren ist der Mensch in der Zange.

e) Aus der geschilderten Auswegslosigkeit gibt es nur einen Ausweg, die Bekehrung zu Gott (9,21). Von daher allein ist der Schrecken begrenzt und begrenzbar. – Der Verfasser der Apk ist möglicherweise zum Apokalyptiker geworden, weil die traditionell expressive Sprache apokalyptischer Tradition und deren Offenheit für surreale Formen der Emotionalität eine Chance boten, die Leser aus der Trägheit des Gewohnten aufzuschrecken[2].

Resultat: Der Effekt des Schreckens und des Grauens wird vor allem dadurch erreicht, daß die Wesen, die die Menschen quälen, ästhetisch dargestellt werden. Ihre ganze Ekligkeit beruht darauf, daß sie aus Segmenten zusammengesetzt sind, die nicht zusammengehören. So wird ihr Aussehen Ausdruck der unangenehmen Macht des Peinigens. Dieses selbst muß dann gar nicht weiter geschildert werden. Greuelhaft ist daher das Aussehen als widernatürliche „Mixtur". Die surreale Szenerie schildert das wahre Gesicht der Gottlosigkeit. – Auffällig ist, daß diese Wahrheit konsequent als Bedrohtsein durch Täter von außen her dargestellt wird: persönliche Gefühle oder seelische Nöte werden nur über das Außen formu-

---

[2] Es ist durchaus möglich, sich vorzustellen, daß die Leser der Apk noch nicht lange und nur oberflächlich christianisiert waren; gerade deshalb waren sie wohl für hellenistische Nivellierung offen. Durch Rückgriff auf jüdische Apokalyptik fährt der Verfasser ein scharfes Geschütz auf.

liert³. Dadurch wird die Basis für Identifikationsmöglichkeiten verbreitert. – Für heute anregend wird daran sichtbar etwas von der möglichen kathartischen Bedeutung der (surrealistischen) Kunst für den Weg der Menschen.

2 Ein Weg über Trauer und Schrecken

Die sog. Erzählung vom reichen Jüngling (Mk 10,17-31) ist, betrachtet man sie unter dem Aspekt der Rezeption, eine bedachte seelsorgerliche Führung des Lesers. Die Komposition des Stückes ist daher offensichtlich nicht nur im Zeichen der theologischen Diskussion über den Weg zum Leben bzw. zum Reich Gottes zu betrachten, sondern auch, wie auch immer es um den historischen Gehalt der Erzählung bestellt sein mag, in psychologischer Hinsicht⁴. Die methodische Ausgangshypothese soll daher sein, daß die erzählte Dramatik parallel zu einem psychischen Prozeß im Rezipienten gedacht ist. Im Miterleben soll er geformt werden. Dieser Prozeß hat folgende Stadien:

2.1 Sehnsucht nach Leben
Zunächst ist der reiche Jüngling die Identifikationsfigur für den Leser⁵: Er ahnt, daß ihm etwas fehlt und fragt nach dem Weg zum ewigen Leben. Dieses erscheint ihm als erstrebenswertes Ziel. Weil er es als Wert erkannt hat, fragt er (Mk 10,17).
Der folgende Gesprächsgang bestätigt dem reichen Jüngling, daß ihm etwas gefehlt hat (Mk 10,19-21).

2.2 Trauer
Die Forderung Jesu nach Weggabe des Besitzes an die Armen (10,21) ruft

---

[3] Man vergleiche dagegen etwa Protokolle moderner Seelsorge-Gespräche mit der stark biographischen Orientierung. In der Apk geht es um punktuelle allgemeine Erfahrung im Rahmen einer Geschichtstheologie.
[4] Dabei geht es nicht um Mutmaßungen über die Gefühle und Assoziationen des reichen Jünglings, der Jünger und Jesu während dieses Gesprächs, sondern es geht um die Signale für den Leser in seiner Situation. An welchen Punkten konnte er sich – nach allem, was wir über die Antike wissen – in seiner Psyche besonders angesprochen fühlen? Hat die Dramatik dieser Erzählung auch etwas mit den Menschen zu tun, für die erzählt wird, ist sie für diese Menschen gedacht und können sie sich darin wiedererkennen? Wo sollen sie angerührt werden?
[5] Die Elemente des Kniefalls (V.17), der Zurückweisung göttlicher Ehre durch den damit bedachten Lehrer (V.18) und die Umarmung in V.21 gehören zum (traditionellen) Zeremoniell der Belehrung und können nicht direkt auf der Ebene der Leser ausgewertet werden.

beim reichen Jüngling eine bemerkenswerte Reaktion hervor: Er ist niedergeschlagen und geht traurig fort. – Seine Reaktion auf Jesu Forderung ist nicht Empörung über die Zumutung, die Jesus ausspricht, sie ist auch nicht Trotz oder siegesgewisses Verharren auf einem eigenen Weg. – Traurig ist der Jüngling doch wohl, weil er gerne das ewige Leben erlangt und Jesus gefolgt wäre. Was ihm wichtig war, kann er nicht erlangen, weil die Bindung an den Reichtum für ihn stärker ist. Der Jüngling schafft es nicht, sich aus diesen Fesseln zu befreien, trotz der Aufforderung Jesu. Die Verheißung, die er wohl sieht, muß er ausschlagen, trotz besserer Einsicht. Denn seine Bindung an den Besitz lähmt ihn und hindert ihn an jedem Schritt.

Wichtig für die „therapeutische" Funktion der Erzählung ist nun, daß es bei dieser Trauer nicht bleibt. Allerdings muß jetzt, da der Jüngling nicht etwa getröstet wird, sondern ausgespielt hat, die Identifikationsfigur wechseln: Wenn es weitergehen soll, dann handelt es sich bereits um die Dimension der Jüngerschaft.

2.3 Entsetzen

Anstelle einer Begütigung folgt auf die Trauer der Schock: Das Wort von Kamel und Nadelöhr macht deutlich, daß es völlig unmöglich ist, daß ein Reicher in das Himmelreich eingeht. Und das ist nur eine Illustration dessen, wie schwer es überhaupt ist, ins Reich einzugehen (V.24b). Die Reaktion der Jünger: Sie sind über alle Maßen entsetzt und stellen die rhetorische Frage: Und wer kann gerettet werden?, auf die die Antwort sein müßte: Niemand. – Nur hier in Mk 10,26 verwendet der Erzähler eine so starke, zweiteilige Beschreibung des Entsetzens. Sie gilt dem Leser, der sich angesprochen fühlen soll. Denn die geschilderte Unmöglichkeit hat Entsetzen verdient.

2.4 Gott anheim gegeben

Auf die Darstellung von Sehnsucht nach Leben, überstarker Bindung, Trauer und Entsetzen folgt nun in V.27 der Hinweis auf Gott. Bestimmend ist der Kontrast zwischen Mensch und Gott, und damit wird das Thema von 10,18 wieder aufgegriffen. Weil Menschen mit ihren Herzen so sehr am Besitz hängen, bleibt es der Schöpfermacht Gottes vorbehalten, ihre Herzen zur Umkehr, und das heißt hier: zur Absage gegenüber dem Besitz zu bringen[6].

---

[6] Maßgeblich für diese Interpretation sind nahe Analogien zu Mk 10,27 bei Philo, Spec Leg I 282 (Reinigung der befleckten Seele) und Theophilus ad Autolycum 2,13,2-4 (Gottes Schöpfertätigkeit). In diesen beiden Hinsichten ist nach diesen Texten das bei Menschen Unmögliche bei Gott möglich.

Der Hinweis auf Gott hat hier nicht die Funktion des deus ex machina. Vielmehr erscheint das Sich-Gott-Anheimgeben als der einzige Weg, der überstarken Bindung an den Besitz zu entgehen. Doch werden nicht Gott und Besitz gegenübergestellt (wie in Lk 16,13), sondern Gott und Mensch. Die psychologische Bedeutung Gottes bzw. des Gottesglaubens besteht in folgendem:

a) Eine Bindung an Gott, und nur sie, vermag von der Bindung an Besitz und Reichtum zu befreien.

Die Ursache dafür liegt offenbar in der in § 10.1 dargestellten Funktion des Glaubens als einer konsequenten und das Herz des Menschen ganz erfüllenden Orientierung an der Wirklichkeit Gottes. Wenn diese aber so das Herz des Menschen erfüllt, dann wird jede andere Fixierung aufgehoben, relativiert und in Gelassenheit verwandelt. Durch die völlig andere Orientierung des Glaubens wird jede krampfhafte Ankettung zum Beispiel an den Besitz aufgehoben. Es wurde bereits dargestellt, in welcher Weise Freiheit von der Sorge und Glaube sich gegenseitig bedingen.

b) Die Ohnmacht des Menschen angesichts seiner eigenen Bindungen kann nicht mehr mit seiner Selbsthilfe oder überhaupt menschlicher Hilfe beseitigt werden. Die psychologische Bedeutung Gottes besteht darin, daß hier eine ganz neue Ebene der möglichen Veränderbarkeit des Menschen erreicht wird: Die überstarken Bindungen von Menschen können nicht frontal durch Machteinsatz (eigener Wille oder der anderer) zerbrochen werden. An die Stelle des frontalen Angehens durch Mensch oder Mitmensch tritt die Macht des Schöpfergottes; sie wirkt von innen her.

So ist die „Bekehrung", das Aufgeben der Bindungen zugunsten von Gelassenheit, dargestellt als ein wirkliches Wunder (zu dem es der Schöpfermacht Gottes bedarf).

Der unter 3. dargestellte Schock war demnach bereits so etwas wie das Erbeben angesichts des kommenden Gottes. Traurigkeit und Schrecken wiesen gemeinsam auf die von seiten des Menschen her bestehende Unmöglichkeit. In Fortführung des Anliegens von Mk 9 wird damit deutlich: So nah am Boden, in den konkreten Bindungen und Fixierungen des Menschen, wird Gott tätig.

2.5 Geglückte Vorbilder

Zweifellos werden die Jünger in 10,28-31 als bereits gelungene Exemplare dem Leser vor Augen gestellt: Gott hat bereits solches gewirkt. Die Hoffnung auf Gottes Eingreifen ist daher keine ferne, sondern eine nahe Hoffnung.

2.6 Verheißung
In 10,29-31 wird in einer doppelteiligen Verheißung dem Leser gesagt, daß die geforderte Aufgabe aller Güter und Bindungen nicht Selbstzweck ist, sondern eine neue Gemeinschaft[7] hier und ewiges Leben dann einleitet. Damit wird der Wunsch der Menschen nach Geborgenheit in einer Gemeinschaft und Freiheit vom Tod ernstgenommen.
Mit den in 2.5 genannten Vorbildern wird das Ziel nicht abstrakt, sondern konkret vor Augen gestellt.
Fazit: Die starke emotionale Bindung an Reichtum ist nicht nur der Forderung Jesu, ihm nachzufolgen entgegengesetzt. Vielmehr kann sie nur durch Begegnung mit Gott und in der Bekehrung zu ihm in Gelassenheit und Freiheit von der Sorge verwandelt werden.

8.5 Sorge

Die neutestamentlichen Texte über die Freiheit von der Sorge finden sich vor allem in der sog. Logienquelle[1], in 1 Kor 7[2] und in 1 Petr[3].

1 „Sorge" in der Umgangssprache

„Sorge um..." oder „sich sorgen um..." (nicht: Sorgen für etwas oder jemanden[4]) bezieht sich umgangssprachlich auf ein diffuses Potential von nicht spezifischen Befürchtungen. Dabei ist Sorge eher zeitlich gestreckt (durativ) und weniger punktuell expressiv. Es geht um einen mehr oder

---

[7] Vater und Mutter werden verlassen (10,29), aber in der neuen Gemeinschaft erhält man nur neue Mütter, nicht neue Väter – ohne Zweifel, weil Gott der Vater ist. Im übrigen entspricht das auch Mt 23,9. Nur die Funktion des irdischen Vaters wird damit auf Erden (in der christlichen Gemeinde) nicht neu besetzt. – Dadurch wird zunächst die institutionelle Macht des Vaters in einer patriarchalischen Gesellschaft dokumentiert. Weil seine Rolle die entscheidende ist, deshalb wird diese Rolle in der neuen, christlichen Gemeinschaft verändert bzw. Gott reserviert. Immerhin wird dadurch erkennbar, daß Bedarf bestand, Neuheit gerade so zu denken.
[1] Vgl. Lk 12,17-34 par Mt 6,25-33
[2] Vgl. 1 Kor 7,32
[3] Vgl. 1 Petr 5,7 als Zitat aus Ps 55,23
[4] „Sorgen für jemanden" bedeutet: ihm das Lebensnotwendige bereitzustellen. „Sorgen für etwas": etwas beschaffen, das in Zukunft gebraucht wird.

weniger ununterbrochenen, jedenfalls durch Wiederholung gekennzeichneten Affekt. Man macht sich „Sorgen". Häufig geht es wohl um einen nur begleitenden Affekt. Die inhaltliche Unbestimmtheit verdankt sich auch dem Zukunftsaspekt der Sorge.
Die neutestamentlichen Texte bieten dagegen ein wesentlich anderes Bild des Phänomens der Sorge:

2 Merkmale des Sorgens im Neuen Testament

2.1 Planmäßiges Überlegen
Die finale Vorausplanung ist ein wichtiges Element des neutestamentlichen Sorgens. Am besten kommt dieser Aspekt inhaltlich zur Geltung, wenn es in Lk 12,17 über den reichen Kornbauern heißt: „Er überlegte bei sich: Was soll ich tun?". Sorgen bedeutet in diesem Sinne ganz allgemein: planen, etwas zu tun, um damit etwas Zukünftiges zu erreichen. In diesem Sinne überlegt man etwas, um dem Geschlechtspartner zu gefallen (1 Kor 7,33), man macht sich Gedanken darüber, wie man zu Nahrung und Essen kommt (Lk 12,22 par Mt 6,25), man überlegt ganz allgemein, wie man einen leiblichen Vorteil haben könnte (Lk 12,25). Die Planmäßigkeit des Vorgehens kommt auch zum Ausdruck in der wiederholten Verwendung der Rede vom „Schatz" im Kontext von Sorgen (Lk 12,21.34), denn einen Schatz muß man zielstrebig sammeln.- Dabei gehört zum Sorgen auch, daß man das zu Erreichende nicht leicht erlangen kann, man muß vielmehr hin und her überlegen und ist davon jeweils ganz erfüllt. Sorgen ist etwas, das alles andere zumindest emotional absorbiert. Alle biblischen Texte setzen voraus, daß die Sorge einen ganz erfüllt – andernfalls wäre sie überhaupt nicht erwähnenswert.

2.2 Zentrale Lebensbedürfnisse
Das, was einen so ganz beschäftigt, sind keine Nebensächlichkeiten, sondern das jeweils ungesicherte zentrale Lebensbedürfnis. Für die Adressaten der Logienquelle sind diese Kleidung und Nahrung, für den reichen Kornbauern geht es natürlich um anderes (Was mit dem reichen Ertrag anfangen?). Nach 1 Kor 7,32 soll der Partner glücklich gemacht werden, in der ansprechenden Parallele bei Epiktet geht es um die Versorgung von Kleinkindern. So ist der konkrete Inhalt des Sorgens zwar schichtenspezifisch, aber es geht jeweils um das Vitalinteresse, und zwar angesichts dessen, was noch ungesichert ist.

2.3 Differenzen zu unserem Verständnis
Bei uns gibt es kaum noch Sorgen, die uns gänzlich ausfüllen. Denn die

pluralistische Wohlstandsgesellschaft brachte auch eine plurale Fülle von Bedürfnissen hervor. Die Voraussetzung des biblischen Verständnisses ist die Erfahrung: Man kann nur das eine planen, nur eines im Kopf haben.- Nach biblischem Verständnis ist Sorge nicht ein begleitendes, vielleicht anfallsweise wiederkehrendes Gefühl, sondern die *psychische Seite der Verfolgung des einen zentralen und ausschließlichen Lebensinhaltes*. Das biblische Sorgen ist zugleich auch immer konkret (Nahrung, Kleidung, Sexualität), nur der Weg dahin ist jeweils offen. Diese psychische Seite ist durch „Totalität" gekennzeichnet. Nur wenn man dieses beachtet, wird auch die Tragweite der Aufforderung erfaßbar, auf Sorgen zu verzichten.

3 Die neutestamentliche Zumutung

Durchgehend alle neutestamentlichen Texte fordern dazu auf, das Sorgen um irdische Dinge sein zu lassen. Die Begründung und Motivation sind jeweils unterschiedlich.

3.1 Gott sorgt

Nach 1 Petr 5,7 soll man die Sorge schlicht „auf den Herrn werfen"; die Begründung ist: „...denn er kümmert sich um euch". Wie das geschieht, wird nicht gesagt, denn die Autorität der Schrift (Ps 55,23) genügt offenbar dem Verfasser.
In Mt 6,28f (par Lk 12,28) wird a minore ad maius geschlossen: Wenn Gott sich so um das Gras des Feldes kümmert – um wieviel mehr um euch? Auch in Mt 6,26; Lk 12,24 wird ähnlich gedacht: Gott sorgt für die Vögel des Himmels – und ihr unterscheidet euch doch wertmäßig sehr von ihnen. Überdies wird dann mit Gottes Vaterschaft argumentiert: Der Vater weiß, was seine Kinder brauchen (Mt 6,32; Lk 12,30).

3.2 Nutzlosigkeit der Sorge

Nach Mt 6,27; Lk 12,25 kann Sorgen nichts bewirken. Dabei gilt Körpergröße als Wert: Sorge kann die Körpergröße nicht mehren.
Hier wie im Vorigen wird daher gegen die Sorge ausgesprochen rational argumentiert.

3.3 Sorge contra Heiligkeit

Nach 1 Kor 7,32-34 verhindert die Sorge um den Ehepartner ein ungeteiltes Sorgen um den Herrn und verhindert damit, daß man an Leib und Seele „heilig" ist, d.h. ganz dem Herrn gehört. Sexualität und Gottesdienst werden nicht für unvereinbar erklärt, aber wer als Christ verheiratet ist, ist geteilt. Diese Anschauungen enthalten wichtige psychologische Voraussetzungen:

a) Heiligkeit *wird nicht mehr nur kultisch als körperliche Integrität verstanden, sondern nunmehr auch psychisch:* Der Vollkommenheitsbegriff wird über das kultisch Erhebbare hinaus ausgedehnt bis in die letzten Okkupationen der Seele. Auch aus dem Herzen soll alles Hinderliche verbannt sein.

In vielfacher Hinsicht erinnert daher 1 Kor 7,32 an die „bessere Gerechtigkeit" der Antithesen der Bergpredigt. Denn wie etwa bei Mt 5,28 ist die Forderung nach Heiligkeit auch auf die (Blicke oder vergleichbar:) Gedanken übertragen. Nicht erst die kultische, sondern schon die gedankliche Reinheit und Freiheit von allem ist gefordert. Nichts spricht dagegen, diesen umfassenden Heiligkeitsbegriff für ebenso konsequent pharisäisch wie genuin jesuanisch zu halten.

b) Die Sorge um Gott wird nicht spiritualisiert, sie ist nichts nebenbei Mögliches. Aber gerade deshalb wird sie zu einer echten Konkurrenz der Sexualität. Dabei wird der Sorge um Gott nicht die Priorität unter anderen eingeräumt, sondern – ganz im Sinne der Radikalisierung des Ersten Gebotes – die Ausschließlichkeit.

c) In Konsequenz wird nun freilich auch eheliche Gemeinschaft nicht als etwas nur Äußerliches oder nur Juristisches angesehen, sondern als etwas, das den Menschen ganz fordern kann. Die Konkurrenz zwischen Sexualität und Gottesdienst ergibt sich nicht, weil das eine oberflächlich und das andere „tief" oder „hoch" wäre, sondern weil beide eigentlich den Menschen ganz fordern.

3.4 Ersatz noch in diesem Äon

Die Texte über die Freiheit von der Sorge gehören zu einer Gruppe auch anderer Texte, nach denen erstaunlicherweise für das, auf das man verzichtet hat, noch in diesem Äon (überreicher) Ersatz gewährt wird (vgl. Mk 10,29f mit der „Zugabe" Gottes nach Mt 6,33; Test Hiob 4,6f; auch die Worte über Gebetserhörungen beziehen sich wohl nicht alle nur auf den „Himmel").

3.5 Die Zumutung

Die Zumutung besteht nach den Texten über die Sorge darin, daß man auf das selbstverständlichste Vitalinteresse verzichtet.

8.6 Enttäuschte Liebe

Unter allen Paulusbriefen ist 2 Kor[1] dadurch ausgezeichnet, daß Paulus wiederholt von seiner Liebe gegenüber der Gemeinde spricht; in diesem Sinne verwendet er das Verb „lieben" (gr.: *agapan*) (es fehlt in 1 Kor überhaupt!) und das Nomen „Liebe" (gr.: *agape*) – in 1 Kor ist in diesem Sinne von Liebe lediglich in 16,24 die Rede; diese auffällige Abwandlung des Schlußgrußes ist wie eine Brücke zu 2 Kor. Die genannte Besonderheit des 2 Kor soll im folgenden als Anlaß dazu verwendet werden, auch andere, weitere Passagen dieses Briefes von diesen sehr persönlichen Bemerkungen des Paulus her zu verstehen.

Denn es geht in diesem Brief um eine enttäuschte Liebe: Wohl bereits vor einem nicht gerade glücklich verlaufenen Zwischenbesuch des Paulus sind in Korinth Apostel aufgetreten, die bei der Gemeinde Anklang fanden. Paulus sieht dadurch seine Beziehung zur Gemeinde erheblich gestört. Diese Beziehung sieht er wohl im Sinne der Vater/Kind-Relation (1 Kor 4,10) oder wie die des Brautführers zur Braut (2 Kor 11,2), jedenfalls exklusiv (so auch, obwohl er auch Apollos eine Rolle zugesteht, in 1 Kor 3,10). Die Argumentation mit dem Begriff des Maßstabes (gr.: *kanon*) in 2 Kor 10 sowie das Fehlen jeglicher anderer konkreter Hinweise auf die Lehre der Gegner lassen erkennen, daß es wohl kaum Häretiker mit ausgeprägt anderem Christentum[2] (oder gar gnostischem Heidentum) waren, die hier eindrangen, sondern eben „andere" christliche Missionare, die bei der Gemeinde so gut ankamen, daß sich diese Paulus gegenüber zu beleidigenden Äußerungen veranlaßt sah (2 Kor 7,12), auch wohl wegen mancher skurriler Eigenarten des Paulus (2 Kor 10,10).

1 Ins Herz geschrieben

Nach 2 Kor 3,1-3 ist die Gemeinde von Korinth dem Paulus „ins Herz geschrieben", was allen Menschen offenbar ist („erkannt und gelesen von allen Menschen"). Während die Gegner Empfehlungsbriefe vorweisen

---

[1] Die Einheitlichkeit dieses Briefes ist umstritten. Ich wage es, im folgenden mich um Teilungshypothesen nicht zu kümmern, sondern betrachte die vorgetragenen Thesen auch (unter anderem) als neuartiges Plädoyer für die Einheitlichkeit von 2 Kor. Denn unsere Fragestellung scheint mir neue Zugänge auch zu dieser Problematik zu eröffnen.
[2] Auch für eine besonders „jüdisch" geartete Lehre der Gegner finde ich keinen Anhaltspunkt: in 2 Kor 3 fällt weder das Stichwort Gesetz noch ist von Beschneidung die Rede.

können (3,1) – im frühen Christentum eine völlig normale Angelegenheit –, hat Paulus dergleichen nicht. Doch er verweist in dieser schwierigen Lage einfach darauf, daß sein Empfehlungsbrief sein für jedermann offen daliegendes Herz ist, das mit Liebe zu den Korinthern erfüllt ist und deshalb ein hervorragendes Zeugnis darstellt.

Paulus verweist damit gegenüber dem nur formalen Ausweis auf die persönliche Beziehung. Einerseits geht es um sein intimes Verhältnis zu den Korinthern (privater Aspekt), andererseits ist gerade dieses doch vor jedermann (öffentlicher Aspekt) offenbar. Indem Paulus die Gegenüberstellung dann mit der alttestamentlichen Metaphorik von „steinernen Tafeln" und „fleischernen Herzen" anreichert, gewinnt seine Argumentation an Evidenz: Seine Beziehung zu den Korinthern besteht auf der ranghöchsten, der menschlichen Ebene. Die der Gegner existiert nur wie auf Stein. Paulus rechnet daher hier mit Zustimmung, weil das menschliche Herz und Stein Gegensätze sind. Und jeder, der mitmenschlich empfindet und fühlt, wird für das Herz und gegen den Stein optieren. Die Beziehung der Gegner zur Gemeinde soll damit als nur äußerlich, nur formal und damit als das Gegenteil lebendiger Menschlichkeit entlarvt werden.

Um diesen Text im Sinne historischer Psychologie beurteilen zu können, ist es wichtig, sich die Ausgangslage des Paulus vor Augen zu halten und zu ermessen, was Paulus hier daraus macht. Als Liebender weist er seiner Liebe den höchsten Rang zu und disqualifiziert die Beziehung anderer zur Gemeinde als rein formal und äußerlich, ja als unmenschlich. Durch diese Abwertung im Kontrast sowie durch die Flucht nach vorn in der „Offenlegung" seines Herzens offenbart er sich als jemand, dessen Liebe verletzt, nicht ernst genommen, zumindest aber unterschätzt worden ist. Auf diesem schwierigen Feld der Gunstzuwendung appelliert Paulus allein mit der Evidenz der Höherwertigkeit des Personalen vor dem Dinglichen. Indem er zu dieser Opposition greift, gibt er zu erkennen, daß er durch die Nachrichten aus Korinth in seinem eigenen Herzen in höchstem Maße getroffen wurde. Auf diese Verletzung reagiert er in zweifacher Weise: In 3,2 gibt er das Offen-Daliegen und (damit indirekt) auch die Verletzbarkeit zu, und in 3,3 muß er die Gegner abqualifizieren, indem er sie der toten Dinglichkeit, seine verletzte Liebe aber lebendiger Menschlichkeit zuweist. Durch diese Interpretation wird der Konflikt zwischen Sympathien wie durch ein Vergrößerungsglas betrachtet und auch vergröbert. Aber das geschieht wohl zum Schutz der eigenen verletzten Liebe.

Der verletzte Liebhaber reagiert hier demnach so, daß er seine Liebe als allein echt menschlich bezeichnet, die Beziehung der anderen zur Gemeinde dagegen als tot und dinglich abqualifiziert. Er wertet damit im Rahmen einer für evident gehaltenen Wertrangordnung (Hierarchie).

2 Ansehen voreinander

Der Abschnitt 2 Kor 3,1 beginnt mit der rhetorischen Frage: „Fangen wir wieder an, uns selbst zu empfehlen?"- Für das darin ausgesprochene Problem kennt 2 Kor zwei synonyme Ausdrücke („[sich] empfehlen" und „[sich] rühmen"; in gewisser Distanz dazu steht „sich überheben" als in jedem Fall zu Tadelndes). Den Gegnern wirft Paulus vor, daß sie sich „im Angesicht" rühmen und nicht „im Herzen" (2 Kor 5,12), unmittelbar danach spricht er von der Liebe Christi, die ihn drängt (5,14a)[3]. Mit dem „sich rühmen im Angesicht" (5,12) meint Paulus wohl wiederum die Empfehlungsbriefe; auch hier fällt wieder das Stichwort „Herz", und damit ist der innerliche Zusammenhang zu dem unter 1 Behandelten gegeben. Vor allem in den Kapiteln 10-12 des 2 Kor wird das Wortfeld Rühmen/Empfehlen wieder aufgegriffen. Dabei geht es vor allem darum, worauf Paulus einerseits und die Gegner andererseits ihr Prestige und ihr Ansehen gründen. Traditionell wird diese Frage unter dem Stichwort „Legitimität" behandelt. Mir scheint es indes dabei weniger um die Legitimität zu gehen als um die Art, in den Augen der Korinther Ansehen zu gewinnen. Der Zusammenhang mit dem Thema „Liebe" ist durch 5,12-14a; 3,1-3 gegeben.

Für die psychologische Fragestellung ist bereits grundlegend wichtig, wie intensiv und sensibel Paulus das gegenseitige Ansehen voreinander als die Basis des Zusammenlebens reflektiert – und das nicht nur in 2 Kor. Damit gibt uns Paulus einzigartige Einblicke in sozialpsychologische Dimensionen seiner Erfahrung. Ohne Zweifel ist seine Biographie als Jude (und damit als strikter, geschmähter Außenseiter) in der hellenistischen Welt eine wichtige Voraussetzung dafür, daß Paulus das Spiel von Prestige und Geltung gewissermaßen von außen betrachten und damit scharf analysieren kann (vgl. die Verarbeitung durch Paulus in 1 Thess 2,14-16).

Die meisten Texte zu diesem Thema finden sich indes in 2 Kor, in dem Brief also, in welchem Paulus die schwierigsten Konflikte mit seinem Gegenüber auszutragen hat. Daß Paulus hier stets authentisch reagiert, fast ohne Rückgriff auf durch Schrift oder Tradition vorgegebene Gliederungsschemata, hat wohl auch die barocke Überlastung der Sprache zur Folge.

Der oben bereits genannte Zusammenhang zum Thema Liebe sei an einem weiteren Text verdeutlicht, in dem „Ruhm/sich rühmen" und „Liebe"

---

[3] Die Liebe Christi treibt Paulus zu seinem Handeln, und dabei nimmt sein Handeln dieselbe Gestalt an wie die Existenz des Christus auch, nämlich gänzlich für andere da zu sein.

zusammen vorkommen: 2 Kor 11,10-12[4]. Paulus hat von den Korinthern keine materielle Unterstützung angenommen, und er will es auch weiterhin so halten. Er betrachtet dieses als Ruhm, den er sich nicht nehmen lassen will. Aber offenbar haben die Korinther in diesem Punkte Paulus nicht folgen können; sie können, so fürchtet Paulus jedenfalls, seinen Verzicht auf Unterhalt durch sie leicht in dem Sinne deuten, daß er von ihnen nichts wissen will[5]. Gerade hier aber beuteuert er seine Liebe. Dieses alles geschieht im Angesicht der Gegner: Ginge Paulus jetzt von seiner Linie ab und verlangte er also Unterhalt durch die korinthische Gemeinde, so gäbe er den Gegnern nur Anlaß zum Triumph: sie könnten sich rühmen, „sie stünden ebenso da wie wir". Analysiert man den Text von unserer Fragestellung aus, so kann man konstatieren: Paulus und seine Gegner streiten vor den Augen der Gemeinde um Prestige (Ansehen, Ruhm):

a) Paulus hält daran fest, daß es sein Ruhm ist, nichts von den Korinthern zu nehmen. Denn das ist die Selbstlosigkeit, die er in 5,14 als die Liebe des Christus bezeichnen konnte, die ihn treibt.

b) Paulus will den Gegnern nicht den Prestigegewinn gönnen, daß er es ihnen nachmachen muß und nun doch Unterstützung von Korinth annimmt. Dann hätten sie gewonnen, da er hätte nachziehen müssen.

c) Die Gemeinde steht zwischen beiden. Was Paulus für Ruhm hält, muß nicht unbedingt auch in der Gemeinde so betrachtet werden. Er sieht die Gefahr, daß man ihm sein Verhalten auch negativ auslegen kann. Dann aber hätte sich die Gemeinde automatisch den Gegnern zugewandt. Es steht daher auf des Messers Schneide.

d) In diesem Augenblick kann Paulus nur seine Liebe beteuern und dazu Gott nennen: „Gott weiß es" – zweifellos in der Hoffnung, daß auch die Gemeinde angesichts solcher Beteuerung ihm ihre Liebe zuwendet oder jedenfalls nicht entzieht.

---

[4] 2 Kor 11,9-12: „Und als ich bei euch war und Mangel hatte, fiel ich niemandem zur Last; denn meinem Mangel halfen die Brüder ab, die aus Mazedonien kamen. Und in jeder Beziehung verhielt ich mich so, daß ich euch nicht zur Last fiel, und ich werde es auch weiterhin so halten. (10) So gewiß die Wahrheit Christi in mir ist: dieser Ruhm soll mir nicht zum Schweigen gebracht werden im Gebiet von Achaja. (11) Warum? Etwa weil ich euch nicht liebe? Gott weiß es! (12) Was ich aber tue, das werde ich auch weiterhin tun, damit ich denen den Anlaß nehme, die einen Anlaß dafür suchen, daß sie sich rühmen könnten, sie stünden ebenso da wie wir".

[5] Offenbar als Ersatz dafür kommt Paulus in 2 Kor 8f wieder auf die inzwischen in Korinth wohl schon eingeschlafene Kollekte zurück; wenn die Korinther schon gerne spenden wollen im Zusammenhang mit Paulus, dann sollen sie es bitteschön in Gestalt der Kollekte tun. Damit ist ein Mittelweg beschritten.

Die Antwort auf seine Liebe zu den Korinthern (deren Gegenliebe nämlich) sieht Paulus gefährdet durch verschiedene Anschauungen über Werte[6]. Er will in diesen Versen diese Gefahr ausräumen. – Dabei ist die Wahrnehmung des Verhältnisses von Liebe und Prestige zueinander vielschichtig:

- Wo das Ansehen „auf der Kippe" steht, beruft sich Paulus unvermittelt auf seine Liebe zu den Korinthern. Diese Offenheit über die letzten Beweggründe seines Handelns („Flucht nach vorn") wendet Paulus ähnlich auch in 2 Kor 3,1-3 an. – Damit stützt Liebe nicht nur sein Prestige (oder soll es tun), sie ist für Paulus auch ganz offensichtlich mehr wert.
- Paulus rechnet damit, daß den Korinthern diese Liebe nicht evident, sondern eher undeutlich ist. Daher beruft er sich zusätzlich auf das Offenbarsein seines Herzens vor Gott (wie schon in 5,11). Damit geht Paulus gewissermaßen noch hinter die Offenlegung der äußersten eigenen Motivation zurück.
- Wenn schon das Prestige des Paulus auf des Messers Schneide steht, dann soll doch der Hinweis auf die Liebe den Ausschlag geben. So rechnet Paulus damit, daß Rühmen gegen Rühmen steht – und das macht die ganze Verzwicktheit der Lage aus, in der er sich befindet. Und es ist auch sehr beachtenswert, daß Paulus keineswegs bereit ist (oder: sich in der Lage dazu sieht), auf das Sich-Rühmen zu verzichten[7]. Paulus ist realistisch genug, die Notwendigkeit dieses Faktors für das soziale Miteinander zuzugeben. Aber am Ende, so weiß auch Paulus, steht hier Rühmen gegen Rühmen. Daher ist das Bekenntnis der Liebe ein unersetzliches Zusatzkriterium für die Korinther, damit sie sich zurechtfinden.
- Dennoch kämpft Paulus auch auf dem Felde des Sich-Rühmens und will den Gegnern keinen Triumph gönnen. Er rechnet daher damit, daß, wenn er hier unterliegt (d.h.: wenn er auch nur den Anschein des Nachziehens liefert), auch seine Liebeserklärung nichts mehr wert ist. So kann man sagen: Zwar gibt Liebe den Ausschlag, doch eigentlich nur unter der Bedingung, daß es auf dem Felde des Rühmens minde-

---

[6] Für Paulus ist es ein Ansehen stiftender Wert, auf Unterhalt zu verzichten, für die Korinther ist das vielleicht gerade nicht so.
[7] Es ist ein partikulärer Irrtum der Erforschung des 2 Kor anzunehmen, Paulus verurteile jegliches Rühmen. Im Blick auf 2 Kor 10,17 muß man vielmehr sagen: Paulus beurteilt das Rühmen als ambivalent; nur dasjenige Rühmen ist vernünftig, das sich auf den Herrn und seine Maßstäbe bezieht.

stens 1:1 steht. Und das bedeutet wiederum: Soziales Ansehen voreinander ist als Basis für eine Liebesbeziehung nach Paulus unerläßlich. Ohne daß die Würde des anderen gewahrt ist, ohne daß man voreinander in Anstand bestehen kann, ist auch Liebe nicht denkbar. Soziale, ja politische und emotionale Erfahrung greifen hier auf subtile Weise ineinander.

3 Die spöttische Provokation

In 2 Kor 10-12 beschuldigt Paulus die Korinther wiederholt, sie hätten Wertmaßstäbe, die den seinen entgegengesetzt seien. Dieser teilweise ironische Ton hat häufig zu Teilungshypothesen Anlaß gegeben. Er läßt sich indes sehr wohl aus dem Phänomen der verletzten Liebe begreifen. Denn auch in diesem Abschnitt ist wiederholt die Rede von der Liebe des Paulus für die Korinther, und zwar in direktem ironischem Kontrast zu den Vorwürfen, die Paulus gemacht werden[8]. Des Stilmittels der Ironie bedient sich Paulus auch in 2 Kor 11,19 („Ihr haltet ganz gerne Unvernünftige aus, klug wie ihr seid") und in 11,21 (nach der Aufzählung von Arten des Mißhandeltwerdens der Korinther durch die Gegner:"... dazu war ich zu schwach"); in 11,21 wird dabei wohl der im Umlauf befindliche Vorwurf gegen Paulus aufgegriffen, er sei in persönlicher Anwesenheit „schwach" (10,10). Ähnlich greift Paulus in 12,16 offenbar den Vorwurf der List auf, den man ihm gemacht hatte (in 4,2 hatte er diesen Vorwurf bereits an die Gegner zurückgegeben).
Der Zusammenhang von 12,15 und 12,16 (s.o. Anm.7) läßt m.E. die Wurzel der paulinischen Ironie deutlich werden: „Paulus ist nicht nur bereit, der Gemeinde Kosten zu ersparen, sondern auch dazu, sich für ihr Seelenheil selbst aufzuopfern (vgl. Phil 2,17). Dafür darf der Apostel auch eine entsprechende Antwort der Gemeinde erwarten; jedenfalls hat er es nicht verdient, deshalb weniger geliebt zu werden. Paulus wirbt hier eindringlich um die Gegenliebe der Gemeinde, deren er nicht sicher ist"[9]. Mit die-

---

[8] Hinzuweisen ist besonders auf 2 Kor 12,14-16: „Siehe, ich halte mich bereit, zum dritten Male zu euch zu kommen, und ich werde euch nicht zur Last fallen; denn ich suche nicht euer Hab und Gut, sondern euch. Denn nicht die Kinder sollen für die Eltern Schätze sammeln, sondern die Eltern für die Kinder. (15) Ich aber will herzlich gern Opfer bringen und mich selbst ganz aufopfern für eure Seelen. Wenn ich euch mehr liebe, soll ich darum weniger geliebt werden? (16) Nun gut, ich selbst bin euch nicht zur Last gefallen; aber als ein ganz Schlauer habe ich euch mit List gefangen". V.16b ist deutlich ironisch.
[9] F.Lang, Die Briefe an die Korinther (NTD 7), Göttingen 1986, 353.

sem Mehr auf der Seite des Apostels wird dann ironisch der Vorwurf, der sich gegen ihn richtet, verglichen: Er habe die Gemeinde mit List gefangen. Als Reaktion der Leser wird erwartet: Und das soll möglich und wahr sein? – Umgekehrt in 11,20f: Wenn jemand die Gemeinde schindet, dann erträgt sie das gern – nur eben den Apostel nicht. Auch hier ist die Liebe des Apostels das Gegenbild zum Verhalten der Gegner, auch wenn das nicht ausdrücklich, sondern nur ironisch benannt wird („... dazu waren wir zu schwach").

Und wenn Paulus sich einläßt auf das in der Gemeinde (von Seiten der Gegner her) übliche Sich-Rühmen dem Fleische nach und dieses dann immer deutlich sagt und als unvernünftig brandmarkt, so handelt es sich um ein Spiel, das doch nur den Zweck hat, das Gegenüber an seinem Verhalten irre werden zu lassen. Die verletzte Liebe unterstellt dem Gegenüber probeweise und zum Zweck der Provokation eine Differenz in den Grundanschauungen – doch nur zu dem Zweck und in der verzweifelten Hoffnung, das Gegenüber möchte doch nicht bei dieser Differenz beharren, sondern die Provokation zum Anlaß nehmen, das Einverständnis zu erklären.

Schließlich ist auch die direkteste Disqualifizierung der Gegner in 10,12-18 an nichts anderem orientiert als daran, daß der Apostel eben für diese Gemeinde (von Gott) bestimmt sei, hier seinen Auftrag (von Gott) erfüllen müsse, den kein anderer so erfüllen dürfe. Auch hier gibt es am Ende keinen anderen Ausweis für den Apostel als eben die Beziehung zu dieser Gemeinde selbst.

Fazit: Der von Paulus in den Vordergrund gespielte Grundwerte-Dissens (Rühmen dem Fleische nach oder in Gott) sowie die Ironie der Darstellung sollen für die Liebe des Apostels werben und die mangelnde Gegenliebe auf seiten der Gemeinde in ihren absurden Konsequenzen darstellen. Die Kapitel 10-12 sind daher im wesentlichen eine deductio ad absurdum. Ironie, Erweis der Absurdität und Disqualifizierung der Gegner sind starke Waffen, die Paulus aus verletzter Liebe und im verzweifelten Kampf um die Gegenliebe der Korinther ins Feld führt[10].

---

[10] Vgl.auch: P.Marshall, Enmity in Corinth. Social Conventions in Paul's Relations with the Corinthians (WUNT II 23), Tübingen 1987.

8.7 Stöhnen und Sehnsucht

1 Der Befund bei Paulus

In 2 Kor 5 und in Röm 8 spricht Paulus vom Stöhnen und Sehnen der Christen, das sich auf das himmlische Ziel (Offenbarwerden der Sohnschaft; Anziehen des Hauses aus dem Himmel) bezieht[1].
Die paulinischen Texte über das „Stöhnen", Röm 8,23; 2 Kor 5,2.4 zeigen wichtige Gemeinsamkeiten:
a) Überall bezieht sich das Stöhnen auf die leibliche Existenz[2]. Dieser Aspekt ist äußerst wichtig zur Ermittlung des religionsgeschichtlichen Umfeldes, innerhalb dessen dann die „redaktionelle Eigenleistung" des Paulus erkennbar und faßbar wird.
b) In allen genannten Sätzen hat das Stöhnen einen kräftigen Hoffnungsaspekt. Dieser zeigt sich in gleichartigem Satzbau:
Röm 8,23 „wir stöhnen... Kindschaft erwartend, die Erlösung unseres Leibes"
2 Kor 5,2 „wir stöhnen, unser Haus... ersehnend"
2 Kor 5,4 „wir stöhnen belastet, weil wir nicht aus-, sondern angezogen werden wollen."
Das aber bedeutet: Das Stöhnen bezieht sich nicht nur auf das schmerzvolle Dasein im bestehenden Leib, sondern vor allem darauf, daß der neue, erlöste Leib noch nicht Gegenwart ist.
Damit aber beläßt Paulus es nicht beim Jammern über Schmerzen, sondern er macht das Interessengebiet „leibliche Verfassung" und „Krankheit" zum Feld seiner Aussagen über die eschatologische Hoffnung. Eindrücklich ist, daß die eschatologische Botschaft so in ein neues hermeneutisches Medium hineingetragen wird und so eine ganz eigene, neue Gestalt gewinnt. Das heißt: Man kann über Christentum auch in dieser Weise

---

[1] 2 Kor 5,2ff: „Denn auch darin stöhnen wir, unsere Wohnung, die aus dem Himmel, darüber anzuziehen ersehnend...(4) Denn auch wir, die in dem Zelt sind, stöhnen beschwert, weil wir nicht entkleidet werden wollen, sondern überkleidet werden, damit verschlungen werde das Sterbliche vom Leben". – Röm 8,19ff: "Denn die Sehnsucht der Schöpfung erwartet die Offenbarung der Söhne Gottes...(22) Denn wir wissen, daß die ganze Schöpfung mitjammert und mitklagt bis zum Jetzt; (23) nicht nur aber (sie), sondern auch wir selbst, die das Angeld des Geistes haben, auch wir selbst stöhnen bei uns, (die) Sohnschaft erwartend, den Loskauf unseres Leibes...(26) der Geist selbst tritt ein durch unsagbare Ausrufe des Stöhnens".
[2] Nach 2 Kor 5,2 geht es um das „Haus aus dem Himmel", das angezogen werden soll; nach 5,4 um das Belastetsein („im Zelt") jetzt im Kontrast zum künftigen Angezogenwerden, in Röm 8,23 wird die „Erlösung unseres Leibes" erwartet.

reden, und daraus ergeben sich neue, ungeahnte Aspekte. Denn es bleibt ja nicht beim Stöhnen über Schmerzen, sondern gewissermaßen unter der Hand erklärt Paulus das Stöhnen und Jammern als Klage darüber, daß wir noch nicht erlöst sind. In Röm 8,22 wird er dafür dann das Bild der Wehen hinzufügen, welches bereits traditionell verwendet wird, um von Befristung und zugleich vom glücklichen Ende des gegenwärtigen Schmerzes zu künden.
Vergleichbare Texte aus der Umwelt des Neuen Testaments zeigen, worin die theologische Leistung des Paulus in diesem Punkte besteht; dabei war maßgeblich der bei Paulus zentrale Gesichtspunkt, ob Stöhnen mit der Verfassung des Leibes zusammen genannt ist:

2 Corpus Hermeticum

In Corpus Hermeticum 23 („Kore Kosmou"), Kap. 33 wird davon gesprochen, wie die Seelen in Körper eingeschlossen werden. Dabei „jammerten sie und stöhnten" wie wilde Tiere in Sklaverei. Im Unterschied zu Paulus geht es hier um das Verhältnis Leib/Seele im Sinne dualistischer Anthropologie; wichtiger aber ist, daß in CH 23,33 beklagt wird, daß die Seele „nicht mehr" frei ist, während der Christ nach Paulus darüber stöhnt, daß er noch nicht frei ist (vgl. den Ausdruck Freiheit in Röm 8,22, der wohl durch den hellenistischen Sachzusammenhang vorgegeben ist). Und bei Paulus wird die ganze Schöpfung befreit werden, ein Gedanke, der CH 23,33 natürlich fern liegt.
Entscheidend ist daher, daß das Stöhnen sich bei Paulus auf einen gegenüber CH umgekehrten zeitlichen Verlauf bezieht („noch nicht" statt „nicht mehr"). So wird etwas über die Kraft der Hoffnung sichtbar.

3 Analogien bei Philo v.A.

Bei Philo wird das Stöhnen Israels in Ägypten nach Ex 2,23 wiederholt auf die Existenz im Leib gedeutet, und zwar so, daß „Ägypten" für den Leib steht.
Nach Migr 14f wird der Verstand von „körperlichen Gelüsten beschwert" (vgl. zum Wortfeld 2 Kor 5,4!), und das Stöhnen aus Ex 2,23 wird so erklärt: „Da sie nun jammerten und bitter weinten ob des Überflusses an körperlichen Gaben...". – Im Unterschied zu Paulus besteht hier im Sinne dualistischer Anthropologie der Schmerz darin, daß der geistige Teil des Menschen sich nicht entfalten kann. Bei Paulus dagegen handelt es sich zweifellos um die Not des physischen Schmerzes.

Nach Det Pot 93f ist der „in uns" lebende Pharao die Sinnenlust. Wer aber über den alten Lebenswandel stöhnt (Ex 2,23), den Pharao sterben läßt und sich flehend zu Gott wendet, den weist er nicht ab. Den Kontrast bildet Kain, der keine Reue annimmt. – Hier steht das Stöhnen für die Reue – dieser Aspekt fehlt bei Paulus, jedenfalls an den hier behandelten Stellen.

Sehr aufschlußreich ist der Traktat über das Stöhnen in Leg Alleg III 211-217[3]. Hier wird ausführlich beschrieben, was Stöhnen im 1.Jh.n.Chr bedeutet; wie in Röm 8 wird auch die Verbindung zu den Wehen gezogen. Wie bei Paulus ist in diesem Text das Stöhnen Ausdruck unserer sinnlich-leiblichen Verfaßtheit. Nach Philo nun ist das Stöhnen entweder sowieso böse (als Frustration über nicht erreichte sinnliche Ziele), oder es ist Ausdruck der Reue, für die die Gnade Gottes nötig ist (daher Stöhnen als Flehen). – Davon kann nun bei Paulus keine Rede sein. Denn bei Paulus ist das Stöhnen zwar unter anderem auch Folge der Sünde[4], es hat aber nichts mit Reue zu tun.

Fazit: Stöhnen hängt bei Philo wie bei Paulus mit den Nöten unserer Sinnlichkeit und Leiblichkeit zusammen. Bei Philo geht es stets um den Schmerz im Rückblick (anläßlich der Bekehrung klagt der Mensch: Wie elend war ich doch früher), bei Paulus um den Schmerz angesichts dessen,

---

[3] Leg Alleg III 211: „Nun genügt es nicht für unsere unselige Sinnlichkeit, daß sie reichlich Schmerzen zu tragen hat, sie soll auch stöhnen. Das Stöhnen bedeutet heftigen und stark gesteigerten Schmerz; denn oftmals empfinden wir Schmerz, ohne zu stöhnen; wenn wir aber stöhnen, so müssen die Schmerzen quälend und besonders heftig sein. Das Stöhnen kann aber in zwei Fällen stattfinden: erstens bei solchen, die Begierde und Verlangen nach Unrecht haben und nicht zu ihrem Ziel gelangen können, wo es also etwas Schlechtes ist; zweitens bei solchen, die über die frühere Wandlung ihrer Seele Reue empfinden und sich grämen und sprechen: o, wir Unglücklichen! Wie lange sind wir einhergegangen, mit der Krankheit des Unverstandes, der Torheit und des frevelhaften Sinnes behaftet! (212)... und sofort, nachdem die Schlechtigkeit gestorben ist, beklagt der Gottsehende seine eigene Wandlung... Denn solange der König von Ägypten, die wollüstige Sinnesart, in uns lebt, bestimmt er die Seele, sich ihrer Sünden zu freuen; sobald er aber gestorben ist, stöhnt sie...(216) Die Sinnlichkeit aber leidet und stöhnt immer und gebiert unter Schmerzen und unerträglichen Leiden das Wahrnehmen...(217) Dagegen finden wir andererseits, daß die Tugend mit überschwenglicher Freude schwanger geht, daß der Weise unter Lachen und in Heiterkeit zeugt, und daß der Sprößling beider das Lachen selbst ist".

[4] Vgl. Röm 7,24. – Dieser Vers bringt zum Ausdruck, wie das Stöhnen von Kap.8 verbalisiert worden sein könnte; vgl. die formgeschichtliche Parallele bei Philo, Leg Alleg III 211: „O, wir Unglücklichen! Wie lange sind wir einhergegangen, mit der Krankheit des Unverstandes, der Torheit und des frevelhaften Strebens behaftet!" Bei Philo handelt es sich um einen Ausruf der Reue, bei Paulus um eine Klage über die Folgen der Sünde.

was noch kommt. Die futurische Ausrichtung ist auch hier die Besonderheit des Paulus.

4 Weisheit Salomos

„Denn der vergängliche Leib beschwert die Seele, und das irdische Zelt belastet den gedankenreichen Verstand" (SapSal 9,15) – dieser Text bietet gleich zwei Wortparallelen zu 2 Kor 5,4: „belasten" und „Zelt"; hier könnte auch das Wort „stöhnen" stehen. Zudem handelt der Text von den Beschwerlichkeiten der leiblichen Existenz. Im Unterschied zu Paulus wird nur anthropologisch, nicht eschatologisch gedacht; eine Alternative ist nicht in Sicht.
Die Zukunftsausrichtung erhält das Stöhnen bei Paulus auch deshalb, weil es mit „sich sehnen" zusammensteht (Röm 8,19 gr.: *apokaradokia*[5] und gr.: *apekdechomai* ; 2 Kor 5,2 gr.: *epipothountes*). Dafür aber sind nun apokalyptische Parallelen wichtig:

5 Apokalyptische Texte

„Sehnsucht" ist ein Topos der apokalyptischen Literatur: „Dort wünschte ich zu wohnen, und mein Geist verlangte nach jener Wohnung; hier bestand mein Anteil (schon) zuvor, denn so ist es für mich bestimmt vor dem Herrn der Geister" (Hen[äth] 39,8).
Auch auf Lk 17,22 ist zu verweisen, wo die Jünger auf ihr Begehren angesprochen werden, auch nur einen der Tage des Menschensohnes zu sehen: Man könnte überlegen, ob es sich dabei um das Ende des gegenwärtigen Leidens der Jünger handelt („Nun wird es nicht mehr lange dauern"), auch im Blick auf Lk 21,28 („Seht auf und erhebet eure Häupter...") und Act 3,20 („aufatmen" in Differenz zu Lk 21,26 „nach Luft japsen"). Man könnte den Satz aber auch speziell auf die Zeichenfrage beziehen; dann würde es verweigert, einen der Tage vor dem Ende als solchen (als einen der Tage des Menschensohnes) zu erkennen. Näher liegt aber doch wohl die erstgenannte Möglichkeit: In den kommenden Tagen der Drangsal werden die Jünger nach dem Morgenrot der kommenden Zeit Ausschau halten. Dann belegt der Text eschatologische Sehnsucht in der letzten Drangsal. Im Unterschied zu Paulus handelt es sich nicht um die Nöte in

---

[5] Dieses nur in hellenistischen Texten belegte Wort heißt: „das gespannte, ängstliche Warten" (U.Wilckens, Der Römerbrief, zu Röm 8,19).

dem von der Sünde gezeichneten Leib, sondern um die spezifischen Qualen vor dem Ende. Es kann sein, daß die Leser des Lukas damit die eigene Zeit identifizieren konnten.
Im Unterschied zu Paulus wird in beiden Texten die Sehnsucht nach dem Ende nicht speziell mit der Beschaffenheit oder den Nöten des (individuellen) Leibes begründet.
Es gibt allerdings eine ganze Reihe von Texten, nach welchen die eschatologische Drangsal speziell diejenigen trifft, die mit ihren Körpern hier besonders engagiert sind, also die Schwangeren[6], Stillenden[7] und Verheirateten[8]. Insofern ist eine Tendenz erweisbar, nach der die Drangsal vor dem Ende und entsprechend die Sehnsucht besonders durch die leibliche und die geschlechtliche Verfaßtheit des Menschen begründet sind – und so dann auch, so wäre zu folgern, die Sehnsucht nach dem Ende.

6 Resultate

Paulus ist, soweit ich sehe, der einzige, der „Stöhnen" (über die Umstände unserer leiblichen, todgeweihten Existenz) im Blick auf Hoffnung, also im Blick auf Kommendes deutet. Er kleidet seine Erwartung über das kommende Heil sicher auch deshalb in die Kategorie leiblicher Bedrängnis, weil er selbst leidend ist und allzu gut weiß, was Stöhnen ist (2 Kor 12,7-9).
Paulus schließt sich an die apokalyptische Rede von der Sehnsucht an und bezieht auch diese speziell auf die neue Leiblichkeit.
Am Ende geht es Paulus nach beiderlei Aussagen um die Überwindung der Todverfallenheit und Vergänglichkeit (Röm 8,20f), der wir ausgeliefert sind. Diese Hoffnung verwandelt gegenwärtige Beschwernisse und gibt ihnen die Perspektive, daß wir künftig von ihnen befreit sein werden. Paulus nimmt das Stöhnen und die Sehnsucht der Menschen ernst. Er ist in diesen Sätzen nicht leibfeindlich, sondern der Feind ist der Tod.

8.8 Freude und Trauer

In vielen Texten ist von Freude und Trauer zusammen die Rede. Daher empfiehlt es sich, beides in einem Abschnitt zu behandeln. Ein Vorgehen anhand von Einzeltexten legte sich nahe.

---

[6] Mk 13,17a par.
[7] Mk 13,17b par.
[8] 1 Kor 7,28b.

A Freude

1 Freude aneinander
In 2 Kor 1,23-2,4 bespricht Paulus noch nicht lange zurückliegende gegenseitige Verletzungen in seinem Verhältnis zu den Korinthern. Diese schwierige Situation erörtert Paulus mit Hilfe des Wortfeldes Freude/ Trauer und sich freuen/erfreuen/traurig machen. Am Ende in 2,4 ist gar von trauriger Bedrängnis, einem Zusammengeschnürtwerden des Herzens und von Tränen die Rede. Und hier fällt dann auch das von Paulus offenbar als Wunderwaffe betrachtete Wort „Liebe": gegen alles setzt der Apostel seine Liebe zur Gemeinde. Ziel des Abschnittes ist es, auf jeden Fall zu vermeiden, daß beide weiterhin einander traurig machen. Denn die Verkündigung des Evangeliums dient ganz eindeutig der Freude (2,24: „Mitarbeiter an eurer Freude, denn ihr steht im Glauben").
Über diese Freude erfahren wir aus diesem Abschnitt „zwischen den Zeilen" folgendes:
a) Von Gott ist in dem Abschnitt 1,24-2,4 nicht die Rede. Gott ist auch nicht Gegenstand oder Inhalt der Freude.
b) Die Freude ist vielmehr eine strikt gegenseitige Verhältnis zwischen Paulus und Gemeinde. Sie ist als kostbarstes Element ihrer Beziehung auch unteilbar[1]. Es ist die Freude übereinander und aneinander. Die geglückte Gegenseitigkeit im Verhältnis zur Gemeinde ist auch sonst das höchste messianische Gut für Paulus; so sind Apostel und Gemeinde auch wechselseitig Grund des Stolzes (des Sich-Rühmens) füreinander.
c) Paulus kann ganz ungeniert „egoistisch" davon reden, daß er erfreut werden will (2,3), ja erfreut werden müßte. Damit ist wohl konkret die von der Gemeinde erwartete Gegenliebe (vgl. § 8.6) gemeint[2].
Damit aber ist auf beiden Seiten zwischen privater und öffentlicher Freude nicht zu unterscheiden.

---

[1] In 2,1 und 2,3 korrespondieren jeweils Freude und Trauer auf der Seite des Apostels wie der Gemeinde.
[2] Vgl. dazu: H.Windisch: Der zweite Korintherbrief, Göttingen 1924, Neudruck 1970, 79 zur Begründung in 2,2: „Sie klingt zunächst egoistisch; stellt sie doch überraschenderweise die Person des Paulus und sein Bedürfnis nach Freude in den Mittelpunkt: nicht sowohl die Korinther, als sich selbst zu schonen scheint das Motiv, nicht sowohl anderen Freude zu bringen, als selbst von anderen Freude zu erleben, scheint sein höchstes Verlangen zu sein. Aber die starke Betonung seines persönlichen Interesses erklärt sich zur Genüge daraus, daß Korinth eine seiner wichtigsten und ihm besonders am Herzen liegenden Stiftungen war, und ist somit Ausfluß einer heißen Liebe, die Gegenliebe wecken will, vgl. 11,2.11."

d) Nach 2,24 ist Freude die direkte Folge und Ausdrucksgestalt des Glaubens. Sie stellt das dar, was Paulus sonst unter „Gerechtigkeit" versteht. Freude ist daher nicht nur die psychische Seite der Erlösung als neue Schöpfung, sie äußert sich auch in einer konkreten lebendigen Beziehung, in der jeder vermeidet, den anderen zu verletzen.

e) Als die entscheidende Frucht des Evangeliums ist Freude damit der Maßstab jeglichen kommunikativen Handelns zwischen Paulus und Gemeinde. In diesem Verhältnis konnte es auch zu Traurigkeiten kommen, doch das war nicht das Ziel.

f) Zur Freude verhelfen ist etwas anderes als Beherrschen (1,24). Das heißt: Freude ist nur im Miteinander möglich und schließt Machtstrukturen aus. Gerade darin also, daß Paulus diesen Abschnitt seines Briefes schreibt und den Verzicht auf eine autoritative Machtposition an den Anfang stellt (1,24)[3], realisiert er ein Stück Freude im Miteinander. In der Anrede an die Gemeinde vermittelt Paulus hier das, worüber er spricht.

Fazit: Die Freude übereinander im Miteinander ist hier geradezu die messianische Zielvorstellung. Die Heilswirklichkeit besteht darin, daß man einander Quelle der Freude wird[4]. Dieses ist die Erfahrungsgestalt der neuen Gerechtigkeit und damit des Glaubens. Spannend ist an diesem Abschnitt, daß Paulus seine Sensibilität für mitmenschliche Beziehungen hier nicht durch frommen Zungenschlag zur Unzeit verwässert. Freude ist ein soziales Gut – oder sie existiert überhaupt nicht.

2 Der Ertrag ist auch schon Gegenwart
Besonders innerhalb der Abschiedsreden des JohEv ist mit dem Stichwort „bleiben" der durative und damit auf Treue und Stabilität bezogene Aspekt des Glaubens benannt. Nach Joh 15,5-12 besteht dieses Bleiben in der Bewahrung der Gemeinschaft mit Jesus und untereinander. Darin besteht das Halten der Gebote, und das ist letztlich Liebe, das Füreinander-Dasein. Indes ist dieses nicht Selbstzweck; der Sinn und Zweck des Bewahrens dieser Gemeinschaft wird in 15,11 formuliert: „Dieses habe ich euch gesagt, damit meine Freude in euch sei und eure Freude vollendet würde". Die Analogien zu den paulinischen Aussagen des 2 Kor sind

---

[3] Paulus verwendet an dieser Stelle einen Topos aus antiker rhetorischer Strategie, vgl. Barn 1,8 „Ich aber will euch nicht als Lehrer, sondern wie einer aus euch Weniges aufweisen, wodurch ihr in dieser Situation erfreut werden sollt". Man beachte, daß hier nicht nur die Gleichstellung, sondern auch das Element der Freude mit unserem Abschnitt korrespondiert.

[4] Vgl. dazu F.Lang: Die Briefe an die Korinther, Göttingen 1986, S.261: „Paulus würde sich die Quelle seiner Freude zunichte machen, würde er die Gemeinde in Trauer versetzen".

besonders auffällig[5]. Denn in beiden Fällen ist die Freude des einen (Christus, Apostel) auch die der anderen. Sie hat ihren Ursprung in der Liebe (des Christus, des Apostels) und verbindet jeweils beide Partner (Christus und Jünger; Apostel und Gemeinde) als unteilbares gemeinsames Gut, wie etwas, an dem beide teilhaben. Denn sie sind so einander ähnlich im Zentralsten und Wichtigsten, das es gibt.

Diese Freude als letztes Ziel ist zwar schon gegenwärtig möglich, aber sie ist doch auf Seiten der Jünger noch zu vervollkommnen und zu vollenden. Joh 15,11 macht daher (im Unterschied zu Paulus) gewissermaßen einen eschatologischen Vorbehalt geltend. Überhaupt ist Freude ja ein traditionelles eschatologisches Heilsgut jüdischer Erwartung (ähnlich wie „Gnade"); doch dieses Heilsgut erfordert nicht per se oder gar mit Notwendigkeit als Voraussetzung der Realisierung eine apokalyptische Eschatologie (wiederum wie auch „Gnade"). Daher erwiesen sich „Freude" wie „Gnade"[6] als vorzüglich geeignet, den bereits gegenwärtigen Ertrag christlichen Heils zu illustrieren. Die psychische und damit die entscheidende, weil unüberholbar den Endpunkt darstellende Seite des Heils ist somit bereits zugänglich. Anders gesagt: Mehr als Freude kann man nicht haben; sie ist der Endpunkt der Wege Gottes mit den Menschen. Und nach Joh 15 ist sie jetzt schon zugänglich als Frucht der von Jesus ausgehenden und weitergegebenen Liebe.

Wie bei Paulus erscheint demnach Freude als höchstes und letztes Ziel der neuen messianischen Gemeinschaft.

Kritischer Ertrag: Alle Fragen, die voll Ungeduld das Theodizeeproblem oder die Parusieverzögerung betreffen, erscheinen gegenüber dieser Eschatologie als zweitrangig. Denn die Freude im Miteinander ist das Ziel. Man könnte auch (vielleicht im Sinne der hier besprochenen Texte aus Paulus und Joh) sagen: Wohl deshalb hat Gott sein Heilswerk darauf beschränkt, einen schlichten Menschen als Messias zu senden, um auf das Wichtigste, die Augenblicke und die Kontinuität des Miteinanders in Freude, aufmerksam zu machen.

---

[5] Die alte Beobachtung, daß die johanneische Christologie Entsprechungen im paulinischen Apostelbegriff hat, bestätigt sich auch hier: Vom johanneischen Christus geht die Liebe aus (Joh 15,9f) wie von Paulus gegenüber der Gemeinde (2 Kor 2,4). Deren Verwirklichung und Ziel ist Freude; besonders auffällig ist die Übereinstimmung zwischen 2 Kor 2,3b „denn meine Freude ist die von euch allen" mit Joh 15,11 „damit meine Freude in euch sei und eure Freude vollendet werde". Freude ist damit so etwas wie ein Kontinuum, an dem beide Partner teilhaben. Sie geht dabei vom Apostel bzw. von Christus aus.

[6] Übrigens gilt das auch vom „Überfließen" bzw. „Überreichtum", welches Paulus nicht zufällig in diesem Zusammenhang in 2 Kor 2,4 nennt. Nur ist „Überfließen" nicht psychologisch orientiert.

3 Zeit der Trauer und Zeit der Freude

War Joh 15,5-12 binnengemeindlich orientiert, so kommt in Joh 16,20-24 das problematische Verhältnis zwischen Gemeinde und Außenstehenden („Welt") zur Sprache. Das Bild der Gebärenden, bei der auf Trauer und Schmerz dann die Freude über ein neues Menschenkind folgt, wird verwendet, um sowohl die notwendige Abfolge beider Phasen als auch die Sicherheit des Eintreffens der Zeit der Freude plausibel zu machen. Gerade so soll der Anschein der Vertröstung vermieden werden. Das Wann des Wiedersehens ist umstritten[7]. Ohne Zweifel aber ist mit „Trauer" auch das zur Zeit der Abfassung des Evangeliums bestehende Verhältnis zu Außenstehenden gemeint. Für unsere Fragestellung ergibt sich aus dem Abschnitt Joh 16,20-24:

a) Trauer wie Freude sind ausschließlich sozial bestimmt. Bei der Trauer geht es um das Verhältnis zu Menschen (Außenwelt), bei der Freude um das Wiedersehen mit Jesus. Damit wird Trauer nicht durch physisches Ergehen (Krankheit, Tod) und auch nicht durch Besitz (Armut) bestimmt, sondern exklusiv durch die Art des Miteinanders. Und umgekehrt zeigt schon die Wahl der Metaphorik in 16,21 (Geburt eines neuen Menschen), daß von Freude auf dem Niveau des Miteinanders die Rede ist. Nur von solcher Freude gilt auch, daß sie nicht wegnehmbar ist (16,22); jede nur materielle Freude wäre von Verlust bedroht.

b) Auch gegenüber dem Vater wird die Freude im Sinne einer Beziehung bestimmt (16,23). Denn die Verheißung der absolut sicheren Erfüllung jeder Bitte ist ein Topos für die Stellung als „Kinder des Hauses" gegenüber ihrem Vater; nur Kinder des Hauses dürfen so mit ihrem Vater umspringen, und er erfüllt ihnen alles. Diese Auffassung über den „Sohn des Hauses" wird illustriert durch eine Erzählung über Honi den Kreiszeichner, der in diesem Sinne Gott um alles, auch in widersprüchlicher Abfolge, bitten darf[8]. Es ist daher nicht zufällig, daß in Joh 16,23 der „Vater" genannt wird.

---

[7] Entweder bezieht sich das Wiedersehen auf die Begegnung mit dem Auferstandenen (Joh 20,20b „Es freuten sich die Jünger, da sie den Herrn sahen") oder auf die Gegenwart des Erhöhten oder auf das Kommen des Parakleten oder auf die Wiederkunft Jesu. Wahrscheinlich ist diese „Leerstelle" beabsichtigt. Sicher ist nur, daß die Jünger nicht allein und verlassen bleiben.

[8] Vgl. b Taanith 23a (Übers. L.Goldschmidt III S.714); mit Kommentar abgedruckt in: K.Berger, C.Colpe: Religionsgeschichtliches Textbuch zum Neuen Testament, Göttingen 1987, S.48f Nr.44. – Honi wird dort, da er auf sein Fürbittgebet zunächst Regen, dann Aufhören des Regens erreicht hatte, mit einem Kind verglichen, das von seinem Vater verlangt, erst warm, dann kalt gebadet zu werden, dann nacheinander Nüsse, Mandeln, Pfirsiche und Granatäpfel verlangt. Honi der Kreiszieher selbst gilt als charismatischer Gelehrter. „Sohn des Hauses" ist hier dasselbe wie „Sohn Gottes".

c) Freude ist die Weise, in der das eschatologisch Neue erfahren wird: als Zeit, in der die Verfolgung der Gerechten (hier: Jesu und seiner Jünger) aufhört. So ist hier nicht vom Himmel und von neuer Schöpfung die Rede, sondern von einer Freude, die niemand mehr nehmen kann. Selbst in der ganz anders gearteten apokalyptischen Schilderung Apk 21,1-4 ist dieses die Spitzenaussage: „...und er wird abwischen alle Tränen aus ihren Augen". Dem „Das Erste ist vergangen" von Apk 21,5 entspricht in Joh 16,21 die Bemerkung „Und nicht mehr erinnert sie sich an die Drangsal". Das Alte wird hier noch nicht einmal erinnert werden.

d) Nach drei inhaltlich negativ formulierten Aussagen über das Herz der Jünger im JohEv (14,1.27; 16,6) ist 16,22 die erste positiv gefüllte („Euer Herz wird sich freuen..."). Der Leser wird auf diese Weise weitergeführt. Ebenso wird die Vollendung (Erfüllung) der Freude, die in 15,11 angekündigt wurde, nun in 16,24 inhaltlich näher bestimmt und damit näher herangerückt.

Fazit: Freude ist in jedem Fall die Frucht des Friedens mit Menschen und Gott. Und noch mehr: Es ist die Freude der intensiven Gemeinschaft beim Wiedersehen mit Jesus und bei der Erhörung aller Bitten durch den Vater. Freude ist daher kein subjektiver, sondern ein in höchstem Maße relationaler Begriff.

4 Ekstatische Freude im Leiden
Anders als für Joh 16 sind für 1 Petr Leiden und Freude nicht zwei aufeinanderfolgende Phasen, sie fallen vielmehr ineinander. Zugleich betont entsprechend 1 Petr so intensiv wie keine andere neutestamentliche Schrift den „ekstatischen" Charakter dieser Freude, so durch Verknüpfung mit „Herrlichkeit" (1,8; 4,13f), mit Jubel (1,8; 4,13) und mit der Rede vom Geist (4,14) oder einfach dadurch, daß in 1,8 die Rede ist von der „unaussprechlichen Freude"[9]. So geht es in diesem Brief in gar keiner Weise um Vertröstung angesichts der die Gemeinde treffenden Leiden, vielmehr liegt dem Verf. alles daran, die Möglichkeit und Wirklichkeit der Überwindung des Leidens durch Freude schon im Jetzt aufzuzeigen.
Innerhalb der martyrologischen Literatur finden sich dazu nicht wenige Analogien: Der Märtyrer schaut unmittelbar vor seinem Tod die Herr-

---

[9] Vgl. 1 Petr 1,8 „(ihn), den ihr nicht saht, liebt ihr, an ihn, den ihr jetzt nicht schaut, glaubend aber jubelt ihr in unaussprechlicher und herrlicher Freude"; 4,12 „...werdet nicht befremdet... wie wenn Befremdliches euch widerführe, (13) sondern, wie ihr teilhabt an den Leiden Christi, freut euch, damit ihr auch bei der Offenbarung seiner Herrlichkeit ihr euch freut, jubelnd. (14) Wenn ihr geschmäht werdet im Namen Christi, selig seid ihr, weil der Geist der Herrlichkeit (und) der Geist Gottes auf euch ruht".

lichkeit des Herrn (Act 7,55), er sieht den Herrn selbst[10], spricht mit dem Herrn[11] oder auf ihm ruht die Herrlichkeit, sofern er leidet[12], der Märtyrer ist erfüllt vom heiligen Geist[13] oder er darf sich freuen, weil der Lohn für ihn bereitet ist[14]. – Entfernter verwandt sind die Texte, nach denen der Zeuge und potentielle Märtyrer vor Gericht in besonderer Weise mit dem Beistand des Geistes Gottes rechnen darf (Mk 13,11; Mt 10,19f; Lk 12,11f) – nur geht es hier um die Gerichtssituation und nicht um die Hinrichtung; hier lassen sich die Ursprünge in die Weisheitsliteratur zurückverfolgen[15]. – Andererseits sind sowohl die Gabe des Geistes an den Märtyrer wie auch seine Vision auf traditionelle Anschauungen über die Todesstunde besonders qualifizierter Menschen zurückzuführen[16]; da der

---

[10] Act 7,55.56; Mart Polyk 2,2 („Dabeistehend redete der Herr mit ihnen").
[11] Mart Lugd 51.
[12] Vgl. Sifre Dtn 6,5 § 32 (Str.-Bill III 243) „Bevorzugt sind die Leidenden vor Gott. Denn die Herrlichkeit des Herrn ruht auf dem, über den Leiden kommt".
[13] Vgl. Act 7,55; Mart Jes 5,14 „Und Jesaja schrie weder, noch weinte er, als er zersägt wurde, sondern sein Mund redete mit dem heiligen Geist, bis er in zwei Teile zersägt war"; Mart Perp Fel 1,4; Bam r 15,20 zu Nu 11,16 : „... die Ältesten und Aufseher, die selbst hingegeben haben, um (stellvertretend) für sie (das ganze Volk) in Ägypten wegen des Pensums der Ziegel bestraft zu werden... von hier lernst du, daß jeder, der sich selbst für Israel hingibt, der Ehre, Größe und des heiligen Geistes gewürdigt wird... Mose gleichgestellt." (Dazu vgl. P.Schäfer: Die Vorstellung vom heiligen Geist in der rabbinischen Literatur, STANT 28, München 1972, 130). – Daß der heilige Geist auf jemandem „ruht": Nu 11,25f und die Belege bei P.Schäfer, a.a.O., S.159.
[14] Vgl. BarApk(syr) 52,5-7: „Freut euch an dem Leiden, das ihr jetzt leidet!.. Rüstet euch für das, was für euch bereit liegt, und bereitet euch für den Lohn, der für euch hingelegt ist".
[15] Vgl. dazu: K.Berger, Art. Geist, Geistesgaben, in: TRE 12 (1984) 182.
[16] Vgl. zum Erfülltwerden mit dem Hl.Geist (der Prophetie) die Gattung der Testamente und darin jeweils der gesamte Abschnitt mit Zukunftsweissagungen; zur Funktion des hl. Geistes dabei auch z. B. im Testament des Paulus Act 20,23. – Zur Herrlichkeit Gottes beim Tod bedeutender Männer z.B. von Mose Ps.-Philo, Ant Bibl 19,6: Als Mose die Ansage seines Endes vernimmt, „wurde er von Weisheit erfüllt, und sein Antlitz verwandelte sich in Herrlichkeit, und er starb in Herrlichkeit gemäß dem Wort (Mund) des Herrn"; vgl. 19,12 („ich werde dich verherrlichen"). – Die Vision in der Todesstunde bezieht sich jeweils auf den oder die vorangegangenen Märtyrer oder Gerechten (vgl. die Vision des Menschensohnes in Act 7,55f), die den „Neuling" gleichsam begrüßen, vgl. dazu 4 Makk 18,25 und dazu auch K.Berger, C.Colpe, Religionsgeschichtliches Textbuch, Göttingen 1987, S.93ff Nr.135. – Über die Freude in der Todesstunde: Par Jer 6,3: Baruch sitzt bereits in einem Grab, sieht aber die vor 70 Jahre gut erhaltenen Feigen im Korb des Abimelech und sagt: „Es gibt einen Gott, der Lohn seinen Heiligen gewährt. Bereite dich vor, mein Herz, und freu dich und juble in deinem Zelt, ich meine: in deinem Haus von Fleisch. Denn deine Trauer wurde umgewandelt (gr.: metestraphe) in Freude. Denn du hast keine Sünde. Atme auf,

Tod des Märtyrers öffentlich ist, erlangen diese Elemente hier eine besondere neue Bedeutung und werden aktualisiert. 1 Petr wendet demnach Elemente, die eigentlich der Todesstunde des Zeugen zugehören, auf deren Leidensexistenz bereits zuvor an, auch wenn diese nicht zum blutigen Martyrium führt. Vielmehr ist es gerade die Situation des 1 Petr, daß es keine wirklichen Märtyrer gibt – dennoch versteht der Verf. die Situation seiner Gemeinde aus der Tradition der Martyrien.

Über die Freude, von der 1 Petr spricht, besagen diese Beobachtungen:

a) 1 Petr orientiert sich an einer Auffassung vom Tod, nach der dieser nicht als trauriges Ende, sondern als Übergang und Beginn der Verherrlichung angesehen wird. Dieses wendet der Verf. auf die christliche Leidensexistenz an. Seine theologische und seelsorgerliche Leistung besteht demnach darin, daß er das christliche Leben und Leiden von einem „alternativen" Todesverständnis her begreift.

b) Allen Texten gemeinsam ist offenbar die geradezu physische Nähe des helfenden Gottes, wenn Menschen als Gerechte oder um seinetwillen in der äußersten Not sind. Die ekstatische Freude liegt dem Leiden so nahe wie das Lachen dem Weinen. Die Wand zwischen Leiden und Freude ist in dieser Situation dünn geworden.

In den frühchristlichen Märtyrerakten wird ganz in diesem Sinne auch die zeitliche Nähe der himmlischen Seligkeit hervorgehoben.

c) Der Höhepunkt des Kampfes des Märtyrers ist zugleich der Augenblick kurz vor dem Sieg. Der Sieg ist zum Greifen nahe. Er wirft seine Strahlen voraus. Sie realisieren sich als Freude. – Das in § 10.1 über die visionären Aspekte des Glaubens Festzustellende gilt auch hier: Gerade dem, der für sein Bekenntnis leidet, drängt sich die Wirklichkeit Gottes gerade dann auf, wenn er in Bedrängnis ist. Die Attacken von außen, die bis hin zur physischen Vernichtung führen, machen den Märtyrer bereit zur Wahrnehmung eines alternativen Außen. Denn es sind weder seine privaten Leiden, sondern willkürlich von außen zugefügte, noch ist es eine private Meinung, für die er leidet, sondern der christliche Glaube[17]. In beiden Fällen geht es jeweils um ein Außen, für

---

mein jungfräulicher Glaube, glaube, daß du leben wirst" (der Funktion des Feigenwunders hier entspricht die Auferstehung Jesu nach 1 Petr 1,3); Test Levi 18 cod. e V.12 (Von der Todesstunde Isaaks: „Und es sah Isaak unser Vater uns alle und segnete uns und freute sich"). – Meistens gibt es sehr nahe pagane Analogien, vgl. dazu auch das „divinare morientes" nach Cicero, De divinatione I 30,64.

[17] 1 Petr betont gerade diese beiden Elemente: Wenn man als Übeltäter litte, dann wären das „private" Leiden. Und der christliche Glaube ist keine private Ansicht, sondern von den Propheten geweissagt (1 Petr 1,11f), und die Gemeinde ist königliches Priestertum und „Volk" (1 Petr 2,1-10).

das bzw. durch dessen Einwirkung er leidet. Im Blick auf das Außen, das Gott ist, gewinnt der Glaube so stark visionäre Kraft, daß der Tod im Sinne der Schwelle zur Wirklichkeit Gottes hin umgedeutet werden kann. Der Tod erscheint in diesem Zusammenhang als „weiche", eben auch ganz anders interpretierbare Materie.

5 Den Geist nicht betrüben
Wenn gemahnt wird, den heiligen Geist nicht zu betrüben, dann wird vorausgesetzt, daß er selbst Freude, aber eben empfindliche Freude ist, so etwa in Eph 4,30 („Und betrübt nicht den heiligen Geist Gottes, in dem ihr versiegelt seid zum Tag der Erlösung")[18]. – Die Bedeutung dieser Anschauung, besonders in der Gestalt, wie sie Herm mand 10,1-3 bietet, liegt in folgendem:
a) Hier wird eine explizite Psychologie im Sinne der antiken Affektenlehre entworfen. Denn in der stoischen Theorie ist Trauer eine wichtige „Leidenschaft" (gr: *pathos*)[19]. Umgekehrt wird dann auch von Tugenden ihr fröhlicher Charakter hervorgehoben[20]. – Das „pathos" der Trauer zieht in die Seele ein bei Zweifel und Jähzorn[21].
b) Gotteslehre, Kulttheorie, Pneumatologie, Ethik und Soteriologie werden hier auf psychologischer Basis entfaltet. Wegen der Entgegensetzung von Freude und Trauer und der Verknüpfung mit einer Lehre der Geister liegt wohl ein dualistisches Gesamtkonzept analog zur Zwei-Geister-Lehre der Qumrantexte und der Test Patr vor. – Ähnlich wie

---

[18] Vgl. ferner das Agraphon bei Cyprian, Aleat 3: „nolite contristare spiritum sanctum, qui in vobis est, et nolite extinguere lumen, quod in vobis effulsit" und besonders den Traktat in Herm mand 10,1-3: Beim Zweifler ist Trauer, diese aber betrübt den Geist (10,2). Schwestern der Trauer sind Zweifel und Jähzorn, auch deren Taten betrüben den Geist (10,4). Nach 10,3,2 ist der heilige Geist von oben ausdrücklich als „fröhlicher" gegeben. Wer ihn betrübt, wirkt Gesetzlosigkeit. Fröhlichkeit dagegen wirkt Ansehen (gr.:charis) bei Gott, wirkt Gutes und verachtet die Trauer. Vor allem aber hat das Gebet des Traurigen nicht mehr die Kraft, aufzusteigen auf Gottes Altar. Es ist dann nicht mehr rein, sondern wie Essig mit Wein. – Auch die Trauer ist ein „Pneuma", aber das böseste von allen (10,1, 2). Dieser Geist vertreibt buchstäblich den heiligen Geist (10,1,2). – Vgl. auch: Test Dan 4,6: „Wenn ihr aber bestraft werdet, freiwillig oder unfreiwillig, dann seid nicht traurig. Denn von der Trauer her erheben sich Zorn mit Lüge".
[19] Vgl. dazu H.v.Arnim, Stoicorum veterum fragmenta I Nr.211 und Philo, Decal 144; Corp Hermetic 6,1 („Die Trauer ist Teil der Schlechtigkeit").
[20] Vgl. Herm mand 5,2,3: „Geduld... in ihr starke und tüchtige Kraft, die sich wohl fühlt in weitem Raum, fröhlich, freudvoll, ohne Sorge, sie preist den Herrn jederzeit, wird nicht heftig, bleibt unter allen Umständen sanft und ruhig".
[21] Dieses „pathos" ist auch innerhalb von P Herm zu unterscheiden von der Trauer, die im Zuge der Umkehr Rettung bringt. – Vgl.zum Ganzen: C.Haas: De geest bewaren, Den Haag 1985.

im weltanschaulichen Konzept der Dämonologie und Exorzismen spielen dann hier Austreiben des Geistes aus der Seele und Einziehen in die Seele eine große Rolle; so ist eben der heilige Geist durch Traurigkeit regelrecht zu vertreiben (Herm mand 10,1,2).

c) Im Unterschied zu Paulus wird deutlich und eindeutig gesagt, wie der Geist Gottes erfahrbar ist (als Freude). Freude ist nicht eine Frucht des Geistes (so Paulus, z. B. Gal 5,22), sondern der Geist ist wesenhaft Fröhlichkeit (Herm mand 10,3).

Diese Zuspitzung gerade auf die Opposition von Fröhlichkeit und Trauer bleibt gleichwohl bemerkenswert[22]. Sehr wahrscheinlich gibt es drei Ursachen: eine seelsorgerliche Notwendigkeit, gegen Traurigkeit, Niedergeschlagenheit, Mattigkeit und die damit verbundene Neigung zu Zweifeln anzugehen, die Neigung auch neutestamentlicher Autoren, Freude für den Inbegriff des Christentums zu halten (vgl. außer dem oben Genannten auch die Imperative in zentraler Stellung 2 Kor 1,24; 13,11; 1 Thess 5,16) und schließlich die stoische Affektenlehre.

6 Werke zur Freude tun

Der Erste Clemensbrief weist in Kap. 31-33 eine bemerkenswerte Auffassung von der Rechtfertigung des Menschen auf, bei der Freude eine wichtige Rolle spielt. In einer ersten Phase erlangt der Mensch Gerechtigkeit, indem Gott ihn nach seinem Willen ruft und indem sein Glaube zur Gerechtigkeit angerechnet wird. In einer zweiten Phase hat die Priorität Gottes dagegen andere Gestalt, weil Gott eher Vorbild ist: Er schafft seine Werke rein aus Freude und als Zier und Schmuck[23]. Entscheidend ist: Gott frohlockt über seine Werke, schmückt sich damit und freut sich über sie. Genauso soll der bereits gerechtfertigte Mensch verfahren. Indem die Werke so als Produkte der Freude bzw. zur Freude aufgefaßt werden, entfällt der Zwangscharakter (die Entfremdung), und das Handeln des Menschen erhält einen ästhetischen (spielerischen) Charakter. Die

---

[22] Ältere Analogien sind nämlich lediglich Jes 63,10 (MT: „kränkten"; LXX „erzürnten seinen heiligen Geist"); Jub 25,1 (Seele erbittern). Immerhin ist auch in Eph 4,30 „Bitterkeit" die Opposition zur Freude. – Zum Betrüben des Geistes (ohne „heiligen" Geist) vgl. aber auch 2 Sam 13,21 LXX; Tob 4,3 (S).

[23] 1 Clem 33,1ff „... vielmehr wollen wir uns beeilen, mit beharrlicher Bereitwilligkeit jedes gute Werk zu vollbringen.(2) Denn der Schöpfer und Herr des Alls selber frohlockt über seine Werke...(7) Beachten wir, daß alle Gerechten mit guten Werken geschmückt waren und der Herr selbst sich mit guten Werken schmückte und darüber freute.(8) Da wir also dieses Beispiel haben, wollen wir ungesäumt seinem Willen nachkommen; aus unserer ganzen Kaft wollen wir das Werk der Gerechtigkeit wirken."

Begründung des Handelns der Christen wäre dann: „...weil es mir Spaß macht".

Man mag einwenden, hier werde die Dimension der Sünde der Christen nicht ernst genug genommen. Doch der wiederholte Hinweis darauf hat keine Motivationskraft. Ich halte es für lohnend, über die Position des 1 Clem näher nachzudenken. Die kritische Korrektivfunktion kann darin bestehen, christliche Freude über das Erlöstsein nicht stets sogleich der Bitterkeit der Bedenkenträger zu unterwerfen.

B Trauer

7 Trauer und Öffentlichkeit
Trauer ist für die Welt der Bibel[24] keine Privatangelegenheit, sondern in jedem Falle ein öffentlicher Akt. Darauf weist das begleitende Wortfeld (Totenklage, Weherufe [Wehklage][25], weinen, beten, laut schreien, stöhnen) wie auch das spontane oder zeichenhafte Handeln, mit dem man seine Verfassung an die Öffentlichkeit trägt[26]: Esra zerreißt sich seine Gewänder und die heilige Kleidung, rauft sich Kopf- und Barthaar aus und setzt sich nachdenklich nieder (LXX 1 Esr 8,68f[71f]); 2 Sam 19,1 berichtet, daß David bestürzt wurde, sich zurückzog und weinte. Nach Tob 3,1(BA) weinte und betete Tobit unter Schmerzen, bzw. er weinte und schrie stöhnend und begann, unter Stöhnen zu beten (S). – Das Verhalten bei der Trauer um Tote beschreibt Jes 15,2f: die Köpfe werden kahlgeschoren, die Bärte abgeschnitten, man geht in Trauergewändern, schlägt sich an die Brust und schreit laut unter Weinen, und zwar „auf ihren Häusern (sc.Dächern) und auf ihren Plätzen". Ähnlich Sir 38,17: Die Menschen sind bitter, klagen, sind „erhitzt", wehklagen, „verrichten die Trauer".

Trauer hat daher auch in neutestamentlicher Zeit einen starken Handlungscharakter und meint nicht nur einen innerseelischen „Reflex", eine in bezug auf das Persongänze mehr oder weniger autonome Emotion, die entweder verdrängt wird oder sich der trauernden Person auf bedrohliche

---

[24] Für diesen Punkt ist wegen der Verknüpfung von Emotionalität und Ritual stärker auf Texte auch des Alten Testaments einzugehen. – Dankbar verpflichtet bin ich für das Folgende auch zwei Seminararbeiten, die auf meine Anregung hin entstanden: A.F.Nehls: Untersuchungen zum semantischen Feld von LYPE und LYPEIN in Septuaginta und Neuem Testament (1989) und Chr.Ricker und H.Dase: Trauer und ihre Bewältigung bei Johannes und im Hebräerbrief (1989).
[25] Vgl. dazu Chr.Hardmeier: Texttheorie und biblische Exegese, 1978
[26] Vgl. Jes 15,2f; 32,11ff (Erbeben, Zittern, Sich-Entkleiden, Sich-Entblößen, den Bußgürtel um die Hüften legen); 1 Esr 8,28f(71f) LXX; Sir 38,17.

Weise bemächtigt. Dem subjektiven Innen wurde im volkstümlichen (und gesetzlichen) Ritual ein „objektives" Außen gegenübergestellt. Trauer war dadurch nie nur Emotion, sondern immer auch objektbezogene Handlung. Das Begehen des Ritus ermöglichte damit eine Überwindung der subjektiven Grenzen und vermochte den individuellen Schmerz allgemeinen, „objektiven" Betrachtungsweisen zu unterziehen. Vielfältig besteht die Tendenz dabei darin, den Toten zu ehren[27]. Schließlich werden durch das Ritual auch die Nachbarn und weitläufige Verwandte einbezogen, so daß die Trauer nie allein in der Isolation geschieht. – Sowohl der Handlungs- als auch der Gemeinschaftscharakter der rituellen Trauer bewirken daher, daß alles, was außerhalb des eigenen Selbst liegt, in einem sehr viel unmittelbareren Verhältnis zur Psyche des Trauernden steht als bei uns. Das bedeutet auch, daß nicht nur private Geschehnisse betrauert werden, sondern auch politische Mißstände, Verfolgung der Gemeinde (Joh 16,20) etc.. In jeder Leidenssituation, auch in politischen, konnte man auf das Trauerritual zurückgreifen.

Im Unterschied dazu erfahren wir unsere ausschließlich an subjektive Verlusterfahrungen gekoppelte Trauer nur negativ. Weil Trauer nurmehr formloser Schmerz ist, kann er von den Betroffenen nicht mehr begriffen werden und wird passiv hingenommen oder verdrängt.

8 Heilung der Trauer
Die biblischen Texte nennen verschiedene Typen der Heilung menschlicher Trauer:
a) Rein somatische Bewältigung: In Gen 25,29 wird schlicht vom Ausruhen von den Kümmernissen gesprochen. – Nach Prov 31,6 müssen Rausch und Wein dafür herhalten, den Kummer zu bewältigen, wenn der König nicht für Gerechtigkeit sorgt.
b) Mitmenschlichkeit: Hier gibt es die Aufforderung, sich trösten zu lassen (Sir 38,17), aber auch nach der Zeit der Trauer diese abzubrechen (Sir 38,20, vgl. 30,23). – Des alten Vaters soll man sich annehmen, damit er nicht betrübt ist (Sir 3,12).

---

[27] Vgl. dazu: Strack-Billerbeck, IV 1, Exkurs 23 „Die altjüdischen Liebeswerke", Abschnitt F: Bestattung der Toten (S.578ff). – Hier speziell: Aboth RN 14 (5b) (a.a.O.,604) über die Trauer des R.Jochanan b. Zakkai um seinen Sohn (Nicht durch Hinweis auf andere wird R.Jochanan getröstet, sondern durch das Lob über seinen Sohn, er habe Torah und Mischnah etc. gelesen und sei ohne Sünde von der Welt geschieden).

In diesem Bereich liegt die Beendigung des Kummers durch Wiedersehen (Joh 16,22) oder durch Verzeihen (2 Kor 2,7).

c) Religion: In 1 Esr 9,52f LXX fordert Esra das Volk auf, nicht betrübt zu sein, denn der Tag sei dem Herrn heilig, und der werde das Volk verherrlichen. – Nach Tob 1,17 BA wird Sara von ihrer Mutter ermutigt, zuversichtlich zu sein, da sie Gnade von Gott erwarte (S: bietet an derselben Stelle statt gr. *charis* das verwandte gr. *chara* Freude). – Nach Tob 13,16 ermöglicht das Schauen der Herrlichkeit Gottes denen Freude, die jetzt unter Kummer zu leiden haben. – In den Psalmen fordert der Beter wiederholt seine traurige Seele auf, auf Gott zu hoffen, von dem her das Heil zu erwarten ist[28].– In den religiösen Horizont gehört auch SapSal 8,9: Das Zusammenleben mit der Weisheit bedeutet Rat für gute Dinge und Zuspruch in Sorgen und Kummer.

Da heute für diese Anlässe Ohnmacht, Sprachlosigkeit und nur sehr begrenzte Teilnahme der Mitmenschen kennzeichnend sind, fällt auf, daß die unter b) und c) genannten Möglichkeiten (unter c besonders die kultischen, zu denen auch die Psalmen gehören), aus den unter a) genannten aber auch das Ausruhen vernachlässigt werden.

9 Die Trauer der Jünger in der Welt

Die Abschiedsreden des JohEv sind teilweise direkt als Trostrede gestaltet. So finden sich Elemente aus Trostreden in Joh 13,36-14,4 und ähnlich in 14,28f, in denen aufgezeigt wird, daß das Weggehen Jesu einen positiven Sinn hat – so wie antike Trostreden von dem Guten sprechen, das der Tod auch haben kann. In 16,33 liegt eine regelrechte Trostrede vor; der Leser wird hier allerdings auch einen Schritt weiter geführt: Jesu Weggehen ist nicht nur ein Gut, sondern es wird auch die Trauer in Freude gewandelt werden[29].

Für die Trauersituation der Abschiedsreden des JohEv ist nun charakteristisch:

a) Von einer Trauer Jesu selbst angesichts von Martyrium oder Abschied ist nicht die Rede.
b) Außer in Joh 16,20 wird in den Abschiedsreden auch für die Trauer der Jünger kein Raum gelassen (am radikalsten ist wohl 14,27f). Nach Joh 16,6 soll sogar gar nicht getrauert werden. Das ist für antike Vorstel-

---

[28] Vgl. Ps 42,6.12; 43,5.
[29] Vgl. dazu K.Berger, Formgeschichte des Neuen Testaments, Heidelberg 1984, 79f.

lungen zumindest anstößig, denn „Trauerriten galten als unbedingte Verpflichtung"[30].

c) Die Jünger haben Trauer, weil sie Jesus nicht mehr sehen (Joh 14,27; 16,6). Diese Trauer wird nicht nur dadurch behoben werden, daß die Jünger Jesus wiedersehen. Vielmehr bringt bereits Jesu Hingehen zum Vater Gewinn: Jesus „verkürzt" dadurch nicht nur für sich selbst radikal die Distanz zum Vater, sondern auch für die, die „in" ihm sind, denn fortan gehören auch die Jünger zur himmlischen und nicht mehr nur zur irdischen Welt (14,20-22).

d) Eng damit verknüpft ist aber die Trauer der Jünger „in der Welt" aufgrund der Anfeindungen (Joh 16,20; vgl. 15,18f).

Besonderes Ziel der Argumentation Jesu ist es nun, die Jünger von der unter c) genannten „falschen" Trauer hinzuführen zu der „wahren" Trauer (hier unter [d]), die zur Freude wird. Trauer als Verlusterfahrung wird damit zur Trauer als Bedrängnis in ein Verhältnis gesetzt. Trauer über das eine ist immer auch Trauer über das andere. Die aktuelle Trauer erhält und verstärkt die Trauer über Jesu Tod und umgekehrt.

e) Die Heilung beider Arten von Trauer geschieht durch Hinweis auf Präsenzerfahrungen (Paraklet, Bild vom Weinstock und vom Darinbleiben). Alles zielt auf Überwindung der Trauer.

Den Jüngern wird daher nicht einfach verboten zu trauern, sondern ihre negative Realitätserfahrung wird ernstgenommen und durch eine behutsame Differenzierung der Trauer positiven Präsenzerfahrungen zugänglich gemacht. Mit der Überwindung des Abschiedsschmerzes kann auch das Leiden an der Bedrängnis relativiert werden. Und andererseits wird der Trauer ein gewisser Raum gegeben (Joh 16,16.20) – die Tröstung erfolgt nicht sofort.

Kritische Relevanz: In unserem Kulturkreis ist nahezu ausschließlich nur noch von Trauer aufgrund von Verlust die Rede, kaum noch von Trauer wegen bestimmter Zustände, die die ganze Gemeinde oder Gruppe betreffen. Damit ist nicht nur die Form der Trauer individualisiert und gestaltlos geworden, sondern auch der Anlaß. Der biblische Befund gibt Gelegenheit, über diese Verkürzungen kritisch nachzudenken.

10 Zorn und Trauer Jesu
Neben Mk 14,34 ist Mk 3,5 der ausführlichste Bericht über Emotionen Jesu („... und rings anschauend sie mit Zorn, ganz betrübt über die Ver-

---

[30] E.L.Ehrlich: Die Kultsymbolik im Alten Testament und im nachbiblischen Judentum, Stuttgart 1959, 117.

stocktheit ihres Herzens..."). Mk signalisiert damit für seine Leser einen wichtigen Konflikt und Höhepunkt. Mt und Lk dagegen bieten diese Feststellung des Erzählers nicht bzw. haben sie weggelassen. Auch dafür läßt sich ein Grund nennen: Gerade die Verbindung von Trauer und Zorn ist es, die nach der zeitgenössischen Moral einem Weisen nicht zusteht[31]. So urteilt auch Eph 4,31.
Andererseits gilt für den Bericht des Mk, daß Jesu Trauer und Zorn nur deshalb relevant sind, weil er eine Autorität ist und weil daher seine Reaktionen nicht unerheblich sind. Im Unterschied zu Mt und Lk steht Mk wohl hier in der alttestamentlich-jüdischen Tradition, in der Zorn und Trauer semantisch eng benachbart sind[32], häufig zusammen vorkommen[33] und beide auch von Gott ausgesagt werden.
Bemerkenswert ist, daß in Mk 3,5 die Trauer auf den Zorn folgt und nicht umgekehrt. Das ist nicht nur ein Hinweis auf die Art, in der Jesus dann auch den weiteren Vollzug des Tötungsbeschlusses von 3,6 beantworten wird, sondern auch ein Fingerzeig für die Leser, wie sie ihre erste Reaktion umwandeln sollten.

11 Materie und Trauer
Irenäus v. Lyon berichtet über die Valentinianer, es sei dieses ihre Lehre über die Vorgänge außerhalb des Pleromas, betreffend die Achamoth (die höhere „Weisheit"): „Da sie nun ... allein draußen bleiben mußte, weil sie in ihre Leidenschaft so verwickelt war, so ist alles Leid jeder Art und Gestalt über sie gekommen: Trauer, weil sie nichts erfaßte, Furcht davor, daß sie wie das Licht auch das Leben verlieren könnte, Bestürzung und gänzliche Unwissenheit. Aber nicht wie ihre Mutter, die erste Sophia, der Äon, bekehrte sie sich von ihrer Leidenschaft, sondern im Gegenteil. Noch eine andere Leidenschaft kam über sie, die Sehnsucht nach ihrem Lebendigmacher. Das soll nun der Ursprung und das Wesen der Materie gewesen sein, aus der diese Welt besteht. Aus dieser Sehnsucht hat die ganze Seele der Welt und des Weltenschöpfers ihren Anfang genommen,

---

[31] Vgl. dazu Epiktet, Diss 3,13,11: Der Kaiser kann nur äußeren Frieden geben, der Philosoph einen anderen. Der Philosoph: „Wenn ihr auf mich hört, ihr Menschen, werdet ihr, wo immer ihr sein, was immer ihr tun möget, nicht betrübt, nicht erzürnt, nicht gezwungen, nicht gehindert werden, leidenschaftslos und frei von allem zu leben". Ferner: Epiktet, Sentenzen des Moschion 1 („Gib acht auf dich in allem Leben, damit Dir nicht verborgen bleibe, wenn du ... durch Trauer außer dich gerätst oder durch Zorn wütend wirst...").
[32] Zorn wie Trauer sind in LXX belegte Wiedergaben von hebr. QZF.
[33] Vgl. z.B. LXX Es 1,12 „Der König wurde betrübt und zürnte" (Umgekehrt in S); Bar 4,8-9 (betrübt – Zorn -Trauer); Eph 4,26.30, bes. 4,31.

aus der Furcht und Trauer aber das übrige. Von den Tränen her komme alle feuchte Substanz in der Welt, von dem Lachen die leuchtende, aus der Trauer und Bestürzung die körperliche. Bald nämlich soll sie geweint und getrauert haben, wie sie in der Finsternis und Leere allein gewesen war, bald aber erhob sie sich und lachte, wenn sie des entschwundenen Lichtes gedachte, dann aber fiel sie wieder in Furcht und ein andermal in Pein und Entsetzen"[34].

In diesem bemerkenswerten Text wird die stoische Affektenlehre zur Kosmogonie hin ausgeweitet. Dazu dient die Form des (Kunst-) Mythos. Die Genese des Makrokosmos wird damit in der Gestalt von Anthropomorphismen erklärt, und dem kann so auf der Seite des Mikrokosmos eine ausgeprägte ethische Anthropologie entsprechen. Denn wenn die schwerere Materie aus Tränen und Trauer einer menschlich gedachten Person entstand, dann hat das direkte Bedeutung für Tränen, Furcht und Trauer auf seiten des Menschen. Sie sind es, die ihn der Materie nahe sein lassen. – Indes ist diese ganze Welt entstanden aus Sehnsucht nach dem obersten Vater bzw. aus der Trauer über die Gottferne. So bleibt sie durch die Wahrnehmung der Abwesenheit dem obersten Vater verbunden und weist auf ihn. Noch immer geht es um eine Weise der Gotteserfahrung im weitesten Sinn des Wortes.

Und indem Valentin die Gattung des Mythos gebraucht, unterwirft er sich auch dem mythischen Grundpostulat, daß zwischen Welt und Mensch keine Trennung sei. Das Geschick beider ist durch denselben Ablauf geprägt. Und so besteht eine wirkliche Sympatheia zwischen Mensch und Welt, zwischen Makro- und Mikrokosmos. Eben diese Leidensgemeinschaft macht auch den poetischen Gehalt des zitierten Mythos aus. Wenn alles Wasser wie Tränen einer Frau, alle Materie wie Trauer über Gottferne ist, dann besteht eine enge Geschwisterlichkeit aller Dinge in dieser Welt – und eine gemeinsame Sehnsucht, von der analog Paulus in Röm 8,19-23 mit bewegten Worten sprechen kann.

---

[34] Irenäus v. Lyon, Gegen die Häresien 1,4,1-2 (Übers. nach BKV).

§ 9 Leiden

Die Beobachtungen zu diesem Thema werden am Beispiel des 1 Petr gewonnen.

1 Zur historisch-psychologischen Fragestellung

Da neutestamentliche Briefe auch zur Gattung schriftlicher Seelsorge (Diatribe) in der Antike gehören, empfiehlt es sich, von mehreren Aspekten auszugehen bzw. nach ihnen zu fragen: a) Welche Erfahrungen von Leiden werden vorausgesetzt? b) Wie (mit welchen Mitteln) werden die Leiden, die die Adressaten gemacht haben, interpretiert und gelenkt? – Zu den historischen Voraussetzungen, die hier wichtig sind, gehört es vor allem, daß es sich hier um Christen handelt, die um ihres Christseins willen unter übler Nachrede seitens ihrer heidnischen Mitbürger leiden. Es geht daher nicht um ein beliebiges Leiden. – Wichtig ist die große Bedeutung des Wortfeldes „Leiden"/„Herrlichkeit".

2 Ernstnehmen und Überspringen

Einen Teil der Erfahrungen der Adressaten nimmt der Verfasser des Briefes sehr ernst und verschweigt sie nicht: So ist besonders auffällig, daß von Erfahrungen mit dem auferstandenen Christus nicht gesprochen wird. Petrus kommt nur als Zeuge der Leiden des Christus in Betracht (1 Petr 5,1), nicht als Zeuge der Auferstehungserscheinungen. Das fällt um so mehr auf, weil der Brief doch bemüht ist, die Autorität des Petrus ins Feld zu führen. Entsprechend wird nicht damit gerechnet, daß der Christus in seiner gegenwärtigen Herrlichkeit zugänglich oder erfahrbar ist; vielmehr ist lediglich von einer zukünftigen Offenbarung der Herrlichkeit des Christus die Rede (4,13). Das bedeutet: Der Verfasser redet der Gemeinde nicht etwas ein, was sie nicht sieht. Sehr konsequent wird der leidende Christus in den Mittelpunkt des Briefes gestellt. Auch verzichtet der Verfasser darauf, „Herrlichkeit" auszumalen. In dem wichtigen Abschnitt 1,3-7 werden die Hörer des Briefes sodann in ihrer Situation abgeholt, indem bis auf V.6a die passivischen Verbalformen überwiegen. Dadurch, daß immer wieder im Brief das Grundthema aufleuchtet, wird die bedrängende Situation der Adressaten bedacht. Erst am Schluß heißt es „werft alle eure Sorge auf ihn"(5,7). Andererseits wird offenbar Schwieriges wohl umgangen: Daß die Gemeinde „glaubt", wird einfach vorausgesetzt (1,5.7); der Verfasser hütet sich, den Glauben der Gemeinde zu bezweifeln, obwohl doch dazu angesichts der wohl relativ kurz zurückliegenden Bekehrung vermutlich Anlaß bestand[1]. Vielmehr dreht er den Spieß so, daß es jetzt um die Bewährung des Glaubens gehe (1,7). Alle Schmerzen werden unter der Kategorie der „Bewährung" gedeutet. Das Unangenehme wird nur im Bild ausgesagt (Läuterung durch Feuer nach 1,7).

3 Leidensdeutung

Es hat wohl seinen guten seelsorgerlichen Grund, daß der Verfasser zur Erfassung des Leidens seiner Angeredeten auf sehr gängige Kategorien zurückgreift, denn zwischen 1 Petr 1,6 und Jak 1,2f.12 (und entsprechender jüdisch-hell. Literatur für Neubekehrte wie etwa dem Testament des Hiob) finden sich nicht zufällig intensive Übereinstimmungen. Die Adressaten erhalten so eine Diagnose ihres Leidens und können es mit Hilfe bekannter Wortfelder (Glaube, bewähren, erproben, versuchen, Feuer im Gold etc.) einordnen.

Aufschlußreich ist, daß der Verfasser der Gemeinde das Leiden nicht ausredet, sondern es als notwendig und zu ihrem Status gehörig zu erweisen sucht. Die Adressaten sollen ihre Isolation religiös deuten und bejahen, und zwar im Sinne der notwendigen Fremdlingschaft der Auserwählten und im Sinne des auserwählten heiligen Volkes und königlichen Priestertums. So ist die Kontrasterfahrung zur leidvollen Isolation nicht das „Bad in der Menge", sondern die religiöse Deutung der Isolation als Erwählung.

4 Präsentische Kontrasterfahrungen

Auf höchst eindrucksvolle Weise hat der Verfasser die Adressaten zuerst in der 2.Person Plural mit einem aktiven Verb in 1,6 angeredet: „Ihr jubelt". Bis dahin war nur in nominalen Wendungen in der 3.Person gesprochen worden. Auch die weiteren Verben sind vorerst passivisch. Der Jubel steht allen weiteren Ausführungen voran und bestimmt sie. In 1,8 wird dieses Thema wieder aufgegriffen („die ihr glaubt, jubelt in unaussprechlicher und verherrlichter Freude"). Und schließlich spricht 1 Petr 4,14 die Adressaten selig, „weil der Geist der Herrlichkeit und Gottes

---

[1] Der Brief ist wohl im ganzen darauf gerichtet, daß die Gemeinde die Situation ihrer Isolation und ihres Angefochtenseins nicht zum Anlaß für religiöses und kulturelles Sich-Anpassen auffassen soll.

auf euch ruht". Damit sind in jedem Falle ekstatische und charismatische Erfahrungen (vgl. 4,10) angesprochen. Oder jedenfalls wird der Glaube der Christen in diesem Sinne gedeutet, ist er doch auf etwas bezogen, das man nicht sieht. Auch die Seligpreisung in 4,14 enthält ein deutlich charismatisches Element. In allen Fällen aber wird deutlich, daß das gegenwärtige Jubeln auch innerhalb der Satzgeflechte den Kontrast zum gegenwärtigen Leiden darstellt (1,6.8 neben 1,7 und 4,13a.14a neben 4,13b.14b.15). Die Adressaten stehen daher wie zwischen einem doppelten Außen: Das eine Außen ist das, von dem her sie Schmähung und Kränkung erfahren, das andere das, aus dem Gottes Geist der Herrlichkeit auf sie kommt und auf ihnen ruht. So müssen sie den Grund für Stabilität nicht in sich selbst suchen und auch nicht erst in der Zukunft. Vielmehr ist ihnen eine bestimmte Art von „Seligkeit" auch jetzt schon zueigen.

5 Werterfahrungen

Die Adressaten des 1 Petr sind nicht einfach „traurig", vielmehr sind sie bedrängt von anderen, und es gibt große Probleme im Zusammenleben. Der Brief läßt erkennen, daß es vor allem um die soziale Reputation angesichts eines sozialen Ostrakismus geht. Entsprechend ist der Brief außerordentlich stark wertorientiert. Schon zu Beginn des Briefes äußert sich das in dem überwiegenden Nominalstil, der eine Reihe von Werten nennt (1,3-5: Erbarmen, lebendige Hoffnung, Auferstehung, unvergängliches, unbeflecktes, unverwelkliches Erbe, Kraft Gottes, Glaube, Rettung). Und wenn die Gemeinde betrübt wird (Passiv), so stehen dem gegenüber: die Bewährung des Glaubens, Gold, Lob, Herrlichkeit und Ehre, also höchste Werte, die zugleich auch eine ästhetische Dimension haben (Vergleich mit Gold, Herrlichkeit ist „Glanz"). Dabei sind Lob, Herrlichkeit und Ehre zugleich feststehende Wertbegriffe des sozialen Bereiches, so daß die Adressaten hier die Kompensation für das erfahren, was ihnen jetzt gerade abgeht. Vermittelnd ist freilich der (gleichfalls sozial gefüllte) Begriff der Gerechtigkeit.

6 Glanz und Herrlichkeit

Von großer Bedeutung für 1 Petr ist die „Herrlichkeit" – der Geist der Herrlichkeit ruht ja schon jetzt, der Schekinah vergleichbar, auf der Gemeinde. Dabei ist Doxa auch im Sinne sozialer Reputation zu verstehen: die Doxa ist eher etwas für die anderen zum Anschauen und daher ein ganz und gar sozialästhetischer Wertbegriff. So ist „Doxa", zusammen mit der farbenprächtigen alttestamentlichen Metaphorik zwischen 1,24 und 2,11, in 4,17 und 5,8f dazu angetan, die Erfahrung religiöser Identität („Selbstwertgefühl") der Adressaten zu wecken oder wachzurufen. An die Stelle eines zu erwartenden Selbstmitleids auf seiten der Adressaten setzt der Verfasser des Briefes daher Ablenkung in Richtung auf die Herrlichkeit Gottes und die Plausibilität der Bilder der Schrift. Das ist vielleicht um so wirksamer, je weniger die Herrlichkeit inhaltlich festgelegt wird.

7 Leiden und Dualismus

Vor allem an dieser Stelle fällt auf, wie sehr die Leidenserfahrung der Gemeinde Anlaß zu einer dualistischen Wahrnehmung von Wirklichkeit ist. Denn in 1 Petr stehen Leiden gegen Herrlichkeit, Trauer gegen Freude, der schmerzvoll erfahrene Feuerofen der Bewährung (1,7; 4,12) gegen den Glanz der Verherrlichten, steht Gegenwart auch gegen Zukunft. Man kann daher hier wie auch sonst wohl sagen, daß mit der Erfahrung von Verfolgung und Mißachtung in neutestamentlicher Zeit wohl immer eine dualistische Erfahrung von Wirklichkeit gegeben ist. Die Frage, wieweit die Erfahrung speziell der Hinrichtung Jesu die Entwicklung auch des gnostischen Dualismus beflügelt hat, ist daher nicht abzuweisen[2]. – Um so wichtiger ist, mit welcher Art Dualismus der jeweilige frühchristliche Autor diese latent dualistischen Erfahrungen der ersten Verfolgungszeit beantworten kann.

So beantwortet der Verfasser des 1 Petr seine Situation nicht mit der Einteilung der Menschen in Gute und Böse, Gerechte und Ungerechte. Es ist sehr auffällig, daß die die Gemeinde Verfolgenden nicht „die Bösen" sind, die Gemeinde nicht die „Engel". Christen leiden nicht einfach als die Gerechten, vielmehr argumentiert der Verfasser: Es wäre gut, wenn ihr als Gerechte littet (3,17).

Auffällig ist auch, daß nicht vom Dualismus zwischen Tod und Leben die Rede ist, sondern von dem zwischen Leiden und Herrlichkeit. Denn die Adressaten erleiden nicht den Tod, sie erfahren „nur" soziale Ächtung. Entsprechend ist auch der religiöse Gesamtrahmen bestimmt[3].

---

[2] Dazu gehört auch die Frage, inwieweit Christenverfolgungen und die frühen Martyrien die zeitgleiche Entwicklung der Gnosis befördert haben. Ähnliches gilt möglicherweise dann auch für die Gnostikern selbst zuteil gewordenen Ächtungen.

[3] In den beiden zuletzt genannten Phänomenen liegen Differenzen zu Paulus vor: Paulus spricht von den Heiligen oder den Gerechtfertigten, und für ihn geht es um Leben oder Tod.

8 Leiden als Ursprung der Mahnrede

Sehr aufschlußreich ist, daß der Verfasser für das Leiden der Gemeinde nicht den Blick auf das Vergangene richtet und die Frage nach der Schuld der einen oder der anderen am gegenwärtigen Ergehen nicht aufkommen läßt. Vielmehr ist sein Blick auch bezüglich des Leidens grundsätzlich nach vorne gerichtet:
a) Die Adressaten können (nicht: sollen) die Offenbarung ihrer Rettung erwarten. Diese liegt bereit, sie muß nur noch enthüllt werden (1,5).
b) Die Leiden der Gemeinde sind ein besonderer Anlaß zur Mahnrede: Als Gerechte, nicht als Ungerechte sollen die Adressaten zu leiden bestrebt sein, wenn sie denn schon leiden müssen. Denn litten sie als Unrechttäter, so wäre es nur das verdiente Ergehen. Allein das unverdiente Leidenmüssen schafft eine Zukunftsperspektive.
Dabei ist dem Verfasser wohl die Erfahrung geläufig, daß Leiden selbst schon Schmach und mangelndes Ansehen bedeutet. Entscheidend ist nur, wie man daraus hervorgeht. Aus diesem Grunde gilt:
Leiden ist kein Schicksal, sondern der Anlaß, besondere Gerechtigkeit (als Gewaltverzicht) zu üben. Leiden ist nicht passiv hinzunehmen. Die latente Passivität des Geächteten und Verfolgten verwandelt der Verfasser so in die Aktivität des christlichen Gehorsams. So wird die Aktivität (zumindest als Unterordnung und Gehorsam) angesprochen. Dieser Appell steht an der Stelle der Frage nach Schuld. Leiden ist eine neue Chance, Christsein zu demonstrieren: als Gewaltverzicht und Nachfolge Jesu. – In diesem Sinne ist Leiden „Gnade" (2,20).

9 Solidarität und Nachfolge

Der Christ leidet nicht allein, sondern in Gemeinschaft mit Jesus Christus und in seiner Nachahmung und Nachfolge. Keine andere Schrift des Neuen Testaments hat diese Aspekte so betont. Nur 1 Petr unternimmt eine konsequente Christianisierung des Leidens der Christen. Dabei besteht die Nachahmung auch in moralischer Hinsicht: Es geht durchaus auch darum, die Gesinnung Christi anzunehmen.
Aber das ist nicht alles: Neben bestehender Leidensgemeinschaft mit Christus gibt es auch eine ausgesprochene Andersartigkeit seines Leidens. Denn das Leiden des Christus hat Bedeutung für die Sünden aller. Auch Hebr kennt dasselbe Denkschema der Ähnlichkeit und Unähnlichkeit des Leidens der Christen mit dem des Christus.
Die Gemeinschaft im Leiden mit anderen Christen wird dagegen nicht betont; auch Petrus ist nicht mitleidender Christ, sondern nur Zeuge der

Leiden des Christus (5,1). Das bedeutet: Dem Verfasser kommt es ausschließlich auf eine Orientierung an Jesus an.

Für Erfahrung von Leiden durch heutige Christen wird Jesus Christus wohl nur selten die Funktion des solidarisch Mitleidenden haben, da in den Großkirchen Jesus wohl „nie richtig Mensch geworden ist".

10 Zeiterfahrung und Leiden

Frühchristliche Eschatologie wird in der Ausprägung als Naherwartung in 1 Petr zu einer besonderen Aufgabe herangezogen: Den Adressaten kann und soll so plausibel gemacht werden, daß das Leiden nur kurze Zeit währt. Zu Anfang und zu Ende des Briefes werden entsprechende Signale gegeben (1,6 und 5,10).
Überdies wird dem Leser durch die wiederholte Verwendung der Wortverbindung Leiden/Herrlichkeit verdeutlicht, daß die Zeit des Leidens durch eine entgegengesetzte Zeit begrenzt sein wird. Diese Annahme zweier aufeinanderfolgender Phasen macht eine doketische Leugnung des Leidens unnötig. Vielmehr gilt eher umgekehrt, daß gerade der Kontrast jede Beschönigung des Leidens verbietet und unmöglich macht. Der Kürze des Leidens steht die Unvergänglichkeit des Erwarteten gegenüber (1,4), das zudem schon bereitliegt und nur noch enthüllt werden muß (1,5).

11 Leiden als Gnade

Die Verfolgungen und Verleumdungen führen die Christen zu einer authentischen Begegnung mit Jesus Christus selbst. Diese Drangsale, gerade sie und nichts anderes, sind der Weg, auf dem sie sich als Christen erfahren dürfen. Denn so machen sie die Gemeinschaft mit Jesus Christus wahr, um deretwillen sie Christen geworden sind. Auf diese Kongruenz kommt es an. Diese Begegnung mit der Mitte des Christseins ist Gnade (2,20). Denn darin ist die Handschrift des Gottes Jesu Christi zu erkennen. – Diese Authentizität ist freilich nicht bei beliebigen Leiden gegeben, nicht bei denen, die Menschen durch eigene Schuld heimsuchen und nicht bei denen, die mit Christsein nichts zu tun haben. – Gnade ist solches Leiden auch in der Konsequenz: Weil die Christen durch diese direkte Gemeinschaft mit Jesus eingebunden werden in die Abfolge von Leiden und Herrlichkeit.

12 Psychologische Auswertung

Die christologische und eschatologische Deutung und „Verarbeitung" des Leidens durch 1 Petr ist auf die darin enthaltene Erfahrung zu befragen:
a) *Entlastung:* Die unter großem Druck stehenden Adressaten werden vom Verfasser geradezu systematisch entlastet: Von ihrer eigenen Schuld an ihrer Situation ist nicht die Rede, im Gegenteil: 2,24. – Ihre Ängste sollen sie auf den Herrn werfen: 5,7a.

Entlastet wird vor allem auch die gespannte Situation zwischen Adressaten und Verfolgern: Es wird nicht Änderung verlangt, wo man mit Appellen nichts ausrichtet. Die Verfolger sind nicht die Bösen; vielleicht werden sie sogar einst wegen der guten Werke der Gemeinde Gott preisen (2,12). Entlastend ist vor allem die Solidarität mit Jesus Christus, dem Märtyrer. Sie löst aus der Drucksituation der Isolation und zugleich der Zukunftsängste. Der Verfasser betont die Christologie so stark, weil allein in der Gesellschaft mit Jesus diese Chance besteht, nicht in der mit beliebigen anderen Menschen. Allein Jesus ist ähnlich und zugleich in einer Weise anders, die über übliches Leidenmüssen hinausführt.

b) *Aktivierung:* Die Angeredeten sollen nicht passiv verharren, sondern aktiv dulden, nämlich den Spuren des Christus nachgehen. Alle sollen den König ehren; die Männer sollen die Frauen ehren.

c) *Bejahung statt Nivellierung der Identität:* Die Verfolgten sollen dem Druck nicht nachgeben, denn gerade das, weswegen sie verfolgt werden, ist der Schlüssel der Verheißung und Zukunft. Die antinivellistische Tendenz des 1 Petr hat die Funktion der psychischen Stabilisierung.

d) *Keine Leugnung des Negativen, sondern dessen Einordnung als notwendige Phase:* Kein Leiden muß geschönt werden, weil es mit Sicherheit nicht das letzte ist. Vielmehr wird die Gegenwart durch Aufweis einer andersartigen Zukunft entlastet.

e) *Jubel im Leiden:* Die Adressaten werden nicht nur auf Ungreifbares und Zukünftiges verwiesen. Zu den psychologisch interessantesten Stücken des Briefes gehören die Abschnitte über die gegenwärtige Seligkeit und den gegenwärtigen Jubel. Daran appelliert der Brief. Der Verfasser behauptet, daß die Gemeinde bereits in Jubel stehe. Auch andere frühchristliche Zeugnisse nennen die Verbindung von Verfolgung und Jubel, so Mt 5,11f und Jak 1,2[4]; offenbar hat auch der Makarismus eine innere Beziehung zu diesem präsentischen Jubel (vgl. sein

---

[4] Vgl. dazu K.Berger, Formgeschichte des Neuen Testaments, Heidelberg 1984, S.193.

Vorkommen jeweils im unmittelbaren Kontext in 1 Petr 4,14; Mt 5,11; Jak 1,12). Damit sind offensichtlich Erfahrungen reiner, ekstatischer Freude in Gruppen frühchristlicher Verfolgter angesprochen. Nach den Aussagen der Texte hat diese Freude folgende Elemente, die sie auch immanent begründen:

I. Weil Christus schon in der Herrlichkeit ist, rückt sie auf diesem Wege näher. Es geht daher um die Erfahrung der Nähe des verherrlichten Christus (durch den „Geist der Herrlichkeit" 4,14). Auch 1,8f legt nahe, daß es sich dezidiert um eine Christuserfahrung handelte. Wo er ist, da ist auch unser Ziel.

II. Die freudige Annahme des Leidens jetzt ist geradezu die Bedingung der Teilhabe an Herrlichkeit (das „damit" in 4,13 ist ganz ernstzunehmen). Hier wird der Dualismus zu einem psychischen: Freude über Leiden bedingt in Zukunft Herrlichkeit statt ewiges Leidenmüssen und Bestraftwerden.

Ganz ähnlich wie bei der Freiheit von der Sorge (Überschneidung in 1 Petr 5,7) wird daher hier die geforderte Einstellung bis in die Emotionalität hin vorverlagert. Ging es dort um die Vitalinteressen, so geht es auch hier um das auf den ersten Blick ebenso unsinnige Sich-Freuen über Leidenmüssen. Aber ihm Rahmen eines konsequent ausgeführten Dualismus ist das hier nicht anders möglich.

III. Mit dem Blick auch auf den jüdischen Text BarApk(syr) 52,6[5] läßt sich wohl auch sozialpsychologisch argumentieren: Der Druck von außen ist bei den dieser Art Bedrängten so stark, daß sie ihn nicht für sich aushalten können, sondern zu ekstatischen Erfahrungen (im Sinne eines „Ventils") neigen. Oder anders gesagt: Die Tiefe der Bedrängnis macht empfänglich für die charismatische Erfahrung jener Freude, die an nichts Irdisches mehr gebunden ist. Bedrängte Minderheit und religiös-charismatische Erfahrung gehören jedenfalls zusammen, und zwar auch im zirkularen Sinn. In der bedrängten Aussichtslosigkeit der Bedrängten wird die Freude über Befreiung nur auf ekstatische Weise begriffen und so in gewisser Weise erfahrungsmäßig vorweggenommen. Das gilt insbesondere dann, wenn man aus frühchristlicher

---

[5] BarApk(syr) 52,6: „Erfreut euch an dem Leiden, das ihr jetzt leidet. Denn warum schaut ihr danach aus, daß eure Feinde untergehen? Bereitet eure Seelen vor auf das, was euch zubereitet ist und macht eure Seelen fertig für den Lohn, der für euch bereitliegt". Vgl. ibid., 78,6: „Darum – bedenkt ihr das, was ihr jetzt zu eurem Besten leidet, so daß ihr am Ende nicht verurteilt und gepeinigt werdet, so werdet ihr ewige Hoffnung erlangen". – Zwischen 52,6 und 1 Petr bestehen auffallend enge Beziehungen, speziell was das Bereitliegen des Lohnes nach 1 Petr 1,4f und die Freude nach 1,6 betrifft.

Tradition „weiß", daß man dem Herrn in seiner Herrlichkeit durch die Gabe des Geistes nahe ist (1 Petr 4,14). Hier wäre dann auch zu fragen, in welcher Beziehung generell die Erfahrung des Geistes zur Minderheitensituation steht[6].

---

[6] Nach K.Berger, Die Auferstehung des Propheten und die Erhöhung des Menschensohnes, Göttingen 1976, S. 514-516 Anm.259 besteht eine intensive und breit belegte strukturelle Entsprechung zwischen dem Phänomen der Abwesenheit des Meisters (aufgrund von Tod und Entrückung) und der Geistbegabung seiner zurückbleibenden Schüler. Das heißt: Ohne den Meister sind die Schüler in einer Art Waisensituation, die per se schwierig ist. Die ekstatische Erfahrung des Geistes des Meisters ist eine wichtige Brücke zu ihm hin. Sie tritt in der Regel erst nach seinem Verschwinden von der Erde auf. Zu fragen wäre dann: In welchem Verhältnis steht die Situation der „Waisen" zu der der bedrohten Minderheit? Aus den Abschiedsreden des JohEv wird eine enge Beziehung erkennbar – ist sie auch anderswo und genereller gegeben?

§ 10 Religion

10.1 Glauben

Wichtigstes Rezeptionshindernis für ein angemessenes Verständnis neutestamentlicher Aussagen über Glauben ist, daß bei uns „Glauben" oft für Christentum überhaupt steht. Im Neuen Testament ist der semantische Gehalt des Wortes dagegen geringer.
Auf der Ebene der Erfahrung ist Glaube nach den neutestamentlichen Texten am ehesten mit einer Ellipse zu vergleichen, die zwei Brennpunkte aufweist, und diese sind Begegnungsaspekt und Kraftaspekt zu nennen. Vor allen Dingen aber ist Glaube eine bestimmte Wirklichkeitswahrnehmung. In ihrer Konsequenz liegt auch die Überwindung von Furcht/Angst durch Glauben.

1 Begegnungsaspekt

Darunter verstehe ich Glaube als Reaktion auf oder als Teil von Begegnungen mit Personen oder Gegenständen, mit denen ich in Kontakt gekommen bin.

1.1 Begegnung mit Personen
Zwei Beobachtungen am Anfang: a) In Lk 7,36-50 wird die Zuwendung der Dirne zu Jesus von diesem als „Glaube" gedeutet (7,50); gemeint sind damit das Benetzen der Füße mit Tränen, das Trocknen mit den Haaren und das Salben mit Öl, nach V.45 im Küssen. In 7,47 war dieses Tun als „Lieben" gedeutet worden. Glauben wird alles dieses genannt, weil es auf Jesus gerichtet ist.- b) Ganz ähnlich wird auch das Vertrauen der blutflüssigen Frau zu Jesus nach Mk 5,28.34 „Glauben" genannt. In beiden Fällen handelt es sich um ein „blindes" Vertrauen ohne Bekenntniselemente. Ein unbestimmtes Hingezogensein zu Jesus ist bereits Glaube, das heißt: Jesus wertet es so. Vor allem ist der physische Kontakt wichtig. Jedoch ist die von Jesus dabei bewiesene „Weite" anderes als allgemeine Toleranz, und auf der Seite der Frauen steht hier nicht einfach „anonymes Christentum", sondern es geht um eine intensive Zuwendung: in Mk 5 ist Jesus die letzte Hoffnung der Frau (vgl 5,25f.), und das Tun der Frau nach Lk 7 darf wohl Liebe genannt werden. Nicht laue Beliebigkeit wird hier Glaube genannt, sondern die „heiße Mitte" des jeweiligen Tuns, indem Menschen ihr Herz einen Spalt weit öffnen.
Diese Intensität des Glaubens kommt auch bei Paulus zur Sprache: Paulus

äußert sich in Röm 4,18-21 am ausführlichsten über den Vollzug des Glaubens. Gr. „pleroforeo" heißt: „von etwas erfüllt sein/ etwas ganz und gar wollen" (betont ist die Restlosigkeit und Volkommenheit). Aber gerade hier umfaßt Glaube nicht das ganze Leben als Gefühlshaltung, sondern „nur" das Akzeptieren einer Verheißung und das Nicht-Abweichen von dem Stehen dazu.

Eindeutig personale Aspekte hat der Glaube auch in Hebr 11,11 (den für treu bzw. glaubwürdig halten, der die Verheißung, sc. über die Geburt Isaaks, gegeben hatte; vgl. Röm 4,21) und in 11,8 (Glaube als Gehorsam). Der personale Aspekt des Glaubens ist in der Regel zweistufig: Man begegnet Gott, „an" den man glaubt, nicht direkt und unmittelbar, sondern durch einen Mittler, zumeist Jesus (in jüdischen Texten: Mose), auf den man dann den Glauben richtet. Dieser gilt dann als von Gott gegeben. Glauben qua Anteil an missionarischer Begegnung ist daher: Konstatieren, daß man in dem, der einem begegnet (z.B. Jesus) in verhüllter Weise auf Gott trifft (z.B. Joh 11,27;20,27). – Glaubenserfahrung ist so auch nach Act eine kirchlich vermittelte: Daher steht zwischen Verkündigung und Glauben das „Anhangen" oder „Sich-Halten" an die Verkündiger: Act 8,5-11; 17,34. Diese kurzen historischen Notizen bringen überdies zum Ausdruck, daß Glauben nicht als spontane Zustimmung erwartet wurde, sondern als Endpunkt eines Prozesses des Miteinanderlebens.

1.2 Glaube als Bekehrungserfahrung

Glauben ist ein zusammenfassender Begriff, mit dem verschiedenste Erfahrungen bei der Bekehrung gebündelt werden. Es handelt sich um Schwellenerfahrungen, an deren Ende und als deren Summe vom Glauben gesprochen wird. Die „Schwelle" impliziert auch einen Übergang von Alt zu Neu, und es gibt religiöse, theologische, ethische und soziologische Elemente dabei. Die neu entstandene Beziehung kann durch das Bekenntnis[1] gewissermaßen „besiegelt" werden. Der Ausdruck „ich glaube" hat daher einen konstatierenden, in gewisser Weise abschließenden Charakter.

Direkt mit der Bekehrungserfahrung hängt es zusammen, wenn Glauben als Leidensbereitschaft verstanden wird. Das gilt für Hebr 11,24-26 wie für das Aufsichnehmen der mit der Bekehrung verbundenen Leiden nach Jud 8,22f Vg (probatus... per multas tribulationes transierunt fideles). Der summarische Charakter des Glaubens wird besonders an der Beispielreihe in Hebr 11 deutlich. Dazu gehören auch emotionale Elemente, so das „sehnsüchtig Ausschauen" (11,10) und „Verlangen" (11,16).

---

[1] Nach Hebr 11,13 kann auch dies Inhalt des Bekenntnisses sein: Daß man Fremdling und Beisasse auf Erden ist. – Auch so kann sich Glaube artikulieren.

Wo es sich um direkte ethische Qualität des Glaubens selbst handelt, ist in Hebr 11,5 von „Gott Gefallen" und in 11,8 von „Gehorchen" die Rede, in beiden Fällen handelt es sich aber um ein Verhalten direkt gegenüber Gott.
Es fällt auf, daß sowohl die unter 1.1 als auch die unter 1.2 genannten Erfahrungen sich besonders (und eindeutig mehrheitlich) auf die christliche Initiation beziehen (Damit besteht eine wichtige Übereinstimmung zwischen Glauben und Wunder, vgl. unter 2). Es ist wahrscheinlich nötig, gerade auch für die Erfahrung dessen, was Glauben ist, verschiedene Phasen einzugestehen[2] und die Notwendigkeit dieser Verschiedenheit zu erkennen.

1.3 Psychische Präsenz des Glaubens?
Abgesehen von den unter 1.1 und 1.2 genannten Erfahrungen ist Glaube in der Erfahrung der neutestamentlichen Christen möglicherweise psychisch nicht direkt präsent. Das heißt: In einer Mehrzahl von Fällen äußert sich „Glaube" nicht als etwas Erlebbares oder als Glaubensgewißheit oder als besondere seelische Gestimmtheit. Glaube äußert sich anders. Wir nähern uns damit zugleich dem unter 2 zu behandelnden Kraftaspekt.
Sollte diese These zutreffen, wäre damit ein wichtiger Grenzfall historischer Psychologie bestimmt: Es ist in diesem Rahmen auch etwas zu sagen über psychisch nicht Präsentes. Wie kann das aussehen?
1. Glaube wird nicht als er selbst präsent, nicht erlebbar, sondern muß sichtbar werden in Früchten. Erst hier kann und darf er wohl überhaupt erfahrbar werden[3]. Das heißt: Glauben ist zumeist kein (kontinuierlicher) Bewußtseinszustand noch ein Gefühl noch eine intellektuelle Haltung (habitus). Glaube ist vielmehr im normalen christlichen Alltagsleben (nach dem Neuen Testament) psychisch nicht präsent.
2. Die Frage nach der Glaubensgewißheit kann auch zum Sichvorbeimogeln an den Früchten führen. Diese allein sind die zureichende Erfahrung des Glaubens. Glaube wird im Tun erlebt und nicht sonst.
Hier ist natürlich sogleich zu fragen: In welchem Verhältnis stehen Bekenntnis und Gottesdienst dazu? (Vgl. dazu unter 5.)

---

[2] Es täte wohl auch den Liebesbeziehungen unter Menschen gut, wenn man die Differenz verschiedener Phasen zugeben könnte und nicht alles an der Anfangsphase mißt. Jede Phase hat wohl ihre Tugenden und Laster.
[3] Dabei ist besonderer Ton auf das „darf" zu legen. Die Forderung nach Werken des Glaubens, die auch für Paulus selbstverständlich ist (vgl. Gal 5,6b), bildet geradezu eine Sperre gegenüber der Versuchung, Glauben als selige Gewißheit sich selbst genug sein zu lassen.

3. Im JohEv kommt die christliche „gläubige" Erfahrung zutreffend als „Bleiben" (gr.: *menein*) zum Ausdruck. Dem joh. „Bleiben" entspricht eigentlich auch nicht das paulinische „Glauben", sondern das „im Herrn Sein".
4. Glaube wird für die christliche Existenz in den meisten Fällen eher im Sinne einer Wurzel aufzufassen sein, die zwar da sein muß, aber nicht immerzu ausgegraben werden darf.
5. Wo Glauben der Furcht entgegengesetzt ist, bezieht sich das weniger auf einen „heiteren" oder „vertrauensvollen" Gemütszustand als vielmehr auf Stabilität.
Gleiches gilt für Glauben als Standfestigkeit, wo es dem Zweifeln (gr.: *distazo*) entgegensteht (Mt 14,31).
6. Weil für alltägliche Christen keine Differenz besteht zwischen Glaube und Werk, ist
a) Glaube nicht als irgendein Vertrauensakt zu verselbständigen gegenüber einem dann „blinden" Tun. Glaube ist nicht in irgendeine Absicht zu verflüchtigen. Jeder Mangel im Tun ist eo ipso ein Mangel an Glauben.
b) Glaube vollständig als Liebe/Tat umzusetzen. Das, was da umgesetzt wird, bleibt nicht als psychischer Akt oder als Denken an Gott oder dergleichen. Sondern als Zugehörigkeit, Geprägtsein, Bestimmtsein – und als etwas, das sich allerdings in Grenzfällen (aber eben nur dort) und allgemein dort, wo auf dem Spiel steht, an welchen Retter man sich hält, als gläubiges Bekenntnis äußert (Fall des notwendigen Bekenntnisses). Diese Grenzfälle sind kultische (zeichenhafte) Ausgrenzungen und damit expressives Sichtbarmachen dessen, was das Ganze bestimmt. Daher gilt völlig zu recht: Glauben sollte man nur in der Kirche (und beim Beten etc.). Die Entdeckung des nichtreligiösen Alltagschristentums in der Theologie der Mystik (Meister Eckhart) und dann dieses Jahrhunderts (D.Bonhöffer und andere) ist daher durchaus neutestamentlich, wenn und sofern gesichert bleibt, daß dem der Bereich „bekennender" kultischer Zeichen gegenübersteht. Fatal ist nur jede einseitige Auflösung dieser Spannung.
7. Wenn Glaube alltäglich vor allem sichtbar ist als Geprägtsein[4] durch anfangshafte (Bekehrung, Taufe) oder zeichenhafte (Bekenntnis, Kult) biographische, aber jedenfalls nur partikuläre Erfahrungen, dann kommt natürlich alles darauf an, daß dieses Geprägtsein (Erzogensein) eindrücklich und nicht negativ konnotiert war und bleibt.

---

[4] Wir verwenden hier zunächst den neutralen Begriff des Geprägtseins, um ihn weiter unten durch neutestamentliche Vorstellungen wieder zu ersetzen.

Für unser heutiges Verständnis wirkt sich solches biographische oder sonntägliche Geprägtsein vor allem „vorbewußt" aus. Davon kann man nun als Neutestamentler für biblische Texte nicht reden. Das Neue Testament spricht von Früchten (biologisches Bild) oder von Filiation (genealogisches Bild), von der Verwirklichung durch das Werk oder vom Bleiben und Bewahren (sc. der Gebote).
So gilt: Gerade auch dort, wo es um den gegenwärtigen Charakter des Glaubens geht (eher durativ im Sinne von „Treue" – dieser Aspekt des hebr. wie des griech. Wortes wird oft vergessen), zeichnet er sich durch erlebnismäßige Unerheblichkeit (mangelndes Aufgeregtsein) aus.
Weil Glaube kein Bewußtseinszustand ist, ist auch nicht „zweifelnde Unsicherheit" gegenüber bestimmten Wahrheiten sein Gegenbegriff, sondern Angst und Sünde.

1.4 Auswertung

1. Glauben heißt: Ganz auf das Gegenüber setzen, alles von ihm erwarten. Dabei ist das „ganz" im religiösen Sinne zu verstehen (Dtn 6,4f), und zugleich damit ist strukturell die Ausrichtung auf ein einziges Gegenüber gegeben. – Ausdruck dieses Verhaltens ist das „ganz erfüllt sein" von Röm 4,21.
2. Eine direkte Folge dieser Totalität ist die Unbestimmtheit und relative Blindheit dieses Vertrauens; so kann es sich z.B. in diffusen physischen Kontakten äußern. – Aufgrund der Unbestimmtheit kann es auch so vielfältige Äußerungen des Glaubens geben, wie Hebr 11 sie schildert.
3. Es geht um eine wahrgenommene Machtdifferenz gegenüber dem, an den man glaubt. Diese Wahrnehmung äußert sich im Glauben weder als Angst noch als Neid, sondern als Einwilligung in Verbindung mit positiver Erwartung (Hoffnung) für den Glaubenden. Damit ist Glauben nicht Selbstzweck, sondern es geht um ein Gut für den Menschen dabei. Dabei ist Glaube eine Art Vertrauensvorschuß auf Macht wie zugleich auch Güte dessen, an den man glaubt. Dem Machtüberschuß auf Seiten dessen, an den man glaubt, entspricht der Vertrauensvorschuß auf Seiten des Glaubenden.
4. Glaube ist nicht nur ein Gefühl von Abhängigkeit, sondern die Transformation der Wahrnehmung eines komplexeren Verhältnisses (s. unter 3.) in eine Geste; diese Geste (Zeichen) kann sprachlich oder wie auch immer gestaltet sein.
5. Diese Geste öffnet einen Spalt weit das Herz, sie durchbricht die alltägliche Verschlossenheit und Sprachlosigkeit, die Stumpfheit der Regelabläufe. Ebenso steht das Ganz-Erfülltsein in Kontrast zur normalen Zerteiltheit und Abgelenktheit. Diese Totalität bedeutet zugleich inhaltlich, daß der Glaubende eine geheilte Wirklichkeit antizipiert.

6. Zwischen den Glaubenden und dem, an den sie glauben, entsteht eine bestimmte Solidarität (vgl. Mk 9,42).

2 Kraftaspekt

2.1 Glaube als wunderhafte Macht im Menschen
Der Satz „Das Wunder ist des Glaubens liebstes Kind" war von Goethe kritisch, ungläubig-spöttisch gemeint. Im Neuen Testament indes trifft dieser Satz in einer gar nicht ironischen Weise zu.
Denn der Glaube auf der Seite des durch ein Wunder begünstigten Menschen ist für das Zustandekommen des Wunders im strengen Sinne konstitutiv. Die in solchen Zusammenhängen häufig belegten Aussagen Jesu „Dein Glaube hat dich gerettet" sind nicht moralisch oder pädagogisch[5] abzuwerten, sondern ernst und wörtlich zu nehmen. Der Glaube ist damit diejenige Macht (Gottes) im Menschen, die das Wunder kausal hervorruft, und zwar zumeist innerhalb einer Begegnung mit Gottes Bevollmächtigtem (Jesus oder Apostel etc.). Diese Begegnung hat Epiphaniecharakter, und Glaube ist die Art und Weise, in der der Mensch darin von Gottes Präsenz erfaßt wird und sich erfassen läßt. Zwei Elemente sind hier wichtig: Die Kraft im Menschen und die epiphane Begegnung:
a) Sätze wie Mk 9,23 „Alles ist möglich dem, der glaubt" schreiben dem Glaubenden eine Macht zu, die hinter der Gottes nicht zurücksteht (vgl. Mk 10,23 „Denn alles ist möglich bei Gott"). Gleiches gilt von den bekannten Sätzen Mt 17,20; Lk 17,6 (Glaube, der Berge bzw. Bäume versetzt). In allen diesen Sätzen geht es um die Vollmacht und den Willen des Glaubenden selbst. Glaube ist daher eine Wundermacht in ihm selbst, die ihm zur Verfügung steht. Sie ist unbegrenzt.
b) Diese Vollmacht verteilt Gott nicht einfach „irgendwie" unter Menschen, sondern sie ist (jedenfalls in den meisten Texten) gebunden an die Begegnung der Menschen mit Jesus Christus oder dessen Boten (vgl. oben unter 1: Begegnungsaspekt), aber sie erschöpft sich keineswegs in dieser Begegnung und verselbständigt sich dieser gegenüber.
In 1 Kor 2,3-5 wird diese Erfahrung auch für Paulus geschildert: Die missionarische Begegnung mit der Gemeinde enthält schon in „Furcht und Zittern" auf der Seite des Paulus ein Element aus Theophanien bzw. Epi-

---

[5] Eine moralisch-pädagogische Deutung wäre: Jesus lobt die Menschen für ihren Glauben, da er eigentlich den Glauben fordert, der über diese Einzeltat weit hinausginge. Der Glaube wäre hier die Grundeinstellung zu Jesus, die aber keine ursächliche Bedeutung für das Wunder hätte. Das Wunder wäre dann Zugabe Jesu zur grundsätzlichen Rettung durch Glauben.

phanien, und dasselbe gilt auch für den Erweis von Geist und Kraft auf der Seite der Korinther. Ziel dieser missionarischen Begegnung aber ist: „...damit euer Glaube nicht in der Weisheit von Menschen bestehe, sondern in der Kraft Gottes". Die missionarische Begegnung vermittelt eine Einheit von Glaube und Kraft Gottes in den Christen, die offenbar bleibend ist.

In den erzählenden Texten der Evangelien realisiert sich die Bindung dieser Macht in den Menschen an Jesus dadurch, daß sie entweder auf den physischen Kontakt mit ihm angewiesen sind (Mk 5,27-29) oder daß er durch sein Wort dieser Kraft Wirkung und damit Wirklichkeit in dieser Welt ermöglicht (z. B. Mt 8,5-13: Erst durch Jesu Wort „Dir geschehe, wie du geglaubt hast", geschieht das Wunder erst wirklich; der Glaube war schon vorher – in 8,10 – anerkannt worden). So erscheint Jesus in den Evangelien nicht nur als derjenige, der auf die Möglichkeit zu glauben hinweist und dazu auffordert (wie Mk 11,22 „Habt Glauben an Gott"), sondern auch als derjenige, der das Vorliegen von Glauben konstatiert und beurteilt und so und daher der Kraft des Glaubens Eingang in die bestehende irdische Wirklichkeit verschafft. Aber selbstverständlich geht es um den Glauben an Gott dabei und um Teilhabe an Gottes Macht[6].

---

[6] Aus einer Meditation zu Lk 17,6: „Hier geht es gar nicht darum, daß man an bestimmte Dinge glaubt oder nicht glaubt, sondern hier geht es um den Glauben als Kraft. Wir meinen immer viel zu schnell, die Kirche verlangte von uns etwas zu glauben, Sätze oder Dogmen. Aber das ist gar nicht entscheidend. – Also: Glaube ist eher eine Kraft. Und anders als bei Kraft sonst kommt es nicht darauf an wie viel man hat, sondern daß man überhaupt etwas davon hat. Jesus beschreibt diese Kraft wie die Schöpfermacht Gottes. Nur Gott kann durch sein Wort so etwas tun, Bäume entwurzeln und im Meer (!) wieder einpflanzen. So eine verrückte Angelegenheit übrigens. Jesus meint wohl den Übermut, denn was er beschreibt, ist ein reines Luxuswunder, verspielt wie bei Leuten, die nicht wissen wohin vor Kraft. Wie wenn jemand das Karlstor mitten auf dem Neckar schwimmen lassen wollte oder die UB auf dem Bodensee. Jesus will nur die reine übermütige Freiheit und Freude dessen beschreiben, der glaubt. Manchmal denke ich bei Kondensstreifen an einem schönen Sommermorgen daran, jemand hätte sie aus Übermut an den Himmel gemalt, um den Himmel durch Ausmalen interessanter zu machen, mit Kringeln, Schleifen und Bogen. So eine Angelegenheit ist Glauben. Auch in unserer Sprache beschreiben wir das zutreffend mit dem Wort „Gott", wenn wir sagen: Ich fühle mich wie ein junger Gott. Oder wenn man sagt, jemand lebe wie Gott in Frankreich. Freiheit, grenzenlose Freiheit, Schwerelosigkeit, keinen Widerstand mehr spüren. So, wie wenn man mit Rückenwind fliegt. – Also nicht die Sorge, ob wir genug Kraft haben. Darum sollen wir uns überhaupt nicht kümmern. Nicht auf die Reserven schauen. Wer nur überhaupt Glauben hat, ist nicht ängstlich besorgt ob er genug Kraft hat. Er soll nicht bitten. Ich frage mich oft, auch als Professor für Neues Testament, wie es kam, daß Jesus auf die Menschen so gewirkt hat, daß man noch nach 2000 Jahren seinen Namen gern hört, wie einen Lichtblick. – War es vielleicht dieses: So

Der Macht-Charakter des Glaubens kommt auch in Hebr 11,33-35 zum Ausdruck („im Glauben haben sie Königreiche überwältigt... Löwenrachen verschlossen, Feuersbrunst gelöscht, sind dem offenen Schwert entgangen; von Schwachheit kamen sie zu Kraft, wurden stark im Kriege, brachten die Schlachtordnungen Fremder zum Weichen, Frauen haben ihre Toten durch Auferstehung wiederempfangen..."). Bekanntlich ist in Hebr 11 die christologische Bindung des Glaubens besonders gering. Als diese Wundermacht und als direkte Übereignung der Schöpfermacht Gottes an den Menschen ist der Glaube hier in der Tat etwas, das alle Grenzen sprengt. Als Gabe Gottes ist damit der Glaube nur an die Verfügungsgewalt Gottes als des Schöpfers gebunden – und damit auch nicht an die Grenzen Israels[7].

---

wie er da war, hat Jesus offenbar ein unglaubliches Maß an Freiheit gelebt. An Gottvertrauen, daß buchstäblich nicht mehr in Worte zu fassen war. So daß er jederman zum Feiern einlud, nicht nur die Kollaborateure mit der Besatzungsmacht, Stadtstreicher und leichten Mädchen, nein, er war auch oft genug bei Pharisäern zu Gast. Vielleicht war er gar nicht der Mann der großen, langen Predigt. Der mit der Hochzeit zu Kana seinen ersten Auftritt hatte, könnte es auch weiterhin ähnlich gehalten haben: Wo immer Menschen zusammenkamen, hat er sie von Angst und Sorge und Kleinlichkeit befreit. Hat er sich über ihre Einteilungen in gute und böse Menschen hinweggesetzt. Hat er selber wie ein Lichtblick Gott dargestellt. Jedenfalls haben dann die Menschen gesagt: So frei, so menschlich, so ohne die Ausstrahlung von Sorge und Streß, so übermütig und doch nicht verletzend, so muß Gott sein. – Und daher gibt Jesus hier auch keinen Befehl und fordert nicht, was sie glauben müßten. Man soll noch nicht einmal um Glauben beten und sich damit abquälen. Und wie viele Leute quälen sich so entsetzlich damit herum. Nur anstecken lassen soll man sich von seiner Freude. Und seine Sorglosigkeit ist nicht Faulheit, sondern: Übermut wie am ersten warmen Frühlingstag, weil ihm ein Licht aufgegangen ist, das er jetzt als Ausstrahlung weiter geben kann. Man bekommt Glauben nur durch persönliche Ansteckung, durch eine Ansteckung, die ein Ende immer auf Jesus zurückführt. Nicht anders. Diese Ansteckung, dieses Abgucken, ist das Geheimnis des Christentums. Wo gibt es Menschen, die uns anstecken konnten, die uns angesteckt haben? Vielleicht kann man sich das so vorstellen, daß bei Jesus etwas wie zusammengeschweißt ist, das bei uns weit auseinanderliegt. Nämlich Lebensfreude und soziales Handeln, Lieben und Vernünftigsein, Glauben und Handeln, vor allem aber wohl Wünschen und Dankbarsein. So daß Wenn und Aber, Sorge und Angst entfallen, so wie es in dem Psalm heißt: Von vorne und hinten umgibst du mich. Das will wohl Jesus sagen: Wenn ihr Sehnsucht und Dankbarkeit zusammenbringt, wenn ihr euch intensiv in diese Einheit einlaßt, dann glaubt ihr, dann habt ihr Kraft wie ein junger Gott. Und Mission stellt sich Jesus nicht so vor, daß jemand rechthaberisch andere Leute erobert, sondern daß es ist wie bei der Frau, die ein Geldstück wiedergefunden hat und ihre Nachbarinnen zusammenruft und sagt: Freut euch mit mir".

[7] Ganz deutlich wird das in Mt 8,10; Lk 7,9 und natürlich in der paulinischen Theologie.

Erklärbar wird hier auch die Einordnung des Glaubens unter die Charismen in 1 Kor 12,9. Während der Begegnungsaspekt des Glaubens für alle Christen gilt, ist hier der Kraftaspekt besonders betont, und im Kontext mit den anderen Charismen ist Glaube hier wohl die Kraft, die ein Wunder hervorbringt (in 12,9b und 12,10a folgen „Heilungsgaben" und „Kraftwirkungen" als sachlich verwandt).
Auch die schwierige Stelle Mk 6,5f („Und er konnte dort kein Wunder tun... und er verwunderte sich über ihren Unglauben") wird in diesem Zusammenhang eher verständlich: Wenn Jesus selbst nur ein Wirkfaktor im Geschehnis des Wunders ist, das Entscheidende aber in der gottgewirkten Kraft zum Wundertun, nämlich im Glauben auf der Seite der Empfänger des Wunders liegt, dann erklärt in der Tat der Unglaube Jesu Versagen. An der Stelle des oft gebrauchten Wunderschlusses, daß Menschen Jesu Tat bestaunen, steht hier Jesu eigenes Staunen über den Unglauben. Die Verhältnisse sind daher umgekehrt worden.
Nach Röm 4,20f hat es Glaube in zweifacher Hinsicht mit der Erfahrung von Kraft zu tun: Mit der Kraft zum Durchhalten beim Glaubenden und mit der Wertschätzung der Kraft Gottes.

2.2 Glaube als Kontrasterfahrung

Wie wenig Glaube mit bloßer Lehre oder reiner Theorie zu tun hat, das wird besonders an dessen Charakter deutlich, sich als Kraft zum Widerstand und gegenüber allem Bedrohlichen zu erweisen. Das wird über die Wunderberichte hinaus an der Verknüpfung von Glaube und Rettung erkennbar. Auch dem Begegnungscharakter der Bekehrung ist dieses Element zueigen. Denn hier überwindet der Glaube lebensbedrohenden Irrtum und Dunkelheit. Und umgekehrt setzt die Einschätzung des Glaubens als einer überwindenden Macht voraus, daß Menschen abhängig und bedroht sind.
In diesem Sinne ist Glaube eo ipso die Überwindung von Furcht und Angst (s.u.) wie auch die Kraft zum „Sieg über die Welt" (1 Joh 5,4). Glaube als die von Menschen ergriffene Präsenz Gottes (des lebendigen Gottes) ist daher eine Macht, die ganzheitlich Rettung bedeutet, selbstverständlich auch gegenüber dem Tod.

2.3 Unverhältnismäßigkeit als Prinzip

Nach Mt 17,20 genügt schon ein wenig Glaube, um Berge zu versetzen[8]. Hier und in der Parallelstelle Lk 17,6, wo es um das Versetzen von Bäu-

---

[8] Vgl. dazu WeishKairGen 4,8 („... denn auch ein wenig Glaube ist Gerechtigkeit"). Auch diese Analogie ordnet die Weisheitsschrift eher dem frühen Christentum zu als jeder anderen Ausprägung des Judentums.

men geht, braucht der Glaube nur die Größe eines Senfkorns zu haben, um so wirksam zu sein.

Was hier vom Glauben gesagt wird, gilt nach anderen neutestamentlichen und frühchristlichen Texten insbesondere von Frieden, Einmütigkeit und Versöhnung unter den Menschen[9]. Damit aber besitzt der Glaube als wunderhafte Präsenz der Schöpfermacht Gottes durchaus strukturell sehr ähnliche Konkurrenzerscheinungen. Er ist nicht die einzige Macht, die so wirkt – die Friedensaktionen sind sehr viel stärker ethisch geprägt als der Glaube. Dieselbe Analogie zwischen Glaube und friedfertigem Tun wie hinsichtlich der Wundermacht besteht auch bezüglich der Überwindung der Angst/Furcht. Auch dieses geschieht durch Glaube wie parallel durch Liebe (s.u.). Die Konkurrenz von Glaube und Frieden (etc.) weist darauf, daß man das Neue an der christlichen „Offenbarung" überhaupt in dieser wunderhaften Unverhältnismäßigkeit gesehen hat[10].

Gemeinsam ist den Texten über die Wirkung von Glauben und friedfertigem Handeln, daß eine geringe (oder als gering erscheinende) Voraussetzung unverhältnismäßige Folgen hat. Andererseits wird durch die Angabe der Folgen betont, für wie wichtig man die Erfüllung der genannten „geringen" Bedingung hält, und in der Tat sind Glaube und Friedenmachen überaus zentrale Elemente im frühen Christentum.

3 Glaube als imaginative Kraft

In Mt 8,13 wird dem heidnischen Hauptmann gesagt: „Wie du geglaubt hast, soll dir geschehen". Wie aber hat er geglaubt, worin bestand dieser Glaube bei ihm selbst? In Mt 21,22 wird dem Glauben verheißen: „Und alles, was ihr bittet im Gebet, glaubend werdet ihr es empfangen". Auch hier ist die Frage angebracht: Was unterscheidet den nur bittenden Beter

---

[9] Vgl. dazu: ThomasEv 48 Jesus sprach: Wenn zwei Friede machen miteinander in einem Haus, werden sie sagen zum Berg: Fall um! Und er wird umfallen. ThomasEv 106 Jesus sprach: Wenn ihr die zwei zu einem macht, werdet ihr sein Söhne des Menschen, und wenn ihr sagt: Berg, fall um!, so wird er umfallen. – Didaskalie(syr) Achelis-Flemming S.345 „Wenn zwei in einem zusammenkommen und zu diesem Berg sagen: Hebe dich hinweg und wirf dich ins Meer, so wird es geschehen".- Mk 11,25 (einander vergeben – Gebet wird erhört, weil Gott verziehen hat); Mt 5,23f (sich mit seinem Bruder versöhnen – das Opfer ist sinnvoll); 1 Petr 3,7 (die Frau als Miterbin ehren – das Gebet wird erhört).- Neben den wunderhaften Taten steht hier der Erfolg kultischer Aktionen, der an dieselben Voraussetzungen gebunden ist.

[10] Dafür gibt es auch weitere Hinweise: Die Bedeutung der geringsten Brüder nach Mt 25 wie die der geringsten und alltäglichen Taten nach Mk 9 weist darauf, daß dieses Strukturprinzip auch sonst herrscht.

von einem, der glaubt? – Auch bei allen unter 2 genannten Texten (zum Beispiel für Hebr 11,34) ist zu fragen: Hat der Kraftaspekt des Glaubens eine psychische Seite? – In Abgrenzung ist zunächst festzuhalten: An keiner dieser Stellen bedeutet Glaube die Inständigkeit der Bitte oder die demütige Unterwerfung, noch weniger das Bekennen der eigenen Fehler und Vergehen. – Auf die erfragte psychische Seite gibt es einige Hinweise:

a) In Mt 9,28 fragt Jesus „Glaubt ihr, daß ich dieses tun kann?" – Das bedeutet im Einzelfall hier für Jesus und im allgemeinen, wenn der Glaube sich auf Gott richtet: Glaube ist die restlose Orientierung an Gott. – Ähnlich Mt 8,9: Der Hauptmann denkt, mit Jesus und der Krankheit sei es so wie beim Militär: Auf den Befehl hin wird gehorcht. Etwas anderes gibt es gar nicht, weil Jesus so hohe (natürlich höhere) Autorität hat[11].

b) In Hebr 11,27b heißt es von Mose, der ohne Furcht vor der Wut des Königs aus Ägypten floh: „Denn er wurde stark, da er den Unsichtbaren gleichsam sah".

c) In Mt 21,22 besteht der Glaube wesentlich darin, sich das Erbetene als schon empfangen „vorstellen" zu können.

d) Es kann kein Zweifel daran bestehen, daß Glaube ebenso Gabe Gottes wie Aktivität des Menschen ist (Mk 11,22 „Habt Glauben an Gott"). Eine Unterscheidung zwischen Gabe und Tun ist hier wie auch sonst modernistisch und sachfremd.

e) Als Petrus nach Mt 14,26-33 auf den Meer wandelt, beginnt er in dem Augenblick unterzugehen, als er „sich fürchtet", was dann von Jesus als Kleinglaube gedeutet wird. Gefürchtet hat sich Petrus vor der bedrohlichen Macht der Wellen. Aber worin bestand sein Glaube? Hier in der Erzählung: Er folgt der Aufforderung des Herrn „Komm!". – Aus diesen Beobachtungen kann man folgende Schlüsse ziehen:

Der auf den Wellen wandelnde Petrus wie der gläubige Beter haben ein sehr besonderes Verhältnis zu dem, was wir Realität nennen. Bedrohung wird nicht wahrgenommen, Nicht-Vorhandenes wird als Vorhandenes angesehen und umgekehrt. Die Wirklichkeit wird unter dem Aspekt der Verfügungsmacht Gottes gesehen. Und das hat dann auch Erfolg, solange diese Sichtweise anhält. Im Kontrast von Mk 9,18 (Vorwurf des Unglaubens an die Jünger, die zu einer Krafttat unfähig sind) und Mk 9,29 wird sogar angegeben, wie man sich diese „Sichtweise" aneignen kann: Durch Gebet (und Fasten).

---

[11] Jesus verzichtet darauf, in der von dem Hauptmann gedachten Weise vorzugehen. Der „Glaube" des Hauptmanns wird dargestellt als Glaube zu seinen Bedingungen – und Jesus läßt diesen Glauben so stehen, akzeptiert ihn, obwohl er diesem Weg dann nicht folgt.

Bei dieser „Sichtweise" handelt es sich nach dem Verständnis des Neuen Testaments nicht um eine Projektion noch um Wunschdenken. Vielmehr gilt:

a) Diese „Sichtweise" hat zwei Elemente: Restloses Vertrauen auf Gott (seine Macht; vgl. dazu z.B. auch Röm 4,20f) und die Imagination einer konträren Wirklichkeit (die mit dieser Macht herzustellen war).

b) Analog zu diesem Verständnis von Glauben ist der frühchristliche Verzicht auf das Sorgen. Die Aufforderung zur Freiheit von der Sorge besitzt die beiden unter a) genannten Elemente, angewandt auf die lebensnotwendige Vorsorge der Menschen.

c) Das Vertrauen auf Gott äußert sich dabei so, daß entweder schon in der Erwartung oder zumindest dann im Vollzug ein Wort (Jesu oder des Boten) oder eine Berührung die im Glauben für Realität gehaltene Wirklichkeit auch in die bestehende einfließen läßt, sie zu den Bedingungen dieser Welt inkraft setzt. Dieses Wort ist der Befehl an Petrus in Mt 14,28, oder in der Erwartung des Hauptmanns findet es sich in Lk 7,7; Mt 8,8.

Vor allem diese Welthaftigkeit ist es, die den Unterschied zu bloßer Projektion ausmacht: Daß durch Wort oder Berührung die Imagination des Glaubens die bestehende Wirklichkeit durchkreuzen kann und aktiv, verändernd auf sie einwirkt.

d) Wenn es in Hebr 11,33 heißt „Durch den Glauben... wirkten sie Gerechtigkeit", so ist von daher das Verhältnis von Glauben und Ethik neu zu bestimmen. Ist nicht das Wirken von Gerechtigkeit ebenso ein Wunder wie die Erstellung von Krafttaten?

e) Die oben bereits genannten Hymnen der Apokalypse sind gerade in diesem Sinne konsequente Fortführung dessen, was die Evangelien unter Glauben verstehen. Denn gerade so, wie der wunderbare Machterweis Gottes eben als Realität angesehen wird, bevor er geschieht, so besingen diese Hymnen das bereits vollzogene Gericht, den bereits erfolgten Untergang Babylons. Den Wundern der Evangelien entspricht hier der Untergang Roms. Die Struktur des Glaubens ist hier wie dort dieselbe: Der Glaube lebt von der Welt Gottes her, in der das Ersehnte bereits geschah. Der Glaube im Zusammenhang mit Krafttaten hat daher eine eidetische Struktur.- Die Schnittstelle der Überführung in die Wirklichkeit ist in der ApkJoh der bereits geschehene Sieg des Lammes. Denn deswegen ist das Lamm befähigt, durch Öffnen der Siegel die Wirklichkeit auf Erden dem Ende zuzutreiben.

Von diesem eidetischen Charakter des Glaubens her lassen sich auch sog. kognitive Elemente des Glaubens beurteilen, wie sie sich auch bei Paulus finden, wobei das moderne Wort „kognitiv" eine erhebliche Unterschätzung des Gemeinten darstellen dürfte. Denn es geht nicht um Erkennt-

nisse unter anderen oder irgendwelche Wahrnehmungen, sondern um das Sich-Einlassen auf eine Gegenwirklichkeit, welches um so mehr Mut erfordert, je größer der Konflikt zwischen Gott und Welt ist.
Dazu gehören Texte wie 2 Kor 4,4-6[12]; Hebr 11,6. – Dabei geht es nicht nur um das Trotzdem, sondern auch einfach um ein (freilich entscheidendes) Mehr an Wirklichkeit.

4 Glaube und Angst/Furcht

Das Wortfeld Glaube in Verbindung mit Angst/Furcht ist im Neuen Testament öfter belegt[13], und zwar, mit einer signifikanten Ausnahme, stets in Opposition (Unvereinbarkeit). – Dabei ist festzuhalten, daß zwischen Furcht und Angst nicht zu unterscheiden ist.- Zunächst zu der Ausnahme:

4.1 *Verteilt auf Apostel und Gemeinde*
Nach 1 Kor 2,3/5 („Ich kam in Schwäche und in Furcht und vielem Zittern zu euch..., damit euer Glaube sei..."). Furcht/Angst ist hier nicht dem Glauben entgegengesetzt (Paulus hat nicht den Glauben verlieren, wenn er Furcht/Angst hat), sondern dieses gehört hier zur Rolle des Paulus. Paulus gibt zu, daß er Angst gehabt hat, er ist nicht derjenige, der sie heroisch hätte überwinden müssen. Er kann zugeben, daß er gerade als Apostel im Dienst Gottes Angst/Furcht gehabt hat. Und dieses Phänomen ist hier Teil der Epiphanie Gottes. Ähnlich sind auch nach 2 Kor 4,11f Tod auf der Seite des Apostels und Leben auf der Seite der Gemeinde entgegengesetzt, und zwar bei demselben Vorgang des Christwerdens. So bleiben auch in 1 Kor 2,3/5 Angst und Glauben Gegensätze, doch nicht sich ausschließende, sondern einander (bei verschiedenen Partnern) bedingende. Dennoch ist festzuhalten, daß Paulus sich auch sonst nicht davor scheut, menschliche Schwäche einzugestehen (1 Kor 9,22). Sie ist und bleibt im Rahmen der Schwäche-Kraft-Theologie des Paulus die Voraussetzung für Gottes Wirken.
Auch sonst ist im Rahmen epiphaner Ereignisse Furcht/Angst nicht negativ bewertet, wohl aber in Verbindung mit Glauben:

---

[12] Sowohl die Würde des Christus als auch der Glaube werden in 2 Kor 3,18-4,6 mit visueller Metaphorik interpretiert. Nicht das Contra zum Gekreuzigten steht hier freilich im Mittelpunkt, sondern der Gegensatz zwischen Gott und Welt (vgl. 2 Kor 4,4).
[13] Mk 4,40f par Lk 8,25; 5,36 par Lk 8,50; Mt 14,26-33; Hebr 11,23.27; 1 Kor 2,3/5.

4.2 Glaube als Überwindung falscher Furcht

Glaube kann die Größe sein, die Furcht und Angst vor einem anderen (der nicht Gott ist) aufhebt. Je mächtiger und furchterregender dieser andere war, um so größer und heilsamer ist der Glaube. Nach Hebr 11,23 ist es die Anordnung des (ägyptischen) Königs, die Angst hätte erregen können; der Glaube hebt diese Angst auf. Nach 11,27 ist es (steigernd) der Zorn desselben Königs, vor dem der glaubende Mose keine Angst hat. Bei der Tochter des Jairus geht es um die Furcht vor dem Tod, angesprochen wird die die Angst um die Todgeweihte. Und Jesus sagt zu Jairus: „Fürchte dich nicht, glaube nur" (Mk 5,36; Lk 8,50 mit dem Zusatz „und sie wird gerettet werden").

Was die Furcht/Angst vor den Mächtigen oder dem Tod, den sie bringen, überwindet, muß nicht nur immer Glaube genannt werden, es kann auch selbst Furcht heißen, so etwa in Lk 12,4f (dem Sinne nach: Fürchtet euch nicht vor denen, die den Leib töten, ... fürchtet euch vielmehr vor dem, der in die Hölle stürzen kann). Derjenige, dem hier in Wahrheit die Furcht gilt, ist Gott. In Lk 12,4f ist daher nur das Wovor der Furcht ausgewechselt worden, das Phänomen Furcht/Angst selbst bleibt hingegen bestehen. Es erscheint aber als fraglich, ob man diesen Gesichtspunkt auch in die oben zuerst genannten Stellen für den Glauben übernehmen darf. – Denn normalerweise ist Glaube eben etwas anderes als Angst. Die Texte zeigen:

a) Wer glaubt, vertraut sich dem stets je Mächtigeren an. Es geht nicht um Angst, sondern Gott ist hier eine Schutzmacht.

b) Damit wird aus dem Bedeutungsspektrum von gr. *pistis* der Aspekt der Stabilität bzw. Stabilisierung aktualisiert, was offenbar die Folge der Beruhigung gegenüber der Panik hat.

4.3 Der Seewandel des Petrus

In Mt 14,26-33 wird das Verhältnis von Glaube und Angst auf eindrucksvolle Weise zum Thema gemacht, und das wird schon an der Kunst der Erzähltechnik erkennbar: Nach 14,30 ist Petrus so ängstlich, daß der den Wind (!) sieht statt des Herrn (so noch 14,26); es ist auch ganz selbstverständlich, daß er einsinkt, sowie er zweifelt. Schon nach 14,28 ist der Glaube des Petrus nicht ganz sicher, denn Petrus sagt: „Wenn du es bist, Herr,..." (Das „Ich bin es" Jesu von V.27 war wohl nicht so ganz überzeugend) . Die Angst des Petrus vor dem Wind (V.30) wird erst in V.32 als Kleinglaube getadelt. Schließlich ist zu fragen: Mußte erst der Anblick des Windes nach 14,30 Petrus angst machen – war das Gehen auf dem Wasser bis dahin eine Kleinigkeit? – Es kommt dem Erzähler ganz offensichtlich darauf an, die Angst des Petrus erst als etwas darzustellen, das an zweiter Stelle in der Abfolge kommt, nachdem er schon auf dem See hat wandeln

können. – Innerhalb der Erzählung entstehen so folgende Synonymitäten: Angst vor dem Wind = Zweifel (V.32) = Kleinglaube (V.32). Dem steht gegenüber Mutigsein (V.27) = dem Ruf des Herrn zu kommen folgen (V.28f) = den Herrn anrufen („Herr, rette mich" V.30) = Bekenntnis zur Gottessohnschaft des Herrn (V.33).
Jesus ist es, der den Kleinglauben konstatiert (an derselben Stelle konstatiert er in Wundererzählungen „Dein Glaube hat dich gerettet"). Wichtig ist, wie sich der Mangel an Glaube auswirkt, offensichtlich als Schwäche und als Schwinden der Kraft zum Wunderbaren (so ja auch Mk 9,18f („sie konnten nicht"/„O ungläubiges Geschlecht") und so positiv in Mt 17,20 (hier ebenfalls in Bezug auf den Kleinglauben gesagt).
Aber wußte nicht jedermann, daß auch ein noch so gläubiger Petrus nie zum Wandeln auf dem See fähig sein würde, die Jünger nie Berge würden versetzen können? Welchen Sinn haben diese absurden Kunststücke, die hier mit der Kraft des Glaubens verknüpft werden? – Diese Texte veranschaulichen in mythischer[14] und damit in (für weltliche Anschauungsweise) hyberbolischer Weise vor allem eine christologische Aussage. Sie markieren den Unterschied zwischen Jesus und den Jüngern[15]. Denn Jesus wandelt ja so auf dem Wasser, er treibt so Dämonen aus. Zum zweiten sagen sie etwas zur Phänomenologie des Glaubens (er ist Anteilhabe an Jesus – und zugleich lebt er vom Festhalten an der Vision einer Alternative) und zum dritten etwas über die Angst und ihre den Glauben zersetzende Wirkung. Nicht theoretische Zweifel, sondern die natürliche Angst ist der Feind des Glaubens. Ist das vielleicht bei jedem Zweifel der Fall? Dann steht die Angst vor dem Tod der eidetischen Kraft, die Welt von Gottes Wirklichkeit her zu sehen und zu erfahren, gegenüber.
„Wohin sollen wir denn, an welches Ufer? Nicht die Ufer sollen wir suchen, sondern den Herrn, der mitten in der Zeit steht... gerufen von dem einen schon längst gesprochenen Wort, das Brücken baute über die Meere und Straßen durch die Lande und ihre Völker hindurch; von dem Worte, das die Kerker öffnete, die Wächter blendete, die Hände der Mächtigen lähmte... Wie die See ihn einst getragen, so würde die Welt ihn tragen, die noch viel abgründiger war als der See... daß wir dorthin schreiten sollen, wo kein Weg zu sein scheint"[16].

---

[14] Die mythische Darstellungsweise dient nicht nur dazu, Unsichtbares narrativ sichtbar zu machen, sie stellt auch die Übermacht Gottes dar, die quer zu alltäglicher Machterfahrung steht.
[15] Das sog. Jüngerversagen bes. im Markusevangelium ist oft beobachtet worden; es ist indes nicht nur naives Kontrastmittel, sondern es erweist auch, warum es überhaupt nötig war, ein Evangelium (wie z.B. das MarkusEv) mit der Lehre Jesu zu verfassen: Ein solches Evangelium richtet sich doch notwendigerweise gegen jegliche kursierende Jüngerlehre.
[16] R.Schneider, Und Petrus stieg aus dem Schiffe, Erstausgabe 1964, 19-22.

10.2 Heiliger Geist und Charisma

1 Die auffällige Hervorhebung des Geistes im frühen Christentum

Auch im Vergleich zu den Targumim mit ihrer besonderen Betonung des „Geistes der Prophetie" spielt der heilige Geist im Neuen Testament eine sehr große Rolle. Je grundsätzlicher man hier mit Fragen ansetzt, um so nützlicher dürften die Überlegungen sein: Warum wird gerade die Rolle des Geistes so hervorgehoben? Er gehört ja keineswegs notwendig zum Begriff und zur Denkbarkeit eines Messias dazu. Auffällig ist, daß zu Lebzeiten Jesu höchstens er selbst als Geistträger bezeichnet wird; er gibt den Geist aber nicht weiter. Erst nach seiner Erhöhung bekommen auch Jünger den Geist. Geist steht damit offenbar für Präsenzerfahrung, für die Präsenz Gottes in Jesus Christus und für die Präsenz von etwas, das mit Jesus verbindet, bei den Jüngern nach Ostern. Im übrigen überrascht die Weite und Vielfalt pneumatischer Erfahrungen im frühen Christentum (s.u. unter 2).

Der Geist Gottes dürfte aus folgenden Gründen überhaupt so wichtig geworden sein:

a) Der Gott Israels wird im Kontrast zu den Göttern der Heiden als der Lebendige erfahren, und zwar als einer, der das Leben, das er hat und ist, auch weitergibt. Die lebendige Verbindung mit Gott geschieht daher durch die Gabe des Geistes.

b) Jesus erfährt und verkündigt die Nähe Gottes. Im heiligen Geist wird diese Nähe zur Präsenz, und zwar mitten im Leben, dort gerade, wo sonst nur Ohnmacht erfahren wird. In diesem Machtvakuum, fern aller Weltherrscher, wird der wahre Herr der Welt als Kraft erfahrbar. So ist der Geist Gottes wesentlich Krafterfahrung – drängende, treibende Macht.

c) Der heilige Geist ist zu keinem Zeitpunkt besonders für „Geist" oder „Geistigkeit" des Menschen zuständig (zwar auch, aber eben nicht nur). Er ist daher weit eher im Sinne von Lebensgeist als speziell im Sinne besonderer Erkenntnis zu verstehen.

2 Die Vielfalt frühchristlicher Geisterfahrungen

Während für heutiges Verständnis der „heilige Geist" fast ganz unerfahrbar geworden ist (insbesondere auch aufgrund der starken Bindung an die Taufe, was dann mit der Problematik der Kindertaufe zusammenkommt), wird er im frühen Christentum sehr vielfältig wahrgenommen:

2.1 Geist und Frieden
Ganz auffallend häufig werden ethische Konsequenzen aus dem Geistbesitz im Sinne von Friedfertigkeit und Sanftmut dargestellt. Der Geistbesitz ist damit nicht „neutral" gegenüber verschiedensten ethischen Inhalten, sondern bedeutet als Geisterfahrung auch eine bestimmte, sehr eindeutige Prägung. Das bedeutet, daß der Geist selbst als freundlich machende und Frieden stiftende Gabe erfahren wurde (vgl. TRE 12,186).

2.2 Geist und Lieder
Der Lobpreis Gottes in den verschiedenen Gattungen von „Liedern" wird auf Geistbegabung zurückgeführt. Zugrunde liegt ebenso ein theologisches Problem (Konnaturalität mit den Engeln, die gleichfalls vor Gottes Thron lobsingen) wie eine Erfahrung: Die Lieder des Urchristentums sind ein Schlüssel zur Geisterfahrung.

2.3 Geist und Schriftauslegung
Ähnlich wie bei Philo v.A. die Wahrnehmungen der allegorischen Exegese eine Art „Ekstase am Schreibtisch" bedeuten, wird die Entschlüsselung der Schrift (des Alten Testaments) im christologischen Sinne als Gabe des Geistes erfahren. Wie bei den Liedern geht es dabei um zweierlei: Einerseits wird der Schriftbeweis so legitimiert, andererseits erfährt man aber auch die Entschlüsselungen der Schrift als erhellende Geisterfahrung. Dabei ist nicht der exegetische Fund das Begeisternde, sondern die besondere, durch die Schrift vermittelte Erfahrung des Christus.

2.4 Geist und Freude
Eine der besonderen und häufig genannten Gaben des Geistes ist „Freude", und zwar der „Trauer" entgegengesetzt. Vgl. dazu § 8.8. Andererseits ist der Geist als Freude auch das emotionale Gegenstück zur „Begierde" (vgl. dazu Gal 5,19/22; Röm 14,17).

2.5 Geist und Widerstand
In einer verbreiteten Tradition wird Geist (wie Weisheit) als die Kraft verstanden, die angesichts eines offiziellen Machthabers den „vorgeführten" Christen den verbalen Widerstand ermöglicht. Der Geist ist damit das, was der sprichwörtlichen Weisheit der Machthaber als die von Gott kommende Anti-Weisheit entgegensteht (vgl. z.B. Lk 12,12; s. TRE 12,182).

2.6 Geist hebt Unterschiede unter Menschen auf
Mit der Erfahrung des Geistes wird es begründet, wenn die Unterschiede zwischen den Geschlechtern, zwischen Juden und Heiden und Herren und Sklaven aufgehoben werden. Die Erfahrung des Geistes verbindet

daher so stark, daß gegenüber dieser Wahrnehmung alle Differenzen verblassen. Diese einheitsstiftende Funktion des Geistes hängt gerade in diesem Punkte wohl wesentlich mit der Erfahrung der Kindschaft gegenüber Gott zusammen. Die Einheit unter Menschen bewirkt auf besondere Weise auch der lukanische Pfingstgeist: Er garantiert das richtige Verstehen in anderer Sprache.

2.7 Der Geist der offensiven Reinheit
Nach dem Zeugnis des frühen Christentums wirkt sich der Geist oder die „charismatische Kraft" Jesu so aus, daß Unreines nicht mehr bedroht, sondern im Gegenteil überwunden wird. Das gilt für unreine Geister wie für heidnische Unreinheit wie für die Unreinheit des Todes. Die von Jesus ausgehende Kraft durchbricht alle Grenzen, die durch die Schranken der Unreinheit vorgegeben waren.

Man kann hier weiter nachfragen: Warum hat sich die Erfahrung des Geistes Gottes im frühen Christentum gerade (auch) als offensive Reinheit (Heiligkeit) ausgewirkt? Trugen Zeitumstände dazu bei, daß die Nähe Gottes vornehmlich gerade so erfahren wurde? Es kann durchaus sein, daß das frühe Christentum hier dem Universalismus des augusteischen Kaiserreiches mitsamt der deutlich beginnenden Kaiservergottung ein jüdisch-messianisches Gegenbild bietet. Nicht der Kaiser, sondern Gottes Messias ist der „König des Friedens". Nicht der Universalismus des römischen Reiches hat Zukunft, sondern der Universalismus in der Tradition des Deuterojesaja.

2.8 Das Stöhnen des Geistes
In Röm 8 ist davon die Rede, daß der den Christen verliehene Geist in „unaussprechlichen Ausrufen des Stöhnens" sich äußert. Diese (in deutschen Übersetzungen traditionell als „Seufzer" wiedergegebenen) Ausrufe sind nicht einfach als ekstatische Rufe zu verstehen. Wenn Paulus von Stöhnen spricht, meint er vielmehr etwas sehr Spezifisches, nämlich die Reaktion auf menschliche Unvollkommenheit und Sünde. Alle Analogien weisen darauf, daß Stöhnen die Erschütterung angesichts menschlicher Defekte zum Ausdruck bringt. Der Geist Gottes nach Röm 8 stöhnt daher über die Not der Todverfallenheit des Menschen; gerade Röm 7,25 könnte wiedergeben, was sich Paulus bei solchem Stöhnen denkt.

2.9 Die Überwindung des Buchstabens des Gesetzes
Mit der Alternative Buchstabe/Geist formuliert Paulus eine neue Erfahrung des Handelns vor dem Gesetz. Die Befreiung vom Buchstaben des Gesetzes bedeutet, daß die radikale Liebe, das, wozu der Geist treibt, alle Einzelgebote erfüllt und überbietet.

2.10 Der Geist ist Geber der Charismen
Charismen sind Gaben außerhalb der Normalität. Wo immer Christen etwas vermögen, das ungewöhnlich ist und auf Gott als den himmlischen Geber zurückweist, redet man von Charismen. Die Tat des Paulus ist es gewesen, die vielfältigen Charismen an den einen Geist zu binden.

3 Die Einheit der frühchristlichen Geisterfahrungen

Man kann zunächst sagen, daß die Erfahrung des Geistes Gottes inhaltlich offenbar nicht strikt festgelegt ist. Denn Stöhnen und Freude, die Erfahrung von Frieden und Gemeinschaft einerseits und die des Widerstehenkönnens andererseits sind deutlich konträre Erfahrungen.

3.1 Geist und Gegensatz
Dennoch scheint eines bemerkenswert: Der Geist Gottes wird nie „an sich" erfahren, sondern stets *in Gemeinschaft oder anhand von Widerständigem und in Kontrast zu etwas Entgegenstehendem.* Der Geist Gottes ist daher mit einer je neuen Erfahrung des Anderen verknüpft. Das Andere ist dabei der andere Mensch oder die gegen die Geisterfahrung widerständige Wirklichkeit. Damit ist die Erfahrung des Geistes Gottes immer zugleich auch eine Erfahrung von Welt. Diese ist damit zugleich gegeben und doch stets unterschieden.
So steht die Erfahrung des Geistes Gottes in Kontrast zur Todverfallenheit der Menschen, überhaupt zu aller Erdenschwere, zu Unfähigkeit und Versagen gegenüber dem Willen Gottes (im Gesetz). Wenn der Geist stöhnt, dann in Kontrast zur Bosheit und Gebrechlichkeit, zu jeder Art Leibgebundenheit und -verfallenheit der Menschen. Oder der Geist steht jeglichen Grenzen und Unterschiedenheiten entgegen, jeder Trauer und Begierde. Wenn frühchristliche Charismatiker meinen, der Geist trüge sie an ihre Missionsorte, so wird auch dabei die Erdenschwere überwunden. Schließlich überwindet der Geist auch die Trennung zu Jesus. Im Verhör, dem die Christen ausgesetzt sind, gibt der Geist die Kraft, den Widersachern zu widerstehen.
Kurzum: *Der Geist überwindet alles Widrige, er ist der Überwinder.* Die Geisterfahrung ist daher latent „dualistisch", wenn man dieses Wort im weitesten Sinne versteht.

3.2 Geist und Aktivität
Mit der Erfahrung des Geistes ist die einer „treibenden Kraft" gegeben. Denn er ist, wie gezeigt, Äußerung des lebendigen Gottes gegenüber allen Götzen. Gott gibt so ein lebendigmachendes Leben. Jede Art von Spiri-

tualisierung verbietet sich dabei. Daher ist es auch der Geist Gottes, der Tote auferweckt. Nach Paulus ist es der Geist Gottes mit dem Impuls der Liebe, dem wir nur zu folgen brauchen: Denn das Lebensgesetz des Geistes ist mit der Torah sachidentisch.

4 Psychologische Auswertung

4.1 Gegen falsche Alternativen

Auch bei näherer Analyse der neutestamentlichen Texte ist es schwierig, auf unsere moderne Frage nach der Erfahrbarkeit des Geistes eine Antwort zu finden. Denn: wie wird zum Beispiel die Kraft erfahrbar, aus der heraus ich handle? – Die Mühseligkeit mikroskopischer Spurensuche legt einen Verdacht nahe: Wahrscheinlich ist unsere Fragestellung selbst mangelhaft. So gilt es wohl, die unfruchtbare Alternative zu vermeiden, nach der die Wirklichkeit des Geistes entweder als bloßes Zugesprochensein oder reiner „Status" völlig unanschaulich sei oder aber sich im Bewußtsein in emotionalen Regungen zeigen müsse. Denn offenbar ist der Geist weder durchgehend Ursache für ein besonderes emotionales Bewußtsein noch lediglich eine juristische Angelegenheit.

Sicher: der Geist ist dieses beides auch. Denn er wirkt „Freude" und ist hier emotional wirklich greifbar. Und nach 2 Kor 3 stehen die Christen im Bund des Geistes. Doch das kann nicht alles sein, denn die Erfahrung des Geistes ist nicht auf Freude reduzierbar.

4.2 Vorrang der via negativa

4.2.1 Negation der Grenzen

Wenn Geist sich vornehmlich als Kontrasterfahrung, besonders in Aufhebung der Grenzen und Begrenztheiten äußert, dann ist schon diese Feststellung eher *via negativa* formuliert. Die Grenzen und Begrenztheiten sind dann als Widerstände beseitigt.

Daß es bei der neutestamentlichen Geisterfahrung so um Aufhebung von Grenzen und Begrenztheiten geht, ist schon höchst bedeutsam. Denn gerade so wird ja hier die Berührung von Gott und Mensch in ihren Konsequenzen für den Menschen erfahren. Auch für das Gottesbild selbst ist das wichtig: Gott wird erfahren als der neidlos Anteil Gebende, und zwar als der universale und in jeder Hinsicht Grenzenlose.

Dabei ist es nun für die Erschließung der Kontrasterfahrung wichtig, welche Grenzen der Geist Gottes insbesondere aufhebt, welche Einschränkungen als besonders drückend erfahren wurden. Nach 1 Kor 6 und 12 sind das offensichtlich die zwischenmenschlichen Barrieren – deshalb macht der Geist aus allen Christen einen Leib. Nach 1 Kor 15 ist es die Grenze des Todes und die Begrenztheit des dem Tod verfallenen Leibes, die der Geist durch Verwandlung in einen pneumatischen Leib überwindet. Nach Röm und Gal geht es eher um die (auch leiblich bedingten) Grenzen unserer Fähigkeit, gerecht zu handeln. In Röm und Gal sind es aber auch besonders die Schranken zwischen Juden und Heiden, die als etwas empfunden werden, das mit der neuerlichen Gotteserfahrung nicht zusammenhängt.

Das bedeutet: Anhand der Frage nach der Erfahrbarkeit des Geistes werden im Rückschlußverfahren die hauptsächlichen Nöte der Christen sichtbar. Oder umgekehrt: Die paulinische Rede vom Geist ist ein Indikator für diejenigen Probleme, die jeweils besonders drückend und gravierend für seine Gemeinden und für ihn waren.

4.2.2 Analogien zum Freiheitsbegriff

Es besteht sicher eine sehr große Affinität zum paulinischen Freiheitsbegriff. Auch Freiheit ist bei Paulus häufig geistgewirkt (z.B. im Galaterbrief), insbesondere aber ist Freiheit nur negativ definierbar als „Freiheit von...". Wenn die Gabe des Geistes die Art ist, in der (von Gott her gedacht) Gott den Menschen über die Grenzen hinausführt, dann ist Freiheit (vom Menschen her gedacht) das Resultat dieses Handelns Gottes. Die absehbaren Konsequenzen einer solchen Befreiung von Grenzen liegen zweifellos in der Befreiung von unsinniger Angst insbesondere angesichts der eigenen Grenzen (Schwäche, Tod, mangelnde Gemeinschaftsfähigkeit). Aber das ist jetzt unsere Rekonstruktion – Paulus sagt es eben nicht. Vielleicht liegt dieses Schweigen auch daran, daß seine Schreiben zu „öffentlich" sind.

4.3 Versuch einer Annäherung in positiven Aussagen

4.3.1 Orientierung an der Faktizität

Für Paulus zeigt sich der Geist daran, daß Christen lieben. Die Kraft, die Christen von Gott erhalten haben, wird in der Regel nicht als Gefühl oder Sentiment greifbar, sondern in Taten, und das heißt auch und vor allem: in verwirklichter Gemeinschaft der Christen. Hier vor allem gibt es überhaupt Erfahrung, dieses ist die empirische Dimension des Christentums. Paulus ist damit in höchstem Maße an den Werken der Christen orientiert. (Die Anstößigkeit dieser Aussage ist beabsichtigt, aber:) Die Wirklichkeit des Glaubens ist für Paulus nicht primär eine subjektive Gefühlslage, sondern ganz überwiegend eine wirklich verifizierbare Erfahrung. Sie besteht darin, daß christliche Gemeinden in liebevollem Miteinander existieren. Diese Art von Erfahrung geht über alles. Negativ formuliert:

Daß kein Gebot der Gerechtigkeit mehr verletzt wird; positiv formuliert: Daß der Leib des Christus aufgebaut wird. Die faktische Erfüllung des Gebotes der Liebe ist das letzte und „erfahrbarste" Ziel der Mitteilung des Geistes Gottes an die Menschen.

Gerade an diesem wesentlichsten Punkt bestehen aber in der praktischen Paulusrezeption die größten Hindernisse. Deren Ursachen sind teils theologischer Art (Universalisierung der Sündendogmatik), teils sozialer Art (Ersatz gelebter Kirchlichkeit durch die angeblich „vollauf genügende" Innerlichkeit). Die (theologisch völlig legitime) Scheu davor, sich des eigenen Werkes zu rühmen, führte zum pseudotheologisch legitimierten Verzicht auf Werke überhaupt (was nur Unterstützung der Schwäche ist).

Paulus ist nüchterner Pragmatiker. Jede Art von Vernebelung menschlicher Gottesferne durch Hochstilisierung der Innerlichkeit hätte er schnell entlarvt.

4.3.2 Ordnungserfahrungen

Es kann kein Zweifel daran bestehen, daß die Torah für Paulus das Instrument Gottes zu Ordnung und Gerechtigkeit ist (vgl. 4.3.1), und der Geist Gottes fügt die Menschen handelnd in diese Ordnung ein. In analoger Weise sind wohl auch die „pneumatischen Lieder" nicht Ausdruck chaotischer Spontaneität, sondern nach allen überhaupt verfügbaren Analogien wurden sie verstanden als menschlicher Anteil am Herrscherlob der Engel. Damit sind diese Texte selbst auch Vermittler einer Ordnungserfahrung. Der strenge Aufbau und die häufigen Wiederholungen in diesen Liedern (sie wurden jeweils selbst wohl auch häufig wiederholt) ist vom „Sänger" des Liedes vollzogenes Sich-Einprägen einer Ordnung. – So stoßen wir auch hier auf die Verbindung von Rationalität und Ekstatik, die für paulinisches Christentum kennzeichnend ist.

4.3.3 Friedenserfahrungen

In Gal 5,22f werden „Frucht des Geistes" genannt: Liebe, Freude, Friede, Langmut, Freundlichkeit, Güte, Treue, Sanftmut, Selbstzucht. – Alle diese Äußerungen des Geistes liegen „auf einer Linie", und es ist evident, daß es sich dabei *auch* um psychische Phänomene handelt. Daher ist die unter 4.3.1 erörterte Frage nach dem Verhältnis von faktisch erwiesener Liebe und Innenraum der Psyche noch einmal aufzunehmen. Zunächst ist unmißverständlich deutlich, daß es sich um Früchte handelt, also um Taten. Aber diese Taten haben eine Innenseite, die fast so etwas wie einen einheitlichen Charakter des Geistes erkennen läßt, der den Menschen mitgeteilt wurde. Damit ist nicht unbedingt ein Widerspruch zu der unter 1 angedeuteten Dominanz der negativen Linie gegeben. Vielmehr wird ja eher deutlich, wo die hauptsächlichen Mängel der „geist-losen" Verhältnisse des Menschen liegen. Sie sind offenbar mit einem falschen und „gottlosen" Machtgebrauch des Menschen gegeben. Die Machtfrage ist damit in besonderer Weise mit der Gottesfrage verknüpft. Wo Menschen Macht gebrauchen, geht es mehr als irgendwo anders um die Frage nach dem Recht und Anspruch Gottes (daher auch die politische Bedeutung der jüdischen und christlichen Religion). Positiv gesagt: Mit der Gabe des Geistes Gottes an den Menschen werden sein Aggressionspotential und seine Weise, Macht zu gebrauchen entscheidend verändert. Paulus erwartet, daß der Geist eine sanfte Heiterkeit hervorbringt. Das hat folgende psychologische Bedeutung:

a) Das Werk des Menschen, auf das theologisch insofern alles ankommt, als es das Ziel des Wirkens des Geistes ist, wird damit ganzheitlich gesehen. Es geht zweifellos um Werke des Geistes, aber sie entspringen einer Art innerer Kontinuität, die im folgenden noch näher zu bestimmen ist.

b) Es kann kein Zweifel daran sein, daß die in Gal 5,22 genannten Früchte des Geistes etwas Einheitliches voraussetzen, das man mit verschiedenen Begriffen zu umschreiben versuchen kann. In jedem Falle liegt es zwischen einer für sich bleibenden Innerlichkeit (die nicht nach außen tritt) und der bloßen Aufsplitterung in isolierte Einzelwerke. Vielmehr geht es um eine neue Basis des Handelns mit bestimmtem Charakter, der nicht einfach nach dem Schema gut/böse zu bestimmen ist. Dieses Geprägtsein oder diese dauerhafte Gesinnung, diese Grundlinie ist so etwas wie eine entfernte Analogie zur späteren habitus-Lehre.

Wie der Geist selbst ist auch dieses Gesinntsein oder vielleicht auch sogar Gestimmtsein nicht „an sich" erfahrbar, sondern nur im Kontrast, und wie die Geisterfahrung allgemein sind auch diese Früchte des Geistes eher negativ umschreibbar, nämlich als je nach Anlaß verschiedener Verzicht auf Machtgebrauch bzw. auf Durchsetzung von Vitalinteressen, also als Nicht-Gebrauch. Dieser ist eher negativ als positiv zu bestimmen. Die dabei intendierte Kontinuität gehört wesentlich auch zum Erscheinungsbild des hier Gemeinten, Paulus nennt daher auch die Treue (gr.: πίστις) ausdrücklich in Gal 5,22.

Psychologisch und nicht nur ethisch relevant ist das hier Gesagte insofern, als hier eine Art dauerhafter Prägung vorausgesetzt ist, die sich je im Kontakt mit Macht aktualisiert. Mit der „Gabe eines fröhlichen Herzens" ist ein Teil, aber auch nur ein Teil dessen abgedeckt, um das es hier geht.

In der Orientierung an Machtgebrauch und Vitalinteressen teilt der Geist als Basis für dauerhaft geprägtes Handeln die häufig dualistische Struktur von Geisterfahrungen auch sonst. Auch hier bleibt „Geist" am Gegenüber von Gott und Welt „dualistisch" orientiert. Geisterfahrung ermöglicht daher Parteilichkeit.

c) Paulus geht grundsätzlich davon aus, daß man zuvor erfährt, was man weitergibt. Daher die Zusage des Geliebtseins, in Verbindung mit dem Geist in Röm 5. Diese Zusage steht im Dienst der endlichen Erfüllung des Gesetzes. Psychologisch ist daran: Man sollte hier nicht vom Sein reden, das dem Handeln vorausgeht, sondern vom Geliebtsein, von einer Beziehung, innerhalb derer und aufgrund derer dann Handeln möglich wird.

10.3 Sünde

1 Gegensätzliche neuere Positionen

Hinsichtlich der Erfahrbarkeit bzw. der psychischen Qualität der Sünde (bes. im paulinischen Sinn) finden sich in der neueren Diskussion zwei entgegengesetzte Positionen: Nach der einen ist Sünde die trotzige Selbstbehauptung des Menschen gegenüber Gott, nach der anderen eher eine Ohnmachtserfahrung.
Die erstgenannte Position orientiert sich am Menschenbild der Renaissance und des liberalistischen 19.Jh.: Der moderne Mensch versuche, sich ohne und gegen Gott zu behaupten. Dieses Autonomiestreben sei Sünde. Mir scheint diese Position das Menschenbild des Kapitalismus des 19.Jh. zutreffend erfaßt zu haben; Christentum versteht sich als Antithese dazu. Meiner Ansicht nach ist es hingegen nicht gelungen, diese Position als die im Neuen Testament (speziell: bei Paulus) dominierende zu erweisen. Hinzukommt, daß in späteren Ausläufern dieser Position gerade Glaube und Gotteserfahrung als Ohnmachtserfahrung gedeutet werden, bis hin zum Glauben an den ohnmächtigen im Gegensatz zum allmächtigen Gott. Die andere Position ist umgekehrt strukturiert: Sünde ist Erfahrung der Ohnmacht, und Glaube bedeutet Teilhabe an einer Macht, die dem Menschen überhaupt ein neues Selbst und die Fähigkeit schenkt, dieses zu bejahen.
In beiden Positionen spiegeln sich auch höchst unterschiedliche Auslegungen von Röm 7: Nach der erstgenannten Position ist es gerade Merkmal des Glaubens, das Zerrissensein und die Ohnmacht nach Röm 7 überhaupt eingestehen zu können, nach der zweiten Position ist, so wie sie hier verstanden wird, Röm 7,7-8,11 als Darstellung zweier Wege zu begreifen, von denen der kennzeichnend christliche erst ab 8,1 geschildert wird.

Ich halte die zweite Position für die Paulus selbst ungleich mehr entsprechende, und da es hier um exegetisch begründete und nicht um systematische Theologie geht, sei diese im folgenden dargestellt. Im übrigen halte ich diese Position auch für die, die dem Selbstverständnis der Menschen in der zweiten Hälfte des 20.Jh. mehr zu sagen hat.

2 Ohnmachtserfahrung

Nach Röm 7,17 ist „die Sünde" die beim Sündigen des Menschen selbst aktive eigentliche Täterin. Sie führt dem Sünder gewissermaßen die Hand, sein Werk ist ihm selbst „entfremdet". Seiner Vernunft (gr.: *nous*) nach, die ich hier mit dem gleichsetzen würde, was man später (nicht Paulus selbst!) unter dem positiven, zur Tat anstachelnden Gewissen verstehen wird, möchte der Mensch ganz anders, doch er kann nicht, er ist ohnmächtig gegen die Besatzungsmacht, die sich in ihm gegen ihn selbst verselbständigt hat.
Die letzte Ursache dafür, daß es zu dieser Einnistung der dann den Menschen bestimmenden „Person" kommen konnte, liegt wohl nicht im verkehrten Wollen des Menschen[1], sondern in seiner Schwäche, paulinisch gesprochen: in seiner „fleischhaften" (sarkischen) Qualität. Diese Qualität bedeutet mangelnde Immunität und Hinfälligkeit. Ihr ist es zu verdanken, daß die Sünde im Menschen Begierde erzeugen konnte (Röm 7,8). Und erst bei einer grundlegenden Änderung dieser Qualität (indem der Mensch Gottes Geist empfängt und einen neuen, pneumatischen Leib erhält), ändert sich auch das mögliche Verhalten des Menschen. Denn solange der Mensch „sarkisch" ist, kann er der „pneumatischen" Qualität des Gesetzes nie und nimmer entsprechen.
Wenn man fragt, warum Paulus die „Sünde" hier in so hohem Maße personifiziert, dann zweifellos nicht deshalb, um etwa die Unschuld des Menschen zu erweisen, wohl aber deshalb, weil es offenbar die Erfahrung des Paulus ist, daß Tod und Leben nicht vom einzelnen gewirkt werden, sondern nur in großen, überindividuellen Zusammenhängen zustandekommen (vgl. unter 4): Tod(esmacht) wirkt Tod, und Leben(smacht) wirkt Leben.
Diese hier nur in gebotener Kürze dargestellte „Lehre" des Paulus hat folgende psychologischen Implikationen:

---

[1] Erstens wird das nirgends bei Paulus erkennbar, und zweitens müßte man ja dann doch wieder nachfragen, woher denn das verkehrte Wollen komme. Auch dafür gibt es bei Paulus keine direkten Auskünfte.

a) Paulus spricht davon, daß die Ohnmachtserfahrung vor allem an seinen Leib gebunden ist, speziell an seine Glieder.
Wenn Leiberfahrung bei Paulus aber nicht primär biologisch-medizinisch zu verstehen ist, sondern sozial (vgl. oben § 5), dann ist die an den Gliedern erfahrene Ohnmacht auch Unfreiheit gegenüber sozialen Zwängen. Und wenn es um den Todesleib geht (Röm 7,24), der doch in der Taufe stirbt (Röm 6,6), dann handelt es sich vor allem um unheilvolle Beziehungen, die den Menschen nicht zur Erfüllung von Gottes Gebot und damit auch nicht zu sich selbst kommen lassen.
Das bedeutet: Der Ich-Stil von Röm 7 darf nicht darüber hinwegtäuschen, daß Sünde auch hier nicht ein nur individuelles Problem des Menschen mit seinem Leib ist. Vielmehr ist Sünde bei Paulus ein übergreifender, kollektiver, ja globaler Zusammenhang. Als solcher wird sie gerade eben „leiblich" erfahren. – Dem wird dann natürlich auch auf der positiven Seite entsprechen, daß Gerechtigkeit nur in einem neuen Verband möglich ist (Nicht zufällig entspricht dem „Leib der Sünde" von Röm 6,6 der „Leib des Christus" in Röm 7,4, der intensive ekklesiologische Implikationen hat).
b) Sünde ist damit Erfahrung von Machtlosigkeit, ein Nicht-Ankommen gegen die Realität. Diese Erfahrungen sind primär, nicht Schuldbewußtsein. Sie sind deshalb so gravierend, weil sie wahrgenommen werden als Ausgeliefertsein an den Tod (Röm 7,24).
c) Paulus kennt „Sünde" vor allem im Singular, und damit entspricht seine Erfahrung der Sünde als globaler, kompakter Verflechtung vor allem auch wohl der modernen Wahrnehmung, die sich auf die Einzelsünden nicht mehr beziehen kann (unter anderem auch mangels verbindlicher Normen).

3 Zwei Wege

Die traditionelle Alternative der Forschung, ob sich Röm 7,7-25 auf die vorchristliche (Zerrissenheit des Unerlösten) oder auf die christliche Existenz (Glaube als Eingeständnis der Ohnmacht) beziehe, ist wohl als Alternative verfehlt.
Denn Paulus erörtert schon ab Röm 6,1 einen ethisch-grundsätzlichen Zusammenhang. Auch aus Gal 5,17f; 6,8 wird deutlich, daß in solchen Zusammenhängen für den Christen nach wie vor zwei Wege bestehen. Entscheidend ist, daß es jetzt überhaupt diese beiden Wege gibt, daß er nicht mehr zwangsläufig und um jeden Preis bei dem sarkischen Weg bleiben muß, weil der pneumatische Weg der Christus und Christen gemä-

ßere ist². – So scheint es mir in diesem Abschnitt weder um eine dogmatisch-soteriologische Ausführung zu gehen (ob der Christ Sünder oder gerecht oder vielleicht beides zugleich sei) noch um einen bloßen Appell, sich eben an das Pneuma zu halten (Gefahr der moralischen Verkürzung), sondern um etwas Drittes:

Eine *dogmatische* Aussage wäre lediglich auf Sein und Status des Menschen bezogen, unabhängig von gefordertem oder notwendigem Wollen oder Handeln. Die Reformatoren haben diesen Text als soteriologische Aussage in diesem Sinne dogmatisch verstanden. Die Fortführung in 8,1 hatte darunter zu leiden, daß K.7 als Aussage über den *simul iustus ac peccator* verstanden wurde.

Eine *moralische* Aussage wäre lediglich ein Appell, der unbehindertes Wollen voraussetzen müßte. Man könnte sich dafür auf 8,12 berufen. Aber dort wird doch erst die Konsequenz gezogen.

Eine Darstellung im Sinne von *zwei Wegen* stellt dem Christen (!) zwei Orientierungsmöglichkeiten vor Augen. Entweder er orientiert sich an der jetzt gegebenen Leiblichkeit (im umfassenden Sinne) und gerät so freilich in Hoffnungslosigkeit (7,24). Oder er läßt sich ein auf eine Hoffnungsperspektive, innerhalb derer die Kraft des Geistes ihm Rückenwind gibt. Je nach Weg erhält auch das Gesetz eine andere Funktion (es geht auch um eine Apologie des Gesetzes).

So will Paulus m.E. die in 7,14ff geschilderte Zerrissenheit dem Christen nicht absprechen³, er setzt sie geradezu voraus. Doch der Blick auf die Auferstehung Jesu und das Sich-Einlassen auf den damit geschenkten Geist ermöglichen einen anderen Weg, und zwar auch jetzt schon. An der Schaltstelle zwischen beiden Wegen steht das Dankgebet 7,25a. – Konsequenzen:

a) Die Anerkennung des guten Willens genügt nicht. Diesen aufzubringen ist auch nicht der den Christen schon gemäße Weg. Noch deutlicher: Es kann keine Rede davon sein, daß das Innere (der gute Wille) wichtiger sei als die wirkliche Tat; im Gegenteil: Das ganze Unglück inklusive Todverfallenheit des Menschen nach Röm 7,14-25 rühren eben daher, daß der Mensch nicht zur Tat gelangt. Der innerliche gute Wille genügt überhaupt nicht, sondern es zählt nur die Tat. Und weil sie allein zählt, ist der Mensch nach 7,14-24 so unglücklich.

---

² Meines Erachtens entspricht es der protreptischen Eigenart des Röm im ganzen, daß Paulus mit dem christlichen (statt nur des jüdischen) Weges nun eben auch den pneumatischen (anstelle des nur sarkischen) Weg des Handelns anbieten kann (ohne daß das Jüdische mit dem Sarkischen einfach schon identisch wäre).

³ Vgl. die Schilderung des Kampfes nach Gal 5,17f; 6,8.

b) Der innere Mensch nach Röm 7,22 ist daher ausweislich seines Unglücksrufes genauso wenig glücklich wie der innere Mensch nach 2 Kor 4,17-5,4 (auch der dort genannte innere Mensch stöhnt, weil er von innen noch nicht nach außen hat dringen können). In der Sprache von 2 Kor 5,4 ist daher auch Röm 7,24 das Stöhnen des Unerlösten. Der Unterschied besteht nun allerdings darin, daß es sich in 2 Kor 4f um eine soteriologische Aussage handelt, so daß der Mensch nichts ändern kann. Das ist in Röm 7-8 de iure anders (Röm 8,12).

Die beiden Wege stellt Paulus in Röm 8,12f zusammenfassend dar. Letztlich müssen die Christen dem Geiste nach leben, weil sie den Geist des Auferstandenen (der ihnen dann im übrigen Leben, nicht Tod bringen wird) in sich haben. – Die Schilderung der beiden Wege diente daher dem Aufweis einer eigenständigen Begründung christlicher Ethik unter Einbeziehung des Gesetzes.

In psychologischer Hinsicht muß daher der Darstellung der Zerrissenheit nach Röm 7,14-24 eine solche der wohltätigen Wirkungen des Pneumas nach 8,1-11 folgen (vgl. dazu dann § 10.2); hier ist nur auf die Güter von „Leben und Frieden" nach 8,6, auf die Befreiung nach 8,2 und die Beseitigung der Angst vor dem Gericht nach 8,1 zu verweisen.

Doch die Erfahrung der Sünde nach Röm 7,7-24 ist noch tiefer zu erfassen:

4 Sünde als Sucht

Die Erfahrung der Sünde in diesem Abschnitt ist mit manchen Elementen dessen zu verdeutlichen, was wir heute als Sucht und Süchtigsein[4] wahrnehmen:

a) Der Tod ist das Ziel. Bei der Sucht der schnellere oder grausamere, bei der Sünde überhaupt, also der sichere.

b) Wider bessere Einsicht besteht eine Unfreiheit, die eben das Süchtigsein ausmacht, ein rätselhafter, wie von außen kommender, unerbittlicher Zwang.

c) Diese Unfreiheit schließt das eigene Handeln des Menschen (der ganz verantwortlich bleibt) nicht aus, sondern ein.

---

[4] Das Stichwort verdanke ich einem Gespräch mit meinem Heidelberger Kollegen Chr.Burchard.- Es handelt sich daher nicht um eine Kategorie der modernen Psychologie, sondern um ein Stück Alltagserfahrung.

d) Das erstrebte Gut ist jeweils in Wahrheit ein Scheingut. In Röm 7,11 wird dieses als „Betrug" beschrieben.
e) Der Zwang äußert sich als Wiederholung. Nicht die einzelne Tat ist wichtig, sondern ein Gesamtkomplex.
f) Der „Begierde" von Röm 7,7 entspricht die Verortung der Sucht in der menschlichen Triebhaftigkeit. Zumindest geht es um „vitale Annehmlichkeiten", und zwar in Verbindung mit der leiblichen Verfassung des Menschen.
g) Die Sucht isoliert, und dieses war nach Paulus auch die Struktur der Begierde (vgl. oben § 8.2).
h) Die Befreiung von der Sucht erfolgt durch eine Art Sterben (die Hölle der Entziehungskur); bei Paulus entspricht dem das in Röm 6,3-6 beschriebene Sterben mit Christus.

Besonders die enge Beziehung von Sucht und Tod ist erhellend für die Absicht der paulinischen Ausführungen: In 7,7-8,12 geht es ihm um nichts Geringeres als um den Aufweis eines Weges der Befreiung vom Tod. So ist die Absicht des Paulus keineswegs die Schilderung der existenziellen Zerrissenheit des Menschen o.ä., sondern die Darstellung der Zwangsläufigkeit, mit der der Weg der Verhaftetheit an das „Fleisch" (die sarx) zum Tod führt. Die Elemente zwanghafter Sucht bei der Illustration des Sündigens sollen nur deutlich machen, daß der Mensch auf diesem Weg keine Chance hat, dem Tod zu entgehen.

Im übrigen ist die „Sucht" ein auch der Antike bekanntes Phänomen, umschrieben mit Bildungen vom Stamm *anagk-* („Zwang"), so gibt es etwa den zwanghaften Esser, den *anagkositos* (Krates, 5.Jh.v.Chr., Komöd. p. 44 Kock; Nikostratos, 4.Jh.v.Chr., Komöd., p. 32 Kock). – Im übrigen ist mit unseren Thesen nicht gemeint, daß Paulus das medizinische Phänomen Sucht gemeint habe, sondern nur dies, daß für eine Rekonstruktion der paulinischen Vorstellungen unsere Beobachtungen aus einem möglicherweise ganz anderen, von Paulus nicht intendierten Bereich, hilfreich sein können. Es geht um nicht mehr als um diese partiell vielleicht hilfreiche Funktion der Analogie.

10.4 Gebet

Unter den zahlreichen und für historische Psychologie außerordentlich aufschlußreichen Aspekten des Gebets seien hier drei hervorgehoben: Das Sich-Demütigen, die Geistererfahrung und die Erweiterung der Szene auf den Bereich von Gottes Thron.

1 Sich-Demütigen

Das Gebet Jesu in Mk 14,36 umfaßt nicht, wie allgemein angenommen, drei Teile, sondern vier[1], am Ende nämlich die „Hintanstellung des Willens des Beters hinter den Willen Gottes"[2] – dafür gibt es freilich einen biblischen Fachausdruck: das Sich-Demütigen (gr.: *tapeinosis*). Jesus betet nämlich: „Aber nicht, was ich will, sondern was du (willst)". Das bedeutet die völlige Unterwerfung unter Gottes Willen (im Kontrast zum eigenen Willen des Menschen) im Gebet, und zwar bezüglich des „verhandelten Gegenstandes". Die üblicherweise aus den Psalmen angeführten Parallelen helfen gerade in dieser Hinsicht nicht weiter[3]. Die nächste Analogie ist vielmehr im Verhältnis von Lk 1,38 („Siehe, ich bin Magd des Herrn, es geschehe mir gemäß deinem Wort" – nach Mariens Einwand) zu Lk 1,48a gegeben, wo Maria sagt: „Er hat angesehen das Sich-Erniedrigen seiner Magd"[4]; das Stichwort „Magd" aus 1,38 ist hier wiederaufgenommen, und nun, da sie schwanger ist, hat der Herr seinen Willen an ihr vollzogen. Der Fachausdruck „Sich-Erniedrigen", „Sich-Demütigen" (gr.: *tapeinosis*) in 1,48 ist damit nicht sozialgeschichtlich zu interpretieren, sondern bindet das Magnificat eng an den Kontext. – Jesus unterwirft sich damit in Mk 14,36b wie ein Sklave dem Vater[5].

Der Wortstamm „niedrig, demütig" (gr.: *tapeino-*) begegnet auch sonst häufig in Texten, in denen vom Gebet die Rede ist, und er hat jeweils diese Funktion: der Beter anerkennt, daß Gott bestimmen darf und soll, weil er und nicht der Beter mächtig und heilig ist. Das Wortfeld in einigen wichtigen neutestamentlichen Texten über Gebet wird dadurch erhellt:

---

[1] Vgl. dazu: W.C. van Unnik, „Alles ist dir möglich" (Mk 14,36), in: Verborum Veritas, FS G.Stählin, Wuppertal 1970, 27-36. – Danach besteht der Text aus Anrede, Lobpreis und Bitte.
[2] Vgl. so: R.Pesch, Das Markusevangelium II, S.390.
[3] Ps 40,9 („Deinen Willen zu tun, mein Gott, begehre ich, und dein Gesetz ruht mir mitten im Herzen")(Hier besteht keinerlei Konflikt mit etwas Erbetenem); Ps 103,21 („Preiset den Herrn, die seinen Willen vollziehen"); 143,10 („Lehre mich, deinen Willen zu tun...").
[4] Zum „Ansehen" der Niedrigkeit vgl. 1 Clem 55,1: Esther fastete und demütigte sich und erweichte den Herrn, „der sah das Sich-Demütigen ihrer Seele und errettete das Volk".
[5] Es kann sehr gut sein, daß eben darin das christologische Geheimnis dieser Stelle besteht, dessen Zeugen wie auch sonst die drei Jünger werden. Es besteht dann zu Mk 13 nicht nur die Querverbindung im Topos der Wachsamkeit (Abschiedsrede hier wie dort!), sondern auch der beabsichtigte Kontrast zwischen der Hoheit des kommenden Menschensohnes dort und dem Sich-Erniedrigen des Sohnes Gottes hier. Damit ist am Ende des MkEv das Verhältnis der Titel zueinander umgekehrt wie in Mk 8f.

a) In Lk 18,9-14 werden die Gebete von Pharisäer (V.11: Dankgebet) und Zöllner (V.13: Bittgebet) gegenübergestellt und kommentiert: „Denn jeder, der sich erhöht, wird erniedrigt werden (gr.: *tapeino-*), wer sich aber erniedrigt, wird erhöht werden". Das Sich-Erniedrigen ist mithin eine bestimmte Weise zu beten; warum das Gebet des Pharisäers nicht demütig war, sagt 1 Clem 38,2: wer „für sich selbst zeugt", erniedrigt sich nicht.

b) 1 Petr 5,6-9 sind wichtige Elemente aus diesem Anschauungsfeld verbunden: Es heißt dort zunächst „Demütigt euch unter die mächtige Hand Gottes, damit er euch erhöhe zu seiner Zeit"; offensichtlich ist das auf das Gebet bezogen, denn es heißt direkt danach, man solle alle Sorge auf den Herrn werfen (was konkret im Gebet geschieht, z. B. in der Brotbitte des Vaterunsers). Es folgt die Mahnung zu Nüchternheit und Wachsamkeit (5,8), und schließlich ist die Rede von den Versuchungen des Teufels (ohne daß das Wort „Versuchung" fällt). Damit sind besonders enge Verbindungen zu Mk 14,36 (Sich-Demütigen) und 14,38 (Wachen, Beten, Versuchung) gegeben.

c) Der schwierige Passus Jak 1,9f wird in seiner Position und auch in seinem Sinn hier erklärbar: In den vorangehenden Versen 1,5-8 wurde Gebetsparänese geliefert; darum handelt es sich auch in V.9f: Wer demütig ist, darf sich dessen rühmen, daß ihm Erhöhung gilt (wie Maria im Magnificat, vgl. besonders Lk 1,48b.49), und wer reich ist, darf sich rühmen, wenn er sich demütigt, und das besteht darin, daß er eingesteht, daß er wie eine Blume vergeht[6].

d) Eine besondere Weise des Sich-Erniedrigens besteht im Fasten; die Kombination „Gebet und Fasten" ist daher oft ersetzt durch „Gebet und Sich-Erniedrigen"[7]. Fasten hat damit speziell den Sinn, hochmütige Gedanken auszutreiben[8].

e) Nach 1 Clem 56,1 wird eine Gesinnung der Niedrigkeit verliehen, damit man „dem Willen Gottes nachgeben kann" (nicht dem von Menschen). Auch dieser Text erhellt den Sachverhalt von Mk 14,36.

---

[6] Der Denn-Satz in Jak 1,10 könnte daher nicht Begründungssatz sein, sondern Inhalt des Bekenntnisses dessen, der sich demütigt. Den Reichen wird gewissermaßen ein Gebet in den Mund gelegt.

[7] Vgl. dazu: 1 Clem 53,2; 55,6; Herm vis 3,10,6 („Jedes Gebet bedarf des Sich-Demütigens, faste also, und du wirst empfangen vom Herrn, um was du bittest");

[8] Kol 2,18.23 als Darstellung der Engelverehrung der Gegner kann partiell aus dieser Tradition begriffen werden: Die Verehrung der Engel geschieht jedenfalls in Sich-Demütigen; in V.18 fällt dabei auch das rätselhafte Stichwort „wollend" (gr.:thelon). Der Vergleich mit Mk 14,36 erhellt, worum es dabei geht: Wer sich so demütigt, geht in dieser bestimmten Weise mit seinem Willen um (er verzichtet nämlich weitgehend auf jeden Eigenwillen). 2,23 erwähnt dann ja auch das Fasten.

Fazit: In einer häufig belegten Tradition ist das von Gott angenommene Gebet damit verbunden, daß der Beter auf seinen eigenen Willen verzichtet und sich als Sklave Gottes bekennt. Auch die Vaterunserbitte Mt 6,10b kann so verstanden werden.

Ausdrücklich ist zu betonen, daß neutestamentliche und jüdische Texte auch das Gegenteil bezeugen: daß Gebet ein Kampf vor und mit Gott ist[9]. Auch Philo, De Iona 30 spricht vom Ringen des Beters mit Gott[10]. – Wahrscheinlich sind diese Aussagen denen über die Aufgabe des Willens so zuzuordnen: Die Aufgabe des eigenen Willens steht am Ende, nicht aber am Anfang des Kampfes mit Gott. Selbst Maria bringt ja Einwände vor (Lk 1,34), und auch Jesus formuliert seinen eigenen Willen zunächst. Und damit steht Wille (des Menschen) gegen Wille (Gottes). In diesem Sinne ist jedes Bittgebet ein solcher Kampf, auch wenn dessen Ausgang immer feststeht.

Schließlich noch zum Stichwort „Versuchung" (in den oben genannten Texten außer in Mk 14,38 auch noch in Jak 1,2.12, vgl. zu Text c oben, und der Sache nach in 1 Petr 5,6-9): Biblische Versuchungen bestehen immer wieder darin, zum eigenen Vorteil dem eigenen Willen zu folgen. Das Gebet Mk 14,36c („Nicht was ich will...") ist daher per se die Überwindung der Versuchung. Oder anders gesagt: Gegen Versuchungen (von wem sie auch kommen) hilft Beten deshalb, weil es am Ende immer eine Unterwerfung des Sklaven unter Gottes Willen sein muß. Jesus betet insoweit vorbildlich.

In psychologischer Hinsicht ist dabei interessant:

a) Die Unterwerfung unter Gottes Willen ist stets erst der Schlußakt eines (Ring-) Kampfes.

b) Die Worte vom Sich-Erniedrigen (= Sich-Demütigen) und Erhöhtwerden haben zumindest teilweise einen regelrechten Sitz im Leben in der Gebetspraxis.

c) Nach Mk 14,41 ist das Resultat gerade der Unterwerfung unter Gottes Willen die Stärke, die Überwindung der Angst: Jesus kann nunmehr seine Jünger aufwecken und zum Gehen ermuntern. Er hat wieder die Initiative gewonnen, und zwar dadurch, daß er sich ganz der Initiative

---

[9] Vgl. dazu: K.Berger, Art. Gebet IV, TRE XII, 47-60, 51 Z.30-36 (vgl. etwa Röm 15,30: „mitstreiten vor Gott").

[10] Philo, De Iona 30 (Übers.F.Siegert):"Laßt uns nun beten, liebe (Freunde), bei Gott, dem Herrn des Universums! Da kein Gesetz die Kraft unserer Bitte hemmen kann, wollen wir (versuchen,) den Herrn des Gesetzes durch Bitten (zu) bewegen... Nicht ringen wir mit dem Willen anderer, denn die hängen alle vom Willen des Königs ab".

Gottes anheimgegeben hat. – Dem entspricht, daß nach anderen Texten die Selbsterniedrigung vor Gott immer eine Erhöhung zur Folge hat.

d) Verwandtschaft zum Nicht-Sorgen (vgl. 1 Petr 5,7) besteht insofern, als der eigene Wille primär auf Erhalten des eigenen Lebens aus ist. So sind ja auch Versuchungen oft konzipiert (vgl. Mt 4,3f: Brot; 4,6f: Flugabsicherung). Mk 14,36 macht deutlich: Wer auf den eigenen Willen verzichtet, ist bereit, auch den Tod zu riskieren (und weiß sich dennoch in Gottes Hand, weswegen es in 1 Petr 5,6 heißt, man solle sich demütigen „unter die starke Hand Gottes").

e) Das Sich-Demütigen ist damit angesichts Gottes ein Akt realistischer Selbsteinschätzung und doch kein kampfloses Aufgeben. Zugleich ist dieser Akt voll Hoffnung und Verheißung.

f) Das Nebeneinander von Bitte und Sich-Demütigen bleibt bestehen. Denn der Text wird ja als ganzer mitgeteilt. Wenn man am Ende Gottes Willen für allein maßgeblich erklärt, geschieht folgendes: Der Betende läßt jeden Ausgang offen; er baut so seinem eigenen Enttäuschtwerden gewissermaßen vor, er will und kann auch den Fall der Nicht-Erhörung akzeptieren. Daher gewinnt der alte Spruch hier Plausibilität, daß Beten zwar nicht den Willen Gottes, wohl aber den des Beters ändere, und zwar in diesem Sinne: Der Beter wird nicht von einem blinden Schicksal getroffen, er ist nicht nur Objekt; an die Stelle eines blinden oder zufälligen Geschicks tritt der Ordnungsrahmen eines Verhältnisses zwischen Herr und Sklave. Alles weitere spielt sich innerhalb dieses Rahmens ab, den der Beter selbst als gegeben bejaht. Die Sprachlosigkeit vor dem Dunkel ist dadurch überwunden, daß eine Art personaler Beziehung entsteht, in der die Würde des Beters speziell darin zum Ausdruck kommt, daß er freiwillig in die Herr-Sklave-Beziehung einwilligt.

Diese Beziehung ist für den Verfasser des Textes und auch für den Beter zweifellos objektiv gegeben. Aber indem diese Relation subjektiv jetzt im Gebet in dieser Situation zur Sprache kommt, ist sie nicht mehr dieselbe geblieben. Und zwar einfach deshalb, weil das vom Herrn dem Sklaven Zugedachte auf jeden Fall nur ein Teilereignis in ihrer Beziehung ist, während die Beziehung den stabileren, übergreifenden Rahmen bildet.

Genau dadurch aber wirkt das Sich-Demütigen am Ende des Gebetes beruhigend, weil das, was auf den Beter zukommt, relativiert wird angesichts der konstanten Beziehung Sklave-Herr. Innerhalb dieser ist es nur ein Teil. Und vielleicht ist es auch ein Nebengedanke, daß es für Herrn und Sklaven auch gemeinsame Vorteile gibt. So ist auf jeden Fall die Relativierung des dann doch möglicherweise eintretenden Unheils eine wichtige Funktion dieses Gebetsteils.

2 Gebet und Geist

An dieser Stelle ist die enge Verflechtung von weltanschaulich bedingter Metaphorik und psychischer Wahrnehmung besonders aufschlußreich. Denn das zentrale Problem bei der Frage der Effizienz des menschlichen Gebetes ist, ob es emporsteigen kann zu Gott. Nur dann ist es angenommen. Die Analogie zum Opferduft ist hier ganz offenkundig[11]. Die Auffassung, daß das wirksame Gebet im Menschen durch Gottes Geist verursacht ist, beruht daher auf dem Rückschluß, daß eigentlich nur das zum Himmel hinaufsteigen kann, was vorher auch vom Himmel herabgestiegen ist[12]. Denn alles andere ist von Erdenschwere behaftet und kann nicht aufsteigen. Nur das, was selbst himmlischen Wesens ist, kann das schier Unmögliche vollbringen. Von daher ist verständlich, daß das Gebet zunächst um Geist geht und dann aber aus der Kraft des Geistes heraus geschieht[13].

Wenn in H mand 10,3 die Traurigkeit (der Geist der Traurigkeit) diesen Geist, der doch im Wesen Freude ist, (quasi exorzistisch) vertreibt, dann ist es nur folgerichtig, daß das Gebet nicht zu Gott aufsteigen kann.

Zugrunde liegt wohl dem gesamten Ansatz die Erfahrung des Ungenügens menschlichen Betens (Röm 8,26b), der Nicht-Erfüllung wie der mangelnden Fähigkeit zur Tapeinosis (vgl. unter 1). Beten zu können wird als eine Gabe verstanden, die an Bedingungen geknüpft ist. So muß wohl streng genommen unterschieden werden zwischen dem Gebet als Bittgebet um Geist und dem geisterfüllten Gebet selbst. Dieses wird dann keineswegs notwendig ekstatisch oder aphatisch sein. Es ist lediglich in seiner Eigenschaft als gelingendes Gebet geistgewirkt.

3 Gebet vor Gottes Thron

Typisch für die neutestamentliche Auffassung vom Gebet ist, daß die Schranke dessen, was wir als Transzendenz bezeichnen, was antike Menschen eher als Ferne des Menschen gegenüber Gott erfahren, durchbro-

---

[11] Vgl. zum Aufsteigen des Gebetes vor Gott: Apk 8,3f; Act 10,4; Ps.-Philo, Lib Ant 50,4 („ascendat oratio mea..."); Hen(äth) 9,10; 47,1f. – Besonders: Herm m 10,3 (Wer traurig ist, betrübt den Geist, denn solches Gebet hat keine Kraft, zum Altar Gottes aufzusteigen, weil es unrein ist). – Vgl. weiter zur Analogie von Gebet und Opfer: Art. Gebet IV, TRE 12, S.53 Z.10-15.16-31
[12] In christologischem Zusammenhang wird diese Maxime verwendet in Joh 3,13. Ich halte sie jedoch für von umfassenderer Gültigkeit.
[13] Vgl. Art. Gebet IV, TRE 12, S.49f.

chen wird. Was theologisch so als „freier Zugang" zu Gott oder als das Verhältnis von Kindern zum Vater benannt wird (z. B. Röm 8,14f), ist psychologisch gesehen das „Verlassen der Gefühlsneutralität" zu bezeichnen. Ein Blick auf die Gattungen der „Hymnen" und „Gebete" zeigt dieses: Klage, Dank, Jubelrufe (z. B. Halleluja) oder auch das Stöhnen (vgl. § 8.7) und die Anrede Gottes als „Vater" (in den Abba-Rufen) sind insgesamt expressive Redeformen. Damit aber handelt es sich in jedem Falle um höchste emotionale Steigerungen gegenüber jedem indifferenten Verhältnis zur himmlischen Welt Gottes.

Das heißt: Was metaphorisch und theologisch bezeichnet wird als Eintreten in den Bereich Gottes, hat sein psychisches Korrelat in dem sich bis zur Ekstase als einem Endpunkt steigernden Verlassen jeder Gefühlsindifferenz. Reden mit Gott ist der Ort des Sich-Ausdrückens, der „expressio". „Eintritt in den Bereich der Transzendenz" geht einher mit, je nach Betrachterstandpunkt, Steigerung oder Offenlegung menschlicher Emotionen. Die Gattungen von Gebet und Hymnus sind der Ort des Expressivität.

Die kritische Relevanz liegt auf der Hand: Weder sind Gebete und Hymnen Ort verklausulierter Moral noch darf man sie beschränken auf das prinzipielle Hinnehmen alles dessen, was Gott beschlossen hat. Auch Klage und Anklage gehören dazu.

10.5 Seelsorge

Historische Psychologie hat auch die Weisen der Interaktion zu untersuchen, die sich etwa zwischen Paulus und seinen Adressaten nach den paulinischen Briefen abspielt. Denn es geht dabei zumindest um eine Strategie, die auf eine massive Einwirkung auf die Adressaten eingestellt ist. Je stärker rationale Argumentation vorherrscht (etwa in Röm 4), um so weniger interessant sind solche Texte für historische Psychologie. Und umgekehrt sind Texte besonders aufschlußreich, in denen der Verfasser mit allen Registern des Beeindruckens umzugehen weiß. Als Musterbeispiel brieflicher paulinischer Seelsorge[1] wurde 2 Kor 10,1-6 ausgewählt.

---

[1] Seelsorge verstehe ich hier im Sinne der Antike im Horizont der Gattung Diatribe/Dialexis (vgl. dazu: K.Berger, Hellenistische Gattungen im Neuen Testament, in: ANRW II 25.2, 1124-1132). – Vgl. ferner besonders: P.Rabbow, Antike Schriften über Seelenheilung und Seelenleitung, auf ihre Quellen untersucht, I Die Therapie des Zorns, Leipzig-Berlin 1914. – Ders., Seelenführung. Methodik der Exerzitien in der Antike, München 1954. – I.Hadot, Seneca und die griechisch-römische Tradition der Seelenleitung, QSGP 13, Berlin 1969.

Wir analysieren das sprachliche Vorgehen des Paulus in diesem Abschnitt und bewerten es als eine Weise des Handelns mit psychologisch wirksamen Mitteln, das die Adressaten entscheidend umstimmen und verändern soll.

1 Das Spiel mit Sanftheit und Drohen

Paulus steht in dem unvorteilhaften Ruf, bei persönlicher Anwesenheit demütig, ja unterwürfig zu sein (10,1b), in seiner Abwesenheit und in Briefen dagegen starke Sprüche (wörtl.: Erzeigen von Mut) zu riskieren (10,1c); analog ist das von Paulus referierte Urteil über seine Person in 10,10. – Paulus reagiert darauf, indem er nun im Brief ausdrücklich die „Sanftmut und Freundlichkeit" des Christus an erster Stelle nennt (10,1a), dagegen das Erzeigen von Mut auf seine kommende Anwesenheit in der Gemeinde verschiebt (10,2a). Das heißt: Paulus versucht mit allen Mitteln, das seiner Ansicht nach unzutreffende, vor allem aber für das Evangelium schädliche Bild, das man sich von ihm dort macht, zu widerlegen, indem er das Gegenteil demonstriert. So reagiert Paulus jetzt sanft, um sich das mutige Auftreten für den Fall, daß diese Mahnung keinen Erfolg hat, aufzuheben. Ähnlich wird er dann in 10,8 betonen, daß er seine Vollmacht nicht zum Zerstören, sondern zum Auferbauen der Gemeinde habe. Aber immerhin läßt Paulus dabei die Möglichkeit zur Zerstörung erkennen. Alles dieses ist Taktik der Einschüchterung. Und es ist gar nicht ausgemacht, ob am Ende das, was Paulus hier schreibt, nicht doch in der Wirkung wieder nur das bekannte Paulusbild bei den Korinthern befestigt hat – wider die Absicht des Paulus. Denn in 10,3-6 redet Paulus überhaupt nicht freundlich und sanft – die Freundlichkeit besteht nur darin, daß er nicht gleich selbst nach Korinth reist, um die Widerspenstigen zu strafen.
Der Abschnitt dokumentiert ein Spiel von Freundlichkeit und Drohung in der Situation eines Briefschreibers, aber nicht nur das, sondern er weist auch auch auf die Art, in der Paulus gegen das Bild (image) kämpft, das die Korinther von ihm haben. Der Text zeigt: Neben der Freundlichkeit hat bei Paulus auch die unverhohlene Drohung ihren Ort. Beides ist das Spiel eines autoritativen Gegenübers mit den Reaktionen (Gefühlen) seiner Adressaten. Paulus macht hier das wahr, was er in 2 Kor 5,11a (vgl. Gal 1,10) das Überreden nennt; aber es ist für ihn nicht das Letzte (2 Kor 5,11b) – er weiß um die Mittel, die er einsetzt, und er sagt dieses seinem Gegenüber ganz offen. Es steht ganz bei den Hörern, ob Paulus beim Mittel der Sanftmut bleibt.

2 Die Bedeutung der militärischen Metaphorik

Paulus gebraucht in diesem Abschnitt folgende militärische Metaphern: zu Felde ziehen (V.3), Feldzug (V.4), Waffen (V.4), zerstören (als niederreißen) (V.4), Befestigungen (V.4), Hochburg (V.5), gefangen nehmen (V.5), rächen des Ungehorsams (V.6). – Paulus bleibt auch insofern in der Materie der Kriegsführung, als er zunächst von Zerstörung (V.4.5a), dann von Gefangennahme (V.5b) redet. Vorbild könnten auch die makkabäischen Festungskriege sein[2]. Kriegsziel ist die Bestrafung (Rächung) jeden Ungehorsams.

Der Gegenstand, dem Paulus auf diese Weise beikommen will, sind (antipaulinische) Gedanken bei den Korinthern (V.4), alles, was sich erhebt gegen die Erkenntnis Gottes. Jeder Ungehorsam, der sich in diesem Sinne entwickelt hatte, soll bestraft werden. Positiv gesagt: Jedes Denken soll zum Gehorsam gegenüber Christus gezwungen werden (V.5).

Von besonderer Bedeutung sind die Waffen des Paulus, die nach V.4 nicht menschlicher Art sind, sondern mächtig durch Gott. Sie sind damit unwiderstehlich.

Die Metaphorik des Paulus hat damit hier folgende Implikationen:
a) Paulus betrachtet sich als Feldherrn eines Reiches.
b) In diesem Reich besteht die Alternative von Gehorsam oder Vernichtung.
c) Paulus weiß sich im Besitz schlechthin überlegener Wunderwaffen, mit deren Einsatz er drohen kann (Abschreckungspotential).
d) Innerhalb des Feldzuges sind Schonung, Barmherzigkeit oder Sanftmut nicht zugelassen.
e) Die menschlichen Gedanken, die Paulus bekämpft, sind nicht abstrakte Irrlehren, sondern alle menschlichen Gedanken (also auch: private, persönliche Einwände usw.), die dem Anspruch des Paulus (für seine Gestalt der Botschaft) entgegengesetzt sind.

Paulus greift wohl aus folgenden Gründen zu dieser Art der Metaphorik:
– Die radikale Eindeutigkeit des Zieles läßt bei Paulus jede Rücksichtnahme auf individuelle Vorstellungen oder subjektive Bedenken verschwinden.
– Paulus meldet eine Konkurrenz zur stärksten Macht seiner Zeit (und wohl aller Zeiten) an, zur militärischen. Das bedeutet nichts Geringeres als den Anspruch auf rücksichtslose Verbindlichkeit. Wie angesichts militärischer Macht geht es um Leben oder Tod[3] – eines der Zen-

---

[2] Vgl. etwa 1 Makk 5,65 (Erst Eroberung und Niederreißen der befestigten Plätze, dann Gefangennahme der Bewohner).
[3] Vgl. dazu auch das Bild des Söldners (Soldes) in Bezug auf den Tod (Röm 6,23).

tralthemen der paulinischen Theologie. Nur von daher ist die mitleidslose Strenge des Paulus zu verstehen. Angesichts von Leben oder Tod gibt es für Paulus keine bürgerliche Toleranz, auch nicht „Religionsfreiheit"; alle Bedenken und Einwände sind nicht durch gutes Zureden aus der Welt zu schaffen, sondern zu beseitigen. Paulus verhält sich wie einer, der jemanden vom Abgrund wegreißt, in den er zu stürzen droht. In dieser Situation wird auch nicht diskutiert noch werden Einwände ausgetauscht. Das Gegenüber muß sich anbrüllen lassen.

Die kritische Kraft, die diese Strategie des Paulus heute besitzen könnte, sollte man nicht dadurch verwässern, daß man den Metaphern durch Interpretation ihre Schärfe nimmt. Jede Abmilderung sollte erwägen, ob sie dem paulinischen Ernst bezüglich der Entscheidung um Leben oder Tod Rechnung trägt. Damit ist auch etwas über den Ernst jeder Art von Mission gesagt, ohne daß über deren Wie entschieden wäre.

§ 11 Handeln

11.1 Notwendiges Hassen

Eine Reihe biblischer Texte und deren außerkanonische Parallelen fordern zum Haß gerade der nahestehenden Menschen auf.

1 Lk 14,26 und Kontext

„Wenn jemand zu mir kommt und haßt nicht seinen Vater und seine Mutter und die Frau und die Kinder und die Brüder und die Schwestern, aber auch sein eigenes Leben, er kann nicht mein Schüler sein". – Die Einleitung 14,25 nennt „viele Volksscharen", zu denen gewandt Jesus spricht. Damit fällt der große Kontrast ins Auge, der zu dem Einzelnen von 14,26 besteht. Die Fortsetzung 14,27 bildet ein Wort gleicher Form („Bedingung der Nachfolge"): „Wer nicht sein Kreuz trägt und hinter mir hergeht, kann nicht mein Schüler sein". Es folgen die Gleichnisse vom Turmbau und vom Kriegführen, die Jüngerschaft als eine riskante, vorher gut zu überlegende Sache darstellen. Jünger sein zu wollen ist ein ernster Entschluß, der alles fordert.

Das Wort vom Kreuztragen in 14,27 betont wie 14,26 die aktive Initiative. In beiden Fällen geht es um etwas für antike Leser Ungeheuerliches: Die Familie ist der höchste Wert, und das Kreuz ist die schändlichste Art der Hinrichtung. Nur um Jesu Jünger sein zu können, soll der höchste Wert zerstört, der Weg zur schändlichsten Hinrichtung gewählt werden.

Im näheren Kontext verbindet Lukas die Aufforderung zum Hassen aus 14,26 mit der ähnlich formulierten Aufforderung dazu, alles „abzutun", was einem gehört. Lukas konkretisiert und weitet damit auf das Thema Besitz aus.

2 Nächste Analogien

Die Q-Parallele zu Lk 14,26 in Mt 10,37 formuliert wesentlich behutsamer: „Wer liebt Vater oder Mutter mehr als mich, ist meiner nicht wert, und wer liebt Sohn oder Tochter mehr als mich, ist meiner nicht wert". Das auch in Mt hier angefügte Wort vom Kreuztragen (hier aber: „sein Kreuz auf sich nehmen") endet in Mt 10,38 mit „...der ist meiner nicht wert". „Weniger lieben als" ist weniger prägnant als „Hassen". Die spätere Rezeption des Q-Wortes wird denn auch in der Regel der Mt-Version folgen (s. unter 8.).

Dagegen ist im Thomasevangelium die radikalere Version bewahrt:
ThEv 55: Jesus sprach: „Wer nicht haßt seinen Vater und seine Mutter, wird nicht Jünger sein können mir. Und wer seine Brüder nicht haßt und seine Schwestern und nicht sein Kreuz trägt wie ich, er wird nicht würdig sein meiner".
ThEv 101: Jesus sprach: „Wer nicht haßt seinen Vater und seine Mutter wie ich, wird mir nicht Jünger sein können, und wer nicht liebt seinen Vater und seine Mutter wie ich, wird mir nicht Jünger sein können. Denn meine Mutter... aber meine wahre Mutter gab mir das Leben".
In ThEv 55 fehlen von vornherein Frau und Kinder, d. h. es wird vorausgesetzt, daß der Jünger Jesu darauf sowieso verzichtet hat. Es fehlt die Pointe von Lk 14,26, nämlich das Hassen des eigenen Lebens (gr.: psyche), dafür ist aber das Wort vom Kreuztragen direkt mit dem Satz verschmolzen (mit dem verdeutlichenden Zusatz „wie ich"). Die zweite Version in ThEv 101 stimmt nur in der ersten Hälfte überein, die sich auf Vater und Mutter bezieht, deutet aber dann Vater und Mutter auf die „himmlischen, wahren Eltern" um, also wohl auf Gott als Vater und die Weisheit als Mutter oder Ähnliches.
Eine bedeutsame Analogie liefert die Klage der Aseneth in der jüdischhellenistischen Missionsschrift Joseph und Aseneth:
JosAs 11,4 (Gebet der Aseneth) „Alle haben nämlich Haß gefaßt auf mich und zusammen mit diesen mein Vater und meine Mutter, denn auch ich selbst habe Haß gefaßt auf ihre Götter und verdarb sie und gab sie, zertreten zu werden von den Menschen. (5) Und deswegen haben Haß gefaßt (auf) mich mein Vater und meine Mutter und alle meine Verwandtschaft und sprachen: 'Nicht ist eine Tochter von uns Aseneth, denn unsere Götter verdarb sie'. (6) Und alle Menschen hassen mich, denn auch ich selbst habe Haß gefaßt auf einen jeglichen Mann und alle, die da freien um mich. Und jetzt in dieser meiner Selbsterniedrigung alle haben Haß gefaßt (auf) mich und sind schadenfroh über diese meine Trübsal. (7) Und der Herr, der Gott des starken Joseph, der Höchste, haßt alle, die da verehren die Götzenbilder, denn ein eifernder Gott ist er und furchtbar über alle, die da verehren fremde Götter. (8) Deswegen hat er auch auf mich Haß gefaßt, denn auch ich selbst verehrte Götzenbilder tot und stumm...".
Aseneth klagt in der Situation ihrer Abwendung von den heidnischen Göttern und ihrer Familie. Während in Lk 14,26 Hassen nur in einer Richtung gefordert wird, nämlich vom Jünger Jesu gegenüber seinen Verwandten und seinem Leben, wird es in dem hier zitierten Text aus JosAs in vielerlei Hinsicht und mit wechselnden Tätern und Opfern behauptet (nicht gefordert): Aseneth wird gehaßt (von Vater und Mutter sowie der weiteren Verwandtschaft und schließlich von allen Menschen), Aseneth haßt alle Männer (da sie noch unverheiratet ist, steht diese Angabe an der

Stelle des Hasses auf Frau und Kinder in Lk 14,26). Dann aber wird gesagt, daß der Gott Israels haßt, und zwar alle Götzendiener und deshalb auch Aseneth. Im Unterschied zu Lk 14,26 ist Aseneth daher hier hauptsächlich Objekt des Hassens, ihr eigenes Hassen ist nur auf alle Männer gerichtet. – Gemeinsam mit Lk 14,26 ist vor allem, daß die großen sozialen Spannungen im Fall der radikalen Bekehrung (zum Gott Israels oder zur Nachfolge Jesu) psychologisch reflektiert werden, und zwar als Hassen. Das frühe Christentum reproduziert damit Erfahrungen des hellenistischen Judentums. Die „Bekehrung" vollzieht sich hier wie dort unter ähnlich dramatischen Umständen. Sie werden als heftige Ablehnung (Haß) erfahren.

Ohne Verwendung des Wortes „hassen" beschreiben aus der Jesusüberlieferung einen ähnlichen Sachverhalt die Worte Mt 8,21f; Lk 9,59-60 (Der Jünger Jesu darf sich nicht von seinen Eltern verabschieden, noch nicht einmal der heiligsten Kindespflicht der Bestattung der Eltern darf er nachkommen)[1] und Lk 12,51-53; Mt 10,34 (Jesus ist nicht gekommen, Frieden zu bringen, sondern Entzweiung unter nahen Verwandten).

Analogien im direkten Vorgehen gegen die nächste Verwandtschaft („hassen") kennt das Alte Testament in Ex 32,27.29 (Auf Anweisung des Mose üben die Leviten ein Strafgericht und töten selbst Sohn, Bruder, Freund und Nächsten; im Targum O: Bruder, Nächsten, Verwandten)[2] und Dtn 13,7-10 (Beim Versuch der heimlichen Verführung zum Götzendienst soll man dem Tod überliefern selbst Bruder, Sohn, Tochter, Frau und Freund)[3]. Schließlich spielt der innerfamiliäre Konflikt in der Gestalt des Konfliktes der Generationen eine Rolle in Jub 23 (Die Jüngeren kämpfen gegen die Älteren für eine reine Gesetzesauslegung).

3 Offenkundige Rezeptionsschwierigkeiten

Bereits Mt 10,37 scheint abgemildert zu haben. Clemens v.A. ersetzt Hassen durch „nicht höher achten als" (strom 6,100,2) und muß erklären: „Er (sc.Jesus) befiehlt nicht, die eigene Familie zu hassen... Er meint vielmehr: Laß dich nicht von unvernünftigen Trieben verleiten und mache

---

[1] Vgl. dazu: M.Hengel, Nachfolge und Charisma (BZNW 34), Berlin 1968.
[2] Philo v.A., Ebr 68ff wird dieses dann auf das Abschlagen irrationaler Seelenteile (Sinnlichkeit) deuten, ähnlich in Fug 90f auf den Leib. Ähnlich werden Kirchenväter später die neutest. Stellen erklären.
[3] Vgl. dazu die Abmilderung bei Philo, Spec Leg I 316 („als Feind des Volkes und der Gemeinschaft bestrafen"). Die Liste der Nahestehenden erweitert Philo um den, der „wohlgesonnen zu sein scheint".

dich nicht von den bürgerlichen Gewohnheiten abhängig..., der Welt gefallen wollen" (strom 3,97,2; vgl. dazu Anm.2). Ähnlich auch in strom 7,79,6: „Denn er haßt die fleischlichen Neigungen, die eine mächtige Verlockung zur Lust in sich schließen und achtet alles gering, was zum Aufbau und zur Ernährung des Fleisches gehört, aber er leistet auch der körperlichen Seele Widerstand, indem er dem unvernünftigen Geist, der die Zügel von sich abwerfen will, das Gebiß anlegt". In der Schrift über den Reichen (div 22,2) spricht Clemens den Leser an: Lk 14,26 „soll dich nicht beunruhigen", denn der Gott des Friedens, der auch Feinde zu lieben gebietet,"kann nicht Haß gegen diejenigen, die uns die liebsten sind, und Trennung von ihnen fordern"; man solle die Feinde lieben und erst recht die nächsten Verwandten, denn wenn man Blutsverwandte hassen müßte, um wieviel mehr müßte man dann die Feinde hassen. Vielmehr gehe es nur darum, den Vater nicht mehr zu ehren als Christus und auf die Verwandten keine Rücksicht zu nehmen, wenn sie dem Heil im Wege stehen. – Clemens gelingt es daher, mit Hilfe des Gebotes der Feindesliebe (Mt 5,46 etc.) Lk 14,26 zu entschärfen oder sogar ins Gegenteil zu verkehren. Die Rezeption zeigt daher, daß sich insbesondere eine systematische Verarbeitung der Weisungen Jesu als unfähig erwies, in Lk 14,26 die Pointe zu erhalten.

4 Auszuschließende Deutungen

Es ist wohl selbstverständlich, daß es in Lk 14,26 nicht um die Entwicklungsphase der Abnabelung geht. Ebensowenig geht es um das Hassen als Selbstzweck, so als sei die „Religion der Liebe" hier aus der Rolle gefallen. Die geforderte Aufgabe der Gemeinschaft geschieht damit auch nicht aus Zerstörungslust. Daher geht es hier nicht um ein systematisch einsetzbares Prinzip. Die Ebene des Gebotes im Sinne des Gesetzes wird nicht erreicht; der kategorische Imperativ Kants wäre auf diesen Satz zweifellos nicht anzuwenden – nur ein Beispiel der Unverrechenbarkeit philosophischer Ethik und pointierter neutestamentlicher Weisungen.
Wichtiger ist, daß das biblische Hassen wie das biblische Lieben weniger Gefühle und emotionale Konnotationen beschreibt als vielmehr konkludentes Handeln. Am Beispiel der Nächstenliebe aus Lev 19,18 läßt sich dieses zeigen: Nach dem Kontext geht es sehr konkret darum, wie mit den Verfehlungen des Nächsten umzugehen ist; die Form der Zurechtweisung wird nahegelegt[4]. Nichts weist darauf hin, daß „den Nächsten lieben wie

---

[4] Vgl. dazu in: K.Berger, Die Weisheitsschrift aus der Kairoer Geniza (TANZ 1), Tübingen 1989, S.220-224.

dich selbst" sich in Sympathie erschöpfe oder daß diese überhaupt zur Diskussion stünde. Nur so ist Feindesliebe in ihren Äußerungsformen verständlich: Es kommt nicht darauf an, den Feind per Befehl „irgendwie zu mögen", sondern alles liegt daran, ihm Gutes zukommen zu lassen (wie Gebet, Segen, Fasten, Gutestun). Auf das Hassen von Lk 14,26 bezogen bedeutet das: Es kommt hier nicht auf das Entwickeln einer gefühlsmäßigen Abneigung gegenüber Verwandten an, sondern auf das Aufgeben und Abbrechen der Kontakte, auf die Trennung der Lebensgemeinschaft.

5 Problematisches Verhältnis zu Geboten

Im Unterschied zum Wort vom Kreuztragen widerspricht Lk 14,26 nicht nur bürgerlichen und allgemeinen Wertvorstellungen, sondern direkt Gottes Geboten selbst, insbesondere dem Gebot des Elternehrens im Dekalog, aber auch dem Gebot der Nächstenliebe. Schließlich werden auch in den Analogien (Mt 8,21f) grundlegende menschliche Pflichten (Bestattung der Eltern) verletzt. Dieses ist von Kirchenvätern bemerkt und harmonistisch bestritten worden.
Ist nicht Jesu Wort gegen alle guten Gebote gerichtet? Doch immerhin wird kein Gebot in diesen Zusammenhängen zitiert. Wir haben es demnach wohl mit Aufrufen zu tun, die nicht auf der Ebene des Gesetzes liegen und auch nicht damit zu vergleichen und auszugleichen sind. Das Gesetz ist keineswegs der Maßstab, an dem diese Worte gemessen werden wollen und können. Vielmehr bescheinigen diese Worte selbst, daß ein Nomozentrismus ohnehin im ganzen eher unwahrscheinlich war. So geht es nicht um bestimmte Gebote, über die hier diskutiert würde, sondern um soziale Grundgegebenheiten. – Im Blick auf den näheren und weiteren Kontext wird sogar eher wahrscheinlich, daß es sehr wohl um die Erfüllung von Geboten und Willen Gottes geht, nur auf einer neuen Basis, die in diesen Worten nach ihrer sozialen und psychologischen Seite hin formuliert wird. Diese neue Basis ist Jüngerschaft.

6 Aktives Hassen wider Familienzwänge

Gewiß ist das Hassen, zu dem Jesus aufruft, nicht Ausdruck einer Resignation, sondern eher die Konsequenz aus seiner Einsicht, daß der soziale Bereich der Familie der am festesten gefügte und damit die Ursache für alle Unbeweglichkeit im Miteinander, in „Strukturen" und Verhältnissen war. Es geht um das Aufbrechen jenes Bereiches, der die sicherste Voraussetzung dafür bietet, daß „alles immer nur so weiter geht". Gerade dort, wo Zwänge (ausgesprochen oder nicht) am stärksten wirken und wo speziell Pietät wirklich alles bestimmt, greifen die Worte Lk 14,26 und Mt 8,21f par messerscharf ein.

Auch biographische Notizen der Evangelien über Jesus (Mk 3,21.31-35; 6,3f) weisen darauf, daß er selbst von traumatischen Erfahrungen dieser Art geprägt gewesen sein könnte. Denn nach diesen Texten ist der Druck in Richtung auf soziale und psychische Konformität in der Formation der Familie am stärksten. Hier, an dieser sozialen Basis, lag offensichtlich das größte Ausgangshindernis für die Entstehung der Jüngerschaft Jesu.

Es spricht nur für die Intensität, mit der Jesus die von der Familie ausgehende Umarmung wahrgenommen hat, wenn er dagegen die Aufforderung zum Haß setzt. Wird nicht die erstickende Umarmung durch die Familie in aller Regel von den Mitgliedern der Familie selbst als „Liebe" gedeutet und verstanden? Gegen diese alles einzwängende sogenannte Liebe ruft Jesus zum Haß auf. Und durch diese Provokation entlarvt er die angebliche familiäre Liebe als Zwangsjacke gegen jede Art von Erneuerung überhaupt. Und die Verbindung mit dem Wort vom Kreuztragen zeigt, wie eng die familiäre Zwangsliebe sich mit den gängigen sozialen Standards über das, was als Wert und Unwert galt, zu verbinden pflegte. Denn der Hinweis auf das, was sich angeblich schickt, ist das sicherste Mittel, die familiären Zwänge ideologisch zu begründen („Was sollen die Leute denken, wenn du das so machst...?").

Jesu unbefangener Umgang mit Frauen dürfte zu den Beispielen dafür gehören, daß Jesus in der Lage war, Zwänge solcher und ähnlicher Art zu durchbrechen. – Im übrigen zeigt sich eine auffallende Differenz in der Bewertung der Familie zwischen bildhafter Sprache und den direkten Weisungen Jesu. Denn während in Metaphern (Bruderliebe als Bild für das Verhältnis von Christen untereinander) und Gleichnissen (Verhältnis Vater/Kinder in Lk 11,11-13) der familiäre Zusammenhalt als positiv dargestellt wird, findet sich in nicht-bildhafter Rede kein Text, in dem das der Fall wäre[5]. Daher kann man sagen: Ein Teil des Gehaltes von Lk 14,26 besteht darin, daß Jesus gerade dasjenige Verhalten, das sich am häufigsten mißbräuchlich als Liebe deklariert, als unverschämten sozialen Druck entlarvt. Daher die Aufforderung zum Haß, um dieser Starre ein Ende zu bereiten.

Die großen Schwierigkeiten bei der Rezeption von Lk 14,26 zeigen, daß

---

[5] Vielleicht kann man sagen: Bildhafte Sprache muß von gängigen Wertvorstellungen ausgehen (oft auch noch nach dem Schluß vom Geringeren auf das Größere wie in Lk 11,11-13) und kann sie nicht auch noch kritisieren. Die Blickrichtung des Sprechers der Mahnrede ist dagegen umgekehrt.

diese Einsichten kirchlich in der Regel nicht nachvollziehbar waren. Die Gründe lassen sich m.E. verständlich machen:
Kritische Funktion: Da das Neue Testament so einhellig „Liebe" als Inbegriff des neuen Gottesverhältnisses betont, lag es zu allen Zeiten wohl nahe, die schier unentrinnbaren Zwänge der familiären Kleingesellschaft gerade unter Hinweis auf diese Liebe zu zementieren. In Wahrheit haben Kirchen selten der Versuchung widerstanden, sich dieser stabilen Zwänge zum Zwecke der eigenen Machtsteigerung zu bedienen. Das führte dazu, daß mit der Berufung auf christliche Religion familiärer Konformismus eher verstärkt als infrage gestellt wurde. Der in erster Linie familiäre Ursprung des Wortes „Liebe" wurde damit zum wesentlichen Faktor der Verschmelzung von Christentum und Kleinbürgertum.

7 Unerläßliche Bedingung für Neues

Zweifellos geht es Jesus nicht um ein dauerhaftes Sich-Quälen mit Haßgefühlen, sondern um einen grundsätzlichen Abschied, um eine punktuell vollzogene Trennung von allen alten Bindungen. Indem Jesus dieses als Hassen bezeichnet, meint er nicht nur den äußeren Abschied, sondern ein grundsätzliches Freiwerden und eine ebenso grundsätzliche Reinigung. Die Reinheit der Scheidung, die schlackenlose Verbrennung des Alten (religionsgeschichtlich im Raum des Pharisäismus zu orten) betrifft hier auch und gerade die Psyche. Hassen ist daher notwendiges ganzheitliches Verhalten gegenüber der bedrohlichen Vereinnahmung durch alte Sozialbeziehungen. Hassen ist der psychische Ausdruck (die psychische Kehrseite des positiv Neuen) dessen, daß das Neue als Sozialbeziehung wirklich ein Neues ist. Ohne Hassen hätte es nur gleitende Übergänge gegeben, die nicht wahrhaft dem Anspruch auf eschatologisches Neusein genügt hätten Die Rede vom Haß ist ein Erweis der Neuheit des Neuen und so ein Hinweis auf die Glaubwürdigkeit dieser Ansage.

8 Jüngersein

Jesu Wort vom notwendigen Hassen setzt voraus, daß er die alten Sozialbeziehungen als vornehmliche Quelle des Unheils angesehen hat und sich den Neubeginn nur in konsequenter und kompromißloser Trennung von diesem Bereich vorstellen konnte. Ziel ist dabei in positiver Hinsicht einfach nur die neue Gemeinschaft mit dem Messias. Aus diesem Grund geht es hier bei Nachfolge um nichts weiter als die neue Gemeinschaft mit Jesus bei möglichst vollständiger Trennung von alten Verflechtungen.

Die wahre messanische Revolution findet daher hier als Revolution der Sozialbeziehungen auf dem Feld der Jüngerschaft statt. Hier kann daher deutlich werden, warum dieser Messias gerade Jünger um sich schart und daß sie nicht nur als Tradenten seiner Lehre gedacht sind, sondern vor allem in der Form der Jüngergemeinschaft als Realisierung des eschatologischen Gottesvolkes selbst.

Daher bedarf es hier auch keiner besonderen christologischen Titel oder eines Selbstbewußtseins Jesu oder eines Programms, sondern nur eben des Verhältnisses der Jüngerschaft selbst.

In der Jüngerbeziehung geht es um „Autorität", „Herrsein", nicht um Liebe (von gegenseitiger Liebe ist in Jüngersprüchen nicht die Rede), vielmehr um radikales Freisein für diese neue Gemeinschaft, die merkwürdigerweise nicht ad hoc positiv gefüllt wird, um so mehr aber durch jedes der vier Evangelien als ganzes.

Die genannte messianische Bedingung dieser Worte ist noch zu präzisieren: Der Gott des Alten Tesrtaments forderte solches nicht (oder nur in Ausnahmefällen, und dann nur als punktuelles Strafgericht, vgl. oben unter 2), weil er nicht in vergleichbarer Weise leibhaftig präsent war. Erst die Konzeption seiner unmittelbaren Präsenz in Jesus ermöglicht die neue Form von Gemeinschaft, eben derjenigen, die sich um Jesus herum gebildet hatte. Zwei Merkmale sind daher wichtig für die neue Offenbarung: Präsenz Gottes in Jesus und radikale Trennung der neuen Gemeinschaft, deren Mitte Jesus ist, von alten Strukturen. Beides ist in dieser umfassenden Konzeption bislang ohne Vorbild gewesen[6].

Erst unter der Bedingung der Jüngerschaft/Nachfolge gibt es daher die messianische heilvolle und zugleich neue Sozialbeziehung. Die Neuheit ist nicht ohne die leibhaftige Mitte Jesus denkbar. Dazu werden die Evangelien erzählt. Jüngerschaft ist an der Stelle von naturhafter Familie und „Volk" die messianische Sozialstruktur geworden. Die Bedingungslosigkeit der Unterordnung ist jetzt, da es eine leibhaftige personale Mitte gibt, der Ausdruck der Qualität des eschatologisch Neuen. Oder: Weil Gott

---

[6] Die nächste Analogie bildet, wie schon an den Berufungsgeschichten erkennbar ist (vgl. 1 Reg 19,19-21 und Mk 1,19; Lk 9,59.61; Mk 2,14), die Elia-Elisa-Tradition. Denn auch bei Elia/Elisa geschieht Berufung in Gestalt des Abbrechens bisheriger Familienbeziehungen. Kann man sagen: Im Unterschied zur oben unter 2 genannten Erzählung über Joseph und Aseneth besteht die Übereinstimmung mit der Jesustradition in der Bindung des Schülers an den Lehrer? Oder ist nicht auch die Bindung Aseneths an Joseph in manchen Elementen eine Lehrer/Schülerin-Beziehung? – Vor allem aber: Anders als in der Elia-Elisa-Tradition ist ausweislich der Rede vom Hassen jetzt die psychische Seite dieser neuen Beziehung bedacht.

jetzt in Jesus zum Greifen nahe ist, deshalb kann es jetzt eine neue soziale Ordnung geben, die ganz anders ist als die verrottete alte.
Erst das Hassen des Alten ermöglicht die radikale neue Bindung. Jesus ist in dieser Beziehung nicht der Guru, sondern er weist auf Gott – nur unter dieser Bedingung ist das Neue wirklich Freiheit vom Alten.

9 Hassen des eigenen Lebens

Zu hassen ist nach Lk 14,26 am Ende auch das eigene Leben. Damit wird neben die elementaren Sozialbeziehungen auch das natürliche Am-Leben-Hängen in den Blick genommen.
Der Formulierung nach ist nächstverwandt Lk 12,25 („Wer sein Leben liebt, wird es verlieren, und wer sein Leben haßt in dieser Welt, wird es zum ewigen Leben bewahren"), während die übrigen Analogien Mk 8,35 („retten wollen"/„verlieren"; wie Mt 16,25 und Lk 9,24) und Mt 10,39 („finden"/„verlieren") und Lk 17,33 („zu gewinnen suchen"/„verlieren") weiter entfernt sind. – Vom Hassen des eigenen Lebens ist damit nur die Rede in Lk 12,25 und 14,26. Sonst geht es überall in der negativen Formulierung nur um den faktischen Verlust des Lebens, bei Lukas dagegen um die Einstellung dazu, also um die psychische Seite.
Im übrigen wird die klimaktische Schlußposition des „eigenen Lebens" in Lk 14,26 ausdrücklich auch theoretisch begründet bei Philo v.A., Virt 103: „Lieben wie sich selbst ist wesentlich mehr, als die Freunde oder die Verwandten zu lieben"[7]. – So erscheint inhaltlich der individuelle Egoismus (eigenes Leben lieben) als Steigerungsform des kollektiven Egoismus (Konformität in der Verwandtschaft).
Das griech. Wort *psyche* ist bei der Wiedergabe im Deutschen nicht zu spiritualisieren, etwa im Sinne von „Seele", sondern möglichst konkret im Sinne von Leben zu verstehen. Von daher sind auch einige Deutungen auszuschließen, die auf eine zu starke Verinnerlichung weisen: Es geht nicht um Verweigerung von Lebensfreude oder um Selbsthaß noch darum, daß man sich nicht annehmen sollte. Es findet sich auch keine Spur davon, daß sich das Wort auf die negative Bewertung der eigenen Vergangenheit und also auf die eigenen Sünden bezöge. Vielmehr ist, ausweislich des Kontextes und der Analogien, bei der Liebe des eigenen Lebens der Blick ausschließlich nach vorn gerichtet, auf die Vitalinteressen, wie sie ähnlich beim Phänomen des Sorgens angesprochen werden

---

[7] Vgl. entsprechend Did 2,7; Barn 19,5 „Liebe deinen Nächsten mehr als deine Seele".

(vgl. § 8.5), also auf alles, was dem Erhalt des physischen Lebens dient (Nahrung, Kleidung, Besitz, Lust, Macht). An diesen Vitalinteressen klebt, so ist es hier die Voraussetzung, ein jeder. Sie außer Kurs zu setzen bedeutet das höchste Risiko und die größte Befreiung. – Jede Interpretation in Hinsicht auf die Gefühle gegenüber sich selbst oder die eigenen Sünden wäre primär nur Nabelschau und ohne direkte praktische Konsequenzen.

Wenn es nicht um Selbsthaß oder um die Sehnsucht nach Verlöschen dabei geht, dann kann diese Unterbrechung der eigenen Vitalinteressen nur dazu dienen, daß der angesprochene Jünger auf dem Weg über das Gegenteil (Leben zu hassen) sein Leben findet – so drücken es ja dann auch die Analogien aus.

Resultat: Jesus fordert in diesem Wort zum Gewinnen äußerster Freiheit auf. Dieses geschieht nicht als Predigen des Hasses, sondern als notwendige Befreiung dessen, woran Menschen am meisten kleben. Ziel ist nicht, alles wegzuwerfen, sondern jene Art von Gelassenheit, aus der allein wirklich Neues werden kann.

10 Aspekte der Rezeptionsgeschichte

Die gnostische Schrift „Exegese der Seele" betont als einer der wenigen Texte die höchste Stufe der Klimax von Lk 14,26 das Hassen des eigenen Lebens[8], auch wenn die Deutung als Umkehr zu stark spiritualisiert. – Die gnostisierenden Acta Ioannis sehen einen direkten Zusammenhang mit „Sorge", aber auch mit Lastern, indem als Hindernisse für den Glauben angegeben werden: „Sorge, Kinder, Eltern, Glanz, Armut (!), Schmeichelei, Jugendkraft, Schönheit, Prahlerei, Begierde, Reichtum, Zorn, Überhebung, Leichtfertigkeit, Neid,... Geld". – Bei Clemens v.A.[9] wird der Haß gegenüber der Verwandtschaft so begründet: „Denn er (sc. der Christ) will nicht durch Anteilnahme an Wärme warm oder an Feuer leuchtend, sondern selbst ganz Licht sein." Interessant ist, daß hier der positive Aspekt des Hassens nicht primär in der neuen Bindung an Jesus gesucht wird (vgl. oben zu 8), sondern in der geistlich-charismatischen Eigenständigkeit dessen, der sich so von allen Bindungen gelöst hat. In der Tat ist Jesu Wort unter anderem auch ein Beitrag zur Entdeckung des

---

[8] Exegese der Seele fol 135 (Krause-Labib 83,20) „Wenn einer nicht seine Seele haßt, wird er mir nicht nachfolgen können. Denn der Anfang der Rettung ist die Buße. Deshalb kam Johannes... und verkündigte die Taufe der Buße".

[9] Vgl. Clemens v.A., strom 7,79,5.

Individuums, wie sie sich zeitlich parallel (und kurz vorher) auf ganz andere Weise auch im Auferstehungsglauben vollzog.

11.2 Notwendige Selbstliebe

Die hier zu behandelnde Frage betrifft den Fall einer engen Verschränkung von psychologischen und ethischen Problemen. Denn die Aufforderung zur Nächstenliebe nach Lev 19,18 („Liebe deinen Nächsten") findet ihren Maßstab in der vorausgesetzten Selbstliebe („... wie du dich selbst liebst"). Diese Selbstliebe ist nicht nur in ihrer Tatsächlichkeit fraglich geworden. Vielmehr zeigt sich bereits zu neutestamentlicher Zeit ein bemerkenswerter Kontrast darin, daß der Satz, den Nächsten zu lieben „wie dich selbst" (Mk 12,31par; Röm 13,9 etc.) neben dem anderen steht, in dem es heißt: „Du sollst deinen Nächsten lieben mehr als dich selbst (bzw. deine Seele, dein Leben; gr.: *psyche*)" nach Barn 19,5 (Differernz zur Parallele Did 1,2). Entspricht nicht allein die Fassung von Barn 19,5 christlicher Radikalität? Es ist gut erkennbar, daß Barn 19,5 lediglich imperativisch formuliert, während Lev 19,18 von einem Vergleich ausgeht. – Nach Lk 14,26 wird geradezu dazu aufgefordert, das eigene Leben (die eigene Seele, sich selbst) zu hassen.

1 Ein sozialutopisches Programm

In Lev 19,18 wird die Selbstliebe nicht durchgestrichen, sondern sie ist der Maßstab für die Gerechtigkeit. Der Verfasser setzt voraus, daß die Selbstliebe eine starke Kraft ist. Sie wird nicht verdrängt, sondern auf ihr wird aufgebaut. Nicht Ableugnen ist das Programm, sondern Ausgleichen. Das bedeutet: Erstrebt wird eine Gesellschaft, in der der angesprochene Täter auch selbst „vorkommt". – Im unmittelbaren Kontext geht es dabei um die Empfindlichkeiten z. B. beim Zurechtweisen des anderen, bei Groll und Nachtragen. Der Angesprochene wird zu Phantasie aufgefordert, die eigenen Interessen analog auch beim anderen vorauszusetzen und sie dann bei beiden Beteiligten zu wahren. Die ethische Weisung hat demnach hier eine psychologische Voraussetzung.

2 Gebrochene Selbstliebe?

Die neutestamentlichen Zitierungen des Gebotes Lev 19,18 setzen das Lieben „wie sich selbst" nirgends in Beziehung zur Sünde der Menschen, und überdies wird Sünde auch nie als Selbstliebe bezeichnet. Offenbar handelt es sich bei dieser Definition der Sünde (als sei sie Selbstliebe) um eine unbiblische Denkform. Nach biblischem Verständnis liebt der Sünder nicht sich selbst, sondern er ist ungehorsam, und zwar manchmal um eines Scheingutes willen (Betrugsmotiv in Röm 7,11).

Im Gegenteil: Eine Reihe von Texten aus der Verkündigung Jesu wird erst dann verständlich, wenn wir die Kategorie der Selbstliebe in Rechnung stellen. So ist die Umkehr des verlorenen Sohnes in Lk 15,11-32 nach seinem Selbstgespräch in Lk 15,17f nur dann verständlich, wenn man wahrnimmt, daß es sich hier um das Eigeninteresse des Sohnes handelt. Der verlorene Sohn wägt ab, wo es ihm besser und wo es ihm schlechter ergehen wird: Den Tagelöhnern seines Vaters geht es besser als ihm. Also beschließt er einen Positionswechsel. Er ist kein „Held der Liebesreue". Er handelt zum eigenen Vorteil. – Dieser Gesichtspunkt aber verknüpft diese Gleichniserzählung mit der unmittelbar folgenden: Der ungerechte Verwalter nach Lk 16,1-9 ist in formaler Hinsicht ein Vorbild, in seiner Klugheit (nicht in seinen Verbrechen): Er hat rechtzeitig für seine Zukunft gesorgt. Das Gleichnis appelliert daher an den Heilsegoismus der Christen. Wie der verlorene Sohn sorgt er lediglich dafür, daß er dort hingelangt, wo er „am besten aufgehoben ist". – Schließlich sei noch auf Lk 19,17b.19; 12,42 verwiesen: Die guten und treuen Knechte werden Regenten über Städte bzw. die Dienerschaft. Der Wunsch von Menschen zu herrschen wird daher akzeptiert.

Das bedeutet: Der lukanische „Weg des Friedens" ist kein blindes Wagnis, sondern gesundes und wohlverstandenes Eigeninteresse. Der Unterschied ist lediglich, daß die Christen nicht an einem vordergründigen Materialismus orientiert sind und damit nicht am Heute und am Morgen, sondern am Übermorgen. Die Botschaft Jesu hat ihnen den langen Atem vermittelt, den man braucht, um sich nicht nur kurzfristig zu etablieren. Diesen langen Atem zu haben erscheint jetzt wieder sinnvoll, da Gott sich an Jesus als der Herr der Geschichte erwiesen hat, der Niedrige erhöht, die Reichen leer ausgehen läßt und Tote lebendig macht. Wenn Gott mit Sicherheit der ist, der umkehrt und aus hoch niedrig macht, dann ist es schon der Frage wert, wer oder was sich dessen Bedingungen anpaßt. Oder umgekehrt: Dieser Gott ist der Garant einer Zukunft, für die es sich lohnt. Indem die Christen auf das Übermorgen blicken können, kann die Zukunft ihnen gehören. Als Christen investieren sie darin. So ist die Frage: Wie ist unser Besitz am besten aufgehoben? Jesus nach Lukas sagt: Bei denen, die wir uns damit zu Freunden machen, den Bedürftigen.

Beim verlorenen Sohn (Lk 15) wie beim ungerechten Verwalter (Lk 16) ist der gesunde Egoismus gegen den Fatalismus gerichtet, gegen ein bloßes Hinnehmen der Zustände.

Jesus nach Lukas weiß offenbar, wie schwer Menschen wirklich zu motivieren sind. Er richtet sich an Leute, die etwas von den Geschäften der Welt verstehen. Er überholt sie gewissermaßen „rechts". Christentum ist kein Masochismus. Die Interessen der Menschen bleiben gewahrt, nur eben klüger als je zuvor. So daß sie auch dem Gott standhalten, der umkehrt und aus hoch niedrig macht.

So geht es für den lukanischen Jesus nach Lk 16,9 nicht darum, Geld abzuschaffen; entscheidend ist, was man mit dem Geld macht; auch die Herkunft des Geldes ist dabei unerheblich – es wird vorausgesetzt, daß es in jedem Falle aus Unrecht stammt.

Christen tun somit das Gute nicht um seiner selbst willen, sondern weil sich daraus eine Perspektive für alle ergibt. Lukas ist damit ein Zeuge gegen eine weltfremde Ethik, die am Ende doch im Verbalradikalismus verharrt; „radikal" ist gleichwohl hier die Fähigkeit, trotz des Seins in der Welt und des Umgehens mit ihr in der jeweiligen Situation frei zu sein für Gottes Willen als sein Sklave (Lk 16,13).

Fazit: Das Neue Testament setzt nicht nur die Selbstliebe voraus, vielmehr wird immer wieder an das Eigeninteresse appelliert. Dieses ist und bleibt sogar ein zentraler Ansatzpunkt der Botschaft Jesu. Selbst die Aufforderung zum Selbsthaß in Lk 14,26 dient dem indirekten Gewinnen des Lebens (vgl. dazu unter § 11.4).

3 Rezeptionsschwierigkeiten

Gegenüber der in 2 dargestellten Position bestehen möglicherweise gerade unter heutigen Christen erhebliche Schwierigkeiten in der Rezeption:
a) Eine ausgeprägte Sündendogmatik, die vor allem im 19.Jh. Übergewicht bekam (weil sie keinen Supranaturalismus voraussetzt) ließ mißtrauisch werden gegen alles, was den „natürlichen Menschen" auch nur im Geringsten bestätigte.
b) Der Einfluß der kantianischen Ethik gestattete nurmehr ein Tun des Guten um seiner selbst willen[1]. Der Idealismus ist in diesem Punkt durch Ich-Verzicht geprägt.

---

[1] „Lohnethik" wird vom Bürgertum wohl auch deshalb abgelehnt, weil man selbst gerne als Herren auftritt und den schwächsten Punkt in der eigenen Existenz, das Angewiesensein auf die Lohntüte, von der Religion fernhalten möchte, in der man „höhere" Selbstbestätigung erwartet. Doch die Evangelien reden unbefangen von Lohn – weil wir nicht die Herren sind, sondern abhängige Sklaven, die von Gott alles erwarten müssen. Gerade so sind wir vor Gott: abhängig und nicht Herren.

Gerade die Verbindung der unter a) und b) genannten Phänomene wirkt als wechselseitige Verstärkung.

c) Umgekehrt machen gerade emanzipatorische theologische Ansätze darauf aufmerksam, daß bei den meisten Menschen überhaupt die Fähigkeit, Eigeninteressen zu entwickeln und sich als Subjekt ihres Wollens zu betrachten, erloschen ist. Diese Menschen wären überhaupt erst an die Fähigkeit sich selbst zu lieben heranzuführen. – Das gilt bisweilen auch für typische „Opfer" der unter a) geschilderten Erscheinungen. Es erscheint von daher fraglich, ob man dem Zerfressenwerden des Ich durch systematisches Betonen des Sündserseins Vorschub leisten muß.

4 Von der Selbstliebe zur Nächstenliebe

Die Frage, die I.Kants kategorischem Imperativ zugrundeliegt, war nun des weiteren, wie der Übergang von der Selbstliebe zum sozialen Handeln zu erreichen sei, vom Genießen zur Ethik. Im Gefälle seiner Antwort liegt jedenfalls wirkungsgeschichtlich ein Umschlagen von Selbstliebe in „Begeisterung" für das Allgemeine[2] (einer der Gründe der Verknüpfung von Kantianismus mit Patriotismus).

Biblische Psychologie dagegen knüpft direkt an den Lebenswillen des einzelnen an und versteht sich damit als Fortsetzung des gewissermaßen autonomen weisheitlichen Interesses. Schon seit Jesus Sirach wird diese weisheitliche Autonomie intensiver mit der Heteronomie der Torah verknüpft und verwoben – und so geschieht es auch bei Jesus. Hier geht es indes nicht um ein „Umschlagen" von Selbstliebe in Nächstenliebe, sondern schon in Lev 19,18 um das Miteinander von Brüdern. Das ist zwar als Prinzip der Konvivenz auch vernünftig. Doch dieses Modell liefert in seiner neutestamentlichen Gestalt noch mehr: Der Glaube an Gott als den Herrn der Geschichte steht dafür, daß kein Opfer (Verzicht auf Egoismus zugunsten der anderen) sinnlos ist; denn der Ausgleich zur vernünftigen Ordnung geschieht nicht von selbst. Die christliche Hoffnung (fundiert im Gottesbild) steht hier an der Stelle der Annahme eines Sich-selbst-Regelns der Vernunft. Denn der kategorische Imperativ wird nur sinnvoll, wenn alle so gehandelt haben werden. Christliche Hoffnung macht sich davon unabhängig.

---

[2] Radikal böse ist demnach alles, was nicht einem allgemeinen Vernunftprinzip folgt. Die allgemeine Vernunft ist die „letzte Instanz" und durch sich selbst evident.

Fazit: Das Ausgehen von der Selbstliebe setzt eine grundsätzliche Bejahung des individuellen Lebenswillens voraus. Denn auch in der angestrebten Gemeinschaft kommt der Täter wirklich vor. Der „Nächste" ist der Bruder/die Schwester in einem sozialen Verband; der konkrete Mitmensch ist der Orientierungspunkt, der gerechte Ausgleich soll mit seinen gleichartigen Interessen stattfinden und ist nicht etwas Allgemeines.

11.3 Sexualität

Es empfiehlt sich, vor allem im Blick auf 1 Kor 5-7 vorzugehen. Dabei sind zunächst, um keine falschen Erwartungen zu wecken, die Differenzen zwischen der paulinischen Weise des Eingehens auf Sexualität und unseren Erfahrungen darzustellen. Danach wird jedoch auch die bleibend kritische Bedeutung des Paulus zur Sprache kommen.

1 Differenzen zur heutigen Wahrnehmung von Sexualität

1.1 Fehlen des personalen Aspekts
Sexualität wird bei Paulus nicht als Beziehung zwischen individuellen Personen gewürdigt. Von der „seelischen" Beziehung zwischen den Partnern ist nicht die Rede. Paulus erwähnt lediglich, daß sie „ein Fleisch seien" (1 Kor 6), nicht aber, daß sie ein „Herz und eine Seele" sind. Selbst der Aspekt der Freundschaft zwischen Mann und Frau, den doch immerhin Aristoteles kannte, fällt aus. Bei Paulus dagegen kommt der gesamte Bereich zwischen den Trieben einerseits und der Gottesbeziehung andererseits nicht zur Sprache.
Ragen die Gedichte des Catull aus der antiken Liebeslyrik schon überhaupt als einsames Zeugnis hervor, so fehlt ihnen doch großenteils auch ein wirklich personaler Aspekt.
Das bedeutet: Wir können von Paulus nicht personale Aspekte erwarten, die zu dieser Zeit sprachlich offensichtlich noch nicht erfaßbar waren. So wie die Geschichte des abendländischen Personbegriffs noch rund zweitausend Jahre nach Paulus eingenommen hat, so ist eben auch die Formulierung und Erfassung von Liebe als personaler Beziehung zur Zeit des Paulus noch nicht so gut möglich. Auch in 1 Kor 13 ist ja nicht von personhafter Beziehung die Rede, sondern Liebe ist dort eine göttliche Gabe, die allen anderen an Dauer überlegen ist.

1.2 Differenz in der biographischen Wahrnehmung
Daß wir heute Sexualität anders erfahren, liegt wohl daran, daß die bio-

graphische Verortung von Sexualität ein wichtiger Aspekt für uns geworden ist. Denn ein wesentlicher Punkt ist wohl die gemeinsame Zeiterfahrung in Form gemeinsamer Geschichte, als gemeinsame Erinnerung und als gemeinsames Hoffen. Die sprachliche Erschließung dieses Aspekts ist freilich zur Zeit des Paulus offensichtlich ohnehin noch nicht weit gediehen.
Ablesbar ist dieser Tatbestand an dem erst rudimentären Entwicklungsstadium der Biographie und auch der Autobiographie zu dieser Zeit. Eine Gattung Biographie gibt es noch nicht, erst recht kann man nicht von festen Formen der Autobiographie sprechen. Und für die Autobiographie der Liebesbeziehungen des eigenen Herzens sind erst die Confessiones des Augustinus ein Meilenstein gewesen.
So wie Zeiterfahrung für die Konstituierung der Personhaftigkeit wesentlich ist, dürfte die Wahrnehmung gemeinsamer Zeit für eine Liebesbeziehung heute wichtig sein.

1.3 Fehlen der Faszination

Weil die Zwischentöne bei Paulus ausfallen und weil Liebe nicht als personale Beziehung vorgestellt wird, fehlt bei Paulus auch jeder Bezug auf die Faszination sexueller Beziehung zwischen Personen. Vielleicht gibt es diese Faszination erst in Zusammenhang damit, daß Liebe ein komplexes Phänomen ist; eben so aber versteht Paulus sie nicht.
Die erotische Faszination hat für die Antike etwas vom göttlichen fascinosum an sich, auch so, daß der Liebhaber selbst sich den Göttern gleich erfährt[1]. Dieses ist für Paulus erst recht nicht denkbar. Die seit den Anfängen der Religion Israels währende Opposition gegen die Mythisierung der Sexualität wird auch hier wirksam. Von daher wird nochmals deutlich, daß die Liebe von 1 Kor 13 nicht die Sexualität ist, sondern die Relation zu Gott. Denn das entspricht genau dem prophetischen Schema der vertikalen Umdeutung von Liebe: Liebe gibt es nicht als sexuelle zwischen Götterpaaren und Menschenpaaren, sondern zwischen Gott und Israel. Allein diese Beziehung zwischen Gott und Israel gilt als ehe-ähnlich im Bereich der jüdischen Religion.
Stil und Sprache, die Paulus beim Reden über Sexualität gebraucht, lassen keinen Raum für eine eigentlich menschliche Wahrnehmung dieses Bereiches. Das, was wir als „menschlich" empfinden, das Sich-Öffnen für die einfühlsame und phantasievolle Gemeinsamkeit, innerhalb derer dann nur noch diese Liebe gilt, genau das kennt Paulus offenbar nicht.

---

[1] Zu erinnern ist an Catulls „Ille mi par esse deo videtur...": Der verzückte Liebhaber erfährt die erotische Faszination als vergottend.

Es ist von daher natürlich bedrückend zu sehen, daß die Religion der Liebe sich für die Einzelfragen in der ganzen Kirchengeschichte im wesentlichen an Paulus orientieren mußte, der für uns heute wichtigen Bereichen keine Beachtung geschenkt hat.

1.4 Schamlose Rede

Paulus redet über Sexualität, ohne ihr irgendein Geheimnis zu lassen. So überfällt er die Korinther in 1 Kor 5 buchstäblich gleich zu Beginn des konkreten Teils des Briefes[2] mit der Darstellung eines inzestuösen Verhältnisses (5,1 und dann V.2-13). Ebenso schonungslos redet er über das Ein-Fleisch-Werden mit der Dirne in 6,12-20. Auch in Kapitel 7 werden Probleme der sexuellen Beziehungen abgehandelt, als ginge es um Bestimmungen über Pfandrecht. Wer so „sachlich" über Persönliches redet, verfährt in bestimmtem Sinne schamlos. Wohlgemerkt: So empfinden wir die paulinische Rede (möglicherweise).

Unserer Wahrnehmung könnte dabei entsprechen, daß ein Zusammenhang besteht zwischen Personalität und Schamgefühl. Wer die Personhaftigkeit der Beziehungen zwischen Mann und Frau nicht sieht, kann demnach wohl auch nur „schamlos" (indiskret) darüber reden.

1.5 Ergebnis

Bei Paulus wird in der Beziehung zwischen den Geschlechtern so gut wie kein einziges personales Element sichtbar, und entsprechend geht es für ihn dabei in erster Linie um dinglich-sachhafte Probleme. Da Sexualität für Paulus keinerlei mythische Aspekte hat, entgeht ihm auch die Erfahrung des Lebens gerade im vergänglichsten Bereich, eben der Charme der Vergänglichkeit. Er spricht zwar über den lebendigen Gott, der Tote lebendig machen kann, doch die Spitzenerfahrung des Lebens an der Stelle, wo es ja auch weitergegeben wird, geht ihm ab. Sein Interesse sind Ursprung und Dauer, nicht aber die unwiederbringliche Kostbarkeit des Augenblicks. Sein Anliegen sind die ewigen Werte (Gott ist der [einzige] ewige Wert), nicht die Unersetzlichkeit der Kontingenz.

So ist jetzt zu fragen, wie Paulus denn Sexualität, wenn er schon diesen Bereich nicht so wie wir erfährt, aufgefaßt haben könnte.

---

[2] In 1 Kor 1-4 hatte Paulus hauptsächlich das Problem der apostolischen Autorität erörtert. Erst ab 5,1 geht Paulus auf konkrete Einzelfragen, das Verhalten der Gemeinde betreffend, ein.

2 Die Wahrnehmung des Paulus

2.1 Fälle von Eigentumsrecht
Paulus neigt zu einer durchgehend eigentumsrechtlichen Betrachtung der Sexualität:
a) Nach 1 Kor 6,12-20 ist für Paulus der Umgang mit Dirnen abzulehnen, weil die Christen nach 6,19 sich nicht selbst gehören, vielmehr käuflich erworben sind (V.20a) und durch den innewohnenden Geist Gottes Haus und Tempel sind, damit aber wiederum eben Gottes Eigentum. Aufgrund dieses Eigentumsverhältnisses sind ausbeuterische Verhältnisse bezüglich dieses Besitzes nach dem Willen des Besitzers und Eigentümers unstatthaft. Das Verhältnis zur Dirne ist aber Ausbeutung, unrechtmäßiges einseitiges Beherrschen (6,12). So ist nach Paulus der Besitzer dieses Eigentums nicht geneigt, „schiefe", unrechte Verhältnisse auf seinem Eigentum zuzulassen.
b) Nach 1 Kor 7,4 haben Mann und Frau jeweils das Verfügungsrecht über den Leib des anderen. Von daher kann es dann eben auch die eheliche Pflicht geben (7,3). Paulus verwendet hier dasselbe Verb „beherrschen" wie bei der Darstellung des Verhältnisses zur Dirne. Der Unterschied bei Eheleuten ist nur, daß das Verhältnis in der Ehe ein wechselseitiges Herrschaftsrecht ist, während es im Verkehr mit der Dirne einseitig ausgeübt wird. Im Falle der Wechselseitigkeit ist es legitim.
c) Auch den Verzicht auf Ehe erfaßt Paulus eigentumsrechtlich: Die unverheiratete Frau (und die Jungfrau) ist nach 1 Kor 7,34 „heilig an Leib und Geist", was nach dem in 1 Kor 6,19 formulierten Verständnis von Heiligkeit nichts anderes bedeutet, als daß eine solche Frau Gottes Eigentumsrecht ganz und gar realisiert und zum Ausdruck bringt. Denn den heiligen Geist hat jeder Christ in sich, so daß er deshalb Gott gehört (6,19). Doch nur die Ehelose bringt dieses auch mit ihrem Leib zum Ausdruck.
d) Im übrigen redet Paulus über die Probleme der Sexualpartnerschaft mit den Mitteln der Gattungen der Gemeindeparänese, bei der eine Affinität zum Juristischen insoweit besteht, als es hier darum geht, daß jeder das ihm Zugehörige und Zubestimmte erhält.

2.2 Konkurrenz von Sexualität und Religion
Was für unser Verständnis alle „wohlmeinenden Christen" mühelos meinen vereinbaren zu können, nämlich Sexualität und Gottesdienst, ist für Paulus nicht ohne weiteres vereinbar, und zumindest die „kultische", zeichenhaft zum Ausdruck gebrachte Gottesverehrung konkurriert realiter der Ausübung der Sexualität:

a) Beten und Geschlechtsverkehr schließen sich aus. Daher kann Gebet für Paulus nach 1 Kor 7,5 der einzige Grund dafür sein, daß sich Ehepartner (für eine begrenzte Zeit und nach Vereinbarung) einander entziehen.

b) Sorge um den Herrn und Sorge um das Glücklichsein (= um den Geschlechtspartner) miteinander schließen sich nach Paulus aus. Wer daher beides vereinen will (als verheirateter Christ), der hat es schwerer, denn er ist – nach 1 Kor 7,34 – wirklich „geteilt". Dabei ist nach Paulus die Sorge um den Geschlechtspartner nichts anderes als Sorge „um die Welt", was in der Gegenübersetzung zum „Herrn" nichts Gutes sein kann, zumindest etwas sehr Gefährliches sein muß.

Die Begründung für diese Konkurrenz liegt für Paulus zweifellos darin, daß er Gottesdienst wie Ehe gleichermaßen nach dem Modell der uneingeschränkten leibhaftigen Zugehörigkeit beurteilt. Das ist ein wichtiger Aspekt, der auch sonst das Christsein des Paulus bestimmt:

2.3 Totalverfügung wie über Sklaven

Paulus läßt sein jüdisch-alttestamentliches Verständnis der Beziehung zwischen Gott und Mensch, daß der Mensch nämlich Sklave seines Gottes in ganz umfassendem Sinn sei, mehrfach zur Geltung kommen und überträgt es auch in den zwischenmenschlichen Bereich:

a) Nach Röm 6,16-23 gilt die Metaphorik der Sklaverei auch für das neue Gottesverhältnis. Zwar sagt Paulus ausdrücklich, daß es sich dabei um Metaphern handle (6,19), die er situationsbedingt verwende. Aber 1 Kor 6,20 läßt deutlich erkennen, daß Paulus auch ungeschützt das Christwerden der Christen mit Szenen des Herrschaftswechsels auf dem Sklavenmarkt vergleichen kann.

b) Auch das wechselseitige „beherrschen/verfügen" der Eheleute nach 1 Kor 7,4 ist sonst zur Beschreibung ehelicher Relationen nicht nachweisbar, und schließlich ist auch das „jemandem Gefallen" von 1 Kor 7,34 gerade von Sklaven gegenüber dem Herrn üblich.

c) In Röm 13,1f kann Paulus auch das Verhältnis gegenüber der richterlichen Gewalt der Obrigkeit mit derselben Metaphorik („Untertansein") beschreiben; auch hier fällt das Stichwort „Verfügungsmacht" (gr.: *exusia*), vgl. zu 1 Kor 7,4 und 6,13.

Die Beschreibung des Verhältnisses zu Gott mit der Sklavenmetaphorik war für die griechischen Hörer in Korinth zumindest ungewöhnlich. – Es ist aber auch in jüdisch-hellenistischen Umfeld des Neuen Testaments nicht unüblich, das Verhältnis auch von Mann und Frau mit der Sklavenmetaphorik („untertansein", gr.: *hypotassesthai*) zu beschreiben. Hier hat daher, wie bei Paulus, das Gottesverständnis sich ausgewirkt auf die Einschätzung der primären Sozialbeziehungen.

In der Auswirkung auf das Gottesverhältnis ist diese Metaphorik auch für unser heutiges Verständnis durchaus noch sinnvoll: Es wird so der Aspekt der Leibhaftigkeit der Zugehörigkeit betont. Für uns erscheint damit gerade das als besonders plausibel, was den Korinthern besonders fremd vorgekommen sein muß.

In den Sozialbeziehungen dagegen erscheint uns das Untertansein keine passende Metaphorik. Was Paulus von der Wechselseitigkeit der Verfügung in 1 Kor 7,4 beschreibt, heißt anderswo „seid einander untertan". Die voranstehenden Überlegungen zeigen, daß beides austauschbar ist.

Ich kann mir diese auffällige jüdisch-hellenistische und frühchristliche Anschauungsweise nicht anders erklären, als daß das Modell des Gottesverhältnisses auf die Sozialbeziehungen übertragen worden ist[3]. Es gibt demnach hier nicht zweierlei Maß.

Das bedeutet in *psychologischer* Hinsicht:

a) Die Gottesbeziehung ist zum absoluten Maßstab verinnerlicht worden; Hinweise darauf sind auch die wiederkehrenden Formulierungen, daß es darum gehe, „wie dem Herrn" untertan zu sein. Gleichzeitig handelt es sich um ein Stück typisch pharisäischer Durchdringung der Alltagswirklichkeit durch die Gottesbeziehung.

b) Die Existenz des Sklaven, also die niedrigste Sozialbeziehung, wird zur wertrangmäßig höchsten, zur Existenz vor Gott. Damit liegt eine Umwertung vor, wie sie parallel auch bei „niedrig" (gr.: *tapeinos*) vorgenommen worden ist. Beides zielt darauf, das menschliche Sich-Rühmen im Sinne des Strebens nach Sozialprestige auszuschalten. Das Streben nach Ansehen wird daher als die zentrale Kraft der „Gottlosigkeit", des Unfriedens und des Unheils angesehen. Menschen werden daher am elementarsten Punkt ihrer sozialen Interessen angesprochen. Der Sklave ist der Ehrlose und Rechtlose. Nur unter der Bedingung, daß alle auf Ehr- und und Rechtsinteressen verzichten, gibt es Frieden. Daß damit auch die Vitalität des Sozialinteresses „gekappt" wird und daß Paulus damit zwar keinen wirtschaftlichen, aber einen auf Prestige bezogenen „Kommunismus" intendiert, ist oft unterschätzt worden.

c) Maßstab ist dabei die („ungriechische") Grenzenlosigkeit geworden, denn es geht nun um eine durch keine Rücksichten mehr begrenzte Radikalität.

d) Die Ebene des „von gleich zu gleich" und die der Freundschaft besteht grundsätzlich nicht. Paulus sieht in diesem Modell offensichtlich keine Chance für das Miteinander. Das unter b) genannte Modell der Sklaven schließt dieses aus.

---

[3] So wie das im Röm für die Erfassung der Gottesbeziehung unter der Kategorie der „Gerechtigkeit" geschieht, die zugleich auch im Verhältnis der Menschen untereinander gilt, vgl. Röm 13,7f.

2.4 Triebhaftigkeit
Die menschliche Sexualität selbst wird von Paulus durchgehend als Triebhaftigkeit gewertet. Daher spricht er von „ungeordneter Begierde" in 1 Kor 7,5, deshalb sieht er es als Grund zum Zugestehen der Ehe an, „wenn sie sich nicht beherrschen (können)" oder „brennen" (7,9), spricht von einer „überreifen Jungfrau" nach 7,36. All das weist darauf, daß Sexualität hier exklusiv unter dem Aspekt der Begierde gesehen wird.

Eine bezeichnende Konsequenz dieser Anschauung ist, daß die „Hurerei", der Umgang mit der Dirne (7,2) als die nächstliegende und zugleich größte Gefahr überhaupt angesehen wird. (Nur weil es diese Gefahr gibt, kann Paulus die Ehe als erlaubt und als nicht sündhaft darstellen). Denn eines bedingt das andere: Wer die Triebhaftigkeit als den entscheidenden Aspekt der Sexualität ansieht, für den ist die lediglich triebhafte Sexualbefriedigung im Umgang mit der Dirne wohl der nächstliegende Gedanke. Oder anders gesagt: Askese und Hurerei liegen dort versucherisch nahe beieinander, wo der personale Aspekt der Sexualität fehlt. Denn dasselbe Defizit im personalen Bereich, das zur Askese führte, kann auch zur Hurerei Anlaß sein.

Wenn daher auch Richtungen im damals zeitgenössischen Judentum gerade die Hurerei als die große Versuchung des „Weisen" und Schriftgelehrten darstellt (4 Q 186), so weist das eher auf die soziale und persönliche Not dieses Berufsstandes.

2.5 Ehelosigkeit ist vorzuziehen
Heiraten zu dürfen ist aus der Sicht des Paulus ein teuer (nämlich mit innerem Gespaltensein) zu bezahlendes Zugeständnis. Heiraten ist keine Sünde – dazu kann sich Paulus gerade noch aufschwingen. Und es ist besser, verheiratet zu sein, als es mit der Dirne zu tun. Religiöse Ehelosigkeit ist deshalb ein Charisma, weil sie den Blick der Menschen aus der Normalität heraus lenkt – auf Gott. Wer als Christ ehelos ist, ist ganz und gar heilig – ein pharisäisches Ideal, ermöglicht jetzt durch die Gabe des Geistes. Das heißt: Paulus setzt hier auf Ganzheit und Eindeutigkeit. Ausübung von Sexualität ist dagegen bestenfalls ein Kompromiß mit der Schwäche der Menschen.

3 Was Paulus verändern will

3.1 Gerechtigkeit
Ohne Zweifel nimmt Paulus den Bereich der menschlichen Sexualbeziehungen als ein Feld wahr, auf dem besonders viel Unrecht geschieht. Daher achtet er mit peinlicher Sorgfalt darauf, jeweils neben den Weisun-

gen für den Mann auch die für die Frau zu nennen und umgekehrt (so z. B. in 1 Kor 7,4.10-11.12-13.14.15.16).
Der sachlich-nüchterne Zugriff des Paulus scheint in der Tat dort angebracht, wo sich Menschen am nächsten kommen und erfahrungsgemäß auch besonders viel Unrecht hervorbringen.

3.2 Gegen Verselbständigung dieses Bereiches
Paulus muß seine Mahnrede an die Korinther mit längeren Ausführungen über Sexualität beginnen, weil die Korinther offensichtlich der Meinung waren, der Bereich der Sexualität sei vom Christentum nicht betroffen. Der Charakter von 1 Kor 5-7 als argumentative Mahnrede rührt daher, daß Paulus den Zusammenhang mit dem Christusglauben erst erweisen muß. Das aber bedeutet: Gegen alle Meinungen, der Bereich der Sexualität sei Privatsache und der Apostel habe hier nichts zu sagen, nimmt er sich dieses Feld als erstes und extensiv vor. Die Intimsphäre ist damit nicht dem Gewissen jedes einzelnen überlassen.

3.3 Distanznahme
Unter den Beispielen, die zur freiheitlichen Distanznahme nach 1 Kor 7,29-31 auffordern, steht als erstes: „...daß die, die Frauen haben, so seien, als hätten sie sie nicht". Gleiches gilt von Weinen und Freude, vom Kaufen und vom Gebrauchen der Welt. Er fordert dazu auf, die Fähigkeit zum Abschied aufzubringen. Denn alles dieses ist nicht das Letzte; Gottes Gebot kann unter Umständen vorrangig werden, und das erfordert es, im Zweifelsfalle Prioritäten, die einzige Priorität, die es gibt, setzen zu können. Die Fähigkeit, die Paulus hier wünscht, hat etwas Unmenschliches. Aber andererseits liegt die Würze allen solchen Tuns darin, daß es endlich ist, und darauf spielt Paulus im Rahmen zweifach an (7,29a.31b). Emotionen, Habenwollen und Vitalität sind immer schon gebrochen, weil sie sich im Horizont von Endlichkeit vollziehen. Auch wenn der Verzicht auf die Frau, die man liebt, auf Trauer und Freude, auf Kaufen und Genießen unvorstellbar zu sein scheint: Die Heftigkeit des Verlangens wie die Freiheit zur Distanznahme sind doch nur zwei Seiten derselben Ahnung von Endlichkeit. Auf diese Ambivalenz macht Paulus aufmerksam.
Für die Sexualität bedeutet das wiederum, daß sie nicht für göttlich erklärt wird. Die Liebe ist zwar bleibend (1 Kor 13), nicht aber Sexualität. Jeder Mythisierung sexueller Erfahrung schiebt Paulus einen Riegel vor.

3.4 Nüchternheit
Was oft für die paulinische Behandlung der charismatischen Phänomene in 1 Kor 12-14 bemerkt worden ist, nämlich die unbestechliche und geradezu kühne Nüchternheit, mit der Paulus unter Überschwenglichen Ord-

nung schafft, gilt wohl auch für 1 Kor 5-7. Auf Sexualität jeder Ausprägung muß das, was Paulus hier vorbringt, ernüchternd und erkältend wirken. Paulus setzt auf Ratio.

3.5 Auswertung

Für Paulus ist Sexualität ein eigentumsrechtliches Phänomen und damit ein Problem der Gerechtigkeit – auch der neuen Gerechtigkeit zwischen Gott und zwischen Menschen, die von Gott gestiftet worden ist (um es in der Terminologie des Römerbriefes zu sagen). Gegen jede Mythisierung und Vergottung der Sexualität setzt er die dominierende Kontrolle der Ratio – abgesehen davon, daß er die Ehelosigkeit ohne jedes Wenn und Aber für alle Christen vorzieht.

Heiligkeit, dem Herrn ganz zu gehören, ist das Wünschenswerte. Paulus schafft damit gegen seine Betonung der Ratio selbst das Gegengewicht: Gottes Anspruch, sein Recht hat leibliche Konsequenzen: bis in die letzte Faser der Existenz hinein Gottes Recht sichtbar zu machen.

Für historische Psychologie bedeutet das: Auf die eine (Ratio) wie auf die andere (Heiligkeit) Weise greift der Anspruch der neuen Offenbarung massiv in die Vollzüge der menschlichen Vitalität ein. Gerade in ihren selbstverständlichsten Äußerungen bleibt sie nicht die alte. Nicht zuletzt in der Aufforderung zur Distanznahme wird sie zur Disposition gestellt. Kein Bereich zeigt einschneidender die Konsequenz des Neuen.

11.4 Leben risikieren und gewinnen

„Wer zu vorsichtig und sparsam lebt, wird sein Leben schnell als dürftig und letztlich für nicht-lebenswert halten. Diese natürlich-psychologische Sichtweise sehe ich auch in dem biblischen Wort Jesu, das im Zusammenhang der Nachfolge zu finden ist:'... wenn jemand sein Leben retten will, wird er es verlieren!'(Mk 8,35) Heißt das nicht, daß, wer allzu ängstlich auf die bloße Erhaltung des natürlichen Lebens starrt, Spontaneität, Intensität und letztlich die Freiheit seines Lebens nicht erfahren kann?"[1] – Da im Zusammenhang (ibid.) auch der Satz F.Schillers zitiert wird „...und setzet ihr nicht das Leben ein, nie wird euch das Leben gewonnen

---

[1] U.Niemann: Priesterliche Realutopien. Erfahrungen und Überlegungen zum heutigen Leben in geistlichen Berufen aus der Sicht psychosomatischer Anthropologie, in: K.Hillenbrand (Hrsg): Priester heute. Anfragen, Aufgaben, Anregungen, Würzburg 1990, 90-133, 107.

sein", liegt hier ein Musterfall für die Bestimmung des Verhältnisses zwischen allgemein weisheitlichem Spruchgut („Wer wagt, der gewinnt") und biblischer Psychologie vor.

1 Die antike Regel

Die antiken Analogien liegen ausschließlich im Bereich der Ermahnung der Soldaten vor der Schlacht durch den Feldherrn. Zu nennen ist als ältester Beleg Tyrtaios, Fgm.lyr. 8 „Die es wagen und beieinander bleiben und im Handgemenge als Vorkämpfer gehen, sterben seltener und retten das Volk hinten. Wenn sich aber die Männer fürchten, geht die ganze Kraft verloren". Der Feldherr ermahnt so vor Beginn des Kampfes seine Soldaten zu Mut. Erfahrungen über die Bedeutung von Mut und Entschlossenheit verbinden sich hier mit ideologischer und praktischer Zielsetzung. – Näher an dem biblischen Wort ist Ps.- Menander 55: „Laß deinen Mut niemals sinken und weiche im Krieg nicht zurück, denn jeder, der im Krieg nicht zurückweicht und sich dem Tod aussetzt, bleibt am Leben und gelangt zu gutem Namen und wird gerühmt". Hier findet sich bereits die Opposition Leben/Tod; der Bezug zur Situation des Krieges ist erhalten geblieben. – Angesichts dieses grundsätzlich militärischen Hintergrundes ist zu fragen nach der Verknüpfung von idealistischer Moral mit militärischem Denkstil.

2 Die Märtyrertradition

Das Judentum der hellenistischen Zeit begreift das Martyrium als Kampf gegen einen Widersacher[2]. Hier liegt das Einfallstor für die umfassende Metaphorik von Krieg und Kampf zum Beispiel in der neutest. ApkJoh. In der Situation des Martyriums scheint nun zunächst die oben unter 1 genannte Regel geradezu außer Kraft gesetzt. Das gilt indes nur so lange, als der Märtyrer nicht mit Unvergänglichkeit oder Auferstehung oder durch Ruhen in Abrahams Schoß – alles jeweils direkt nach seinem Martyrium – ausgezeichnet wird. Die Auffassung von der Auferweckung des Märtyrers ist daher geradezu so etwas wie eine Anwendung oder postmortale In-Geltung-Setzung der oben genannten Regel. Denn der Märter riskiert das Leben – und er gewinnt es in der Tat als Leben und Ruhm bei Gott. In diesem Sinne ist zu verstehen die Aussage über die makkabäi-

---

[2] Vgl. dazu bes. J.W.v.Henten (Hrsg.), Die Entstehung der jüdischen Martyrologie (Studia Postbiblica 38), Leiden 1989.

schen Märtyrer in 4 Makk 17,11f („Ja wahrhaftig, ein göttlicher Kampf war es, der von ihnen gekämpft wurde. Die Kampfespreise dabei hatte die Tugend ausgesetzt, und diese fällte die Entscheidung nach der Ausdauer. Der Sieg war die Unvergänglichkeit in einem lange dauernden Leben"). Ähnlich 2 Makk 7,14 („Trostreich ist uns, wenn wir durch Menschen das Leben verlieren, das Hegen der von Gott geschenkten Hoffnungen, daß wir von ihm wieder auferweckt werden sollen"). – Besonders der zweite Text macht deutlich, daß und wie Gott hier nach dem Verlust des Lebens dessen Wiedergewinnen garantiert.

In der Märtyrertheologie hat der weisheitliche Satz vom Riskieren und Gewinnen des Lebens einen transzendenten Sinn erhalten. Nur unter dieser Bedingung ist er für die Märtyrer wahr. Offensichtlich ist die jüdisch-hellenistische Deutung des Martyriums als Kampf die Voraussetzung für die christlich-neutestamentliche Rezeption der oben unter 1 genannten Feldherrenregel.

3 Neutestamentliche Belege

Im Neuen Testament[3] findet sich an mindestens vier Stellen, die voneinander unabhängig sind, die genannte Tradition: in Mk (Mk 8,35 mit den Parallelen in Lk 9,23f und Mt 16,25)[4], in der Logienquelle (Mt 10,38f und verarbeitet in Lk 14,26f als „sein Leben hassen")[5], im Sondergut des Lukas (Lk 17,33) sowie in Joh 12,25. Nahe verwandt sind Joh 12,24 („Wenn das Weizenkorn nicht in die Erde fällt und stirbt, bleibt es allein...") und Lk 21,19 („In eurer Geduld werdet ihr eure Leben erwerben"). Die breite Rezeption weist auf die enorme Bedeutung dieser Regel. Sie diente der Deutung des Geschickes Jesu wie der in die Nachfolge gerufenen Jünger. Abweichend ist nur Lk 17,33; hier wird der Satz nicht martyrologisch, sondern eher weisheitlich, aber primär nur illustrativ verstanden[6].

---

[3] Allgemeine Merkmale der christlichen Fassungen: die antithetisch-parallele Struktur und die Rede von „Leben" sowie „verlieren".

[4] Merkmale der Rezeption in den Evangelien außerhalb des Lk-Sondergutes: Verknüpfung mit dem Motiv „Nachfolge" im unmittelbaren Kontext. – Merkmale der Mk-Fassung: „retten", „wollen" und „wegen mir".

[5] Merkmale der Q-Fassung: Kombination mit dem notwendigen Hassen der Verwandten. – Auch Joh 12,25 redet von „lieben" und „hassen" (aber: des eigenen Lebens).

[6] Bedeutung von Lk 17,33: An diesem Tage darf man sich weder um Sachen noch um das Leben kümmern. Alles Normale gilt nicht mehr. Dieses Sorgen der einzelnen Menschen hat keinen Einfluß auf das Geschehen mehr. Die einzige Chance besteht darin, sich dem Gericht zu stellen. In diesem Sinne gilt nur noch die „Flucht nach vorn" (Lots Weib als Gegenbeispiel).

Die Frage nach der psychologischen Bedeutung dieser Spruchtradition führt zu religionsphänomenologischen Erwägungen:

4 Die Grundstruktur des Phänomens

Die Preisgabe des Lebens (Tod) als Vorbedingung für neues Leben findet sich auch in der paulinischen Tauftheologie in Röm 6,2-11: Der alte Mensch muß mitgekreuzigt und mitbegraben werden, damit neues Leben für Gott und von Gott her (so sind die Dative von 6,10 aufzulösen) und am Ende auch Auferstehung sein kann. Und wenn es zutrifft, daß der „Tod des Sündenleibes" von Röm 6,6 auch alle Beziehungen des Menschen betrifft[7], dann wird die Nähe zur oben erörterten Tradition besonders gut erkennbar, denn das Wort vom Verlieren und Finden des Lebens ist in der Q-Fassung (Mt 10,38f; Lk 14,26) mit dem Motiv des Verwandtenhasses verknüpft[8].

Die Suche nach Vergleichbarem führt auf ein biblisches Denk- und Erfahrungsmodell, nach welchem gerade der Verzicht auf die normale Bewerkstelligung des Lebens zu einer ungeahnten und unvergleichlichen Intensivierung des Lebens[9] führt, und zwar dann, wenn dieser Verzicht „vor Gott" geschieht. Es geht dabei nicht nur um den Verzicht auf die Bewerkstelligung (das Sorgen), sondern geradezu um die Unterbrechung der normalen Vollzüge.

Bekannt ist dieses bereits im Alten Testament bezüglich der Sexualität und der Entstehung des Lebens: Nähe zu Gott gerade als zu dem, der der Heilige und somit Ursprung des Lebens ist, bedeutet die Unterbrechung der Vollzüge der normalen menschlichen Sexualität. Viele Tabuvorstellungen, die insbesondere mit Fruchtbarkeit und Geburt zusammenhängen, scheinen hier ihren Ursprung zu haben. So bringt das Verbot des Geschlechtsverkehrs am Ort des Heiligtums (CD 12,1) zum Ausdruck, daß nur dort der Ursprung von Leben und Fruchtbarkeit liegt. In dieselbe Richtung weist das Verbot des Geschlechtsverkehrs am Sabbat (Jub 50,8 und b Jebam 90b; heilige Zeit statt des heiligen Ortes). Analog sind sexuelle

---

[7] Vgl. dazu hier § 5 und § 7.6 .
[8] Für den Neutestamentler zeigt sich hier eine interessante weitere Analogie zwischen Paulus und der Tradition der Logienquelle.
[9] Hier liegt vielleicht eine teilweise Analogie zwischen psychischem und biologischem (pflanzlichem) Leben vor: Was vom Beschneiden der Bäume her jedermann geläufig ist, Kappen des Lebens und des Wachstums zum Zwecke um so reicheren Hervorbringens, hat teilweise Analogien im Werden des Menschen (schmerzhafte Erfahrungen gehören zum Teil wohl auch dazu). Das alles aber gilt nicht immer und nur für Teilbereiche.

Beschränkungen für den Dienst des Hohenpriesters schon im Alten Testament und kultische Askese überhaupt. Sie finden sich auch im außerjüdischen Bereich regelmäßig dort, wo die Religion selbst Fruchtbarkeit und Segen stark betont. Zu Tabuvorstellungen aus diesem Ursprungsfeld: Die Unreinheit der Frau nach der Geburt des Kindes (Lev 12,2-5; Jub 3,9-14) und die damit verbundene Unterbrechung des Besuches des Heiligtums ist wohl Ausdruck der Auffassung, daß um das Zur-Welt-Bringen eines Kindes ein zeitlicher Tabugürtel liegt, der diese Gefahrenzone durch Signale der Unterbrechung schützt[10]. Gefährdet ist die Frau nach der Geburt eines Kindes, weil man „weiß", daß die weitere Gebärfähigkeit von einer besonders sorgfältigen Bewahrung und Pflege in der Zeit nach der Geburt abhängt.

Es ist wohl töricht, diese Tabuvorstellungen als Zeichen unaufgeklärten Unverstandes oder mangelnder Hochschätzung der Frau zu werten. Es liegt vielmehr das Gegenteil vor: Die Entstehung von Leben ist eine Zone, in der man es mit Gott selbst zu tun hat. Daher ist sie ein Bereich von Furcht und Schrecken.

Alles, was Entstehung des Lebens betrifft, steht zum kultischen Bereich in einer deutlichen Spannung. Was sich dabei immer wieder als Verbot oder Berührungsangst äußert, beruht weder auf einer Geringschätzung der Frau noch auf einer Geringschätzung des Lebens. Vielmehr sind normale menschliche Sexualität und Fruchtbarkeit durch das Heilige im strikten Sinne des Wortes bedroht und bedingt zugleich.

Fazit:

1. Wo Leben vor Gott unterbrochen wird, geschieht das nicht aus Lebensfeindlichkeit, sondern stets um des Gewinnes reicheren, volleren Lebens willen.

2. Diese Unterbrechung betrifft im Alten Testament die Sexualität, Gebären und Sterben sowie die Aufnahme von Nahrung (Fasten). Sie wird im Neuen Testament sozial ausgeweitet (Hassen der Verwandten) und schließlich auf das Leben selbst bezogen[11]. Entsprechend der Eigenart des „vor Gott" Aufgegebenen wandelt sich dann auch das von Gott Zurückerhaltene: Kindersegen, neue Mütter und Geschwister (Mk 10,30) oder ewiges Leben.

---

[10] Narrative Entsprechung dazu sind die Erzählungen über die Unfruchtbarkeit von Patriarchenfrauen. Die Unterbrechung der menschlichen Möglichkeiten, Kinder in die Welt zu setzen, war die Vorbedingung des direkten und dann überaus segensreichen Eingreifens Gottes.

[11] Lk 14,26f bringt vorzüglich zum Ausdruck, wie das Hassen der Verwandten mit dem Hassen des eigenen Lebens zusammengedacht werden konnten. Auf der hier dargestellten Grundlage wird das verständlich.

3. Diese Unterbrechung kann auch stellvertretend vollzogen werden (Restriktion der Sexualität der Priester um der Fruchtbarkeit aller anderen willen; Hingabe des Lebens für andere um deren Auferstehung willen; sogar für das Fasten gilt Stellvertretung: Did 2).
Hier sind demnach zwei grundlegende Kategorien antiker Religionen des Vorderen Orients miteinander verbunden: Kultische Unterbrechung und Stellvertretung. – Dabei bedeutet Stellvertretung – aufgrund dieser Verbindung mit der Unterbrechung – nicht, daß der Stellvertreter von dem Gewinn des Lebens ausgeschlossen wäre.
4. Die Unterbrechung geschieht „vor Gott", in seinem Namen, vor seinem Angesicht. Im Unterschied zu weisheitlicher, idealistischer oder paganer Aufforderung, Leben zu riskieren, geht es nicht um einen dunklen Automatismus. Und andererseits bedeutet dieses für das Gottesbild: Gott ist in dieser Perspektive das Leben selbst, Fülle des Lebens.
5. Mit Nachdruck ist daher zu betonen, daß Askese und Martyrium nicht lebensfeindlich, sondern in höchstem Maße lebensbejahend sind. Denn sie verstehen sich als indirekten Weg zur Gewinnung der Fülle von Leben.
6. Zwar gilt in sachlicher (weltanschaulicher) Hinsicht die intendierte Abfolge von Verzicht und Gewinn. Doch es wäre sachfremde Polemik, wollte man dieses als Leistungsdenken oder als Weg, Gott zu zwingen deklarieren. Denn es geht nicht um Berechnung und Gotteszwang, sondern um die Bedingung für jegliches Neusein; und natürlich kann dieses Neusein nur als Geschenk verstanden werden. Es ist gerade der Sinn des kultischen Vollzugs der genannten „Unterbrechungen", daß Menschen hier bekennen: Diese Gabe kommt von Gott, und er allein kann sie uns schenken. Bekenntnis und Bitte gehen hier ineinander über. Beide sind darauf bezogen, daß allein Gott der Ursprung des Lebens ist. Zeichenhaft wird dieses als kultische Unterbrechung dargestellt.
7. Die symbuleutische Funktion dieser Spruchtradition ist: Christen sind nicht direkt auf das Morgen aus, sondern können einen Weg gehen, der ihnen das Übermorgen um so sicherer macht. Die Zeit des Verzichtes und des Drangebens von Lebenssubstanz ist eine Zeit der Hoffnung, nicht des Masochismus. Denn nur wer stirbt, lebt; wer neinsagen kann, gewinnt; wer teilen kann, besitzt; wer aufgeben kann, wird reich; wer Abstand nimmt, bewahrt sich selbst; wer unterbricht, erlangt das Ganze.
Kritische Funktion: Der dargestellte Ansatz spiegelt die Erfahrung, daß angesichts Gottes Leben nicht direkt, sondern nur auf dem Umweg über das Gegenteil erlangt wird. Gegenüber Selbstmitleid und jammernder Ichbezogenheit wird so dazu ermahnt, einen langen Atem zu behalten. Gegenüber der Eindimensionalität des direkten Genießenwollens steht der indirekte Weg, der zwar riskant ist, aber eine qualitative Steigerung des Lebens bedeutet. Entscheidend ist, was man unter „Leben" versteht.

Der Satz E.Bisers „Denn das Christentum ist von seiner Mitte her keine asketische, sondern eine therapeutische Religion"[12] stellt somit eine falsche Alternative auf.

11.5 Besitzen

1 Besitz und Bekehrung

Die Psychologie des Habens und Besitzens hat in den neutestamentlichen Schriften eine starke Position. Anhand dreier Texte des MkEv läßt sich dieses verdeutlichen: an der Erzählung vom reichen Jüngling (Mk 10,17-22), der von der armen Witwe, die ihren ganzen Lebensunterhalt opfert (Mk 12,41-44) und der von der Frau, die Jesus mit Öl salbt, welches dreihundert Denare (Jahreslohn eines Arbeiters) wert ist (Mk 14,3-9). Bei den beiden Frauen gelingt, was beim reichen Jüngling nur negativ gezeigt werden kann.
In allen drei Fällen ist die Aufgabe des Besitzes der direkte Ausdruck eines Sich-Öffnens für Gott; es besteht offenbar eine eigenartige und einzigartige Beziehung zwischen beidem. Schon das hellenistische Judentum und weiter dann die apokryphen Apostelakten belegen die Praxis der Besitzaufgabe bei Bekehrung und Übertritt zur jüdischen oder christlichen Religion. Zumeist wird dieses lediglich konstatiert oder im Sinne eines sozialen Eintrittsgeldes als sichtbarer Erweis der Solidarität mit der neuen Gemeinschaft aufgefaßt. Aber um diesen Aspekt geht es in keinem der drei Texte bei Markus. Vielmehr geben die beiden Frauen für keinen sozialen Zweck. – Man könnte auch sagen: Besitzverzicht ist ein äußerlich sichtbares Zeichen für die Ernsthaftigkeit der Bekehrung – aber es gibt ja auch andere Zeichen, und warum spielt gerade dieses eine so besondere Rolle?
Vielmehr ist hier zu fragen, was die eigentümliche Bedeutung des Besitzverzichts bei der konstitutiven Begegnung mit Gott für die Einschätzung des Besitzens und Habens vor der Bekehrung oder ohne das Sich-Öffnen für Gott bedeutet.

---

[12] E.Biser, Mehr Einheit durch das Wort, in: Rheinischer Merkur/Christ und Welt Nr.5 vom 1.2.1991, S.22 Sp.1.

2 Konkretisierung des Hauptgebotes

Man kann durchaus sagen: Die Witwe, die nach Mk 12,44 ihr „ganzes Leben" opfert, sei ein Paradigma für die Erfüllung des Hauptgebotes der Gottesliebe, das gebietet, man solle Gott lieben „aus ganzem Herzen und ganzer Kraft", und in der Tat ist die finanzielle Auslegung des Gebotes den Rabbinen durchaus geläufig: „aus deiner ganzen Kraft" heißt: „mit all deinem Vermögen"[1]. Das bedeutet: Diese Auslegung vollzieht sich offenbar auf dem Boden einer Erfahrung, nach der Gottesliebe und Liebe zum Besitz sich direkt ausschließen.

3 Die Faszination des Besitzens

Der reiche Jüngling geht traurig davon (Mk 10,22), da die Bindung an den Besitz sich als stärker erweist. Ähnlich betonen auch andere Texte nicht etwa eine Freiheit des Verfügen- und Machenkönnens, sondern eher das Gegenteil. Insbesondere ist diese Erfahrung wohl die Basis für die Aussage Lk 16,13 („Keiner kann zwei Herren dienen... ihr könnt nicht [zugleich] Gott dienen und dem Mammon"). Hier wird eine freiwillige Sklaverei gegenüber dem Mammon angesprochen. Demnach ist die Faszination des Besitzens nicht die des Machens oder Herrschens, sondern die der Abhängigkeit. Es geht um ein In-Dienst-genommen-Sein durch die Sachzwänge des Besitzes. Es handelt sich hier um eine selbstgewählte Abhängigkeit (wie bei der Sucht). Das Besitzen und Sorgen um den Mammon kommt demnach einer „Sehnsucht" nach Abhängigkeit entgegen, und darin liegt die Faszination des Besitzens.
Nun ist freilich dieses Bindungsbedürfnis offenbar darin und insofern pervertiert, als der Besitz „durchschaubar" ist, ein Herr ohne eigenen Willen ist, nichts schenkt und nichts erwartet. Vielmehr wird das, was sonst der Wille des Herrn eines Sklaven ist, hier ersetzt durch die Eigendynamik des Besitzes, Erhaltung und Vermehrung zu „wollen". Allein diese Dynamik bleibt erhalten.

---

[1] Vgl. dazu ausführlich: B.Gerhardsson, The hermeneutic program in Matthew 22,37-40, in: Jews, Greeks and Christians, FS W.D.Davies (Hrsg. R.Hamerton-Kelly, R.Scroggs), Leiden 1976, 129-150.

4 Die Qualität der neuen Bindung

Der Ernst, mit dem Jesus auf Besitzverzicht drängt, ist nicht zu übersehen: Entsprechend wird das Wort vom Kamel und vom Nadelöhr von den Jüngern mit Entsetzen beantwortet (Mk 10,26); die Szene vom Scherflein der armen Witwe in Mk 12 ist der Abschluß der öffentlichen Wirksamkeit Jesu überhaupt und hat von daher ganz besonderes Gewicht. Und schließlich wird der Jesus salbenden Frau ausdrücklich verhießen, daß ihre Tat in Zukunft im Evangelium genannt werde (Mk 14,9). Und das mit Grund: Denn hier sind wir offenbar ganz nahe am Nerv der Verkündigung Jesu.

Auch den sachlich verwandten Worten vom Nicht-Sorgen in der Logienquelle wird ausdrücklich das Stichwort vom Suchen des Himmelreiches beigegeben (Mt 6,33). Auch hier geht es um das zentrale Ziel der gesamten Verkündigung Jesu.

Gerade die Worte vom Verzicht auf das Sorgen können verdeutlichen, inwieweit die neue Bindung dessen, der dem Mammon als Herrn entronnen ist, der alten Bindung an den Besitz qualitativ überlegen ist: Das Nicht-Sorgen ist wie eine Einübung auf einen Herrn, der ein lebendiges Gegenüber ist. Die starre Eigendynamik des Besitzes und die Fixierung darauf wird ersetzt durch eine neue Abhängigkeit, in der es auf Risikobereitschaft ankommt. Denn das Gegenüber ist jetzt eine Person, nicht durchschaubar (im Gegensatz zum Besitz) und frei.

Auf das Sorgen zu verzichten ist damit eine Einübung in eine neue Art von Abhängigkeit. Wesentlich ist für sie, daß die Nicht-Kontrollierbarkeit Gottes ausgehalten wird.

An die Stelle der Unterwerfung unter die Eigendynamik des Besitzes tritt die Unterwerfung unter das freie Gegenüber. Es ist wie Einüben des Fliegens, Einübung vor allem des Vertrauens auf den „himmlischen Vater", der einen auf jeden Fall halten wird. Das ist ein großer Schritt, wie ein Sprung vom Zehnmeterturm für Nichtschwimmer. Aber hier sind wir offenbar nahe an zumindest einem sehr wichtigen Aspekt der Botschaft Jesu. Die Argumentationen vom Geringeren auf das Größere sind wie zusätzliche Hilfestellungen, die diesen alles entscheidenden Schritt in die Freiheit von der Sorge wenigstens begleiten sollen: sich einzulassen auf den Weg restlosen Vertrauens. Denn dieses ist dabei wesentlich: Das Ergebnis nicht vorherzuwissen und dennoch alles von Gott zu erwarten, einzutreten in die Spannung des Nicht-Wissens und Gott die Chance zu geben, frei zu schenken.

Gerade in dem Letztgenannten liegt wohl ein Stück eines möglichen neuen Miteinanders (das wäre wohl die „Gerechtigkeit" des Reiches Gottes) von Gott und Mensch. Denn der Verzicht auf das Sorgen ist keine einseitige bloße Gehorsamsforderung an den Menschen; er bedeutet auch etwas für das Gegenüber: Er eröffnet Gott die Möglichkeit, als der Schenkende in Erscheinung zu treten. So gibt der nicht mehr sorgende Mensch Gott die Chance, als Vater überhaupt erst wieder sichtbar zu werden und sich so zu „offenbaren". Gott erhält Raum zu handeln, ihm als dem Gegenüber wird sozusagen Luft zum Atmen eingeräumt. So wird er überhaupt erst wieder erfahrbar.

Es ist deutlich, daß dazu derselbe Mut gehört, den Petrus aufbrachte, als er dann auf dem Wasser gehen konnte. Es ist wie ein Akt auf dem Seil ohne Netz. Die hier erörterte Freiheit gegenüber dem Besitzen weist somit enge Berührung zum „Glauben" nach den Evangelien auf (vgl. dazu § 10.1).

Nach den hier zitierten Texten steht diesem Vertrauen und dieser neuen Beziehungsqualität die Abhängigkeit vom Besitz exklusiv und prinzipiell entgegen. – Hinter den Texten über den Besitzverzicht steht daher eine neue Qualität der Gotteserfahrung.

11.6 Rache

In einer Reihe neutestamentlicher Texte wird gerade verfolgten Gerechten oder Christen die Rächung des ihnen angetanen Unrechts in Aussicht gestellt. Dabei handelt es sich nicht nur um ein Problem der Theodizee (des Gottesbildes), sondern auch um eine ethische und psychologische Frage. Denn nirgends wird die Legitimität der Erwartung von Rache auch nur im entferntesten infrage gestellt. Zu nennen sind die Texte Lk 18,1-8; Röm 12,19-20 und Apk 6,10f; 19,11-21. Herausragend sind die Gattungen Gebet (Lk 18; Apk 6) und Vision (Apk 19). Häufig wird der Stamm gr. *ekdik-* (rächen) verwendet. Auffällig ist:

1. Rachegefühle und -erwartungen werden nicht absorbiert. Eine psychische Abdrängung von Rache wird nicht vollzogen; nach Röm 12,20 sammelt gar, wer auf Rache verzichtet, glühende Kohlen auf dem Haupt des Widersachers (und damit das Gericht) an. Es ist überdies völlig zwecklos, diese Texte als irgendwie unecht oder gar als bedauerliches jüdisches Relikt zu bezeichnen.

2. Wie die Sorge (vgl. oben § 8.5), so wird auch die Rache konsequent auf Gott übertragen; das geschieht durch die Anrede im Gebet oder in der Vision. Theologisch ist das Ausdruck des Gewaltmonopols Gottes. Psychologisch wird dabei das eigene Opfersein des Beters oder Visionärs „transformiert" in die gesteigerte und unverzügliche (vgl. Lk 18,8a; Apk 6,10) Aktivität Gottes. Der eigene Vollzug der Rache des Menschen ist strikt tabu.

3. Die gemeinsamen formgeschichtlichen Besonderheiten von Gebet und Vision bestehen darin, daß hier etwas unmittelbar und authentisch Gestalt gewinnt. Diese sprachliche (Gebet) und figürliche (Vision) Gestaltung des Bedrängenden bzw. des Ersehnten wird als ein Privileg des bedrängten Opfers aufgefaßt und damit als Teil der Erlösung und Befreiung. Denn der Beter und Visionär hat diesen Zugang zu Gott: Das erlöst ihn aus der Isolation der Verfolgung; das Opfer wendet sich direkt an die höchste Appellationsinstanz.

4. Wenn die Rachegefühle so aufgehoben sind, dann kann der Beter (Visionär) sicher sein, daß mit seiner Hinwendung zu Gott das Drama, in dem er zerstört wird, sogleich zu seinem Ende kommt. Die ihm drohende Vernichtung wird umgekehrt. Indem das Opfer Gott so alles sagen darf und soll (auch die Rachegefühle), macht es ernst damit, Gott ganz transparent zu sein, ihm wirklich zu gehören.

5. Gegen den Anschein, der beim Verfolgten entstehen mußte, machen ihm Gebet und Vision deutlich, daß die Weltordnung nicht gestört ist. Denn man muß wohl davon ausgehen, daß bei den Opfern die Wahrnehmung einer gerechten Weltordnung (und damit Gottes Herrsein) in einer kritischen Phase ist. Wahrscheinlich ist die Funktion dieser Gebete und Visionen daher der Bestrafung der Schurken in Märchenbüchern vergleichbar, die die Leserschaft auch dort ganz richtig findet und finden soll. Mitleid zu erwecken ist nicht die Intention der Gattung, sondern Parteinahme. Daher richtet sich die Gattung an solche, die darin gefährdet oder (noch) labil sind. Es geht daher um die ausgleichende Gerechtigkeit Gottes und ihre emotionale (nicht theoretisch-dogmatische) Verifizierung.

Für uns Heutige dagegen sind Rachegefühle aus dem Bereich der Religion ausgegrenzt; die „Feindpsalmen" gelten als nicht mehr „betbar". Es könnte sein, daß dieses eine gefährliche Verarmung religiöser Dimensionen ist; denn ausgegrenzte Rache meldet sich anderswo, und dort gilt dann nicht das Gebot des strikten Racheverzichtes. Die Übertragung der Rache auf Gott in Gebet und Vision ist daher vielleicht der einzige Weg, um ehrlich mit den faktisch vorhandenen Gefühlen fertig zu werden. Andererseits ist nun doch eine Erneuerung gerade der öffentlichen Rachegebete nicht möglich, da dieses politisch mißbraucht worden ist. Und angesichts der mannigfachen recht perfekten Bestrafungsmechanismen moderner Gesellschaft besteht die im Bereich der Religion gebotene Alternative zum Weltgeschehen wohl kaum in weiterer Perfektionierung des Zusammenhanges von Tun und Ergehen, sondern eher im Angebot der gnädigen Andersheit Gottes. Zudem ist der enge Zusammenhang von Religion und Bestrafung der Bösen (Belohnung der Guten) angesichts der unfaßbaren Abgründigkeit der Verbrechen von Auschwitz gelockert. Schließlich sind aufgrund der Ausweitung des Sündenbegriffs nur noch

wenige Märtyrer heute mehr in der Lage, ihr Leiden als gänzlich unverschuldet aufzufassen. Allerdings können wir uns den unvorstellbaren Leidensdruck von Christen, die z. B. Jahrzehnte in chinesischen Gefängnissen haben leben müssen, hier im Westen kaum vorstellen.
So bleibt trotz aller Einwände als Ertrag unserer historisch-psychologischen Betrachtung hier die Forderung nach angstfreier Ehrlichkeit bezüglich der Dimension Rache im Bereich christlicher Religion. Die Domestikation von Rachewünschen ist kein Wert für sich selbst.

Stellenverzeichnis

1. Schriften des hebräischen Kanons

Genesis
2,24   88
6,3   *112*
9,2   *169*
25, 29   *211*
32, 23–33   77

Exodus
2,23   *197f*
3,5   77
4,24ff   77
15,16   *169*
19f   77
32,27.29   *265*
33,20   77

Leviticus
12,2-5   *189*
19,18   *266, 272*

Numeri
11,25f   *206*

Deuteronomium
6,4   *164, 229*
2,25   *169*
11,25   *169*
13,7-10   *265*

Richter
5,4   77
9,23   77

1. Samuel
16,14   77

2. Samuel
13,21   *209*
19,1   *210*
24,1   77

1. Könige
19,19-21   *270*
22,22   77
23f   77

2. Könige
2,9f   *49*
4,29   *117*

Jesaia
15,2   *210*
19,16   *169*
49,3   *87*
63,10   *209*

Jeremia
17,10   *38*
25,11-14   *112*

Amos
5,17   77
6,8-10   77

Maleachi
1,6   *87*

Psalmen
18,8f   77
40,9   *254*
55,6   *169*
103,21   *254*
143,10   *254*

Hiob
24,12   *114*

Proverbia
31,6   *211*

Daniel
4,14   *146*
7   *99*
7,25   *112*
9,24   *112*

Esra
8,68f   *210*
9,52   *212*

1. Chronik
17,18   *87*
21,1   77
28,9   *38*

2. Schriften des griechischen Kanons

Matthäus
4,1-11   *64, 257*
5,11f   *222f*
5,20   *97*
5,23   *120, 234*
5,28-34   *225*
6,2-18   *93*
6,10   *256*
6,25-33   *185*
6,33   *293*
7,21   *98*
7,23   *59*
8,5-13   *231, 233*
8,8   *236*
8,9   *235*
8,21   *265ff*
9,28   *235*
10,32   *59*
10,34   *265*
10,37   *265*
10,38f   *287*
10,40-42   *120, 157*
11,8   *60*
12,28   *68*

297

12,29 71
12,33 100
12,34 98
12,35 99
12,43 65
14,2 49, 50
14,26-33 237ff
14,28 236
14,31 228
16,25 271
17,12f 48
17,15.18 69
17,20 120, 133, 230, 233, 239
16,13 48
16,25 287
16,26-33 235
18,23-53 78
21,22 234f
22,11f 61
23,25 93, 104
23,35 115
25,14-30 78
25,31-46 58
28,8 174
28,20 126

Markus

1,10 65, 72
1,12 65, 72
1,19 270
1,23 72
1,24 65, 71
1,26 65, 72
1,34 69
2,14 270
3,5 213f
3,15 65
3,23 64
4,40f 237
5,1-20 66
5,2-5 72f, 150
5,9 71
5,12 70f
5,26 70
5,27-29 231
5,36 237f
5,38f 150
6 27
6,5 233
6,7 65, 127

6,12f 50, 65
6,14f 49, 50f, 53
6,49 129
7,15 98
7,21 94
8,28 48
8,35 271, 285, 287
9,2 27
9,13 48
9,14-29 66
9,17 69
9,18 235
9,23 230
9,29 235
9,32 174
9,38ff 66
9,42 230
10,11f 89
10,17-31 182, 291
10,19f 135, 206
10,22 292
10,23 230
10,26 293
10,29f 188, 289
10,38f 151
11,22 231, 235
11,25 120, 234
12,24 72
12,31 273, 291
12,41-44 134, 292
13,5 49
13,6 50
13,14 178
13,17 200
13,20 112
14,3-9 134f, 291ff
14,28 256
14,34 213f
14,36 254ff
14,38 256
14,41 256
15,34 150
15,37 72
16,8 169
16,10 174
16,20 121f

Lukas

1,17 49, 50, 54
1,34 256
1,38 254

1,46-55 106
1,48 254f
1,68-79 107
2,1f 133
2,35 38
3,1f 133
6,43-45 97ff, 101f, 110
7,7 236
7,11 150
7,36-51 134f, 225f
7,39 38
8,25 237
8,50 237f
9,8 49, 50
9,23 287
9,24 271
9,47 38
9,59f 265
10,4 117
10,18 67, 71
11,11-13 268
11,20 68
11,41 101f
12,4 238
12,11f 206, 241
12,17-34 185
12,25 271
12,42 274
12,51-53 265
13,11 69, 206
14,13f 120
14,25-27 263ff, 266f, 271f, 287
14,31 71
15,11-32 274
15,16 120
15,21 89
16,1-9 274f
16,13 184, 275, 292
17,5 120
17,6 230, 231ff
17,22 199
17,33 271, 287
18,1-8 115, 294
18,9-14 255
19,17-19 274
21,28 199
24,13-32 127
24,34 127
24,41 174

Johannes
1,1   45
1,14   45
1,21   49
1,46-48   38
2,24f   38
3,13   258
3,20f   98
4,16-19   38
6   27, 130ff
6,19-21   28
8,48f   70, 154
11   30-33
11,19   150
11,24-26   226
11,27   226
11,31   150
11,41f   111, 150
11,50f   57
12,24   287
12,25   287
13,36-14,4   212
14,28   212
15,5-12   202ff
16,20-24   204ff, 211f
16,33   212
20,27   226
21   127

Acta
1   27A
3,20   199
7,55f   206
8,5-11   226
8,10   54
8,14-18   64
10,4   258
13,9   38
17,34   226
19,15   71
20,23   206
23,8   64

Römer
1,4   54
1,21-23   179
2,15f   147, 149
4,17-20   133, 226, 236
4,21f   229, 233
6,3-11   52f, 288
6,4   158
6,6   85f, 93, 158
6,12-16   84, 86, 93, 152, 165
6,13   85, 89
6,15-23   56, 87, 281ff
6,17   166f
6,18   89
6,23   261
7   24
7,4   86, 93
7,7-8,11   248ff
7,7-11   165
7,7   103
7,8   163, 165
7,11   274
7,15-23   52, 159
7,15   102
7,18-21   24, 102, 159
7,19   99
7,22   102
7,24   84, 88, 105
7,25   242
8,1   176
8,6   164
8,9-11   53
8,14   259
8,19ff   108, 196ff, 199f, 215
8,21   152, 196ff
8,23   108
8,26   258
8,31-39   75
8,33   176
8,35   176
8,38   176
9   25
9,1f   162
10,3   155
11,20f   172
11,33-35   163
12,1f.5.10.16   160
12,2   158
12,19f   194
13,1   88, 281
13,5   147f
13,7   282
13,9   273
13,11-14   33, 162
14,17   241

1. Korinther
1,18.24   54, 72
2,3-5   230, 237
2,3   170
2,8f   67, 74
2,10f   163
3,10   189
3,16   86
4,10   189
5,1-13   277ff
6,12-20   88, 165, 279ff
6,18   84
6,19   86
6,20   87
7,2   283
7,4   87f, 280ff
7,5   281ff
7,6   283
7,10-16   284
7,24f   162
7,28   200
7,29-31   155f, 284
7,32-34   90, 160, 185ff, 280ff
7,36   283
8   149
8,7   147
8,11   147
9,22   237
10   149
10,16f   86
10,20   154
10,29   149
11,20   170
12,9f   80, 233
12,12f   86, 91, 118
12,30   80
13,1   46
15,1ff   141
15,3   128
15,5.7   127
15,21-24   67, 72, 74f, 99
15,26   74, 99
15,44-51   91
15,51   90
15,52f   53

2. Korinther
1,12   149

1,22 108
1,23-2,4 201ff
1,24 209
2,7 212
3,1-3 25, 189ff
3,9.12.17 175
3,18-4,6 237
4,4-6.11 237
4,16 24, 91, 103f, 158f
4,17-5,4 252
4,18 103, 105
5,2-4 62, 84, 196f, 199
5,3 53, 84, 90
5,4 53, 105, 199
5,6.8 159
5,10 88, 108
5,11 260
5,12 191
5,13-15 160, 171f, 191
5,16 105
7,12 189
7,15 170
8,7 98
9,8 98
10,1-6 259ff
10,10 189
10,17 193
11,2 189
11,9-12 192
11,19 194
11,21 194
12,2 137
12,7-9 54, 66, 200
12,14-16 194
13,11 161, 209

Galater
1,10ff 141, 260
1,12 128
3,14 91
3,27-29 60f, 91, 118
2,20 52, 85
5,6 227
5,17 250f
5,19 107, 241
5,22 209, 241
5,22f 73, 166, 246f
6,8 250f

Epheser
1,20f 67
2,10 62, 108, 110
2,19 154
3,16 103
4,30 208f
4,31 214
5,25 177
5,33 177
6,5 170

Philipper
2,12f 170ff

Kolosser
1,15ff 45, 116
2,18.23 255
3,16 107

1. Thessalonicher
2,14-16 191
5,2-9 33
5,16 161, 209

Hebräer
2,8f 67
4,12f 121
4,16 149
7,25 146
9,14 145
9,21-23 145
9,24 146
11,4 117
11,5 227
11,6 237
11,8 226f
11,11 226
11,23 238
11,27 235, 238
11,33-35 232, 235, 237
12,24 117
12,26-29 114

Jakobus
1,2f 217, 222, 256
1,5-8 255
1,9f 255
1,10 255
1,12 217, 222f, 256

1. Petrus
1,3-7 207, 216ff
1,8 205, 223
1,11 207
1,17 170
1,24 219
2,1-10 207
2,11 219
2,12 222
2,20 220
2,24 222
3,2f 67
3,7 120, 234
3,17 219
3,21f 145f
4,12 219
4,13 205, 216ff, 223
4,14 217ff, 223f
4,17 219
5,1 216ff
5,6-9 255ff
5,7 185ff, 216ff, 222f, 257
5,8 219

1. Johannes
1,1-4 128
4,17 174ff
5,4 233

Apokalypse
1,16 121
2,23 38
4,1ff 107
6,9 107, 114
6,10f 294
7,14f 60f
8,3 258
9,1-12 178ff
11,2f 112
11,11 112
11,15.17 106
12 130ff
12,1 25
12,7-9 67, 71, 108
12,13.17 67
15,4 106
19,2 106
19,11-21 294
19,17 106

3. Jüdische Literatur

Aboth RN
15 (5b)   *211*

Ascensio Jesaiae
G 2,1-3   *137*

b Chull
105b   *70*

b Pesach
112b/113a   *70f*

Baruchapokalypse (griechische)
9,7   *112*

Baruchapokalypse (syrische)
52,5-7   *206, 223*
78,6   *223*
83,3   *38*

4. Esra
4,26   *112*
4,34   *112*
7,102-105   *59*

5. Esra
2,32   *98*
16,54.63   *38*

Henoch (äthiopischer)
9,4-10,3   *115*
9,5   *38*
9,10   *258*
39,8   *199*
47,1f   *115, 258*
49,1-4   *38*
62   *38*
80,2f   *112*
83,2   *122*
97,5   *114*
106,8ff   *125, 128*

Henoch (hebräischer)
11,1f   *38*
48,4   *38*

Joseph und Aseneth
8,10   *151*
9,1   *168f, 170, 175*
11,3f   *151*
11,4-8   *264f*
12,13   *151*
13,9   *151*
14,10   *139, 169*

Jubiläenbuch
3,9-14   *289*
10   *66, 77*
23   *116, 265*
25,1   *209*
50,8   *287*

Judith
2,28   *169*

1. Makkabäer
5,65   *260*

2. Makkabäer
7,14   *287*

4. Makkabäer
4   *171*
4,10   *169*
17,11f   *287*

Martyrium des Jesaja
5,14   *206*

Paraleipomena Jeremiae
6,3   *206*
9,7-13   *137*

Philo v. Alexandrien
Abr 113   *49, 125*
Decal 144   *208*
De Iona 30   *256*
Det Pot 22f   *148*
Det Pot 93f   *198*
Ebr 68ff   *265*
Fug 6   *159*
Fug 90f   *265*
Heres 19.24.28.29   *159*
Heres 265   *161*
Leg Alleg III, 211-217   *198*
Migr 14f   *197*
Migr 21   *175*
Opif 69   *47*
Somn I 163   *175*
Spec Leg I 282   *183*
Spec Leg I 316   *265*
Virt 103   *271*
Vit Mos II 169   *159*

Pseudo-Menander
55   *286*

Pseudo-Philo
AntBibl 19,6   *206*
AntBibl 19,13   *112*
AntBibl 42,5   *174*
AntBibl 48,1   *50*
Lib Ant 50,4   *258*
Lib Ant 64   *125*

Qumranschriften
CD (Damaskusschrift) 2,8   *38*
1QH 1,7   *38*
1QH 11,33   *87*
1QS 1,16f   *169*
1QS 10,15   *169*
4Q 184   *95*
4Q 186   *283*

Sapientia Salomonis
8,9   *212*
9,15   *199*
17,11   *37*
17,15   *129*

Sedrach-Apokalypse
14,12   *170*

Sifre Dtn
6,5   *206*

Sirach
38,12   *211*
38,17   *210f*
38,20   *211*

Testamentum Dan
4,6   *208*

Testamentum Hiob
4,6f   *188*

Testamentum Isaak
  4,16 87

Testamentum Levi
  18 66
  cod. e V. 12 207

Testamentum Salomonis
  20,16f 71

Tobias
  1,17 212
  3,1 210

4,3 209
13,16 212

Weisheit Kairoer Geniza
  4,8 233
  10,18f 47

4. Altchristliche Literatur

Acta Thaddaei
  3 38
  8 38

Barnabas
  1,8 202
  19,5 271, 273

1. Clemens
  21,9 38
  31-33 209
  38,2 255
  53,2 255
  55,1 254
  55,6 255
  56,1 255

Clemens v. Alexandrien
  strom 3,97,2 266
  strom 6,100,2 265f
  strom 7,79,6 272
  strom 7,79,6 266
  div 22,2 266

Clementinische Recognitionen
  1,33,1 38
  3,45,3 38

Const Apost
  2,24,6 38
  3,8,7 38

Cyprian
  Aleat 3 208

Didache
  1,3 57
  2,7 271

Didaskalie (syrische) 234

Exegese der Seele
  fol 135 272

Hermas, mandata
  4,3,4 38
  5,2,3 208
  10,1-3 208f, 258

Irenäus v. Lyon
  Adversus Haereses
  1,4,1-2 215

Martyrium des Polykarp
  2,2 206

Martyrium Perp Fel
  1,4 206

Martyrium Pionii
  14 125

Papyri
  POx840 94

Petrusapokalypse (äthiopisch) 177

Pseudo-Johannesapokalypse
  8 112

Schenute-Apokalypse (äthiopisch) 177

Tatian
  Or Graec 33,2 157

Theophilus ad Autolycum
  2,13,2-4 183

Thomasevangelium
  48 120, 234
  55 264
  101 264
  106 120, 234

5. Pagane Literatur

Artemidor
  Oneir 1,1   *129*

Corpus Hermeticum
  XIII, 7   *103, 105*
  XXIII, 33   *197*

Epiktet
  Diss 3,13,11   *214*
  Sentenzen des

Moschion 1   *214*

Plato
  Politeia IX 12   *103, 105*

Plutarch
  de defectu oraculorum
  419b-e   *68*

Polybius
  18,43   *144, 148*

Seneca
  Epist Moral V
  47,18   *176*
  Ep 97,16   *143*

Tyrtaios, Fgm. lyr
  8   *286*